GLÓRIA INCERTA

MISTO
Papel produzido a partir de fontes responsáveis
FSC® C101537

A marca FSC® é a garantia de que a madeira utilizada na fabricação do papel deste livro provém de florestas que foram gerenciadas de maneira ambientalmente correta, socialmente justa e economicamente viável, além de outras fontes de origem controlada.

JEAN DRÈZE E AMARTYA SEN

Glória incerta
A Índia e suas contradições

Tradução
Ricardo Doninelli Mendes
Laila Coutinho

COMPANHIA DAS LETRAS

Copyright © 2013 by Jean Drèze e Amartya Sen

Grafia atualizada segundo o Acordo Ortográfico da Língua Portuguesa de 1990, que entrou em vigor no Brasil em 2009.

Título original
An Uncertain Glory: India and Its Contradictions

Capa
Victor Burton

Foto de capa
© iStock

Índices de nomes e assuntos
Luciano Marchiori

Preparação
Alexandre Boide

Revisão
Jane Pessoa
Ana Maria Barbosa

Dados Internacionais de Catalogação na Publicação (CIP)
(Câmara Brasileira do Livro, SP, Brasil)

Drèze, Jean
    Glória incerta : A Índia e suas contradições / Jean Drèze e Amartya Sen ; tradução Ricardo Doninelli Mendes, Laila Coutinho. — 1ª ed. — São Paulo : Companhia das Letras, 2015.

    Título original: An Uncertain Glory : India and Its Contradictions
    Bibliografia
    ISBN 978-85-359-2522-7

    1. Desenvolvimento econômico - Índia - História 2. Índia - Condições econômicas 3. Índia - Condições sociais I. Sen, Amartya. II. Título.

14-12732   CDD-338.954

Índices para catálogo sistemático:
1. Índia : Desenvolvimento econômico : Economia   338.954
2. Índia : Desenvolvimento social : Economia   338.954

[2015]
Todos os direitos desta edição reservados à
EDITORA SCHWARCZ S.A.
Rua Bandeira Paulista, 702, cj. 32
04532-002 — São Paulo — SP
Telefone: (11) 3707-3500
Fax: (11) 3707-3501
www.companhiadasletras.com.br
www.blogdacompanhia.com.br

Sumário

Prefácio 7

1. Uma nova Índia? 15
2. A integração entre crescimento e desenvolvimento 32
3. A Índia em perspectiva comparada 61
4. *Accountability* e corrupção 99
5. A centralidade da educação 126
6. A crise da saúde na Índia 164
7. Pobreza e amparo social 204
8. O predomínio da desigualdade 236
9. Democracia, desigualdade e argumentação pública 266
10. A necessidade de impaciência 300

Apêndice estatístico 313
Tabela A.1. Indicadores sociais e econômicos da Índia e de
determinados países asiáticos, 2011 316
Tabela A.2. A Índia, em perspectiva comparada, 2011 320
Tabela A.3. Indicadores selecionados para os principais estados indianos .. 322
Tabela A.4. Indicadores selecionados para os estados indianos do nordeste 354
Tabela A.5. Tendências temporais 356

Notas 361
Referências bibliográficas 390
Índice de nomes 421
Índice de assuntos 428

Prefácio

A elaboração deste livro é concluída em um momento de grande celeuma na sociedade e na política indianas. Há muitas discussões e debates sobre as prioridades das políticas do país, envolvendo uma enorme diversidade de participantes e pontos de vista. Surgiram também importantes disputas e agitações em torno de uma ampla gama de problemas que tinham sido negligenciados durante um longo período, como a corrupção, as falhas administrativas, a pena capital, a violência contra as mulheres e as reformas democráticas. Há também intensos debates sobre as realizações e os fracassos econômicos da Índia.

Essa abundância de questionamentos e discussões, facilitada por meios de comunicação ativos e instituições democráticas sólidas, pode ser uma grande força para o país. Ela está comprometida, no entanto, em um poderoso viés que leva as discussões públicas a se concentrar no modo de vida e nas preocupações dos mais privilegiados, incluindo também os que não estão no topo, mas que sem dúvida são bem mais privilegiados — em termos de riqueza, educação, saúde, oportunidades culturais e posição social — do que a maior parte da população indiana. As questões que afetam a vida, e até mesmo a sobrevivência, daqueles que têm sido exaustivamente deixados para trás tendem a receber muito pouca atenção.

É um progresso bastante positivo que a violência contra as mulheres tenha por fim se tornado uma questão política importante na Índia, com a indignação pública que se seguiu a um terrível estupro coletivo cometido em dezembro de 2012. O debate em torno desse tema tem chamado a atenção para inúmeros aspectos da discriminação de gênero (incluindo, mas não apenas, a insensível atitude da polícia em relação a denúncias de violência sexual) que vinham sendo em grande parte negligenciados por muito tempo. Mas também é importante notar que os protestos, que demoraram até demais para acontecer e começar a fazer barulho, foram desencadeados por um incidente que envolveu uma vítima (uma estudante de medicina) com quem a classe média indiana poderia facilmente se identificar. Atrocidades similares vinham sendo cometidas fazia anos com as mulheres *dalit*, oprimidas tanto do ponto de vista econômico quanto do social, sem receber muita atenção da mídia nem causar indignação na opinião pública.

Para tomar outro exemplo (que vamos discutir em detalhes mais adiante), consideremos a ocasião em que metade do país sofreu repentinamente uma queda gigantesca de energia, em 30 e 31 de julho de 2012, deixando 600 milhões de pessoas sem eletricidade. O país com justiça se revoltou contra a ineficiência das práticas administrativas na Índia. O fracasso em termos de responsabilidade e *accountability* foi certamente enorme,* e a Índia tem uma boa razão para perguntar como esse problema pode ser resolvido e eliminado com urgência. Contudo, o que não foi muito discutido, de forma nenhuma, foi o fato de que 200 milhões daqueles 600 milhões atingidos pelo apagão nunca tinham tido acesso à eletricidade, já que esses não ricos não eram — e nunca haviam sido — ligados ao poder.

---

* Manteve-se o termo "accountability" porque seu uso já é consagrado na literatura nacional das ciências sociais. Embora existam controvérsias acerca da delimitação desse conceito, parece haver algum consenso sobre sua complexidade e a decorrente inadequação da sinonímia unívoca com *responsabilização* ou *prestação de contas*. A ideia de *accountability* envolve relações (não apenas legais ou formais) de fiscalização e controle dos agentes públicos, considerados responsáveis pelas políticas que promovem ou não (no caso de omissão), estando sempre sujeitos a algum tipo de sanção (não necessariamente formal). Quando os autores usam a expressão "sujeitos à *accountability*" — aplicada de maneira direta ou indireta aos tomadores de decisão ou operadores de políticas públicas —, referem-se à sujeição ao permanente monitoramento e também à obrigação pública de prestar contas ou apresentar uma justificação do que fazem (e aos mecanismos que garantem o cumprimento dessa obrigação). (N. T.)

As questões de desenvolvimento econômico na Índia devem ser vistas no contexto mais amplo das demandas da democracia e da justiça social. Nos últimos vinte anos, a economia indiana tem se destacado muito no que se refere ao crescimento do PIB (cerca de 6% ao ano em termos reais, nos anos 1990, subindo para mais de 7% na última década). O crescimento da Índia é o segundo mais rápido nas últimas duas décadas entre as grandes economias, perdendo apenas para a China. Para uma economia de baixa renda, que estivera mergulhada quase em estagnação ao longo de séculos de dominação colonial e que fez um progresso lento nas décadas seguintes à independência, é certamente uma grande conquista. Como discutido neste livro, há uma necessidade urgente de se prestar mais atenção ao dano ambiental que tem acompanhado esse rápido crescimento, mas o novo dinamismo econômico da Índia torna possível a busca de políticas ambientais mais responsáveis aliadas a taxas razoavelmente elevadas de crescimento.

Contudo, essa realização — mesmo no caso de um crescimento *sustentável* — deve ser julgada, em última instância, levando-se em conta o impacto do crescimento econômico sobre a vida e as liberdades da população. Nesse período de rápido crescimento, enquanto algumas pessoas, em especial nas classes privilegiadas, saíram-se muito bem, tantas outras continuam a levar vidas desnecessariamente marcadas pela privação e pela precariedade. Não que suas condições de vida não tenham melhorado de forma nenhuma, mas o ritmo de melhoria tem sido bastante lento para a maioria das pessoas, e para algumas a mudança foi pequena demais. Embora suba depressa a escada das taxas de crescimento econômico, a Índia tem ficado relativamente para trás na escala de indicadores sociais de qualidade de vida, mesmo em comparação com países que vem ultrapassando no quesito economia. Por exemplo, ao longo das duas últimas décadas, a Índia ampliou sua vantagem sobre Bangladesh em termos de renda média (é hoje duas vezes mais rica em renda per capita que Bangladesh); todavia, em diversos indicadores típicos de qualidade de vida (com exceção da renda per capita), Bangladesh não apenas supera a Índia como tem uma vantagem considerável sobre os indianos (apesar de, duas décadas atrás, a Índia ter uma superioridade substancial sobre Bangladesh nos mesmos indicadores). Além desse caso, a história do desenvolvimento mundial oferece poucos exemplos, se é que há algum, de uma economia crescendo tão rapidamente por tanto tempo e com resultados tão limitados em termos de redução de privações humanas.

Uma enorme parte do descontentamento atual da mídia indiana diz respeito à má notícia de que a taxa de crescimento do PIB nacional estancou ao longo dos últimos dois anos. O fato de o crescimento da Índia ter arrefecido certamente merece uma séria atenção, embora no mesmo período tal desaceleração tenha ocorrido em todo o mundo (incluindo a China, o Brasil, a Coreia do Sul e outros lugares), e embora o novo patamar de crescimento do PIB indiano, de 5% ou 6% ao ano, ainda a situe entre as economias que mais crescem no mundo. A preocupação é relevante não só porque o crescimento econômico pode ajudar a melhorar a vida das pessoas (e não apenas elevando a renda per capita, mas também gerando receita pública que pode ser utilizada para fins de melhoria social da população), mas também porque o desenvolvimento de uma análise mais aprofundada da relação entre o crescimento econômico e o progresso social está seriamente atrasado na Índia. O que é notável não é o interesse da mídia em taxas de crescimento, mas o seu quase silêncio sobre o fato de que o processo de expansão econômica é tão desequilibrado que faz o país parecer cada vez mais com ilhas californianas perdidas em um mar africano subsaariano.

Em trabalhos anteriores, argumentamos que o desenvolvimento é mais bem analisado em termos da expansão das liberdades fundamentais das pessoas, ou capacidades humanas. Nessa perspectiva, precisamos reconhecer a importância da relação de mão dupla entre o crescimento econômico e a expansão das capacidades humanas, ao mesmo tempo mantendo em mente o entendimento básico de que a expansão da liberdade e das capacidades humanas é o fim para o qual o crescimento do PIB, entre outros fatores, serve como importante meio. O crescimento gera recursos com os quais os esforços públicos e privados podem ser sistematicamente mobilizados para ampliar a educação, os serviços de saúde, a nutrição, a assistência social e outros fundamentos de uma vida humana mais plena e mais livre para todos. E a expansão das capacidades humanas, por sua vez, permite uma rápida expansão de recursos e da produção, dos quais o crescimento econômico em última análise depende.

Essa relação de duas vias tem sido uma característica central do assim chamado "desenvolvimento econômico asiático", iniciado no Japão imediatamente após a Restauração Meiji e estendida pouco a pouco para a Coreia do Sul, Taiwan, Tailândia e outros países, até por fim fazer da China a líder mundial tanto em crescimento econômico como na expansão das capacidades humanas. Aqueles que sonham com a Índia como uma superpotência econômica — mesmo diante da sua enorme proporção de crianças desnutridas, da falta de cuidados sistemáticos de saúde, da educação escolar extremamente deficiente, e do fato de metade das casas não ter banheiro (forçando metade dos indianos a defecar a céu aberto) — têm de repensar não só o alcance do seu entendimento da relação mútua entre crescimento e desenvolvimento como também sua apreciação das demandas da justiça social, que está integralmente ligada à expansão das liberdades humanas. Este livro trata, em grande medida, sobre como fazer uso efetivo da compreensão dessas interdependências, às quais o progresso das condições de vida e do bem-estar da população está sujeito, e também, em última instância, sobre o crescimento econômico. Apesar de essa conexão empírica ser a razão de parte da nossa análise, sua relação com a justiça social na Índia é a motivação central deste livro. Obviamente, há muito mais do que o crescimento econômico a se levar em conta na busca de uma Índia menos carente e menos injusta. Analisamos as várias "conexões sociais", bem como as demais ligadas à economia, com uma boa dose de detalhamento. Por exemplo, existem muitas evidências a sugerir que o rápido progresso de Bangladesh em termos de condições de vida tem sido bastante ajudado pela agência* das mulheres, e em particular pelo fato de as meninas terem ganhado um amplo acesso à escolarização e as mulheres estarem amplamente envolvidas — muito mais do que na Índia — na expansão da educação básica, do sistema de saúde, do planejamento familiar e outros serviços públicos, além de serem também a maior parte da força de trabalho industrial. As experiências de outros países, e também de determinadas regiões da Índia, oferecem lições semelhantes. Dadas a disseminação e as formas da desigualdade de gênero na Índia, há uma necessidade urgente de se concentrar não só no que pode ser feito pelas mulheres indianas (por mais importante que isso seja), mas também no que as mulheres indianas podem fazer pela Índia — ajudando a criar um país bem diferente.

---

* No original, "agency". Apesar de soar estranha, preferiu-se a tradução literal porque singulariza o conceito seniano em questão: associa à autonomia das ações a dimensão moral que inclui um *agente* primariamente como produtor de realizações, as quais considera valiosas — julgadas em termos de seus valores e objetivos — e não necessariamente se conectam a seu próprio bem-estar, autointeresse ou satisfação pessoal. (N. T.)

O bom funcionamento dos serviços públicos, especialmente (mas não só) em campos como educação e saúde, também é fundamental para a promoção do crescimento participativo, bem como para assegurar que o crescimento conduza a rápidas melhorias nas condições de vida das pessoas. Alguns estados indianos (como Kerala, Himachal Pradesh e Tamil Nadu) têm sido razoavelmente bem-sucedidos nesse sentido, colhendo o que semearam, e em tempos mais recentes também surgiram iniciativas positivas, ainda que de alcance limitado, em outros estados. No entanto, a condição geral dos serviços públicos na Índia permanece absolutamente sombria, e os sistemas de saúde e educação do país, em particular, estão em meio ao caos. Enquanto os privilegiados são capazes de refugiar-se em soluções privadas (por mais caras que elas tendam a ser), o restante não dispõe de serviços essenciais, que devem estar disponíveis a todos como uma questão de direito. À parte o fato de restringirem as perspectivas do país com relação ao crescimento participativo e ao desenvolvimento abrangente, os sistemas de saúde e educação altamente privatizados e compartimentados da Índia (com diferentes oportunidades para diferentes grupos sociais) também perpetuam as disparidades sociais em vez de reduzi-las, em contraste com o que os sistemas de saúde e educação, bem como outros serviços públicos, tendem a fazer em todo o mundo. Além dos casos específicos — e importantíssimos — da saúde e educação, a Índia também enfrenta problemas maiores de *accountability* no setor público como um todo. O futuro do país depende em grande parte de uma participação democrática mais eficaz nessas questões momentosas.

Um tema que se estende por todo este livro é a necessidade de que as vidas, as carências, os direitos e as demandas das pessoas desprivilegiadas recebam maior atenção na discussão pública e na elaboração de políticas, além de maior participação democrática. A democracia indiana está seriamente comprometida pela extensão e pelo caráter da desigualdade social na Índia, em especial considerando que democracia não significa apenas política eleitoral e liberdades civis, mas também uma distribuição equitativa do poder. Embora alguns aspectos da desigualdade social na Índia tenham diminuído nos últimos anos, novos desequilíbrios surgiram, como a intensificação da desigualdade econômica e o crescimento do poder corporativo. Contudo, seria um erro pensar que os interesses privilegiados obrigatoriamente assolam e esmagam todas as tentativas de partilhar o poder de forma mais equitativa.

De fato, mesmo comprometida como está, a democracia indiana oferece oportunidades significativas para os movimentos populares florescerem e resistirem à concentração de poder e à negligência dos interesses dos que sofrem privações. Analisamos formas e meios de expandir o alcance do debate público (através da discussão e também da agitação) e de abordar com urgência as necessidades dos desfavorecidos. O livro é, portanto, contingentemente otimista, embora a investigação do que a Índia até agora não conseguiu fazer seja uma parte indissociável dessa abordagem prospectiva.

O material empírico utilizado neste volume é citado nos respectivos capítulos e também apresentado em separado na seção "Apêndice estatístico", na qual podem ser encontradas informações razoavelmente detalhadas sobre o desenvolvimento na Índia como um todo e nos seus principais estados. Esperamos que as estatísticas de base ampla incluídas nessa seção também sejam úteis para propósitos diferentes daqueles para os quais nelas nos baseamos.

Somos muito gratos a Sabina Alkire, Arudra Burra, Aashish Gupta, Reetika Khera e Emma Rothschild pelos comentários detalhados sobre versões anteriores. O livro também se beneficiou bastante de conselhos, comentários e sugestões úteis de: Ankita Aggarwal, Isher Ahluwalia, Montek Singh Ahluwalia, Manzoor Ahmed, Sudhir Anand, P. Arokiasamy, Izete Pengo Bagolin, Pulapre Balakrishnan, J. Balasubramaniam, Nirmala Banerjee, Pranab Bardhan, Francesca Bastagli, Kaushik Basu, Akansha Batra, Bela Bhatia, Robert Cassen, Ha-Joon Chang, Lincoln Chen, Deepta Chopra, Mushtaque R. Chowdhury, Diane Coffey, Flavio Comim, Gurcharan Das, Monica Das Gupta, Gaurav Datt, Harishwar Dayal, Anuradha De, Arjan de Haan, Angus Deaton, Meghnad Desai, Sonalde Desai, Swati Dhingra, Albina du Boisrouvray, Jesus Felipe, Francisco Ferreira, Pedro H. G. Ferreira de Souza, Raghav Gaiha, Subhash Gatade, Haris Gazdar, Jayati Ghosh, Kaveri Gill, Srinivas Goli, M. Govinda Rao, Ramachandra Guha, Paranjoy Guha Thakurta, Stephen Howes, Arjimand Hussain, Clément Imbert, Rownaq Jahan, Anurodh Lalit Jain, Devaki Jain, Monica Jain, Raji Jayaraman, Ravi Kanbur, Sowmya Kidambi, Geeta Gandhi Kingdon, Stephan Klasen, Atul Kohli, Ashish Kothari, Ashok Kotwal, Gabrielle Kruks-Wisner, Sanjay Kumar, Utsav Kumar, Robert LeVine, Ian MacAuslan, Guru Prasad Madan, Ajay Mahal, Simeen Mahmud, Wahiduddin Mahmud, Manabi Majumdar, Harsh Mander, Silvia Mangatter, Karthik Muralidharan, Rinku Murgai, Karuna Muthiah, Poonam Muttreja, Deepa Narayan, Sudha Narayanan, Christian Oldiges, S. R. Osmani, Felix Padel, Brijesh Pandey, John Papp, Lant Pritchett, Vinod Raina, Jairam Ramesh, Anita Rampal, Kumar Rana, Bhaskara Rao, Martin Ravallion, Rammanohar Reddy, Vivek S., Meera Samson, K. M. Sathyanarayana, Gita Sen, Mitu Sengupta, A. K. Shiva Kumar, Rukmini Shrinivasan, Abhay Shukla, Ben Siegel, A. K. Singh, Prerna Singh, Shekhar Singh, Amarjeet Sinha, Dipa Sinha, F. V. Soares, Rehman Sobhan, Dean Spears, Nicholas Stern, Aya Taketomi, Vito Tanzi, Dennis Tao Yang, Alessandro Tarozzi, Yoshifumi Usami, Fabio Veras, Vinod Vyasulu, Michael Walton, Yanyan Xiong e Yogendra Yadav.

Nos beneficiamos bastante das muitas sugestões editoriais de Stuart Proffitt, da Penguin Books, cujo aconselhamento foi extremamente importante para a apresentação de nossos argumentos e dados. Também gostaríamos de agradecer a Richard Mason por sua cuidadosa preparação de nosso manuscrito um tanto rudimentar, e a Richard Duguid pela supervisão do livro durante sua impressão.

O departamento de economia da Universidade de Allahabad e o Centro de História e Economia do Magdalene College, de Cambridge, serviram como bases muito eficientes para este trabalho. As instalações de pesquisa e as providências administrativas proporcionadas pelo Centro de História e Economia de Cambridge foram apoiadas por uma generosa bolsa da Fundação Ford. Somos muito gratos também a Aashish Gupta e Aditya Balasubramanian pela excelente assistência na pesquisa, complementada de forma bastante eficaz por Meghna Brahmachari, Kirsty Walker e Neesha Harman. A ajuda administrativa do Centro foi eficientissimamente prestada por Inga Huld Markan e Mary-Rose Cheadle. Somos muito gratos a todos eles.

Por último, mas não menos importante, partes deste livro se valem do trabalho colaborativo da equipe de pesquisa do Pratichi Trust, liderada por Manabi Majumdar e Kumar Rana, com a qual aprendemos muito.

Jean Drèze e Amartya Sen
Santiniketan, 15 de fevereiro de 2013

1. Uma nova Índia?

"A fonte desse amor de primavera/ É como as chuvas incertas de abril", diz Proteu em *Os dois cavalheiros de Verona*.* As recentes conquistas da Índia moderna e democrática não são nada desprezíveis e têm sido amplamente reconhecidas em todo o mundo na última década ou mais. O feito da Índia como pioneira na governança democrática no mundo não ocidental é uma realização inquestionável, assim como seu sucesso na manutenção elementar de um Estado secular, apesar dos desafios advindos de sua população multirreligiosa e da história enormemente problemática de violência que cercou os dias de encerramento do Raj. A isso pode-se adicionar um acelerado crescimento econômico na última década, o segundo mais rápido entre as grandes economias do mundo durante o período.

E se — apesar desses grandes feitos — a tão propalada glória da Índia atual ainda é profundamente incerta, a explicação não está no perigo de um ilibado dia ensolarado ser destruído por um repentino aguaceiro, como temia Proteu de Verona. A incerteza surge, em vez disso, do fato de, além da luz do sol, existirem nuvens escuras e chuvas torrenciais já em cena. É importante e urgente tentar-

---

* William Shakespeare, *Os dois cavalheiros de Verona*, ato I, cena III (*Teatro completo*. Trad. de Barbara Heliodora. Rio de Janeiro: Nova Aguilar, 2009. v. 2: Comédias e romances, p. 122). (N. T.)

mos avaliar tanto as conquistas como os fracassos que caracterizam a Índia atual. Em que medida os antigos problemas do país foram erradicados? O que resta ser feito? E os novos problemas que a Índia tem de enfrentar?

Em perspectiva histórica, as conquistas são mesmo imensas, especialmente à luz do que era o país no momento da independência, em 1947. A Índia emergia então de um domínio colonial opressivo, imposto por governantes imperiais obstinados; houve pouca transferência de poder real antes da saída dos britânicos, e não era incomum naquele momento duvidar da capacidade da Índia para conduzir uma democracia. Um segundo desafio era evitar o perigo de caos e conflito, ou até um violento colapso do país. Há uma longa história — que se estende por milhares de anos — de afinidades culturais em toda a Índia, e a luta pela independência gerou uma considerável unidade popular. Contudo, as diversidades e as divisões dentro do país — de tantas línguas, religiões, etnias — davam aos céticos um bom motivo para se preocupar com uma possível ruptura na ausência de um governo autoritário. Logo de saída, a divisão caótica da Índia pré-independência em dois países — Índia e Paquistão — forneceu justificativa ao temor de que uma fragmentação ainda mais violenta pudesse ocorrer.

Completando e de certa forma ofuscando todas essas preocupações, sua pobreza era talvez o aspecto mais conhecido da Índia — onde pais europeus e americanos pediam a seus filhos pequenos para não deixar comida no prato por causa da necessidade moral de "pensar nos indianos morrendo de fome". E, de fato, em 1943, apenas quatro anos antes de o domínio colonial terminar, o país enfrentou um gigantesco problema de fome, que levou à morte entre 2 milhões e 3 milhões de pessoas.

A Índia nem sempre foi um símbolo da pobreza e da fome — longe disso. No próximo capítulo, vamos nos voltar à questão de como o país se tornou tão pobre. O que não se discute é que a economia da Índia britânica foi notavelmente marcada pela estagnação, e que as condições de vida na época da independência eram terríveis para grande parte da população indiana, e não apenas em anos de fome.*

---

* Uma investigação de dados antropométricos e de saúde em escala mundial, recentemente concluída, traz à tona quão terrível eram as condições nutricionais e físicas na Índia quando o Raj colonial chegou ao fim, em 1947: "É possível que a privação na infância dos indianos

CONQUISTAS E OPORTUNIDADES

Apesar desses primórdios sombrios, a Índia recém-independente logo deu início a um conjunto de significativas conquistas políticas e econômicas. Sua corajosa decisão de deixar para trás séculos de domínio colonial e partir direto para um governo resolutamente democrático, sem recorrer a períodos transicionais, provou ser saudável e sustentável. Na Índia, como em outros países democráticos ao redor do mundo, a democracia no sentido pleno do termo (o "governo do povo, pelo povo, para o povo") não foi alcançada, e ainda há diversas lacunas a serem preenchidas na democracia indiana.[1] No entanto, depois de mais de sessenta anos de prática democrática amplamente bem-sucedida, a Índia conquistou seu status de grande democracia. O Exército não se mobilizou para intervir em questões civis como aconteceu em muitos países recém-independentes do mundo — em especial no sul da Ásia. A Índia também tem mostrado com muita eficiência como a democracia pode prosperar mesmo em meio ao grande número de línguas, religiões e etnias. Ainda existem, deve-se notar, afastamentos circunscritos das normas democráticas; por exemplo, o uso do poder militar ordenado pelo governo civil nos centros de poder para reprimir o descontentamento na periferia (trataremos desse ponto mais adiante), e é preciso mudança também aí — e não apenas na periferia. Mas, levando tudo em conta, há boas razões para ver no amplo sucesso da democracia secular indiana uma grande realização. Além disso, o estado relativamente saudável — no todo — das instituições democráticas no país proporciona oportunidades significativas para que se encontrem soluções fundamentadas para os problemas que persistem, assim como para que se possa estender ainda mais o alcance e a qualidade da prática democrática.

Na frente econômica, apesar de o crescimento indiano ter sido muito lento — cerca de 3,5% ao ano — ao longo de várias décadas após a indepen-

---

nascidos em meados de século fosse tão grave como a de qualquer grande grupo na história, retrocedendo até a Revolução Neolítica e os caçadores-coletores que a precederam. A expectativa de vida na Índia, em 1931, era de 27 anos, também refletindo uma privação extrema [...] mortes e privações mantiveram a população sob controle, mas, mesmo para os sobreviventes, as condições de vida eram terríveis". Ver Angus Deaton, *The Great Escape: Health, Wealth, and the Origins of Inequality*, capítulo 4.

dência, foi um grande passo à frente em comparação ao crescimento quase nulo (que por vezes se tornava mesmo um declínio econômico) da época colonial. Essa prolongada estagnação econômica terminou assim que a Índia se tornou independente. No entanto, apenas reverter o desempenho de crescimento zero não é suficiente, e há muito que discutir sobre as razões reais, bem como as imaginadas, que mantiveram a Índia atrasada por décadas no período pós-independência. Felizmente, as coisas mudaram nesse aspecto também ao longo das décadas recentes, e a Índia hoje conseguiu estabelecer-se em uma nova posição, como uma das economias de maior crescimento no mundo. A tabela 1.1 apresenta um quadro resumido do crescimento do produto interno bruto (PIB) do país, desde os tempos coloniais até agora.

TABELA 1.1. TAXAS DE CRESCIMENTO DO PIB DA ÍNDIA A PREÇOS CONSTANTES (% POR ANO)

	PIB	PIB per capita
Período colonial		
1900-1 a 1946-7	0,9	0,1
Período inicial pós-independência		
1950-1 a 1960-1	3,7	1,8
1960-1 a 1970-1	3,4	1,2
1970-1 a 1980-1	3,4	1,2
Décadas recentes		
1980-1 a 1990-1	5,2	3,0
1990-1 a 2000-1	5,9	4,0
2000-1 a 2010-1	7,6	6,0

FONTES: Sivasubramonian (2000) e Governo da Índia (2012a); para mais detalhes, consulte o capítulo 2, tabela 2.1.

Mais recentemente, a taxa de crescimento da economia indiana tem registrado certa estagnação, o que em parte está relacionado com a recessão global (na China tem ocorrido uma desaceleração semelhante, embora a partir de uma base mais elevada). A Índia ainda é — mesmo com sua taxa de crescimento reduzida, inferior a 6% ao ano — uma das economias de crescimento mais rápido no mundo. Embora um pouco de confrontação com a realidade seja útil, também é importante considerar mudanças que poderiam tornar o desempenho do crescimento indiano ainda mais alentado. O potencial de crescimento do país continua sendo forte e robusto, e pode ser uma grande fonte de força para a Índia — especialmente se os frutos do crescimento econômico forem bem utilizados para a melhoria dos padrões de vida e o desenvolvimento das liberdades e capacidades humanas (um assunto sobre o qual haverá muito a dizer na continuação deste livro). Vamos abordar a "história de crescimento da Índia" de forma mais completa no próximo capítulo.

Depois de duzentos anos de dominação colonial, combinada com uma estagnação econômica quase absoluta, a economia parece pronta para remediar a notória e pouco invejável condição de pobreza do país. O fato de haver, ao mesmo tempo, a manutenção e consolidação da democracia em um dos países mais pobres do mundo torna as conquistas indianas particularmente notáveis. O país se estabeleceu também como um centro de inovação responsável por alguns deslocamentos significativos na economia mundial, não apenas na aplicação da tecnologia da informação e em atividades relacionadas, mas também — e não menos significativamente — no fornecimento de medicamentos modernos, baratos e confiáveis para os pobres do mundo. Como o *New York Times* expressou em um editorial recente, uma vez que "a Índia é o maior fornecedor mundial de medicamentos genéricos", no campo farmacêutico, "suas políticas potencialmente afetam bilhões de pessoas ao redor do mundo".[2]

Além do progresso econômico, há também significativas mudanças sociais. A expectativa de vida na Índia atual (cerca de 66 anos) é mais que o dobro da observada em 1951 (32 anos); a mortalidade infantil é cerca de um quarto da registrada naquele ano (44 por mil nascidos vivos hoje, contra algo em torno de 180 por mil em 1951), e a taxa de alfabetização feminina subiu de 9% para 65%. Certamente, houve grandes melhorias nos níveis miseráveis dos indicadores sociais que prevaleciam no momento da independência da Índia (ver tabela 1.2).[3] Tudo isso contrasta com as previsões de destruição, tristeza e fome que com frequência foram feitas sobre a Índia nas décadas de 1950 e 1960. É também uma substancial conquista política que os líderes democráticos tendam a vir de grupos negligenciados — mulheres, minorias e castas desfavorecidas. Como discutiremos, restam enormes desigualdades, e muitas delas não diminuíram de forma nenhuma, mas o fato de que algumas mudanças

TABELA 1.2. ÍNDIA: PASSADO E PRESENTE

	1951	2011
Produto Interno Bruto (PIB) a preços constantes (1951 = 100)	100	1766
Produto nacional líquido per capita a preços constantes (1950-1 = 100)	100	511
Expectativa de vida estimada ao nascer (anos)	32	66
Taxa de mortalidade infantil estimada (por mil nascidos vivos)	≈ 180	44
Taxa de fecundidade total (filhos por mulher)	5,9	2,4
Taxa de alfabetização[a] (%)		
Mulheres	9	65
Homens	27	82
Proporção estimada (%) da população abaixo da linha de pobreza[b]		
Rural	47	22[c]
Urbana	35	20[c]
Proporção (%) de domicílios que possuem:		
Bicicleta	≈ 0,4	46[d]
Rádio	≈ 0,9	27[d]
Máquina de costura	≈ 0,1	19[d]

[a] Idade de cinco anos e acima para 1951; sete anos e acima para 2011.
[b] Baseado em linhas de pobreza nacionais aplicáveis antes do Relatório do Comitê Tendulkar (49 e 57 rupias por pessoa por mês a preços de 1973-4 nas áreas rurais e urbanas, respectivamente).
[c] 2004-5.
[d] 2007-8.

FONTE: Ver "Apêndice estatístico", tabela A.5. A estimativa da taxa de fecundidade para 1951 (estritamente falando, 1950-5) é da Divisão de População das Nações Unidas (2011). Na última linha, os números para 2007-8 são do Instituto Internacional de Ciências da População (2010a), tabela 2.8, e os números para 1951 são estimados a partir de dados de recenseamento apresentados por Vaidyanathan (1983), tabela 13.3.

significativas tenham ocorrido mesmo na arena política da hierarquia deve ser uma razão para acreditar que mais — muito mais — deveria ser possível. B. R. Ambedkar, o defensor dos discriminados social e economicamente (que não se negou a questionar os líderes nacionalistas indianos pela falta de compromisso com a "democracia econômica e social"), insistiu em afirmar que temos razão para buscar — em vez de desacreditar — o poder de "educar, agitar e organizar".[4] Como a democracia política da Índia concede muito espaço a tal compromisso, nenhuma proibição imposta pelo "sistema" pode ser responsabilizada por sua ausência ou timidez.

Nesse contexto, temos razão para nos alegrar com a maciça expansão de uma imprensa livre que vem ocorrendo desde a independência. Vamos argumentar, no decorrer do livro, que todavia existem grandes problemas nos meios de comunicação indianos, mas essas limitações não resultam da censura governamental nem da ausência de uma rede suficientemente grande de jornalismo impresso, oral ou visual. A Índia pode se orgulhar da sua gigantesca circulação de jornais (a maior do mundo) e de um vasto e ativo fluxo de coberturas de rádio e televisão, apresentando — entre outras coisas — inúmeras análises diferentes da política em curso (muitas delas 24 horas por dia). Com certeza, trata-se de uma espécie de triunfo da oportunidade democrática — em certo nível —, que adiciona bastante força ao trabalho de outras instituições democráticas, como as eleições livres e multipartidárias.

Os problemas dos meios de comunicação, os quais logo abordaremos, dizem respeito à falta de um envolvimento sério no diagnóstico de significativas injustiças e ineficiências na vida econômica e social da população, e também à ausência de um jornalismo de alta qualidade, com algumas honrosas exceções, que trate do que poderia melhorar as condições de carência e limitação de muitas pessoas no país — por vezes a maioria delas —, preferindo apresentar uma imagem açucarada dos privilegiados e bem-sucedidos. Nesse caso, há certamente uma necessidade de mudança política e social, o que vamos discutir (em especial nos capítulos 7-9) neste livro. Caso enriquecesse o conteúdo da cobertura e as análises das notícias, a mídia indiana poderia ser transformada em um ativo importante na busca pela justiça, equidade e eficiência na Índia democrática.

UMA AGENDA INACABADA

Não é fácil negar os números das conquistas da Índia, mas eles revelam toda a história? Uma imagem agradável de um país avançando em marcha rápida rumo ao desenvolvimento com justiça de forma nenhuma seria um relato abrangente, ou mesmo equilibrado, do que realmente está acontecendo: na verdade, longe disso. Há inúmeras deficiências e falhas importantes — algumas delas gigantescas —, embora grupos privilegiados e sobretudo a mídia festiva estejam muitas vezes inclinados a ignorá-las. Também temos de reconhecer com clareza que a negligência — ou a minimização — desses problemas na argumentação pública é tremendamente custosa, pois a retificação democrática depende em grande parte da compreensão e da discussão, em todos os níveis, dos sérios problemas que precisam ser resolvidos.

Visto que o histórico recente de rápido crescimento econômico da Índia é muitas vezes celebrado, e com razão, é extremamente importante apontar para o fato de que o alcance social do progresso econômico na Índia tem sido limitadíssimo. Não apenas a distribuição de renda foi ficando cada vez mais desigual nos últimos anos (uma característica que a Índia compartilha com a China), mas também o rápido aumento dos salários reais na China, do qual as classes trabalhadoras se beneficiaram grandemente, não é correspondido de modo nenhum pelos salários reais no país, que enfrentam relativa estagnação. Não menos importante, a receita pública gerada pelo rápido crescimento econômico não foi usada para expandir a infraestrutura física e social de uma forma sistemática e bem planejada (nesse aspecto, a China deixou a Índia bem para trás). Também há um contínuo déficit de serviços sociais essenciais (desde escolarização e atendimento de saúde até o fornecimento de água potável e sistema de drenagem) para grande parte da população. Como discutiremos adiante, embora a Índia tenha ultrapassado outros países no crescimento de sua renda real, foi superada em termos de indicadores sociais por muitos desses mesmos países, até mesmo dentro da própria região do sul da Ásia (trataremos dessa questão com mais detalhes no capítulo 3, "A Índia em perspectiva comparada").

Para apontar apenas um contraste, apesar de a Índia ter significativamente alcançado a China no quesito crescimento do PIB, seu progresso tem sido bem mais lento que o da China em termos de indicadores como longevidade, alfabetização, desnutrição infantil e mortalidade materna. No próprio sul da Ásia, a economia muito mais pobre de Bangladesh alcançou a Índia e a ultrapassou em diversos indicadores sociais (incluindo expectativa de vida, imunização de crianças, mortalidade infantil, desnutrição infantil e escolaridade das meninas). Mesmo o Nepal vem se aproximando da Índia, pois passou a exibir muitos indicadores sociais semelhantes, apesar de o seu PIB per capita ser apenas cerca de um terço do indiano. Se vinte anos atrás a Índia costumava ocupar a segunda melhor posição em indicadores sociais entre os seis países do sul da Ásia (Índia, Paquistão, Bangladesh, Sri Lanka, Nepal e Butão), hoje aparece na segunda pior posição (à frente apenas do Paquistão, país sobrecarregado de problemas). A Índia foi subindo vários degraus em termos de renda per capita enquanto escorregava ladeira abaixo nos indicadores sociais.

Considerando os objetivos de desenvolvimento e equidade que a Índia defendeu enquanto lutava pela independência, estamos certamente diante de uma enorme falha. Além de a nova renda gerada pelo crescimento econômico vir sendo distribuída de maneira bastante desigual, também os recursos recém-criados não têm sido utilizados como deveriam para aliviar as carências sociais gigantescas dos oprimidos. As pressões democráticas, como discutiremos em capítulos posteriores, partiram para outras direções, em vez de corrigir as principais injustiças que marcam a Índia contemporânea. Há muito trabalho a ser realizado, tanto fazendo bom uso dos frutos do crescimento econômico para melhorar as condições de vida das pessoas como reduzindo as enormes desigualdades que caracterizam a economia e a sociedade indianas. Manter — e se possível aumentar — o ritmo do crescimento econômico terá de ser apenas parte de um compromisso maior, bem maior.

ENERGIA E INFRAESTRUTURA

Se a manutenção de gigantescas disparidades na vida de indianos de diferentes origens é um grande problema, que exige muito mais debate público e compromisso político, outro certamente é um fracasso em larga medida em termos de governança e organização. Os indianos enfrentam essa questão, de uma forma ou de outra, todos os dias, mesmo que a consciência global da extensão dessa falha sistêmica surja apenas de modo intermitente, como aconteceu quando, em 30 e 31 de julho de 2012, um blecaute suspendeu o fornecimento de eletricidade de metade do país, prejudicando a rotina de 600 milhões de pessoas. Um caos organizacional intolerável somou-se a uma terrível desigualdade: um terço desses 600 milhões nunca havia tido acesso à energia elétrica (um vislumbre da desigualdade que caracteriza a Índia moderna), enquanto dois terços ficaram sem eletricidade sem nenhum aviso (um exemplo da desorganização do país).

Há uma inadequação gigantesca no funcionamento do setor elétrico na Índia, e o blecaute foi uma manifestação óbvia. Persistentes quedas de energia (ou "rejeição de cargas",* nome dado à "gestão" das falhas no lugar de seu saneamento) ocorrem dia sim, dia não em diversos lugares do país, sem receber muita atenção fora da comunidade afetada, para quem esses apagões não são menos importantes que o gigantesco blecaute de 2012, o qual chamou a atenção do mundo todo. E, tal como observado, cerca de um terço da população da Índia não tem acesso à eletricidade — número que na China é de 1%.[5]

O estado deplorável do setor elétrico é apenas parte do grande fracasso da Índia em suprir a necessidade de uma boa infraestrutura física. Deficiências semelhantes podem ser vistas no abastecimento de água, sistema de drenagem, descarte do lixo, transporte coletivo e em uma série de outros campos. Em geral, a infraestrutura física do país é uma bagunça, assim como a social, e não parece haver nenhuma grande solução à vista (abordaremos essa questão com mais detalhes no capítulo 4, "*Accountability* e corrupção"). Também nesse quesito, o contraste com a China não poderia ser mais nítido. Atualmente são abundantes os apelos para que o país siga o exemplo chinês e se livre dos problemas associados à infraestrutura deficiente (e de fato há muito a aprender com a China), mas, apesar de esse conselho ressoar em toda parte, quem os oferece muitas vezes imagina e retrata uma China que na verdade não existe. Por exemplo, com frequência se argumenta que o governo indiano deve sair do setor elétrico, supostamente como fez o governo chinês, possibilitando que a Índia também possa "privatizar e florescer"! A iniciativa privada pode, de fato, desempenhar um papel importante na geração, transmissão e distribuição de energia (sobretudo quando existe concorrência), mas isso exige coordenação e envolvimento por parte do Estado, tendo em vista que algumas das tarefas que o setor de energia precisa cumprir (tais como o estabelecimento de conexões em áreas remotas a um pesado custo) podem resultar em pouco — ou nenhum — dinheiro.

---

* "Load shedding", termo usado pelo autor, é tecnicamente um descarte automático de cargas pelo sistema elétrico, programado para evitar sobrecarga. Trata-se, assim, de uma limitação seletiva de cargas da qual resulta a transmissão de energia elétrica por apenas algumas linhas de abastecimento, em detrimento de outras. (N. T.)

Para começar, a entrega do setor elétrico para a iniciativa privada não foi, na verdade, o que aconteceu na China. Tanto lá como na Índia, o setor de energia é controlado pelo Estado, e ambos os países fazem uso do setor privado para realizar parte do trabalho. A diferença está em outro fator — na forma como as empresas estatais e o planejamento operam na China, e no fato de que a China tem investido muito mais no setor do que a Índia, tanto em termos absolutos como em percentual do PIB (mais que o dobro). Uma observação semelhante aplica-se a inúmeras outras atividades de infraestrutura: o principal contraste entre China e Índia encontra-se mais na eficácia e *accountability* da gestão pública do que na extensão da privatização.

Correndo o risco de simplificação, pode-se argumentar que os principais aspectos nos quais a agenda para a "democracia política, econômica e social" (muito enfatizada quando a Índia se tornou independente) permanece inacabada dizem respeito a duas áreas: (1) a permanente *disparidade* entre a vida dos privilegiados e o resto, e (2) a persistente *inépcia e ausência de accountability* na forma como a economia e a sociedade indianas são organizadas. Dependendo da nossa visão política mais ampla, podemos, é claro, ter outras preocupações também, e acreditar que muito ainda seja possível hoje e no futuro.* No entanto, é difícil negar a necessidade urgente de enfrentar essas enormes disparidades e deficiências, seja qual for a maneira como o analista defina sua posição política.** Nos capítulos a seguir, trataremos bastante das deficiências identificadas.

---

* Para uma discussão útil sobre a relação entre "objetivos" e "visões", ver Noam Chomsky (1999), capítulo 4.
** A busca da justiça como um exercício prático tem que ser diferenciada de uma investigação mais teórica sobre um mundo perfeitamente justo aqui e agora (sobre isso, ver Sen, *A ideia de justiça*, 2009). Acordos sobre a necessidade da "abolição da escravatura" surgiram no final do século XVIII e início do XIX, em consonância com os argumentos apresentados por Condorcet, Adam Smith, Mary Wollstonecraft e outros, apesar de todos os defensores aceitarem que, mesmo depois desse grande passo, o mundo ainda estaria longe de ser idealmente justo. A viabilidade de algumas mudanças vistas como "realizadoras de maior justiça" fornece um argumento poderoso para a implementação delas, sem interferir em outras que podem ser necessárias na busca de uma justiça ainda maior, e que podem se tornar viáveis no futuro próximo ou no longo prazo. Além disso, podemos concordar com a correção de algumas mudanças como "realizadoras de maior justiça", mesmo quando pessoas diferentes tenham visões bastante distintas da sociedade idealmente justa que buscam.

A PRÁTICA DA DEMOCRACIA

A comparação Índia-China é particularmente importante em termos da vantagem da China sobre a Índia em várias das áreas centrais do desenvolvimento — incluindo seu êxito muito maior no estabelecimento de uma infraestrutura física e social, que proporciona uma enorme contribuição para o desenvolvimento econômico e social. Há, de fato, para os indianos, bastante coisa interessante a aprender com o que está acontecendo na China. Com efeito, comparações de indicadores sociais padrão amplamente utilizados em comparações internacionais, tais como aqueles cobertos pelos *Relatórios de desenvolvimento humano* da ONU, ou pela lista dos *Objetivos de desenvolvimento do milênio*, tendem a favorecer quase inteiramente a China em relação à Índia, e esse contraste — e não apenas a vantagem no crescimento do PIB per capita — nos diz algo de considerável importância para os esforços de desenvolvimento na Índia.

No entanto, aqui existe uma necessidade de alguma cautela também, já que muitos interesses dos indianos — assim como dos chineses — não estão contemplados nas tabelas comparativas de indicadores sociais ou taxas de crescimento. A maioria dos indianos parece valorizar a estrutura democrática do país, inclusive a política multipartidária, as eleições livres sistemáticas, os meios de comunicação em grande medida sem censura, a garantia substancial de liberdade de expressão e a posição independente do Poder Judiciário, entre outras características de uma democracia viva.[6] Aqueles que ainda criticam o funcionamento das instituições democráticas indianas (e certamente estamos entre eles) não podem negar que há um grande contraste entre o que a Índia já foi capaz de alcançar e o que muitos países, incluindo a China, têm realizado até agora na prática da democracia.

Não só o acesso à internet e à opinião pública internacional é sem censura e irrestrito na Índia como também há um vasto conjunto de meios de comunicação apresentando pontos de vista amplamente diferentes, com frequência bastante críticos ao governo em exercício.[7] Conforme mencionado, os jornais da Índia também refletem perspectivas políticas muitíssimo contrastantes, embora existam lacunas importantes que ainda precisam ser preenchidas. O crescimento econômico tem ajudado bastante a ampliar o acesso da população à comunicação de massa (incluindo rádio, televisão e internet) em todo o país, em zonas rurais e urbanas, complementando satisfatoriamente a disponibilidade de notícias livres de censura e a discussão crítica sem restrições.

A liberdade de expressão tem valor em si mesma, e é algo que a maioria das pessoas aprecia. Mas trata-se também de um importante instrumento para a política democrática, que reforça a participação potencial — e real — das pessoas. O interesse na participação política e social hoje parece se estender até as partes mais pobres da população indiana.[8] Há outras questões também em torno das diferenças políticas e jurídicas entre a Índia e a China, tais como o uso de julgamento e punição, incluindo a pena capital, consagrada por lei. A China costuma executar mais gente em uma única semana do que a Índia em todo o período desde sua independência, em 1947.[9] Se o nosso foco estiver em comparações abrangentes entre a qualidade de vida na Índia e na China, temos de dirigir nosso olhar para além dos tradicionais indicadores sociais. E há aqui razões para apreciar o que a Índia tem sido capaz de alcançar, ainda que exijamos mais da prática da democracia no país.

Devemos, no entanto, olhar também para o que a Índia não conseguiu realizar, e questionar se as liberdades democráticas são compatíveis com a extensão das conquistas para cobrir essas lacunas. Por exemplo, recentemente tem havido uma boa dose de discussão e agitação sobre a prevalência generalizada da corrupção na Índia. Trata-se, sem dúvida nenhuma, de um grande fracasso, mas seria tolice atribuir essa falha à democracia; na verdade, muitos países não democráticos (incluindo a China) são afetados por uma enorme corrupção. Da mesma forma, o problema não pode ser erradicado pela busca de meios não democráticos de justiça sumária (a exemplo da punição severa organizada às pressas para os corruptos), como às vezes se propõe. Não é preciso abandonar o processo legal a fim de atender às demandas da maioria dos indianos em favor de se estender, de modo mais abrangente, a *accountability* democrática aos culpados de corrupção (mais sobre isso no capítulo 4).

A mídia pode dar uma contribuição enorme para esse importante desafio, ajudando a destacar as queixas genuínas do povo, em vez de negligenciar amplamente as violações de regras e normas, como costumava ser o caso até pouquíssimo tempo (e ainda acontece com frequência quando as transgressões ocorrem longe dos holofotes). Há também a relevante questão da suscetibilidade à corrupção que afeta sistemas específicos de administração, por meio dos quais funcionários públicos e dirigentes de empresas têm o poder de oferecer favores em troca de alguma gratificação, sem serem expostos ou penalizados por suas infrações. Nesse sentido, o chamado "Raj das Licenças" promoveu de forma desmedida uma cultura de corrupção.* Muitos desses problemas podem ser resolvidos por reformas institucionais, mas há necessidade de alguma alteração nas normas comportamentais para que se elimine a aceitabilidade — para si e para os outros — da prática de corrupção. E essa também é uma questão na qual uma mídia provida de consciência social tem um papel a desempenhar. Nos aprofundaremos nessas questões mais adiante: o ponto aqui é chamar a atenção para o problema da corrupção, que torna o fornecimento de serviços públicos e a operação dos mercados — além, obviamente, do exercício dos direitos democráticos — mais vulneráveis do que precisam ser.

A comparação entre Índia e China levanta ainda outra questão, a qual devemos comentar brevemente antes de encerrar este capítulo introdutório. Como a China tem se saído muito melhor do que a Índia, via de regra, na utilização do crescimento econômico para aprimorar os serviços públicos e a infraestrutura social, pode-se indagar se o sistema democrático da Índia é na verdade uma barreira para a aplicação dos frutos do crescimento econômico com o propósito de melhorar a saúde, a educação e outros aspectos do "desenvolvimento social". Ao responder a essa pergunta, é difícil evitar a sensação de nostalgia. Quando a Índia registrou taxas muito baixas de crescimento econômico, como foi o caso até a década de 1980, um argumento comum usado pelos críticos da democracia era que esse tipo de governo era hostil ao rápido crescimento econômico. Era difícil convencer os críticos de que o crescimento depende do suporte do ambiente econômico, e não do ardor dos sistemas políticos. O debate sobre a oposição entre democracia e crescimento econômico ficou para trás (o que se deveu sobretudo às altas taxas de crescimento da Índia democrática), mas como avaliar o suposto

---

* A expressão "Licence Raj" foi cunhada em referência sarcástica a "British Raj", como os indianos chamaram o período de domínio imperial britânico na Índia. Abarcava um sistema de controle e regulamentação dos negócios por parte do novo governo indiano, o que em termos administrativos significava a exigência de licenças ou autorizações do governo para uma série de atividades, desde o estabelecimento de empresas até o controle da produção. Na prática, essa imensa burocracia centralizadora favorecia os grandes monopólios e oligopólios, além de institucionalizar a corrupção. Implementado em 1947, foi sistematicamente desmantelado a partir das reformas liberais e desregulatórias iniciadas em 1991. (N. T.)

conflito entre a democracia e o *uso* dos frutos do crescimento econômico para o progresso social?

O que um sistema democrático realiza depende em grande parte de quais questões são trazidas ao compromisso político. Algumas questões são extremamente fáceis de politizar, como a calamidade da fome (cuja recorrência tende a cessar de forma abrupta com a instituição de um sistema político democrático atuante), enquanto outras — menos imediatas e de menor visibilidade — proporcionam um desafio muito mais difícil. É bem mais complicado usar os meios democráticos para remediar a subnutrição não extrema, ou persistentes desigualdades de gênero e de casta, ou a ausência de assistência médica para todos, e o sucesso ou o fracasso nesses casos depende significativamente do alcance e do vigor da prática democrática.[10] No entanto, tem havido um progresso considerável na conduta de algumas dessas questões, tais como aspectos específicos da desigualdade de gênero, por meio de uma prática da democracia de alguma forma aprimorada nos últimos anos. Mas ainda existe um longo caminho a ser percorrido para admitirmos todos os percalços e injustiças sociais a que muitos indianos são submetidos de forma persistente.

Na China, o processo decisório depende em grande medida de decisões de gabinete, tomadas por líderes políticos, sujeitos a uma pressão democrática relativamente pequena. O fato de os líderes chineses, apesar de seu ceticismo sobre os valores da democracia e da liberdade, terem assumido um forte compromisso com a erradicação da fome e do analfabetismo, sem dúvida, ajudou no avanço econômico e social da China. Existe, no entanto, uma fragilidade severa nesse processo, uma vez que pouco poderá ser feito caso os líderes do governo alterem sua prioridade em uma direção contraproducente. A realidade desse perigo revelou-se de forma catastrófica na epidemia chinesa de fome de 1959-62, que matou pelo menos 30 milhões de pessoas, quando o regime não conseguiu entender o que estava acontecendo e não havia pressão pública contra suas políticas, como teria acontecido em uma democracia efetiva. Os erros políticos se acumularam ao longo desses três anos de fome devastadora. Tal fragilidade tornou a ser vista com as reformas econômicas de 1979, que melhoraram a eficiência da agricultura e da indústria chinesas, mas também envolveram um enorme recuo do princípio de cobertura universal dos cuidados de saúde, sobretudo em áreas rurais. Como o machado caiu sobre o "sistema médico cooperativo rural", a proporção da população do campo abrangida por serviços de saúde gratuitos ou fortemente subsidiados caiu para 10% ou menos em questão de poucos anos.

Tais fragilidades são inevitáveis em um sistema autoritário, no qual políticas de amparo e proteção social de repente podem mudar, a depender da política do poder exercido no topo. Um direito adquirido ao atendimento de saúde não poderia ter sido tão facilmente — e tão rapidamente — subtraído numa democracia. A subtração do direito universal aos cuidados médicos reduziu de maneira drástica o progresso da longevidade na China, e a larga vantagem chinesa sobre a Índia em termos de expectativa de vida diminuiu ao longo das duas décadas seguintes, caindo de catorze anos a mais para apenas sete. No entanto, as autoridades chinesas por fim vieram a reconhecer o valor do que havia sido perdido, e reintroduziram o seguro social de saúde em grande escala (com novos arranjos, incluindo o "novo regime de cooperativa de assistência médica") desde 2004 aproximadamente.[11] A China tem hoje uma proporção muito maior do que a Índia de pessoas com acesso à saúde garantido (mais de 90%). A diferença na expectativa de vida a favor da China vem aumentando de novo, e o alcance da cobertura de saúde é claramente fundamental para essa diferença.

Dado seu sistema político, a Índia tem de cultivar a participação democrática exigindo cuidados universais de saúde e também uma solução para essa negligência de longa data. Isso significa pressionar o governo em exercício, mas também fazer dessas prioridades parte das reivindicações da oposição, uma vez que os governos, em especial um constituído por uma coalizão, como o que hoje se encontra em Nova Delhi, precisam responder às prioridades definidas por pressões políticas e demandas públicas, as quais podem assumir formas amplamente diversas, todas concorrendo pela atenção e pelos recursos governamentais. Cultivar a participação democrática pode ser uma tarefa mais difícil do que convencer um punhado de líderes políticos da necessidade de uma mudança. Mas, se uma norma dessa natureza é estabelecida democraticamente, torna-se menos sujeita à fragilidade a que todas as decisões autoritárias restam vulneráveis. A fim de alcançar a China na cobertura de saúde e ultrapassá-la em termos de resiliência, a Índia precisa fazer um uso muito melhor do sistema democrático do que faz hoje. O mesmo pode ser dito da prioridade à educação básica para todos.

Ao lidar com a multiplicidade de seus problemas, para a Índia pode haver uma tentação de — mas não uma séria razão para — abandonar ou reduzir seu longo compromisso com a democracia, pelo qual tantas pessoas têm lutado e que tanto bem já fez ao país. É profundamente decepcionante que não se tenha feito um uso melhor das oportunidades oferecidas por uma democracia política e uma sociedade livre para resolver os problemas que tantos indianos continuam a enfrentar. É importante reconhecer que o sucesso de uma democracia depende, em última análise, do vigor de sua prática, e esse será um dos principais pontos focados neste livro.

O apelo de Ambedkar para "educar, agitar e organizar" (que citamos anteriormente) é possível em uma democracia de uma forma que é impossível na sua ausência. Mas, como Ambedkar argumentou também, organização e agitação precisam ser baseadas em uma argumentação adequada e bem informada. O primeiro item em seu apelo — "educar" — é importante aqui. Como ficará claro à medida que o livro prossegue, nos inspiramos muito na visão de Ambedkar da participação pública informada e arrazoada. A tarefa mais importante não é tanto descobrir uma "nova Índia", mas contribuir para realizá-la.

2. A integração entre crescimento e desenvolvimento

Em junho de 2012, um de nós foi convidado por dois jornalistas para falar sobre o crescimento econômico em duas partes diferentes do mundo. Um dos jornalistas, de Paris, pediu um comentário sobre o "maravilhoso fato" de que a zona do euro tivera um crescimento econômico nulo no primeiro trimestre de 2012 (detendo a queda do PIB da região registrado um trimestre antes); o outro, de Nova Delhi, buscava uma resposta para "as desalentadoras cifras sobre o crescimento" na Índia — uma expansão "de apenas 6,2 %" em relação ao ano anterior. Enquanto a "boa notícia de crescimento zero" na zona do euro era muito aplaudida na Europa, a mídia indiana preocupava-se com a lentidão "alarmante" do crescimento econômico na Índia — o declínio das taxas anteriores de 8% ou 9% ao ano para uma cifra alguns pontos percentuais menor. Sem dúvida, o termo "desalentadoras" expressa um conceito relativo.

A moderação do crescimento econômico, se é que podemos chamá-la assim, tem sido uma característica marcante da economia mundial nos últimos anos, e certamente não deixou intocada a Índia, somando-se aos problemas internos do país, que também contribuíram para a desaceleração. Durante 2011-2 (o último período completo de doze meses antes de concluirmos este livro), a Índia continuou a apresentar, entre todas as grandes economias do mundo, o segundo crescimento econômico mais acelerado (praticamente igualado pela Indonésia), ficando atrás, por uma diferença mínima, apenas do líder do grupo, a China, que também havia experimentado uma queda em sua taxa de crescimento. A Índia e a Indonésia foram seguidas no ranking do crescimento por Japão, México, Rússia e Coreia do Sul, entre as outras grandes economias do mundo (a Europa, como se poderia esperar, está na extremidade oposta da escala, com os Estados Unidos apresentando uma taxa apenas um pouco maior). O crescimento do Brasil, com seu desempenho estelar no campo econômico em determinado momento (e, mais recentemente, em outros campos; trataremos mais disso no próximo capítulo), agora caiu para 0,8%.[1]

Ainda assim, há bons motivos para considerar a desaceleração do crescimento econômico da Índia um motivo de preocupação. Embora "desalentadora" dificilmente seja uma descrição apropriada, é correto repensar o que pode ser feito ao longo do tempo para remediar essa relativa desaceleração. O crescimento econômico é de fato importante, não por si mesmo, mas pelo que permite a um país fazer com os recursos gerados, ampliando tanto os rendimentos individuais como a receita pública, a qual pode ser usada para atender a compromissos sociais. Tivessem os países europeus optado pelo crescimento em vez de escolherem a inoportuna austeridade no auge da recessão, a receita pública gerada teria ajudado a pôr suas finanças públicas em ordem, sem comprometer maciçamente o grande compromisso europeu com a prestação de serviços públicos essenciais, que tem sido uma fonte de inspiração para outras partes do mundo — de Cingapura ao Brasil. A Índia, tal como a Europa, carrega um déficit considerável, mas decididamente — e acreditamos que de maneira acertada — não sucumbiu ao canto da sereia da austeridade imediata, mantendo assim a rápida expansão da sua economia e uma situação financeira até certo ponto robusta.[2] No longo prazo, é claro, as finanças públicas da Índia precisam ser corrigidas, o que o país deve ser capaz de realizar, fazendo uso da liberdade financeira que o alto crescimento gera. Porém, o importante a reconhecer é que na Índia os serviços públicos exigem uma expansão de longo alcance (como será em breve discutido) e que também é crucial aumentar a renda individual dos pobres.

De ambas as perspectivas, manter uma economia com alto crescimento é um objetivo importante, juntamente com a garantia de bom uso da receita pública gerada. Também é essencial, sem dúvida, prestar atenção ao caráter do processo de crescimento, incluindo sua equidade e sustentabilidade. Voltaremos a esse ponto em breve.

UMA BREVE HISTÓRIA DO CRESCIMENTO ACELERADO

Desde quando a Índia possui uma história de rápido crescimento econômico? Na verdade, a Índia é uma novata entre os velocistas. Pablo Picasso certa vez observou: "Começamos a ficar jovens aos sessenta anos". Algo bem semelhante parece estar acontecendo com a economia indiana nos últimos anos. Há muito mais sinais de vida na economia do país hoje do que quando a independência política foi concedida à antiga colônia britânica, em 1947, após a qual sua inflexível economia moveu-se a um ritmo insistentemente lento — cerca de 3,5% ao ano — por quase três décadas. Em algumas ocasiões, esse número foi chamado de "taxa hindu de crescimento", ainda que o hinduísmo não tivesse nada a ver com isso, mas sim as políticas públicas.* A debilidade do ritmo econômico apresentava nítido contraste com a velocidade com que a mudança política ocorreu na recém-estabelecida república: da noite para o dia, a Índia tornou-se aquilo pelo que o movimento de independência havia lutado, isto é, uma democracia — o primeiro país pobre do mundo a implementar uma democracia em grande escala, que em pouco tempo se transformou em uma democracia realmente efetiva.

Como observado no capítulo anterior, uma vez que o PIB indiano antes da independência estava na maior parte do tempo estagnado, e por vezes declinante, mesmo o crescimento econômico de 3,5% ao ano nas décadas imediatamente posteriores à independência foi na verdade um grande salto. Mas o fato é que 3,5% ao ano (traduzindo-se, àquela época, em algo como 1,5% ao ano em termos per capita) é um ritmo dolorosamente lento para o propósito de rápido desenvolvimento e redução da pobreza. A modéstia do crescimento econômico indiano, partindo dos anos 1950 e alcançando a década de 1970, deu lugar a uma considerável aceleração na década de 1980, com uma taxa de expansão de 5% ao ano. E, em seguida, na sequência das reformas econômicas do início da década de 1990 (conduzidas por Manmohan Singh, então minis-

---

* A constância aparente da taxa de crescimento (em torno de 3,5%) durante essas três décadas se aplica somente quando as taxas de crescimento são consideradas por década. Vista ano por ano, ela de fato varia muito, e também foi um pouco maior na primeira metade dessas três décadas do que na segunda, especialmente se as taxas de crescimento forem consideradas em termos per capita (ver também a tabela 2.1).

tro das Finanças e agora primeiro-ministro da Índia), a economia acomodou-se em um progresso mais acelerado, estabelecendo uma nova norma de crescimento rápido, muito perto do topo do ranking mundial. A robustez do elevado crescimento na Índia está, sem dúvida, relacionada às reformas econômicas da década de 1990, que construíram uma base sólida para sua continuidade. Após oscilar entre 5% e 6%, a taxa de crescimento deslocou-se para um patamar superior a 7% e depois subiu mais, chegando a ultrapassar os 9% durante vários anos (entre 2005 e 2008). Considerando a pobreza de longa data, uma fase de rápido crescimento econômico foi com certeza necessária, e apesar da recente desaceleração (o que ainda deixa a Índia na segunda posição entre as grandes economias do mundo com crescimento mais acelerado), o país claramente fez enormes progressos nesse sentido.

A necessidade de um rápido crescimento está longe de acabar, já que a Índia, depois de duas décadas, ainda é um dos países mais pobres do mundo. De fato, como será discutido no próximo capítulo, a renda real per capita na Índia permanece menor do que na maioria dos países fora da África Subsaariana. O quadro é ainda pior se nos concentrarmos na qualidade de vida da parcela mais desfavorecida da população indiana, centenas de milhões de pessoas para quem continuam a faltar os requisitos essenciais para uma vida satisfatória, de alimentos com valor nutricional suficiente para manter a saúde a condições dignas de trabalho e roupas quentes no inverno. É improvável que o crescimento por si só acabe com esses problemas, pelo menos dentro de um período de tempo razoável, mas inegavelmente é muito mais fácil corrigir tais deficiências em uma economia em crescimento. O potencial da Índia para o alto crescimento econômico é decerto um trunfo importante para o desenvolvimento do país, e os esforços para aprimorar seu desempenho devem se manter como uma prioridade relevante, combinados com a garantia de que o crescimento seja utilizado para melhorar as condições de vida da população.

O PASSADO E O PRESENTE

Como a Índia se tornou tão pobre, aliás, um dos países mais pobres no mundo? Ironicamente, não é preciso invocar nenhuma época de ouro mítica de um passado imaginado para conceber um momento em que a Índia não era

— nem era considerada — mais pobre do que a maioria dos outros países. Longe disso, na verdade. Adam Smith tinha a Índia em geral, e em particular Bengala, como uma das regiões mais prósperas do globo. Ele dedicou algum espaço em *A riqueza das nações* (1776) para explicar as raízes da relativa prosperidade da Índia, que atribuía principalmente a seu florescente sistema de comércio, utilizando-se de seus rios navegáveis. Havia de fato ligações comerciais estabelecidas desde muito tempo, remontando a quase 2 mil anos, dentro de suas fronteiras e além delas. Entre outros relatos, temos a interessante descrição da prosperidade — baseada no comércio — da região apresentada por Cláudio Ptolomeu, o pioneiro geógrafo do século II d.C., que escreveu sobre partes da economia indiana com algum detalhe e identificou uma série de vilas e cidades envolvidas no rentável mercado interno do país e também eram ativas no comércio com outras nações. Plínio, o Velho, também forneceu descrições da economia aberta e florescente dessa região.[3]

Quando a Companhia das Índias Orientais deu início — com a batalha de Plassey, em Bengala, em 1757 — ao que progressivamente se tornaria o vasto império indiano da Grã-Bretanha, a região era famosa por suas exportações industriais, sobretudo de tecidos diversos. Embora Adam Smith tenha observado que Bengala era "província do Industão, que comumente exporta a maior quantidade de arroz", o autor em seguida afirmou que a região "sempre fora mais notável pela exportação de uma grande variedade de produtos manufaturados do que de grãos".[4] A montante dos assentamentos da Companhia das Índias Orientais no Ganges, havia outros centros comerciais onde mercadores de Portugal, Países Baixos, França, Dinamarca, Prússia e outras nações europeias estavam ativamente envolvidos, entre outros canais de comércio, com a exportação de manufaturados indianos para a Europa e outros lugares. A competitividade e qualidade das exportações indianas eram motivo de preocupação para os fabricantes europeus. Na Grã-Bretanha em particular, antes do estabelecimento do domínio britânico na Índia, houve várias leis do Parlamento que proibiam o uso de produtos têxteis indianos.

Será que os trabalhadores indianos em estabelecimentos industriais desfrutavam de um padrão de vida compatível com a formidável reputação da Índia como grande exportadora? É difícil responder a um questionamento desse tipo, dadas a escassez de informações e a complexidade das comparações entre as condições de vida. Mas as comparações de salários e preços parecem indicar que as remunerações reais do trabalhador indiano — e, claro, de artesãos qualificados — em regiões economicamente ativas não eram menores (na verdade, por vezes, eram superiores) do que aquelas então praticadas no caso de grupos com ocupações correspondentes em muitos países europeus. Por exemplo, a comparação feita por Prasannan Parthasarathi entre salários reais de meados do século XVIII, em termos de equivalente em peso de grãos, mostra que os salários na tecelagem variaram entre 18 e 63 quilos de grãos por semana na Grã-Bretanha, mas os salários correspondentes de tecelões indianos eram de 24 a 61 quilos de grãos por semana em Bengala, e entre 29 e 72 quilos de grãos semanais no sul da Índia.[5]

Assim como não é necessário inventar uma época de ouro imaginária para reconhecer a prosperidade relativa da Índia pré-colonial, não é preciso ser um nacionalista agressivo para recontar o rápido declínio da posição da economia indiana durante o Raj britânico. Adam Smith atribuiu o início da decadência econômica do domínio britânico na Índia a "algumas imprudentes restrições impostas pelos servidores da Companhia das Índias Orientais", às quais relacionou também a epidemia de fome em Bengala em 1770.[6] O declínio continuou durante todo o século XIX, acompanhado por várias outras mudanças que ocorriam na Índia britânica (incluindo algumas muito positivas, como o estabelecimento de uma imprensa moderna e o compartilhamento do novo conhecimento científico que emanava do Iluminismo europeu). A retração e o declínio econômico foram implacáveis até a primeira metade do século XX.

Com efeito, em longos períodos durante o domínio britânico, a renda real per capita da Índia *encolheu*. Quando houve crescimento, foi tão moderado que ficar para trás de outros países não significou um problema. O estudo detalhado de S. Sivasubramonian sobre a "renda nacional da Índia no século XX" calcula a taxa de crescimento anual per capita indiana em cerca de 0,1% entre 1900-1 e 1946-7. O crescimento foi positivo (embora pouquíssimo acima de zero) durante esse período porque o desalentador crescimento do PIB — e aqui queremos dizer "desalentador" mesmo — de 0,9% foi compensado por uma baixa taxa de crescimento populacional (0,8%), refletindo as altas taxas de mortalidade que caracterizavam a Índia britânica.[7] E isso ocorreu em séculos ao longo dos quais as mudanças iniciadas pela Revolução Industrial elevaram as rendas reais e transformaram para melhor as condições de vida na Europa, América e até mesmo em algumas regiões da Ásia e América Latina.

CRESCIMENTO DESDE A INDEPENDÊNCIA

Considerando esse histórico, não é difícil entender por que a taxa de crescimento pós-independência, de mais ou menos 3,5% ao ano, parecia uma mudança positiva (ver tabela 2.1). No entanto, as políticas econômicas do início do período pós-independência não tiveram sucesso nem em acelerar a taxa de crescimento nem em produzir uma grande transformação nas condições de vida das pessoas. A evidência disponível sugere que não houve praticamente nenhuma redução da pobreza, em especial nas zonas rurais, na maior parte das três décadas que se seguiram ao lançamento do Primeiro Plano Quinquenal, de 1951.[8]

TABELA 2.1. TAXAS DE CRESCIMENTO DO PIB POR SETOR, A PREÇOS CONSTANTES

	Setor primário	Setor secundário	Setor terciário	PIB[a]
1900-1 a 1946-7	0,4	1,5	1,7	0,9 (0,1)
1950-1 a 1960-1	2,8	6,1	4,1	3,7 (1,8)
1960-1 a 1970-1	2,1	5,4	4,4	3,4 (1,2)
1970-1 a 1980-1	2,0	4,2	4,5	3,4 (1,2)
1980-1 a 1990-1	3,5	5,5	6,6	5,2 (3,0)
1990-1 a 2000-1	3,3	6,2	7,5	5,9 (4,0)
2000-1 a 2010-1	3,2	8,5	8,9	7,6 (6,0)

[a] Entre parênteses, a taxa de crescimento do PIB per capita (calculada subtraindo-se o crescimento populacional da taxa de crescimento do PIB).

FONTES: Sivasubramonian (2000), tabela 7.3, para o período pré-independência. As taxas de crescimento pós-independência foram calculadas (por regressão semilogarítmica) a partir de dados sobre o PIB a preços constantes de 2004-5, apresentados em Governo da Índia (2012a), tabelas A3 e A5. Sivasubramonian (2000), tabela 9.3, apresenta valores semelhantes para o início do período pós-independência, com base em uma série anterior do PIB, a preços constantes de 1948-9.

Foi certamente um grande fracasso, e somos obrigados a perguntar o que deu errado no período inicial do planejamento pós-independência.[9] Às vezes argumenta-se que os problemas da Índia derivaram de seu planejamento "socialista". As interpretações de "socialismo" são, é claro, muitas e variadas, mas, se esse diagnóstico pretende sugerir que a Índia estava seguindo o tipo de modelo de planejamento que caracterizou a União Soviética e outros países comunistas, reflete uma enorme confusão. Uma coisa com a qual os países comunistas — da URSS e China pré-reforma até o Vietnã ou Cuba — se comprometeram, apesar de toda a doutrinação política e dogmatismo, foi garantir sem demora a escolarização irrestrita e universal. Com efeito, quando Rabindranath Tagore foi à União Soviética em 1930, ele já notou o rápido progresso que estava sendo feito na educação da população, mesmo na "distante" Ásia soviética: "Ao pisar no solo da Rússia, a primeira coisa que chamou minha atenção foi que, na educação, pelo menos, os camponeses e as classes trabalhadoras fizeram um progresso tão grande nesses poucos anos que nada comparável aconteceu mesmo entre nossas classes superiores no decorrer dos últimos 150 anos".* A Índia socialista seguiu esse caminho? A resposta é que o país nada fez nesse sentido, de modo que três décadas de planejamento produziram pouquíssimo avanço nas oportunidades de escolarização das crianças indianas.

Na verdade, o primeiro Plano Quinquenal, iniciado em 1951 — apesar de favorável à necessidade da educação universitária, à qual manifestava forte apoio —, argumentou contra o ensino regular no nível elementar, privilegiando em vez disso o chamado sistema de "educação básica", construído com base na ideia extremamente romântica e bastante excêntrica de que as crianças devem aprender através de ofícios manuais autofinanciados.** O plano chegou a sustentar que "a tendência de abrir novas escolas primárias não deve ser incentivada e, tanto quanto possível, os recursos devem ser concentrados na educação básica e na melhoria e remodelação de escolas primárias existentes em linhas básicas".[10] De forma nada surpreendente, a ideia de substituir a escolarização apropriada pela chamada "educação básica" não repercutiu muito

---

* Rabindranath Tagore, *Letters from Russia* (1931, tradução inglesa, 1960), p. 108. A versão em inglês das cartas de Tagore foi proibida pelo Raj britânico logo após sua publicação — uma proibição que só seria suspensa depois da independência indiana.
** O projeto de "educação básica" foi inspirado pelas ideias pedagógicas de Mahatma Gandhi. Em suas próprias palavras: "O cerne da minha sugestão é que os ofícios manuais não devem ser ensinados apenas para o trabalho produtivo, mas para o desenvolvimento do intelecto dos alunos". Ele argumentou que o ensino da leitura e da escrita para as crianças antes de aprenderem ofícios manuais "dificulta seu crescimento intelectual". Ver Gandhi (1937a, 1937b).

bem na opinião pública. Contudo, isso não impediu que o segundo Plano Quinquenal (iniciado em 1956) reafirmasse que "toda a educação elementar tem que ser reorientada em linhas básicas". Com o tempo, o governo teve de ceder à demanda por um sistema de ensino adequado, mas a confusão conceitual sobre o papel das escolas acrescentou mais uma força regressiva à alocação insuficiente de dinheiro público para tornar o país proficiente em leitura e escrita e em matemática.

A esse respeito, os planejadores indianos estavam no polo oposto ao de seus pares comunistas — fosse em Moscou e Beijing (mesmo no período pré-reforma), fosse em Havana e na Cidade de Ho Chi Minh.* Todos valorizavam a educação escolar padronizada e universal, vista como um compromisso socialista fundamental (claramente afirmado no Manifesto Comunista), e nenhum deles permitiu que grandes populações de crianças permanecessem fora da escola por décadas a fio (apesar do estrago que fizeram em alguns outros campos da política econômica em nome do socialismo, para não mencionar a supressão de liberdades civis e políticas). Em termos de educação escolar, atribuir a enorme negligência do planejamento da Índia nesse período a um resultado de seu planejamento "socialista" seria deixar de observar o caráter nativo dessa insensatez. Foi uma insensatez nascida dos próprios indianos, em grande parte refletindo o preconceito da classe dominante — e da casta superior — contra a educação das massas.

Também é importante mencionar por alto que mesmo o planejamento econômico da Índia no início do período pós-independência não foi particularmente "socialista", e de maneira nenhuma era um planejamento no estilo soviético, como às vezes é sugerido. A Índia tentava o tipo de estratégia de desenvolvimento liderado pelo Estado que também estava sendo perseguida, de várias formas, por muitos outros países naquele momento, com resultados diversos, e que fora utilizada em inúmeros países europeus. A maior parte da economia (com a principal exceção do que se via como "ser-

---

* Curiosamente, eles também ignoraram o conselho de economistas com crença muito diferente, como Milton Friedman, que apresentou um esclarecedor "memorando para o governo da Índia", em 1955, no qual argumentou de maneira enfática que o planejamento indiano estava dando demasiada importância ao capital físico e negligenciando grosseiramente o "capital humano" (Friedman, 1955).

viços essenciais", tais como ferrovias, energia elétrica e água) estava firmemente concentrada no setor privado, e, embora o governo de fato tenha intervindo de várias maneiras, não houve nenhuma extensa nacionalização das indústrias, e muito menos grandes reformas fundiárias.[11] Isso não quer dizer que o planejamento desse período tenha sido um sucesso — não foi. Porém, a natureza da insensatez ou excentricidade envolvida não pode ser diagnosticada simplisticamente como "socialista".

A falha no planejamento econômico inicial foi maior em termos de infraestrutura social e indústrias terciárias do que nos campos da produção primária e secundária. De fato, as taxas de crescimento dos setores primário e secundário (grosso modo, agricultura e indústria, respectivamente) apresentaram ligeira *superioridade* nos quinze anos que se seguiram ao lançamento do primeiro Plano Quinquenal, em 1951, em relação aos quinze anos posteriores ao lançamento das reformas econômicas em 1991.[12] A taxa de crescimento do setor terciário foi mais lenta no primeiro período, assim como a do PIB; mas a taxa de crescimento do PIB de cerca de 4% ao ano naquele período inicial refletiu algum progresso real no todo, em particular no que os economistas clássicos costumavam chamar de "produção material". O crescimento poderia, naturalmente, ter sido muito mais rápido com uma estratégia econômica mais sensata, como foi, por exemplo, na Ásia Oriental na época, mas a noção disseminada de que o planejamento levara a economia indiana a um hiato no período de Nehru é tão difícil de comprovar como a crença de que ele buscou algum tipo de política econômica "socialista".

O período de moderado crescimento sustentado chegou a um fim abrupto em meados dos anos 1960 (mais precisamente, em 1965-7), quando a Índia foi atingida pelas piores secas prolongadas no século XX, logo após uma custosa guerra com o Paquistão em 1965. A produção agrícola caiu, e o crescimento do PIB foi negativo, como muitas vezes ocorria naquela época em anos de seca. Outras calamidades não estavam muito longe: mais uma guerra com o Paquistão em 1971 e um novo período de secas devastadoras em 1971-3. Durante um problemático intervalo de dez anos, de 1965-6 a 1974-5, o PIB per capita estagnou, e a produção agrícola per capita declinou.

Esse também foi um período de mudanças significativas das políticas econômicas. Nehru, que morreu em maio de 1964, tinha sido primeiro-ministro por mais ou menos dezessete anos de forma inconteste — o Partido do

Congresso não dispunha de um rival significativo, nem ele. Mas sua filha, Indira Gandhi (primeira-ministra de 1966 a 1977 em seu primeiro mandato), teve de enfrentar ferozes batalhas políticas dentro e fora do partido, nas quais as políticas econômicas cada vez mais vieram a desempenhar um papel instrumental.[13] Por exemplo, a nacionalização dos bancos comerciais em 1969, decisão tomada sem sombra de dúvida por razões políticas (que poderia ou não ter sido justificada por outros motivos), instalou um enorme aparato clientelista no comando governamental. Da mesma forma, as cotas de importação e licenças industriais foram usadas livremente para fins de "premiar os apoiadores, punir os adversários e conquistar os indecisos".[14] As coisas chegaram a um ponto em que, como Bimal Jalan observa, "mesmo a mais insignificante atividade econômica necessitava da aprovação específica do governo".* A medida teve efeitos desastrosos, que incluíram o sufocamento de iniciativas econômicas, bem como o aumento da corrupção e do abuso de poder. Se tudo isso era o desdobramento natural — e lógico — do quadro dirigista posto em prática desde a época de Nehru, ou se uma corrupção evitável das políticas que tinham sido razoavelmente eficazes em tempos pregressos (apesar da cegueira sobre a educação escolar), é uma questão de julgamento. O fato é que a economia e a população indianas pagaram um alto preço por essa transformação.

O panorama melhorou na década de 1980, quando a Índia experimentou sua segunda fase de aceleração do crescimento, ajudada por uma grande recuperação no setor agrícola. A chamada taxa hindu de crescimento (o que quer que isso significasse) tornou-se coisa do passado com o crescimento constante do PIB subindo para cerca de 5% ao ano naquela década. Além disso, foi também um período em que o crescimento foi relativamente equilibrado e equitativo. A Revolução Verde, lançada após as secas de 1965-7 para reduzir a dependência de ajuda externa mas adiada por novas secas no início dos anos 1970, começou a mostrar resultados: os rendimentos dispararam cerca de 30% em 1980 (contra menos de 10% em 1970), e o setor agrícola cresceu mais rápido do que nunca — a uma taxa superior a 3% ao ano. Aspecto igualmente significativo para a redução da pobreza, os salários na agricultura cresceram a uma

---

* Bimal Jalan (2012), p. 282. Como observa o autor, nesse período, "a política era o condutor principal da economia de Indira Gandhi" (p. 283).

taxa sem precedentes, de cerca de 5% ao ano em termos reais.[15] E pela primeira vez em décadas houve um declínio sustentado da pobreza, tanto em zonas urbanas como em áreas rurais.[16]

Os anos 1980, no entanto, também foram um período de crescentes déficits fiscais, déficits comerciais e dívida externa. Esses desequilíbrios se transformaram em uma grande crise em 1990, em parte devido ao aumento dos preços do petróleo e à interrupção de remessas do golfo Pérsico. A Índia esgotou suas reservas de divisas, a ponto de ter de penhorar ouro no Banco da Inglaterra para evitar o calote de sua dívida soberana. Seguiu-se um programa de ajuste estrutural, de início (em 1991-3) sob a rédea curta do Fundo Monetário Internacional e, posteriormente, sob os termos do próprio governo indiano: uma renovação antecipada de empréstimo foi descartada quando se sentiu que "as exigências do FMI em relação à prudência fiscal iam além do que a Índia poderia cumprir".[17]

Com o FMI à distância, o tratamento de choque (por exemplo, cortes generalizados nos gastos públicos, incluindo as despesas sociais) deu lugar a reformas econômicas mais graduais. Em termos de crescimento econômico, os resultados foram certamente impressionantes. Apesar de a taxa de crescimento do PIB não ter sido muito maior na década de 1990 como um todo do que na década de 1980 (ver tabela 2.1 na p. 38), ela melhorou após a fase de estabilização econômica (encerrada em 1993) e registrou um aumento considerável nos anos que se seguiram. O impacto das reformas sobre o crescimento econômico nesses anos foi sem dúvida uma conquista significativa.

O processo de reforma econômica tem sido bastante lento. Algumas reformas, entre as quais uma abertura maior ao comércio internacional e o relaxamento de controles internos, aconteceram relativamente cedo. Outras ocorreram muito mais tarde. E algumas ainda estão sendo debatidas, tais como a privatização de determinadas empresas públicas, reformas trabalhistas amplas e a permissão do investimento estrangeiro direto em setores específicos, para dar apenas alguns exemplos. Esse gradualismo com frequência é visto como irritante pelos defensores da reforma econômica, mas é condizente com um sistema democrático — várias dessas reformas, mesmo quando necessárias, exigem o debate público informado. Infelizmente, inúmeras vezes as discussões se dão em linhas muito convencionais, relacionadas às predisposições *gerais* de comentaristas que são "pró-mercado" ou "antimercado", quando a resolução de determinadas questões envolvendo políticas públicas demanda uma avaliação específica, caso a caso, de argumentos contrários e favoráveis. Mais importante ainda, o argumento a favor de reformas específicas deve ser julgado não apenas por seu impacto sobre o crescimento econômico, mas também — aliás, principalmente — por seus efeitos sobre a vida da população. Nós diríamos que um dos problemas fundamentais com as reformas econômicas da década de 1990 não está tanto no que elas procuraram fazer (e de fato fizeram com muito sucesso), mas no que nem sequer tentaram realizar, expandindo nesse processo algumas das tendências mais profundas do período pré-reforma.

Nos últimos anos, tem havido também um crescente reconhecimento da necessidade de amplas reformas de outro tipo — com o objetivo, por exemplo, de erradicar a corrupção, restaurar a *accountability* no setor público, promover a equidade social e a maior eficácia dos processos administrativos, judiciais e legislativos. Esses programas mais amplos não costumam ser vistos como intimamente ligados à reforma econômica, mas em última análise são todos parte de uma necessidade maior de revitalizar as instituições econômicas e sociais do país e garantir que contribuam mais para a melhoria de vida da população. Essas preocupações — bem como os problemas que representam e as oportunidades que oferecem — serão retomadas nos capítulos a seguir.

CRESCIMENTO DE QUÊ?

O desempenho de rápido crescimento econômico da Índia nas últimas décadas, em especial nos últimos dez anos mais ou menos, tende a causar certa empolgação, o que é compreensível. As condições de vida das "classes médias" (que costuma significar aproximadamente a camada dos 20% superiores da população distribuída por renda) têm melhorado bem além do que era esperado — ou do que poderia ser antecipado — nas décadas anteriores. Mas a história não é bem essa para muitos, como os puxadores de riquixá, os empregados domésticos ou os trabalhadores das olarias. Para esses e outros grupos desfavorecidos, o período de reforma não foi tão empolgante. Não que suas vidas não tenham melhorado em nada, mas o ritmo da mudança tem sido dolorosamente lento e quase não alterou suas condições abismais de vida.

Para ilustrar a questão, de acordo com dados da Pesquisa Nacional por Amostragem (NSS, na sigla em inglês), a despesa per capita média nas zonas rurais subiu a uma taxa baixíssima de cerca de 1% *ao ano* entre 1993-4 e 2009-10, e até mesmo em áreas urbanas a despesa per capita média cresceu apenas 2% ao ano nesse período.[18] As taxas de crescimento correspondentes da despesa per capita para famílias pobres em ambas as áreas teriam sido ainda menores, uma vez que houve uma crescente desigualdade dos gastos per capita naquele período.[19] Da mesma forma, houve forte desaceleração no crescimento dos salários agrícolas reais no período pós-reforma: de cerca de 5% ao ano na década de 1980 para aproximadamente 2% na década de 1990, e quase *zero* no início dos anos 2000 (ver também tabela 2.2). Foi só depois de 2006, quando a Lei Nacional de Garantia de Emprego Rural (NREGA, na sigla em inglês) entrou em vigor, que o crescimento dos salários agrícolas reais tornou a restabelecer-se, sobretudo para as mulheres.[20]

O crescimento dos salários reais em outros setores da economia tem sido também relativamente lento, em especial para os trabalhadores temporários ou (assim chamados) "não qualificados". O contraste com a China a esse respeito de fato impressiona. Segundo dados internacionais comparáveis da Organização Internacional do Trabalho, os salários industriais reais na China cresceram a uma surpreendente taxa de mais ou menos 12% ao ano na primeira década deste século, contra os cerca de 2,5% ao ano na Índia.[21] Há alguma possibilidade de exagero nos números oficiais chineses, mas muitos estudos independentes corroboram o fato de que os salários reais na China vêm aumentando rapidamente ao longo dos últimos vinte ou trinta anos (ver gráfico 2.1).[22] Na Índia, por outro lado, a taxa de crescimento dos salários reais foi muito menor do que a do PIB per capita no mesmo período. Por conseguinte, houve um declínio acentuado na participação dos salários no valor agregado (ver gráfico 2.2).[23]

Esses fatos podem surpreender alguns daqueles que estão acostumados a olhar as estimativas oficiais de pobreza para avaliar a situação da população de baixa renda. Por exemplo, de acordo com a Comissão de Planejamento, a "taxa de incidência" de pobreza rural (a proporção da população rural abaixo da linha de pobreza) diminuiu de aproximadamente 50% em 1993-4 para 34% em 2009-10,[24] o que parece uma grande melhoria. Como isso se relaciona com o fato de o crescimento da despesa per capita real ter sido tão baixo? A chave

TABELA 2.2. ESTIMATIVAS DA TAXA DE CRESCIMENTO DOS
SALÁRIOS REAIS AGRÍCOLAS

Período de referência	Taxa de crescimento estimada dos salários reais agrícolas	
	Homens	Mulheres
1983-4 a 1987-8	5,1	–
1987-8 a 1993-4	2,7	–
1993-4 a 1999-2000	1,3	–
2000-1 a 2005-6	0,1	– 0,05
2005-6 a 2010-1	2,7	3,7

FONTE: Os valores anteriores a 2000 são de Himanshu (2005), com base nos dados apresentados na série *Agricultural Wages in India* [Salários agrícolas na Índia] (ver também Drèze e Sen, 2002, tabela A.5). Os valores posteriores a 2000 foram calculados a partir de Usami (2012), com base na série suplementar *Wage Rates in Rural India* [Taxas salariais na Índia rural] (para mais detalhes, ver "Nota explicativa" no "Apêndice estatístico"). Para padrões semelhantes baseados em dados da Pesquisa Nacional por Amostragem, ver também Himanshu (1995), Himanshu et al. (2011) e Escritório Nacional de Pesquisa por Amostragem (2011a).

encontra-se no assim chamado "efeito densidade": como muitas pessoas estão um pouco abaixo da linha de pobreza oficial, um pequeno aumento na despesa per capita é suficiente para "erguê-las" para acima da linha. E o efeito densidade, por sua vez, reflete o fato de que a linha de pobreza oficial é abissalmente baixa (voltaremos a isso no capítulo 7).

Esse ponto é bem ilustrado pelos cálculos apresentados em um recente artigo de Ashok Kotwal, Bharat Ramaswamy e Wilima Wadhwa (2011), fundamentado em dados da Pesquisa Nacional por Amostragem para 1983 e 2004-5.[25] Durante esse período, a taxa de incidência (para as áreas rurais e urbanas combinadas) diminuiu de 45% para 28%, com base na linha de pobreza oficial então aplicável.[26] Os autores mostram que, se a linha de pobreza fosse duplicada (embora ainda mantendo um ponto de corte muito baixo), os valores correspondentes seriam de 86% em 1983 e de 80% em 2004-5. Isso pareceria uma melhoria muito modesta, ao longo de mais de vinte anos, em comparação com o declínio baseado em linhas de pobreza oficiais. Um trabalho mais recente também mostra que, não importa onde é traçada a linha da pobreza, a taxa de declínio da pobreza tem sido bem mais lenta na Índia do que em países em desenvolvimen-

GRÁFICO 2.1. SALÁRIOS REAIS NA CHINA E NA ÍNDIA, 1981-2005

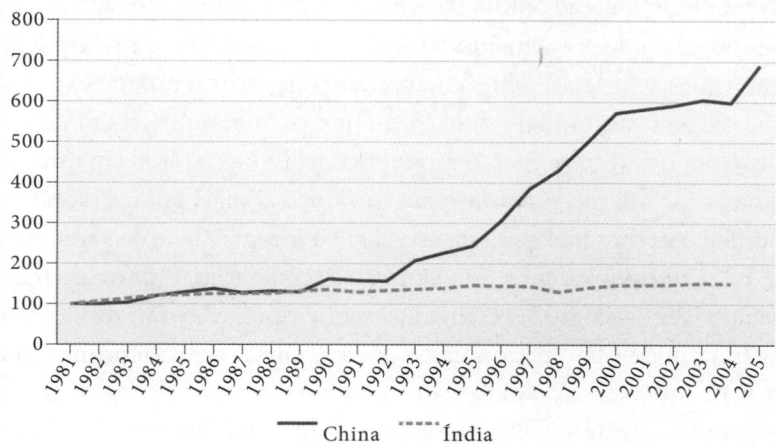

Índice de ganhos mensais dos trabalhadores da indústria (1981 = 100).

——— China ----- Índia

FONTE: Calculados a partir de Tao Yang et al. (2010), fig. 5 (a).

GRÁFICO 2.2. SALÁRIOS REAIS NA INDÚSTRIA INDIANA, 1990-2010

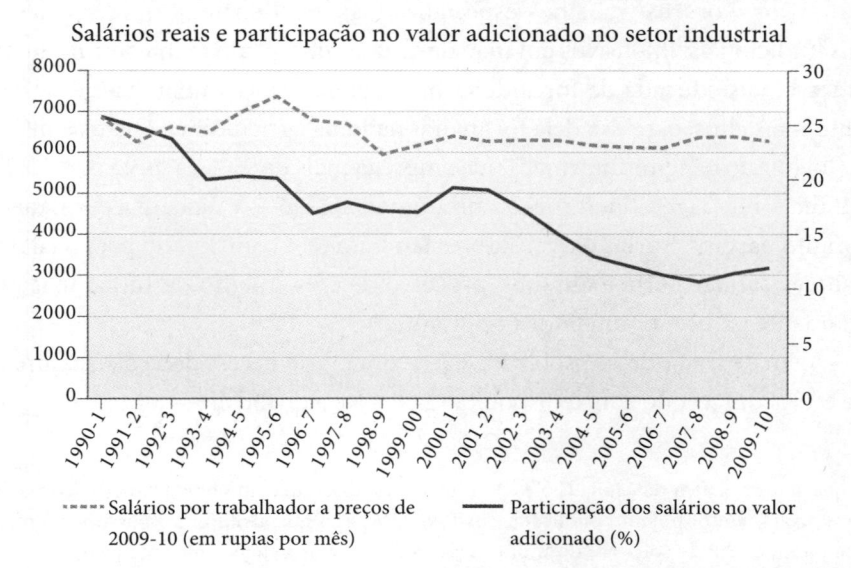

Salários reais e participação no valor adicionado no setor industrial

----- Salários por trabalhador a preços de 2009-10 (em rupias por mês)   ——— Participação dos salários no valor adicionado (%)

FONTE: *Handbook of Statistics on the Indian Economy*, tabelas 33 e 40 (Reserve Bank of India, 2012). Salários nominais foram deflacionados pelo índice de preços ao consumidor para os trabalhadores industriais, a partir da mesma fonte. O eixo vertical à esquerda aplica-se aos salários reais, e o eixo à direita, à participação dos salários no valor adicionado.

to como um todo nos últimos vinte anos aproximadamente, apesar de seu crescimento econômico muito mais acelerado.

Voltaremos, mais adiante, a esses e outros aspectos relacionados à desigualdade do processo de crescimento na Índia. Por enquanto, o principal ponto a salientar é que as questões sobre a natureza e o alcance do progresso econômico na Índia exigem muito mais atenção do que costumam receber. Uma dessas questões é por que o crescimento econômico na Índia resultou em um aumento tão pequeno de salários e rendas para as camadas mais pobres da população. Não é difícil perceber que isso está associado à incapacidade de gerar empregos adequados, o que por vezes levou a situação a ser descrita — de modo um pouco simplista, talvez — como "crescimento sem emprego".[27] Em nítido contraste com a China, onde o boom econômico pós-reforma aconteceu primeiro na agricultura e na indústria, o rápido crescimento econômico da Índia, durante os últimos vinte anos, tem sido impulsionado principalmente pelos "serviços". Trata-se de uma categoria muito heterogênea, mas há evidências crescentes de que boa parte do crescimento dos serviços concentrou-se nos segmentos com uso intensivo de qualificações (tais como desenvolvimento de software, serviços financeiros e outros trabalhos especializados), em detrimento de segmentos mais tradicionais, intensivos em mão de obra. Embora isso tenha permitido que a fração mais educada da força de trabalho ganhasse remunerações e salários muito mais altos, o grosso dela foi abandonado na agricultura e outros em setores (incluindo o "setor informal", que emprega mais de 90% da força de trabalho da Índia) onde as remunerações e a produtividade são — e tendem a permanecer — muito baixas.* Vários outros fatores também têm contribuído para a falta de qualquer caráter participativo no processo de crescimento da Índia, mas esse certamente parece ser um fator importante.[28]

Além de tratar desse problema, existe uma forte necessidade de examinar o que está acontecendo com a disponibilidade — e a qualidade — dos serviços pú-

---

* A questão específica relacionada a esse problema foi discutida em nosso primeiro livro sobre o desenvolvimento indiano, publicado em 1995: "Mesmo que a Índia fosse assumir a maior parte da indústria de software do mundo, isso ainda deixaria quase intocada a sua massa de pobres e analfabetos. Pode ser muito menos glamoroso fabricar simples canivetes e despertadores confiáveis do que projetar modernos programas de computador, mas aquela atividade dá ao pobre chinês uma fonte de renda que esta última não fornece — ao menos não diretamente — ao pobre indiano" (Drèze e Sen, 1995, p. 39).

blicos. Com efeito, os dois problemas podem muito bem estar estreitamente relacionados, uma vez que a falta de progresso na educação e em cuidados de saúde limita a liberdade das pessoas para entrar e crescer em empregos na indústria em geral. Essas ligações têm de ser examinadas, mas também é necessário entender a falta de progresso nos serviços públicos como uma enorme barreira para a melhoria da qualidade de vida da população. De fato, o crescimento lento do gasto per capita real é apenas um aspecto do decepcionante progresso das condições de vida das pessoas nos últimos vinte anos, aproximadamente. Como discutiremos no capítulo 3, há ainda uma dissonância acentuada entre o desempenho da Índia medido em termos de renda, por um lado, e o progresso da qualidade de vida, por outro, o que inclui longevidade, assistência médica, alfabetização, oportunidades educacionais, desnutrição infantil, status social, e assim por diante.

Só para dar um exemplo, houve muito pouca melhoria nos indicadores de nutrição da Índia nos últimos vinte anos. A ingestão de nutrientes (calorias, proteínas, micronutrientes — quase tudo, exceto gorduras) *diminuiu*, por razões que não são totalmente claras, mas que com certeza não descartam a necessidade de preocupação.[29] Indicadores antropométricos, por sua vez, têm melhorado com extrema lentidão. Na verdade, de acordo com os mais recentes Levantamentos Nacionais da Saúde das Famílias, não houve quase nenhuma melhoria no peso das crianças entre 1998-9 e 2005-6, e a incidência de anemia *aumentou* nesse período. Embora haja bastante espaço para debate sobre as diferentes formas de medir a desnutrição, o que não está em dúvida é que a Índia ainda tem uma proporção maior de crianças desnutridas do que quase qualquer outro país do mundo, mesmo depois de trinta anos de crescimento econômico acelerado. Muitos países têm sido capazes de alcançar grandes avanços na saúde e no estado nutricional de suas respectivas populações num tempo mais curto, ainda que registrando menores taxas de crescimento econômico. Teremos mais a dizer sobre essa questão nos capítulos a seguir.

DESENVOLVIMENTO, INSTITUIÇÕES E CAPACIDADE HUMANA

A relação entre crescimento e desenvolvimento — suas diferenças bem como sua complementaridade — é central para o tema deste livro. Embora a literatura sobre essa distinção seja bastante limitada (ainda que a abordagem de "desenvolvimento humano" defendida por Mahbub ul Haq e outros tenha chamado a atenção para a possível dissonância entre os dois), há uma literatura cada vez mais ampla sobre as causas do crescimento, ou do crescimento e desenvolvimento tomados juntos. Alguns desses escritos são baseados em extensas pesquisas empíricas sobre as experiências comparativas de diferentes países do mundo, e são sem dúvida nenhuma relevantes para o nosso estudo.

Uma descoberta sumária que tem sido muito difundida sublinha a importância das instituições, definidas de modo amplo, que protegem e encorajam as iniciativas e operações econômicas.[30] O desenvolvimento de instituições favoráveis ao crescimento pode ser prejudicado tanto por barreiras sociais como por estilos impostos de governança. Em seu livro *Why Nations Fail* [Por que as nações fracassam], Daron Acemoglu e James Robinson ilustram os dois tipos de deficiência em seu breve relato sobre o que manteve a Índia em xeque até mesmo no período pré-colonial, mas especialmente durante o domínio colonial:

> Na Índia, a deriva institucional trabalhou de forma diferente e levou ao desenvolvimento de um sistema de castas hereditárias singularmente rígido, que limita o funcionamento dos mercados e a alocação de mão de obra entre as profissões de modo muito mais severo do que a ordem feudal na Europa medieval [...]. Embora os comerciantes indianos tenham comercializado ao longo do oceano Índico, e uma grande indústria têxtil tenha se desenvolvido, o sistema de castas e o absolutismo mogol eram sérios impedimentos ao desenvolvimento de instituições econômicas inclusivas na Índia. No século XIX, as coisas ficaram ainda menos propícias para a industrialização quando a Índia se tornou uma colônia extrativista dos ingleses.[31]

As castas têm sido de fato uma grande barreira para o progresso social na Índia, e não apenas na forma de uma divisão contraproducente do trabalho, mas sobretudo, tal como o dr. Ambedkar argumentou com muita clareza, de uma perniciosa divisão dos seres humanos em nichos inflexíveis.* O colonia-

---

* Ver especialmente *The Annihilation of Caste* (Ambedkar, 1936). Os efeitos sufocantes do sistema de castas também foram bem expressos por Rammanohar Lohia, outro combativo oponente do sistema de castas: "As castas restringem as oportunidades. A restrição das oportunidades contrai as capacidades. A contração das capacidades reduz ainda mais as

lismo, por sua vez, é uma barreira que a Índia compartilhou com outras economias da Ásia e da África. O Japão escapou desse destino fechando-se em sua concha e proibindo o ponto de apoio comercial por meio do qual o colonialismo se desenvolveu na Índia, China, Indonésia, Malásia e em outros países. Após a Restauração Meiji, em 1868, os governantes japoneses, munidos da liberdade de ação que detinham, tomaram uma ponderada iniciativa de promoção do desenvolvimento econômico. Como observam Acemoglu e Robinson, sem a restrição da dominação colonial, o Japão foi bem servido pelo desenvolvimento de "instituições políticas mais inclusivas e de instituições econômicas muito mais inclusivas".[32]

Há um papel particularmente central a ser desempenhado pela educação, e pela formação de conhecimentos e competências, no processo de desenvolvimento econômico e social. Em seu livro *The Gifts of Athena* [Os dons de Atena], Joel Mokyr forneceu uma análise impressionante da importância crítica da acumulação do conhecimento na transformação dos países ocidentais pré-modernos em economias modernas. Da mesma forma, Elhanan Helpman discutiu o papel da mudança institucional no acúmulo de conhecimento em seu livro chamado *The Mystery of Economic Growth* [O mistério do crescimento econômico], que mostra, entre outras coisas, por que o crescimento econômico através do aumento da produtividade total dos fatores, especialmente ajudado pela educação e pela expansão do conhecimento, não precisa ser um mistério.[33]

No capítulo 5, abordaremos esse importante assunto, tratando inclusive de como o Japão utilizou sua liberdade de não ser colonizado para buscar uma estratégia de desenvolvimento econômico, dando à educação um papel central em seu programa nacionalista. O Código Fundamental de Educação, promulgado em 1872 (quatro anos após a Restauração Meiji), expressa um compromisso público para garantir que não haja "nenhuma comunidade com uma família analfabeta, nem qualquer família com uma pessoa analfabeta". Kido Takayoshi, um dos líderes da reforma japonesa, explicou a ideia básica: "Nosso povo não é diferente dos americanos ou europeus de hoje; tudo é uma questão de educação ou falta de educação".

---

oportunidades. Onde as castas prevalecem, as oportunidades e as capacidades são limitadas a círculos cada vez mais restritos de pessoas". Citado em Agrawal (2008), p. 212.

O papel fundamental da educação e o de outros meios de expansão das capacidades humanas formam uma conexão sólida no pensamento sobre o desenvolvimento e também são temas centrais deste livro. Isso não significa, obviamente, minar a necessidade de estruturas institucionais adequadas para uma economia. No entanto, como Glaeser, La Porta, Lopez-de-Silanes e Shleifer argumentaram em seu cético artigo "As instituições causam o crescimento?", o desenvolvimento do capital humano pode ser um exercício mais valioso — não importando qual seja sua base instrumental — do que o estabelecimento de alguma lista pré-especificada de instituições "necessárias".[34] O reconhecimento do papel crucial das instituições precisa ser diferenciado de uma eventual adesão estereotipada às instituições importantes identificadas pelos estudos históricos como um programa para o futuro. A análise inteligente e esclarecida das medidas políticas deve ser sensível à necessidade geral de boas instituições, apropriadas a circunstâncias particulares, tendo em mente as conexões fundamentais entre o crescimento econômico e a expansão da educação e do capital humano.

Embora a importância das instituições dificilmente possa ser negada, o exercício de reforma institucional não pode ser reduzido à satisfação da demanda de um "checklist" das instituições "necessárias". Como Trebilcock e Prado observam de maneira criteriosa após uma extensa revisão da literatura empírica: "Em suma, embora uma grande evidência empírica apoie a visão de que as instituições importam para o desenvolvimento, sabemos muito pouco sobre quais instituições importam e que características institucionais específicas dentro de classes de instituições importam para o desenvolvimento".[35] Nós não devemos nos basear apenas em um checklist, mas isso também não significa ignorar o que pode ser amplamente chamado de "a perspectiva institucional". Em vez disso, a amplitude de conexões trazidas pelo trabalho empírico mostra que é preciso avaliar e analisar as necessidades institucionais específicas de acordo com as circunstâncias. Voltaremos à importância dos diferentes tipos de instituição para a Índia no decorrer deste livro. Temos de considerar tanto (1) as instituições que são importantes para o crescimento e o desenvolvimento tomados em conjunto (como na literatura recém-revisada) como (2) as necessidades institucionais específicas de traduzir as conquistas do crescimento na perspectiva mais ampla do desenvolvimento e florescimento dos seres humanos. As necessidades institucionais para o rápido crescimento econômico devem ser complementadas por instrumentos e organizações específicos para melhorar as condições de vida das pessoas.

APOIO MÚTUO ENTRE CRESCIMENTO E DESENVOLVIMENTO

O impacto do crescimento econômico sobre a vida da população é em parte uma questão de distribuição de renda, mas também depende muito do uso que é feito da receita pública gerada pela expansão econômica. O fato, por exemplo, de a China dedicar 2,7% do seu PIB para as despesas do governo com cuidados de saúde, contra o relativamente miserável 1,2% dedicado pela Índia, tem relevância direta para os avanços muito maiores na área da saúde na China em comparação com a Índia, incluindo, por exemplo, a expectativa de vida (cerca de oito anos maior do que a dos indianos).

Um dos resultados da relativamente baixa alocação de verbas em serviços públicos de saúde na Índia é o desenvolvimento de uma dependência marcante, por parte dos pobres em todo o país, de atendimentos particulares, com frequência realizados por pessoas com pouca ou nenhuma formação médica. Uma vez que a saúde também é um caso típico de "assimetria de informação", quando — em especial — os pacientes sabem muito pouco sobre as doenças e sobre quais remédios estão sendo dados e por quê, a possibilidade de exploração das famílias de pacientes é bem grande na ausência de serviços públicos aos quais as pessoas possam recorrer em busca de assistência e aconselhamento.* Retornaremos aos problemas da saúde na Índia no capítulo 6.

A Índia desenvolveu uma dependência de serviços privados, ignorando o estabelecimento de um sólido pilar de apoio ao setor público de saúde, que tem sido o alicerce de quase todos os processos bem-sucedidos de transição de saúde na história mundial — da Grã-Bretanha ao Japão, da China ao Brasil, da Coreia do Sul à Costa Rica. Mesmo na Índia, há algumas experiências — especialmente em Kerala, no sudoeste do país — de expansão dos serviços públicos

---

* Diversos estudos empíricos revelaram casos de grave exploração da ignorância de pacientes pobres sobre o que lhes está sendo dado, com o intuito de fazê-los abrir mão de um dinheiro muito necessário em troca de um tratamento que acabam não recebendo. Ver, por exemplo, Pratichi Trust (2005) e Das et al. (2012).

de saúde antes da adoção em grande escala de assistência médica privada. A eficácia da via pública é por vezes esquecida pelos defensores dos serviços privados de saúde, que apontam para a presença abundante de assistência médica particular atualmente em Kerala. De início, a transição de saúde em Kerala procedeu com base nos sólidos alicerces da cobertura universal prestada pelo Estado, e só mais tarde o uso de serviços privados de saúde tomou forma, sobretudo para os novos-ricos: Kerala experimentou um rápido aumento nas rendas — obviamente relacionado com o desenvolvimento das capacidades humanas (no próximo capítulo, falaremos mais sobre isso) — o que, em última análise, possibilitou o estabelecimento dos serviços privados. Há um mundo de diferença entre (1) permitir — e até mesmo incentivar — que uma rede auxiliar de serviços privados de saúde enriqueça um sistema estatal que funcione razoavelmente bem (como aconteceu em Kerala) e (2) tentar se valer de serviços privados quando o Estado oferece muito pouco em termos de atendimento em saúde (como em vários outros estados, em especial no norte da Índia). Na literatura econômica sobre informação assimétrica, há também um alerta sobre a tentativa de compensar tal lacuna subsidiando serviços privados de saúde ou planos de saúde particulares, uma vez que a lucrativa exploração do conhecimento desigual em relação aos problemas médicos não é uma questão que envolve apenas a pobreza econômica.* Um conjunto similar de problemas existe no planejamento educacional indiano, particularmente no que tange à educação escolar (como será discutido no capítulo 5).

Como já foi salientado, o ponto central a ser apreciado aqui é que, embora o crescimento econômico seja uma ferramenta importante para melhorar as condições de vida da população, seu alcance e impacto dependerão em grande parte do que é feito com os frutos do crescimento. A relação entre o crescimento econômico e o avanço da qualidade de vida está condicionada a muitos fatores — incluindo desigualdade econômica e social em geral — e, não menos importante, ao que o governo faz com a receita pública gerada pelo crescimento econômico. A importância do crescimento econômico pode ser adequadamente entendida apenas nesse contexto mais amplo. É necessário reconhecer

---

* Dois artigos clássicos em teoria econômica que estabelecem as limitações da educação e da saúde privadas em razão da natureza de "bens públicos" dessas provisões e da assimetria de informação na economia de mercado são os de Paul Samuelson (1954) e Kenneth Arrow (1963).

a função do crescimento na facilitação do desenvolvimento sob a forma de melhoria da vida e das liberdades humanas, mas também é preciso avaliar como as possibilidades de crescimento de um país dependem, por sua vez, do avanço das capacidades humanas (através da educação, do atendimento em saúde e de outros serviços), no qual o Estado pode desempenhar um papel bastante construtivo.[36]

Quando a Índia começou a realizar um programa sustentado de reforma econômica no início dos anos 1990, o país defrontou-se com duas gigantescas falhas em sua política econômica. A primeira era a incapacidade de aproveitar o *papel construtivo do mercado*, especialmente em termos de fomento da iniciativa, promoção da eficiência e coordenação de operações econômicas complexas. O chamado "Raj das Licenças" — que exigia a autorização governamental para iniciativas privadas — tornou o empreendedorismo dificílimo e o colocou à mercê dos burocratas (grandes e pequenos); dessa forma, sufocou poderosamente a livre-iniciativa, ao mesmo tempo que alimentava de modo considerável a corrupção. Esse problema específico tem sido em parte remediado no período pós-reforma — a supressão dos controles arbitrários e uma maior abertura ao comércio internacional têm ajudado a Índia a alcançar uma base sólida para altas taxas de crescimento econômico. Há mais a ser feito, simplificando ou removendo *regulamentações* contraproducentes (já que restrições arbitrárias e o poder burocrático continuam a restringir a expansão econômica indiana) e garantindo que a regulamentação (um aspecto essencial de qualquer economia moderna) seja bem direcionada, eficaz, transparente e não facilmente passível de corrupção.

Por outro lado, havia também uma necessidade urgente de resolver outra falha — o retumbante fracasso em aproveitar o *papel construtivo do Estado* para o crescimento e desenvolvimento. Embora tenha havido muita intervenção do governo no período pré-reforma, isso se dava principalmente de maneira negativa ou restritiva, negligenciando enormes setores de atividade nos quais a ação pública construtiva poderia ter conseguido um ótimo resultado. A resposta à urgência de sanar a infraestrutura social surpreendentemente subdesenvolvida da Índia e de erigir um sistema funcional de *accountability* e aprimoramento dos serviços públicos foi lenta demais. A isso pode ser adicionada a falta de investimento na infraestrutura física (energia, água, estradas, trilhos), setor que exigia tanto iniciativas governamentais como privadas.

Grande parte do que os economistas chamam de "bens públicos" continuou a ser negligenciada.

As mudanças radicais na década de 1990 pouco fizeram para remediar a segunda dessas falhas. Se as coisas começaram a mudar nesse setor também (embora com certa lentidão), parte do crédito por introduzir essa mudança deve ser atribuída à política democrática da Índia. Há um reconhecimento crescente da relevância eleitoral das necessidades básicas não satisfeitas da população (relacionadas com escolas, saúde, abastecimento de água e *accountability* na administração pública), e vários movimentos sociais, bem como setores da mídia, também têm sido capazes de chamar mais atenção para os direitos humanos elementares e para a necessidade de livrar o país da corrupção.

Então onde a Índia se encontra agora, depois de tudo isso? Há um entendimento de que o crescimento econômico é sem dúvida nenhuma elevado (mesmo no seu nível atual mais baixo, depois de ter pairado acima de 8% em cinco dos seis anos a partir de 2005-6), porém a partilha de seus benefícios ainda é extraordinariamente desigual. As taxas de pobreza caíram, mas nada perto do que poderia ter sido alcançado caso a distribuição (incluindo o fornecimento de serviços essenciais) tivesse recebido maior atenção. Algumas falhas são gritantes, como a desnutrição em geral e a desnutrição infantil em particular: a Índia apresenta um dos piores desempenhos do mundo nesse aspecto (mesmo em comparação com muitos países que são consideravelmente mais pobres em termos de PIB real per capita). Outra grande falha continua sendo a prestação de serviços públicos de saúde para a maior parte da população. E há também o persistente e escandaloso fato de um quarto da população (o que abrange cerca de metade das mulheres) permanecer efetivamente analfabeto em um país com tamanhas conquistas na educação voltada para a alta tecnologia, com nível de excelência tanto na formação como na prática especializada. Um país democrático com certeza não há de querer se tornar parte Califórnia e parte África Subsaariana.

Olhando para a frente, dois grandes problemas da economia indiana podem ser resumidos da seguinte forma: (1) remover as acentuadas disparidades que dividem o país entre privilegiados e o resto, ao mesmo tempo incentivando o crescimento econômico agregado e a expansão geral, e (2) introduzir maior *accountability* na condução da economia, particularmente na prestação de serviços e no funcionamento do setor público. No próximo capítulo discutiremos, em termos comparativos, as enormes desvantagens que as grandes disparidades impõem por sufocarem o progresso econômico e social da Índia. No capítulo 4, abordaremos alguns problemas institucionais que têm constrangido e restringido a mudança social e econômica na Índia, incluindo o problema da *accountability* e, nesse contexto, da prevalência aparentemente onipresente de corrupção. Ambos são elementos cruciais da agenda inacabada de crescimento e desenvolvimento da Índia atual.

DESENVOLVIMENTO SUSTENTÁVEL

Outra questão que deve ser parte da preocupação do desenvolvimento econômico indiano é a de tornar o processo sustentável. A sustentabilidade não é um assunto novo. A segurança das vidas humanas sempre foi compreendida, em alguma medida, como dependente da força e da resiliência do mundo natural em que vivemos. No entanto, a chamada "condição humana", que inclui nossa fragilidade e mortalidade, tem sido tipicamente entendida como uma dificuldade individual, uma questão muitas vezes contrastada com a perenidade e resistência da humanidade como uma entidade coletiva. Na verdade, ao longo da história as pessoas tendem a assumir como certa a robustez da natureza, concebendo-a como um lugar seguro para nós. A fragilidade das vidas individuais (incluindo sua cessação definitiva) é tipicamente vista como um apuro individual, que não se aplica à humanidade em geral. Nas últimas décadas, em todo o mundo, essas percepções mudaram de forma drástica, e é difícil pensar em um assunto que gere tanta preocupação hoje entre as pessoas racionais de todo o mundo quanto a grave vulnerabilidade do ambiente em que vivemos. Elas estão preocupadíssimas a respeito de como as vidas humanas podem continuar a prosperar — ou talvez simplesmente continuar viáveis na forma que as conhecemos — se o esgotamento do meio ambiente seguir tão acelerado como tem sido até agora.

Na Índia, temos fortes motivos para nos preocupar com o tratamento do meio ambiente e suas implicações na vida que as pessoas podem levar nesse país cada vez mais poluído e devastado. Na verdade, a aceleração do crescimento econômico nas últimas décadas coincidiu com uma pilhagem ambiental sem precedentes. As águas subterrâneas foram extraídas desenfreadamente, levando a uma queda acentuada nos lençóis freáticos em diversas áreas. Rios majestosos foram reduzidos a um fio ou a depósitos de esgoto. As atividades de mineração (muitas vezes ilegais) se espalharam com pouquíssimas restrições, destruindo florestas e deslocando comunidades. A poluição do ar aumentou tanto que a Índia é agora classificada como o mais poluído entre os 132 países para os quais existem dados comparáveis disponíveis.[37] Estima-se que a "riqueza natural" da Índia tenha diminuído cerca de 6% em termos de valor (mais de 30% em uma base per capita) entre 1990 e 2008.[38] E tudo isso pode ser apenas um prenúncio do que está por vir: muitos tipos de dano ambiental tendem a se acelerar no futuro próximo, em razão, por exemplo, das centenas de barragens que estão sendo planejadas apenas no rio Ganges e em seus afluentes.[39]

O desafio elementar da sustentabilidade ambiental tem sido marginalizado pela concentração exclusiva sobre a taxa de crescimento atual do PIB, o que parece dominar a atenção na mídia e até mesmo as discussões sobre políticas que tratam de como a Índia deve buscar o crescimento e o desenvolvimento. E essa falta de atenção com o ambiente parece ter crescido bastante nos últimos anos. Como Ramachandra Guha observa:

> Após a liberalização econômica [...] as salvaguardas ambientais têm sido sistematicamente desmanteladas. O Ministério do Meio Ambiente e das Florestas tem autorizado projetos destrutivos sem restrições. As penas para as indústrias infratoras quase nunca são cumpridas. Embora por lei cada novo projeto deva ter uma Avaliação de Impacto Ambiental (AIA), essas avaliações, como o então ministro do Meio Ambiente Jairam Ramesh candidamente admitiu em março 2011, são "uma espécie de piada", já que "sob o sistema que temos hoje, a pessoa que está entrando com o projeto é quem prepara o relatório".[40]

Essa devastação é muitas vezes vista como um sintoma do conflito entre "meio ambiente" e "desenvolvimento". Mas trata-se de uma interpretação completamente enganosa. Se o desenvolvimento diz respeito a aprimorar as liberdades humanas e a qualidade de vida — uma compreensão importante, a favor da qual temos argumentado —, então a qualidade do meio ambiente deve ser parte do que queremos preservar e promover. Na verdade, essa visão mais ampla pode contribuir não só para integrar o desenvolvimento e as preocupações ambientais, mas também para conseguir uma melhor compreensão de nossos desafios ambientais, em termos de qualidade e liberdade das vidas humanas — hoje e no futuro.[41]

É importante compreender que o cuidado com o meio ambiente não precisa minar o compromisso com o desenvolvimento e a erradicação da pobreza e do abandono. Na perspectiva mais ampla de desenvolvimento em termos de promoção das liberdades humanas substantivas, o combate à pobreza e a responsabilidade pelo meio ambiente devem ser conceitos intimamente ligados. O desenvolvimento não é apenas o aumento de objetos inanimados de conveniência, tal como um crescimento do PIB (ou das rendas pessoais); tampouco é uma transformação geral do mundo à nossa volta, como a industrialização, o avanço tecnológico ou a modernização social. O desenvolvimento é, em última análise, o progresso da liberdade humana e da capacidade de levar um tipo de vida que as pessoas tenham razão para valorizar.

Se estamos dispostos a reconhecer a necessidade de ver o mundo nessa perspectiva mais ampla, torna-se imediatamente claro que o desenvolvimento não pode ser dissociado das preocupações ecológicas e ambientais. Por exemplo, uma vez que valorizamos a liberdade de levar uma vida livre de poluição, a preservação da atmosfera deve ser parte relevante dos objetivos do desenvolvimento. Sobretudo no caso das pessoas mais pobres, que tendem a passar uma proporção muito maior de suas rotinas diárias ao ar livre — às vezes até mesmo dormindo nas ruas —, a qualidade do ar exerce uma influência fundamental sobre o nível de privação das suas vidas. Da mesma forma, se uma parte substancial da Índia — para não mencionar as Maldivas ou grandes partes de Bangladesh — fosse submersa por um aumento do nível do mar (como parece muito possível, se o aquecimento global continuar), as pessoas que mais sofreriam seriam as mais pobres das regiões afetadas, com muito pouco acesso a oportunidades alternativas econômica e socialmente viáveis. De fato, como Nicholas Stern tem argumentado, os riscos da mudança climática podem afetar as populações do mundo de maneiras muito diferentes, fazendo com que a exacerbação da desigualdade seja uma das principais preocupações sobre as consequências de acontecimentos climáticos incontroláveis.[42]

Se o desenvolvimento diz respeito à expansão da liberdade, precisa abarcar a eliminação da pobreza e a atenção à ecologia como partes integrantes de uma preocupação unificada, visando, em última instância, à segurança e ao avanço da liberdade humana. De fato, importantes componentes das liberdades humanas — e ingredientes cruciais da nossa qualidade de vida — dependem da integridade do meio ambiente, como o ar que respiramos, a água que bebemos e o ambiente epidemiológico em que vivemos. A oportunidade de levar o tipo de vida que as pessoas valorizam — e têm razão para valorizar — depende, entre outras coisas, da natureza e da conservação do meio ambiente. Nesse sentido, o desenvolvimento tem de incluir a responsabilidade ambiental, e a crença de que desenvolvimento e meio ambiente estão em rota de colisão é inconciliável com o reconhecimento da manifesta interdependência e complementaridade entre os dois.

3. A Índia em perspectiva comparada

"A primeira coisa que eu aprendi sobre a Índia", observa Anand Giridharadas em seu excelente livro *India Calling* [A Índia chama], "foi que meus pais tinham escolhido deixá-la." "Meus pais tinham ido embora da Índia na década de 1970, quando o Ocidente parecia pavimentado com possibilidades e a Índia mostrava-se pavimentada com buracos. E agora, um quarto de século depois que meu pai chegou, pela primeira vez, como estudante nos Estados Unidos, eu estava voando para o leste para um novo começo na terra que havia deixado."[1] Essa perspectiva de uma Índia que muda depressa, restabelecendo-se no cenário mundial, é envolvente e emocionante. Não só a antiga e dilapidada terra, tradicionalmente carente de oportunidades para homens e mulheres jovens, é um grande celeiro de novas e interessantes oportunidades profissionais e de negócios, como também o país está cheio de energia nova nos campos criativos da literatura, música, cinema, ciência, engenharia e outras áreas de atividades artísticas e intelectuais. A Índia com certeza está chamando, com muito a oferecer.

A vida pode ser de fato emocionante na Índia em rápida reformulação, e a imagem de um país novo e drasticamente mudado é verdadeira e relevante. Contudo, como se discutiu nos capítulos anteriores, a maioria da população indiana foi deixada para trás em termos de melhoria nas condições de vida.

Muitas das novas liberdades e recentes oportunidades podem ser desfrutadas apenas por uma minoria de indianos — um número enorme de pessoas, mas ainda assim apenas uma minoria. Ao compararmos a Índia com o resto do mundo para ver como o país está se saindo, os resultados dependem muito de quais setores da população indiana consideramos.

Comparações entre a Índia e outros países costumam ser feitas com o objetivo de verificar onde o país se encaixa na "liga" internacional. O foco, com muita frequência, é o da inserção da Índia em um ranking (por exemplo, avaliá-la em termos de PIB per capita). Trata-se de um exercício interessante, e a obsessão indiana pela classificação do país na liga mundial pode ser um bom começo. Mas muito depende da variável escolhida para o ranking. Como deve ficar claro a partir da campanha publicitária em torno da taxa de crescimento do PIB ou PNB per capita, nesse ranking a Índia vai muito bem. Essa história de grande realização, no entanto, entra em conflito com o medíocre desempenho da Índia no progresso da qualidade de vida, tal como refletido nos indicadores sociais padrão.

A minoria da população na Índia que vem prosperando é numerosa em valores absolutos. Embora as estimativas sobre seu tamanho variem, certamente vão muito além de 100 milhões de pessoas — tornando-as um grupo mais numeroso do que a população da maioria dos países do mundo. Contudo, nas estatísticas envolvendo um total de mais de 1,2 bilhão de pessoas, esse afortunado grupo ainda é pequeno demais para impactar os valores médios para a população indiana como um todo em termos da maioria dos indicadores sociais. A seguir, vamos comparar as médias indianas com as médias de outros países, mas devemos ter em mente o fato de que mesmo as médias mais baixas refletidas nesses números exageram o que os indianos fora do grupo privilegiado de fato desfrutam. Isso se aplica a outros países também, mas é particularmente relevante para a Índia, dada a enormidade de desigualdades de classe, casta e gênero na sociedade indiana. Voltaremos a esse assunto nos capítulos 8 e 9.

COMPARAÇÕES COM O POBRE NÃO AFRICANO

Em um livro anterior, observamos que a privação humana estava fortemente concentrada em duas regiões do mundo: sul da Ásia e África Subsaariana.² Isso foi verdadeiro por muitas décadas, e é em grande parte verdade ainda hoje. Por exemplo, a maioria dos países com um baixo índice de desenvolvimento humano estão no sul da Ásia ou na África Subsaariana. Camboja, Haiti, Papua-Nova Guiné e Iêmen estão entre as poucas exceções de países com altos níveis de pobreza extrema em outras regiões do mundo.

Ainda que o sul da Ásia e a África Subsaariana compartilhem dos problemas de alta incidência de pobreza, essas regiões não se apresentam, é claro, da mesma forma em todos os aspectos. As condições de vida são hoje, em muitos sentidos, bem melhores no sul da Ásia (incluindo a Índia) do que na África Subsaariana, refletindo em parte um ritmo mais rápido de melhoria durante os últimos vinte anos aproximadamente. Por exemplo, a renda per capita é hoje cerca de 50% maior no sul da Ásia do que na África Subsaariana, ao contrário dos anos 1990, quando era quase a mesma em ambas as regiões. Mais importante, a expectativa de vida é estimada em cerca de dez anos a mais no sul da Ásia do que na África Subsaariana, e a mortalidade infantil é quase duas vezes mais elevada na África Subsaariana em comparação com o sul da Ásia.*

É interessante notar, no entanto, que a vantagem do sul da Ásia sobre a África Subsaariana nas condições de vida não é, de forma alguma, uniforme: na verdade, alguns indicadores sociais não são muito melhores — se é que são — no sul da Ásia do que na África Subsaariana. Por exemplo, as taxas de alfabetização de mulheres ainda são quase as mesmas em ambas as regiões, tanto entre as mulheres adultas (50% e 55%, respectivamente) como nos grupos etários mais jovens (por exemplo, 72% e 67%, respectivamente, na faixa etária de 15 a 24 anos).³ Apesar de alguns progressos nos últimos anos, as duas regiões continuam a compartilhar um grave problema de analfabetismo em massa e falta de escolas, especialmente entre as mulheres, o que as diferencia de todas as outras macrorregiões do mundo. Além disso, em pelo menos um campo — o da nutrição e sobretudo a nutrição infantil — o sul da

---

* Os valores citados nesta seção são oriundos de "Indicadores do desenvolvimento mundial" (WDI, na sigla em inglês) do Banco Mundial (consulta on-line, acesso em 1º de janeiro de 2013). Essa é também a principal fonte utilizada em todo o livro para fins de comparações internacionais de indicadores de desenvolvimento. Para a Índia, estamos usando o WDI e, além dele, os números mais recentes disponíveis em fontes estatísticas nacionais. Para uma discussão mais aprofundada, ver o "Apêndice estatístico".

Ásia se sai claramente pior do que a África Subsaariana. Mais de 40% das crianças do sul da Ásia (e uma proporção um pouco *maior* de crianças indianas) apresentam peso insuficiente em termos de normas padrão da Organização Mundial de Saúde (OMS), em comparação com 25% na África Subsaariana (a propósito, em todas as outras regiões do mundo o valor correspondente é de menos de 12%).[4]

Deixando de lado a África Subsaariana, a Índia não se sai muito bem em comparações internacionais de padrões de vida. Contrariando a retórica cada vez mais utilizada de que a Índia segue no caminho de tornar-se uma "superpotência" econômica, isso está longe de ser a imagem real, mesmo em termos de renda per capita. Na verdade, apesar da rápida expansão econômica nos últimos anos, a Índia continua a ser um dos países mais pobres entre aqueles que estão fora da África Subsaariana. De acordo com o Banco Mundial, apenas quinze países fora da África Subsaariana tinham uma "renda nacional bruta per capita" inferior à da Índia em 2011: Afeganistão, Bangladesh, Birmânia, Camboja, Haiti, Quirguistão, Laos, Moldávia, Nepal, Paquistão, Papua-Nova Guiné, Tajiquistão, Uzbequistão, Vietnã e Iêmen. A Índia tem de fato um grande hiato a superar em termos de padrão de vida, como foi discutido no último capítulo. O que é perturbador, considerando o passado, não é a baixa posição da Índia, em termos de renda per capita, entre os países fora da África Subsaariana, mas quão mal a Índia está em termos de características de condições de vida que não envolvem renda mesmo dentro desse grupo de países pobres não africanos, como pode ser facilmente visto na tabela 3.1.

A Índia tem, pela escolha do nosso ponto de corte, o maior PIB per capita nesse grupo particular, classificada como primeira colocada entre esses dezesseis países. Além do PIB per capita, como a última coluna indica, o ranking da Índia entre esses dezesseis países pobres é de décimo lugar ou pior na maioria dos casos. Não só os números da Índia são piores do que a média dos outros quinze países em todos os indicadores sociais apresentados aqui (exceto para a taxa de fecundidade total e taxa de alfabetização entre os homens), como sua classificação nesse grupo é um inglório décimo lugar para a mortalidade infantil, 11º para a alfabetização entre as mulheres e média de anos de escolaridade, 13º para o acesso ao saneamento melhorado e à imunização com vacina tríplice bacteriana (DPT), e absolutamente a

TABELA 3.1. INDICADORES SELECIONADOS PARA OS DEZESSEIS PAÍSES MAIS POBRES DO MUNDO, FORA DA ÁFRICA SUBSAARIANA

	Índia	Média para os outros países mais pobres[a]	Posição da Índia entre os 16 países mais pobres[b]
PIB per capita, 2011 (dólares internacionais, PPC, 2005)	3203	2112	1
Expectativa de vida ao nascer, 2011 (anos)	65	67	9
Taxa de mortalidade infantil, 2011 (por mil nascidos vivos)	47	45	10
Taxa de mortalidade abaixo dos 5 anos, 2011 (por mil nascidos vivos)	61	56	10
Taxa de fecundidade total, 2011 (filhos por mulher)	2,6	2,9	7
Acesso a saneamento melhorado, 2010 (%)	34	57	13
Média de anos de escolaridade, idade 25+, 2011	4,4	5,0	11
Taxa de alfabetização, idade 15-24 anos, 2010 (%)			
mulheres	74[c]	79	11
homens	88[c]	85	9
Proporção de crianças abaixo de 5 anos que estão desnutridos, 2006-10[d] (%)			
abaixo do peso	43	30	15
baixa estatura para a idade	48	41	13
Taxas de vacinação infantil, 2011 (%)			
DPT	72	88	13
sarampo	74	87	11

[a] Média ponderada pela população de indicadores específicos para cada país. Em dois casos de dados faltantes para determinado país (por exemplo, as taxas de alfabetização para o Afeganistão), a média foi calculada entre os países restantes.
[b] Com base no ranking de "melhor" para "pior". Em caso de "valores repetidos", a Índia recebeu a posição superior.
[c] 2006.
[d] Último ano para o qual existem dados disponíveis entre 2006-10.

FONTES: Ver tabela 3.2. Essa tabela se concentra em dezesseis países com PIB per capita inferior ou igual ao da Índia, fora da África Subsaariana. São eles: Afeganistão, Bangladesh, Birmânia, Camboja, Haiti, Índia, Quirguistão, Laos, Moldávia, Nepal, Paquistão, Papua-Nova Guiné, Tajiquistão, Uzbequistão, Vietnã e Iêmen.

pior posição (ao lado do Iêmen) em termos de proporção de crianças com peso insuficiente.*

Afirmamos no capítulo anterior que a caracterização comum da taxa atual de crescimento econômico da Índia de cerca de 6% ao ano como "desalentadora" é difícil de ser justificada, já que a taxa de crescimento econômico do país, embora reduzida, ainda está entre as mais altas do mundo (como ainda seria alta mesmo que a previsão de 5%, por parte de alguns organismos internacionais, provar-se verdadeira). Contudo, "desalentadora" seria de fato um bom adjetivo para descrever a imagem das comparações em termos de padrões de vida, como a tabela 3.1 revela.

A tabela 3.2 fornece as informações detalhadas sobre as quais o resumo apresentado na tabela 3.1 se baseia. Algumas dessas comparações são bastante instrutivas. Por exemplo, o Vietnã se sai muitíssimo melhor do que a Índia em todos esses indicadores, apesar de ser mais pobre. Aliás, o mesmo vale para a Nicarágua, que tem praticamente o mesmo PIB per capita da Índia (apenas um pouco maior, de modo que a Nicarágua não está incluída na tabela 3.2). O Uzbequistão também está bem à frente da Índia em muitos aspectos; por exemplo, na alfabetização universal dos grupos etários mais jovens, no acesso universal ao saneamento melhorado, e na (quase) universal imunização das crianças — todas metas que estão longe de ser alcançadas na Índia. Outro contraste impressionante se dá entre a Índia e o Nepal, país que tem quase os mesmos indicadores sociais que a Índia, com praticamente *um terço* da renda per capita indiana (isso faz do Nepal um dos países mais pobres fora da África, juntamente com o Afeganistão e o Haiti).

Pode-se argumentar que seria de esperar que a Índia não se saísse tão bem em vários aspectos quanto outros países com um nível semelhante de renda per capita, já que está crescendo em um ritmo bastante acelerado, e é preciso tempo para que uma maior renda per capita se traduza em melhores indicadores sociais. Em um país com crescimento anual de 7% ao ano em termos per capita, a renda per capita dobraria em dez anos, mas poderia levar mais tempo, mesmo com esforços significativos, para nivelar os indicadores sociais com os

---

* Do mesmo modo, em termos do "índice de pobreza multidimensional" (IPM), discutido mais detalhadamente neste capítulo, a Índia ocupa a 11ª posição entre os catorze países para os quais existem dados disponíveis neste grupo (Sabina Alkire, comunicação pessoal).

TABELA 3.2. PAÍSES MAIS POBRES, FORA DA ÁFRICA SUBSAARIANA (PARTE 1)

	Índia	Vietnã	Moldávia	Uzbequistão	Laos
PIB per capita (PPC), 2011	3203	3013	2975	2903	2464
Expectativa de vida ao nascer, 2011	65	75[d]	69	68[d]	67
Taxa de mortalidade infantil, 2011	47	17	14	42	34
Taxa de mortalidade abaixo de 5 anos, 2011	61	22	16	49	42
Taxa de fecundidade total, 2011	2,6	1,8[d]	1,5	2,5[d]	2,7
Acesso a saneamento melhorado, 2010 (%)	34	76	85	100	63
Média de anos de escolaridade, idade 25+, 2011	4,4	5,5	9,7	10	4,6
Taxa de alfabetização, idade 15-24 anos, 2010 (%)					
mulheres	74[a]	96	100	100	79[b]
homens	88[a]	97	99	100	89[b]
Desnutrição entre crianças abaixo de 5 anos, 2006-10[e] (%)					
abaixo do peso	43	20	n/d	4	31
baixa estatura para a idade	48	31	n/d	19	48
Taxas de vacinação infantil, 2011 (%)					
DPT	72	95	93	99	78
sarampo	74	96	91	99	69

TABELA 3.2. PAÍSES MAIS POBRES, FORA DA ÁFRICA SUBSAARIANA (PARTE 2)

	Paquistão	Papua NG	Quirguistão	Camboja	Iêmen	Tajiquistão
PIB per capita (PPC), 2011	2424	2363	2119	2083	2060	2052
Expectativa de vida ao nascer, 2011	65[d]	63	69[d]	63	65	68
Taxa de mortalidade infantil, 2011	59	45	27	36	57	53
Taxa de mortalidade abaixo de 5 anos, 2011	72	58	31	43	77	63
Taxa de fecundidade total, 2011	3,4[d]	3,9	2,9[d]	2,5	5,1	3,2
Acesso a saneamento melhorado, 2010 (%)	48	45	93	31	53	94
Média de anos de escolaridade, idade 25+, 2011	4,9	3,9	9,3	5,8	2,5	9,8
Taxa de alfabetização, idade 15-24 anos, 2010 (%)						
mulheres	61[c]	72	100[c]	86[c]	74	100
homens	79[c]	65	100[c]	88[c]	96	100
Desnutrição entre crianças abaixo de 5 anos, 2006-10[e] (%)						
abaixo do peso	31	18	2	28	43	15
baixa estatura para a idade	42	43	18	40	58	39
Taxas de vacinação infantil, 2011 (%)						
DPT	80	61	96	94	81	96
sarampo	80	60	97	93	71	98

TABELA 3.2. PAÍSES MAIS POBRES, FORA DA ÁFRICA SUBSAARIANA (PARTE 3)

	Birmânia	Bangladesh	Nepal	Haiti	Afeganistão
PIB per capita (PPC), 2011	n/d	1569	1106	1034	1006
Expectativa de vida ao nascer, 2011	65	69	69	62	48[d]
Taxa de mortalidade infantil, 2011	48	37	39	53	73
Taxa de mortalidade abaixo de 5 anos, 2011	62	46	48	70	101
Taxa de fecundidade total, 2011	2,0	2,2	2,7	3,3	6,3
Acesso a saneamento melhorado, 2010 (%)	76	56	31	17	37
Média de anos de escolaridade, idade 25+, 2011	3,9	4,8	3,2	4,9	3,1
Taxa de alfabetização, idade 15-24 anos, 2010 (%)					
mulheres	96	78	78	70[a]	n/d
homens	96	75	88	74[a]	n/d
Desnutrição entre crianças abaixo de 5 anos, 2006-10[e] (%)					
abaixo do peso	23	41	39	18	33
baixa estatura para a idade	35	43	49	29	59
Taxas de vacinação infantil, 2011 (%)					
DPT	99	96	92	59	66
sarampo	99	96	88	59	62

[a] 2006.
[b] 2005.
[c] 2009.
[d] 2010.
[e] Último ano para o qual existem dados disponíveis entre 2006-10.

FONTE: "Índices do desenvolvimento mundial" (on-line, acesso em 1º de janeiro de 2013). A média de anos de escolaridade foi extraída de "Relatório do desenvolvimento humano 2013", e os dados sobre desnutrição infantil são do Unicef (2012). Os países na tabela (com exceção da Índia) são todos aqueles com PIB per capita menor do que o indiano em 2011, classificados por ordem decrescente do PIB per capita. Na ausência de dados atualizados, a Birmânia (ou Mianmar, como os governantes militares da Birmânia agora insistem em chamá-la) foi colocada na mesma posição em que aparece (em termos de PIB per capita) em "Indicadores do desenvolvimento mundial 2011".

de países que costumavam ser duas vezes mais ricos. Esse é um ponto interessante a ser observado, e é por si só uma boa razão para não se valer apenas do crescimento da renda para provocar uma transformação nas condições de vida (o que é uma das principais ideias que estamos tentando passar). A preocupação maior é que, por quaisquer que sejam as razões, a Índia não está nada bem em muitos aspectos, mesmo em comparação com alguns dos países mais pobres do mundo. Não se trata de desmerecer as conquistas indianas, mas de colocá-las em perspectiva e se concentrar nas deficiências que mais afligem a Índia e ainda têm de ser superadas.

O DECLÍNIO DA ÍNDIA NO SUL DA ÁSIA

Uma indicação de que algo vai mal na "rota para o desenvolvimento" da Índia decorre do fato de o país estar ficando para trás em relação a todos os outros do sul da Ásia (com exceção do Paquistão) em muitos indicadores sociais, mesmo se saindo espetacularmente melhor do que esses países em termos de crescimento da renda per capita. O quadro comparativo é apresentado na tabela 3.3.

A comparação entre Bangladesh e Índia é um bom ponto de partida. Durante os últimos vinte anos, a Índia ficou muito mais rica: sua renda per capita, já 60% maior que a de Bangladesh em 1990, foi estimada em cerca do dobro da renda de Bangladesh em 2011. No entanto, durante o mesmo período, Bangladesh *ultrapassou* a Índia em uma ampla gama de indicadores sociais básicos, incluindo expectativa de vida, redução da mortalidade infantil, ampliação das taxas de vacinação, redução das taxas de fecundidade, e até mesmo alguns indicadores de escolaridade (não todos). Por exemplo, a expectativa de vida era mais ou menos a mesma em ambos os países em 1990, mas em 2010 foi estimada em quatro anos a mais em Bangladesh (69 e 65 anos, respectivamente). Da mesma forma, as estimativas relativas à mortalidade infantil, um indicador trágico, apontam que o índice era cerca de 20% maior em Bangladesh em 1990, mas caiu em ritmo acelerado, passando a ser 25% *inferior* à da Índia em 2011. A maioria dos indicadores sociais hoje parece melhor em Bangladesh que na Índia, apesar de Bangladesh ter menos da metade da renda per capita da Índia.

Não menos intrigante é o caso do Nepal, que — com todos os problemas de política e governabilidade — parece estar se aproximando rapidamente da Índia, e até mesmo a ultrapassando em alguns aspectos. Por volta de 1990, o Nepal estava muito atrás da Índia em quase todos os indicadores de desenvolvimento. Hoje, como a tabela 3.3 ilustra, os indicadores sociais para ambos são semelhantes (às vezes ainda um pouco melhores na Índia; às vezes o contrário), apesar de a renda per capita da Índia ser cerca de três vezes maior que a do Nepal.[5]

Mesmo a comparação com o Paquistão, embora favorável à Índia em termos gerais, não é amplamente lisonjeira. Entre 1990 e 2011, a renda real per capita a preços constantes aumentou cerca de 50% no Paquistão e 170% na Índia (ver tabela 3.3, primeira linha). Mas a diferença nos indicadores sociais (de início em favor da Índia, em alguns aspectos, mas em favor do Paquistão em outros) não tem sido fundamentalmente alterada na maioria dos casos. E, em alguns aspectos, tais como taxas de vacinação, as coisas parecem ter melhorado mais no Paquistão do que na Índia.

Para avaliar o mesmo problema a partir de outro ângulo, a tabela 3.4 mostra a "graduação" da Índia entre os seis principais países do sul da Ásia, respectivamente por volta de 1990 e hoje (para sermos mais precisos, no último ano para o qual dados internacionais comparáveis estão disponíveis enquanto escrevemos este livro). Como esperado, em termos de nível absoluto de renda per capita, a posição da Índia no ranking melhorou — passou da quarta (abaixo de Butão, Paquistão e Sri Lanka) para a terceira (abaixo de Butão e Sri Lanka). Em termos de taxa de expansão da renda per capita, a Índia está agora no topo do grupo (assim como na maioria dos grupos de países em todo o mundo). Mas, na maior parte dos outros aspectos, a posição da Índia piorou, na verdade de forma bastante acentuada em muitos casos. No todo, apenas um país do sul da Ásia (Sri Lanka) tinha melhores indicadores sociais do que a Índia em 1990, mas agora a Índia aparece como o segundo pior, à frente do Paquistão, uma nação problemática e despedaçada.

As perspectivas comparativas no sul da Ásia tendem a ser comumente negligenciadas em estudos sobre o desenvolvimento, em especial na Índia. No entanto, há muito a aprender olhando ao nosso redor. Por exemplo, vários especialistas em desenvolvimento na Índia, cada vez mais adeptos da iniciativa

TABELA 3.3. SUL DA ÁSIA: INDICADORES SELECIONADOS (1990 E ANOS MAIS RECENTES)

				SUL DA ÁSIA				CHINA
		ÍNDIA	BANGLADESH	BUTÃO	NEPAL	PAQUISTÃO	SRI LANKA	
PIB per capita, PPC: (dólares internacionais, a preços constantes de 2005)	1990*	**1193**	741	1678	716	1624	2017	1121
	2011	**3203**	1569	5162	1106	2424	4929	7418
Expectativa de vida ao nascer: (anos)	1990*	**58**	59	53	54	61	70	69
	2011	**65**	69	67	69	65[f]	75[f]	73[f]
Taxa de mortalidade infantil: (por mil nascidos vivos)	1990*	**81**	97	96	94	95	24	39
	2011	**47**	37	42	39	59	11	13
Taxa de mortalidade abaixo dos 5 anos: (por mil nascidos vivos)	1990*	**114**	139	138	135	122	29	49
	2011	**61**	46	54	48	72	12	15
Razão de mortalidade materna: (por 100 mil nascidos vivos)	1990	**600**	800	1000	770	490	85	120
	2010	**200**	240	180	170	260	35	37
Taxa de fecundidade total (filhos por mulher)	1990*	**3,9**	4,5	5,7	5,2	6,0	2,5	2,3
	2011	**2,6**	2,2	2,3	2,7	3,4[f]	2,3[f]	1,6[f]
Acesso a saneamento melhorado (%):	1990	**18**	39	n/d	10	27	70	24
	2010	**34**	56	44	31	48	92	64
Vacinação infantil (DPT) (%):	1990*	**59**	64	88	44	48	86	95
	2011	**72**	96	95	92	80	99	99

(*continua*)

TABELA 3.3. (*continuação*)

		ÍNDIA	BANGLADESH	BUTÃO	NEPAL	PAQUISTÃO	SRI LANKA	CHINA
				SUL DA ÁSIA				
Vacinação infantil (sarampo) (%):	1990*	**47**	62	87	57	50	78	95
	2011	**74**	96	95	88	80	99	99
Média de anos de escolaridade, idade 25+:	1990	**3,0**	2,9	–	2,0	2,3	6,9	4,9
	2011	**4,4**	4,8	2,3[e]	3,2	4,9	9,3	7,5
Taxa de alfabetização entre mulheres, idade 15-24 (%):	1991[a]	**49**	38	–	33	–	93	91
	2010[b]	**74**	78	68	78	61	99	99
Proporção (%) de crianças abaixo do peso:	1990[c]	**59,5**	61,5	34	–	39	29	13
	2006-10[d]	**43**	41	13	39	31	21	4

* Média trienal centrada no ano de referência (por exemplo, a média de 1989-91, quando o ano de referência é 1990).
[a] 1990 para a China; a cifra de Sri Lanka é uma interpolação entre as cifras de 1981 e 2001.
[b] 2006 para a Índia, 2005 para o Butão e 2009 para o Paquistão.
[c] 1988 para o Butão, 1991 para o Paquistão e 1987 para o Sri Lanka.
[d] Último ano para o qual existem dados disponíveis nesse período.
[e] 2002-12.
[f] 2010.

FONTES: Média de anos de escolaridade segundo o "Relatório do desenvolvimento humano 2013", on-line; outros indicadores procedem de "Indicadores do desenvolvimento mundial", on-line (1º de janeiro de 2013). Alguns dos valores específicos por país para 1990 estão sujeitos a uma significativa margem de erro; é melhor manter o foco em padrões gerais em vez de números exatos.

TABELA 3.4. POSIÇÃO DA ÍNDIA NO SUL DA ÁSIA

Indicador	Posição da Índia entre seis países do sul da Ásia (Topo = 1, Base = 6)	
	Em 1990	Por volta de 2011
1. PIB per capita	4	3
2. Expectativa de vida	4	5
3. Taxa de mortalidade infantil	2	5
4. Taxa de mortalidade abaixo dos 5 anos	2	5
5. Razão de mortalidade materna	3	4
6. Taxa de fecundidade total	2	4
7. Acesso a saneamento melhorado	4-5[a]	5
8. Vacinação infantil (DPT)	4	6
9. Vacinação infantil (sarampo)	6	6
10. Média de anos de escolaridade, idade 25+	2-3[a]	4
11. Taxa de alfabetização entre mulheres, 15-24 anos	2-3[a]	4
12. Proporção de crianças abaixo do peso	4-5[a]	6

[a] Posição ambígua em razão da falta de dados para o Butão (ou Nepal, no caso de "crianças abaixo do peso").

FONTE: Ver tabela 3.3. Os seis países aqui considerados são Bangladesh, Butão, Índia, Nepal, Paquistão e Sri Lanka.

privada na educação escolar, hão de interessar-se em saber que no Sri Lanka, com a sua enorme vantagem sobre a Índia em indicadores sociais, particularmente em escolaridade e alfabetização (ver tabela 3.3), as escolas privadas quase não existem — e na verdade são proibidas desde a década de 1960. Uma observação similar se aplica ao fato de que no Sri Lanka "poucas pessoas vivem a mais de 1,4 quilômetro de distância do centro de saúde mais próximo".[6] Diversas outras políticas e conquistas em países vizinhos merecem a atenção dos planejadores da Índia — e do público indiano em geral. Apesar do seu enorme tamanho e rápido crescimento econômico em comparação com os vizinhos, a Índia pode ter muito a aprender com eles.

O PROGRESSO DE BANGLADESH E O PAPEL DAS MULHERES

Bangladesh já percorreu um longo caminho nas últimas quatro décadas. Na primeira metade dos anos 1970, o país sofreu com um ciclone letal (estima-se ter matado até meio milhão de pessoas em 1970), uma rebelião popular e uma verdadeira "guerra de libertação" (que levou à independência do país em 1971), e uma epidemia de fome em grande escala (em 1974, quando 6% da população teve de depender da distribuição gratuita de comida em *langarkhanas*, ou centros de alimentação). Poucos observadores naquele momento esperavam que Bangladesh tivesse um rápido progresso social nas décadas seguintes. Na verdade, a fome coletiva de 1974 apareceu para confirmar os profetas da desgraça, alguns dos quais tinham até mesmo se referido a Bangladesh como um "caso perdido", que não devia sequer ser assistido porque com certeza seria derrotado na corrida entre população e comida.

Hoje, Bangladesh ainda é um dos países mais pobres do mundo, e grande parte da sua população continua sem muitos dos elementos minimamente necessários para uma boa vida. Contudo, tem feito progressos rápidos em alguns aspectos cruciais das condições de vida, em particular nos últimos vinte anos — ultrapassando a Índia em inúmeros indicadores sociais, apesar de seu crescimento econômico mais lento.

Algumas particularidades da experiência de Bangladesh são de especial relevância para a Índia. Bangladesh não é de forma alguma um modelo de desenvolvimento. Apesar do grande progresso recente, continua a ser um dos países mais assolados por privações em todo o mundo, e muitas das tendências em termos de políticas públicas discutidas neste livro com referência à Índia se aplicam a Bangladesh também. Em um país com metade do PIB per capita da Índia e despesas públicas de apenas cerca de 10% do PIB (mais uma vez, a metade da Índia), os serviços públicos em Bangladesh são inevitavelmente restritos, e mesmo o pouco que funciona sofre de graves problemas de *accountability*, tal como na Índia.[7] As instituições democráticas em Bangladesh também estão em apuros, mantendo uma tradição segundo a qual os partidos de oposição aparentemente não frequentam o Parlamento. No entanto, há também números surpreendentes em Bangladesh, que não podem deixar de despertar o interesse, a curiosidade e o envolvimento.

As raízes das conquistas sociais de Bangladesh não são de todo transparentes e merecem muito maior escrutínio do que receberam até o momento.[8] Contudo, algumas pistas prováveis são imediatamente dignas de nota. Talvez a mais importante seja um padrão de contínua mudança positiva nas relações de gênero. Como a tabela 3.5 mostra, diversos indicadores relacionados ao gênero são hoje bem melhores em Bangladesh do que na Índia. Por exemplo, a taxa de participação das mulheres na força de trabalho é quase o dobro da indiana (57% e 29%, respectivamente). Isso, somado a uma maior alfabetização e escolarização das mulheres, é reconhecido em todo o mundo como uma poderosa contribuição para o empoderamento das mulheres, e Bangladesh fez muito maior uso dessa via de transformação que a Índia.[9] No campo do ensino fundamental, Bangladesh tem feito progressos notáveis em prol da igualdade de gênero, tanto que as taxas de matrículas na escola e de alfabetização das meninas em Bangladesh são agora superiores às dos meninos, em contraste com a Índia, onde um substancial viés de gênero (contra meninas) persiste. Na verdade, Bangladesh é hoje um dos poucos países no mundo onde o número de meninas excede o de meninos na escola. Mesmo a parcela de mulheres no Parlamento, embora muito abaixo da metade em ambos os países, é maior em Bangladesh do que na Índia.[10]

Algo que exige maior investigação é saber em que extensão a agência das mulheres e as relações de gênero explicam o fato de Bangladesh ter alcançado, e até mesmo ultrapassado, a Índia em muitas áreas cruciais durante os últimos vinte anos. Mas certamente parece ser um fator importante, à luz do que sabemos sobre a agência das mulheres no desenvolvimento. Por exemplo, o fato de tanto a alfabetização das mulheres como sua participação na força de trabalho desempenharem um papel importante na "transição demográfica" (com taxas de mortalidade e fecundidade passando de altas para baixas) está razoavelmente bem estabelecido.[11] A subjugação das mulheres no sul da Ásia também foi plausivelmente citada no passado como uma explicação importante para o "enigma do sul da Ásia": o fato de as taxas de desnutrição infantil serem maiores nessa região do que em muitos países que são bem mais pobres. Portanto, é plausível que o progresso recente de Bangladesh tenha sido impulsionado de forma significativa por mudanças positivas nas relações de gênero e pelo novo papel da mulher na sociedade. Algumas de suas conquistas, na verdade, baseiam-se, de uma forma bastante direta e transparente, na agência feminina.

TABELA 3.5. INDICADORES RELACIONADOS AO GÊNERO
NA ÍNDIA E EM BANGLADESH

	ÍNDIA	BANGLADESH
Taxa de participação feminina na força de trabalho, idade 15+, 2010 (%)	29	57
Proporção entre mulheres e homens na população, 2011 (mulheres a cada mil homens)		
todas as idades	940	997
de 0 a 6 anos	914	972[a]
Proporção entre taxas de mortalidade feminina e masculina, 2009[b]		
de 0 a 1 ano	1,01	0,89
de 1 a 4 anos	1,55	1,25
Proporção da matrícula escolar entre mulheres e homens, 2010 (%)		
ensino fundamental	100[c]	104[d]
ensino médio	92	113
Taxa de alfabetização, 15-24 anos, 2010 (%)		
mulheres	74[e]	78
homens	88[e]	75
Proporção de adultos (idade 25+) com ensino médio concluído, 2010 (%)		
mulheres	27	31
homens	50	39
Participação feminina no Parlamento nacional, 2011 (%)	11	20
Taxa de fecundidade total, 2011 (filhos por mulher)	2,6	2,2

[a] Faixa etária de zero a quatro anos.
[b] 2007 para Bangladesh.
[c] 2008.
[d] 2009.
[e] 2006.

FONTES: "Indicadores do desenvolvimento mundial" (on-line, 1º de janeiro de 2013), salvo indicação contrária. "Relatório do desenvolvimento humano 2011", p. 141, para adultos com ensino médio concluído. As proporções entre mulheres e homens foram retiradas do recenseamento da Índia de 2011 (Governo da Índia, 2011b, p. 88) e Censo da População e Habitação de 2011 (Bangladesh Bureau of Statistics, 2011, p. 7); a proporção entre taxas de mortalidade feminina e masculina provém do "Sample Registration System Statistical Report 2009" e da "Bangladesh Demographic and Health Survey 2007" (National Institute of Population Research and Training, 2009, tabela 8.3, p. 104).

Por exemplo, um grande número de mulheres de Bangladesh foi mobilizado como trabalhadoras de linha de frente na saúde (tanto por ONGs como pelo governo).[12] Nessa e em muitas outras áreas de atividades envolvendo as mulheres de Bangladesh, o país provavelmente teria sido um lugar bastante diferente — e muito menos bem-sucedido — não fosse o papel positivo desempenhado por suas mulheres.

Nenhuma mudança comparável pode ser observada na Índia como um todo, e em especial em seu "coração do norte".[13] Lá, a participação das mulheres na força de trabalho tem se mantido estagnada em níveis muito baixos durante décadas, em contraste não só com Bangladesh, mas também com vários outros países asiáticos, onde um grande número de mulheres ingressou em empregos remunerados. Da mesma forma, a Índia continua a ter um sério problema de viés de gênero na educação dos filhos (refletido, por exemplo, nas taxas de mortalidade mais altas e taxas de participação escolar menores para meninas em comparação com os meninos), que inclusive adquiriu novas manifestações no passado recente, como o aborto seletivo por sexo. Conforme será discutido no capítulo 8, esses vieses contra as meninas se refletem em uma baixa relação mulheres-homens entre as crianças: apenas 914 meninas para cada mil meninos na Índia em 2011, em comparação com 972 em Bangladesh, sugerindo muito menor discriminação de gênero na educação dos filhos por lá, bem como uma relativa ausência de aborto seletivo por sexo (ver tabela 3.5).* Nada disso diminui o fato de que Bangladesh, como a Índia, é uma sociedade tradicional dominada por homens e continua a ser bastante patriarcal de diversas maneiras ainda hoje. Mas pelo menos há fortes sinais de uma mudança transformacional em Bangladesh, muito mais do que na Índia como um todo.

Um segundo indicador, particularmente relevante para conquistas na área da saúde, é a aparente capacidade de Bangladesh de se concentrar nos

---

* Existem grandes contrastes nas relações de gênero, incluindo a prevalência de aborto seletivo por sexo, entre as diferentes regiões na Índia, e a comparação de cifras de Bangladesh com os números médios indianos pode ser um pouco enganadora (alguns dos contrastes regionais serão discutidos mais adiante neste capítulo e no 8). Por outro lado, pela mesma razão, algumas regiões da Índia estão numa situação muito mais desfavorável em relação a Bangladesh do que indica a comparação entre as médias dos países.

TABELA 3.6. ÍNDIA E BANGLADESH: INDICADORES
SELECIONADOS DE SAÚDE PÚBLICA

	ÍNDIA (2005-6)	BANGLADESH (2007)
Proporção de lares que praticam defecação a céu aberto (%)	55	8,4
Proporção de crianças com idades entre 12-23 meses que estão totalmente imunizadas (%)	44	82
Proporção de crianças que iniciaram o aleitamento materno dentro de 24 horas após o nascimento (%)	55	89
Proporção de crianças com idades entre 9-59 meses que receberam suplementação de vitamina A[a] (%)	18	88
Proporção da população com acesso sustentável a uma fonte de água potável (%)	88	97
Proporção de crianças afetadas por diarreia tratadas com "terapia de reidratação oral" (%)	39	81

[a] Faixa etária de seis a 59 meses para a Índia.

FONTES: Pesquisa Demográfica e de Saúde de Bangladesh 2007, para Bangladesh; Pesquisa Nacional da Saúde da Família 2005-6, para a Índia. Essas duas pesquisas são muito semelhantes em termos de questionários e metodologia: ambas são variantes de pesquisas domiciliares em demografia e saúde (respectivamente, DHS e NFHS, nas siglas em inglês) aplicadas em todo o mundo.

determinantes básicos dos cuidados de saúde e no ensino fundamental de uma forma não ocorrida na Índia. Os esforços de Bangladesh foram ajudados pela participação engajada das ONGs, que inclui desde esforços abrangentes de desenvolvimento até iniciativas especializadas de microcrédito (liderada por organizações como BRAC e Grameen Bank). Houve também iniciativas racionais no setor público no sentido de atender às exigências básicas para a vida. Embora o tamanho total da despesa pública em saúde ainda seja bem pequeno em Bangladesh, e muitas das questões de governança que têm assolado o sistema de saúde da Índia pareçam também se aplicar a Bangladesh, o país tem feito progressos bastante substanciais em medidas essenciais de baixo custo, em particular relacionadas à saúde pública. Esse fato é facilmente notado na informação apresentada na tabela 3.6. Tomando os dados das tabelas 3.5 e 3.6 em conjunto, o contraste entre os dois países é muito acentuado: práticas elementares para uma boa saúde, tais como o uso de instalações de saneamento, a imunização integral das crianças e a terapia de reidratação oral (para tratar a diarreia), tornaram-se normas sociais amplamente aceitas em Bangladesh, mas ainda estão confinadas a apenas uma parte da população indiana, deixando grandes lacunas de cobertura.

Os números relativos ao saneamento são dignos de nota. Apenas 56% das famílias em Bangladesh têm acesso, em suas casas, a instalações — como banheiros modernos — que atendem aos padrões dos Indicadores do Desenvolvimento Mundial no quesito "saneamento melhorado" (com um número ainda menor, 34%, na Índia — ver tabela 3.3). No entanto, uma proporção muito mais elevada — superior a 90% — de famílias em Bangladesh tem acesso a instalações sanitárias, incluindo latrinas rudimentares e lavatórios, de modo que apenas 8,4% precisam recorrer à "defecação ao ar livre" (ver tabela 3.6). Na Índia, 50% das famílias tiveram que praticar defecação a céu aberto em 2011, de acordo com o último recenseamento da população — uma proporção maior que em qualquer outro país para o qual existem dados disponíveis. A defecação a céu aberto não é apenas um grande perigo para a saúde, mas também uma fonte de enormes dificuldades, especialmente para as mulheres, que muitas vezes são obrigadas a levantar antes do amanhecer e não têm uma maneira viável de aliviar-se depois.[14] Essa dificuldade passa despercebida e, de fato, a necessidade do acesso universal aos serviços básicos de saneamento não foi uma grande preocupação no planejamento indiano até muito recentemente. Bangladesh, por sua vez, foi aos poucos construindo banheiros em todo o país ao longo dos anos, livrando a grande maioria da população das dificuldades e dos perigos da defecação a céu aberto. Mesmo que algumas dessas instalações sejam bastante rudimentares, eles estão no mínimo lançando as bases para um saneamento adequado.[15] Esse também é um bom exemplo da possibilidade de iniciativas eficazes de saúde mesmo com uma grande escassez de recursos públicos.

Outra área de interesse particular é o planejamento familiar nos dois países. Bangladesh implementou um programa de planejamento familiar bastante eficaz, não coercivo, que levou a uma redução drástica da fecundidade em um tempo relativamente curto — de cerca de sete filhos por mulher no início da década de 1970 para 4,5 em 1990 e 2,2 em 2011 (muito perto do "nível de reposição" de 2,1). Como nos disse um comentarista, o planejamento familiar é hoje tão comum para as mulheres de Bangladesh quanto o *dal-bhat* (arroz e lentilha — os alimentos básicos do país). Isso também se reflete no levantamento de dados (por exemplo, a partir da Pesquisa Demográfica e de Saúde), mostrando altos níveis de sensibilização, entre as mulheres de Bangladesh, para as questões de planejamento familiar, e um uso de métodos contraceptivos modernos muito maior do que na Índia. Só para citar mais um exemplo, Bangladesh também deu os primeiros passos no desenvolvimento e na distribuição de medicamentos genéricos de baixo custo por meio de instituições públicas ou sem fins lucrativos.[16] Concentrando-se nesses e em outros "princípios básicos", o país tem sido capaz de melhorar a saúde da população, apesar de sua baixíssima renda per capita.

Um terceiro indicador relaciona-se com a importância das normas sociais para a saúde, educação e áreas afins, bem como para o papel da comunicação pública e mobilização da comunidade na promoção de mudanças. A maioria dos programas relativamente bem-sucedidos de Bangladesh nesses campos tem sido alicerçada, de uma forma ou de outra, sobre esses fatores.[17] Dezenas de milhares de agentes profissionais e comunitários de saúde (mobilizados pelo governo, bem como por ONGs) têm ido de casa em casa e vilarejo em vilarejo há muitos anos, acompanhando a vacinação infantil, explicando métodos contraceptivos, promovendo uma melhora do saneamento, organizando programas de suplementação nutricional, aconselhando mulheres grávidas ou lactantes, e muito mais. A Índia, naturalmente, também iniciou programas desse tipo, mas ainda tem muito a aprender com Bangladesh, tanto a respeito da intensidade necessária desses esforços de comunicação e mobilização como sobre a necessidade de superar as barreiras sociais que muitas vezes se interpõem no caminho de tais iniciativas.

A ÍNDIA ENTRE OS PAÍSES DO BRIC

Se por um lado a perspectiva do sul da Ásia tem sido muito negligenciada na Índia, um outro grupo de países é comumente visto como seu "grupo de pares": Brasil, Rússia, Índia e China (também conhecido como o BRIC). Essas nações têm algumas características importantes em comum, a começar por suas populações gigantescas.

No entanto, como a tabela 3.7 ilustra, a Índia é uma exceção dentro do grupo em alguns aspectos importantes. Por exemplo, se por um lado todos os países no grupo atingiram a alfabetização universal ou quase universal nos grupos etários mais jovens, a Índia ainda está muito longe desse fundamento elementar do desenvolvimento participativo: um quinto de todos os homens indianos entre 15 e 24 anos e um quarto de todas as mulheres na mesma faixa etária eram incapazes de ler e escrever em 2006. Do mesmo modo, vacinação infantil é quase universal em todos os países do BRIC, exceto a Índia. Como já apresentado, as taxas de vacinação da Índia são abissalmente baixas, mesmo em comparação com as de outros países do sul da Ásia, incluindo Bangladesh e Nepal. A Índia também se destaca de forma negativa em termos do grau de desnutrição entre as crianças. Esse terrível problema praticamente desapareceu em outros países do BRIC, mas ainda é galopante na Índia, onde mais de 40% das crianças com menos de cinco anos de idade estão abaixo do peso, e uma proporção ainda maior (cerca de 50%) tem baixa estatura para a idade.

Até certo ponto, esse padrão reflete o fato de que a Índia ainda é muito mais pobre do que os outros países do BRIC: o PIB per capita indiano (ajustado pela "paridade do poder de compra") equivale a menos da metade do chinês, um terço do brasileiro, e um quarto do russo. Mas, claramente, muito mais precisa ser feito para preencher essas enormes lacunas do que apenas um "emparelhamento" em termos de renda per capita. Por exemplo, o rápido crescimento econômico não tem conseguido muito, por si só, durante os últimos vinte anos ou mais, para reduzir os níveis horrendos de desnutrição infantil na Índia, ou melhorar as taxas de vacinação infantil. Do mesmo modo, para promover uma rápida e decisiva transição para a alfabetização universal nos grupos etários mais jovens, seria preciso mais do que apenas esperar que o crescimento da renda per capita torne mais fácil para os pais mandar seus filhos para a escola.

Em outras palavras, o necessário "emparelhamento" se refere não apenas à renda per capita, mas também — de forma muito importante — aos serviços públicos, ao amparo social e à distribuição econômica. É de fato interessante notar que, entre esses quatro países, a Índia é o único que não passou (pelo menos não ainda) por uma fase de grande expansão dos serviços públicos ou da redistribuição econômica. A China fez em pouco tempo um enorme progresso (especialmente em comparação com a Índia) rumo ao acesso universal à educação, aos cuidados de saúde e à seguridade social elementar — muito *antes* de embarcar nas reformas econômicas orientadas pelo mercado em 1979. Embora tenha havido certos retrocessos em alguns desses campos nas décadas de 1980 e 1990, em especial no domínio da assistência de saúde, as políticas chinesas orientadas para o crescimento durante esse período se beneficiaram muito com as bases sólidas do desenvolvimento humano estabelecidas anteriormente, ajudando a manter esse compromisso de muitas maneiras, por exemplo, através do acesso garantido e equitativo à terra em áreas rurais. Além disso, como discutido no capítulo 1, a ruína dos cuidados de saúde socializados nas décadas de 1980 e 1990, pela qual a China pagou um alto preço, foi revertida favoravelmente por volta de 2004.[18] O princípio da cobertura universal de saúde reapareceu no planejamento da China, e um rápido progresso tem sido feito nessa direção: ao que tudo indica, quase 95% das pessoas são agora cobertas pelo renovado sistema de saúde com financiamento público.

A Rússia também tinha posto em prática um sistema abrangente de amparo social e serviços públicos durante o período comunista. Tal como na China, o sistema ficou sob pesado estresse após as reformas econômicas — da variedade mais extrema — introduzidas no início de 1990. Na Rússia, no entanto, a quebra foi muito mais grave, e agravada por uma catástrofe econômica (possivelmente a pior recessão econômica na história moderna, durante a maior parte de uma década), não deixando de estar relacionada com o conselho letal de especialistas ocidentais que mantinham a previsão de um iminente "milagre econômico" em uma Rússia recém-mercantilizada, mesmo quando a economia continuava afundando.[19] Houve por fim uma decolagem econômica um tanto limitada (nos anos 2000), mas só depois de a economia e a infraestrutura social terem sido substancialmente arruinadas, ou entregues a empresários magnatas. Essa prolongada crise econômica estava associada a uma deterioração igualmente catastrófica da saúde da população russa, em especial dos homens, que hoje têm uma expectativa de vida similar à dos homens indianos (ver tabela 3.7). Mesmo assim, algumas das conquistas sociais do período anterior permaneceram, incluindo a educação básica universal, com uma escolarização que vai muito além da alfabetização. E, tal como na China, tem havido grandes esforços para reconstruir os serviços públicos e o sistema de seguridade social na Rússia nos últimos anos, com a ajuda do crescimento econômico sustentado a partir da virada do século.[20]

TABELA 3.7. INDICADORES SELECIONADOS PARA OS PAÍSES DO BRIC

	ÍNDIA	CHINA	BRASIL	RÚSSIA
PIB per capita (PPC, dólares internacionais, a preços constantes de 2005), 2011	3203	7418	10 279	14 821
Expectativa de vida ao nascer, 2010				
mulheres	67	75	77	75
homens	64	72	70	63
Taxa de mortalidade infantil, 2011	47	13	14	10
Taxa de mortalidade abaixo dos 5 anos, 2011	61	15	16	12
Taxa de fecundidade total, 2010	2,6	1,6	1,8	1,5
Acesso a saneamento melhorado, 2010 (%)	34	64	79	70
Média de anos de escolaridade, idade 25+, 2011	4,4	7,5	7,2	11,7
Taxa de alfabetização, de 15-24 anos, 2010 (%)				
mulheres	74[a]	99	99[c]	100
homens	88[a]	99	97[c]	100
Desnutrição entre as crianças abaixo de 5 anos, 2006-10[b] (%)				
abaixo do peso	43	4	2	n/d
altura abaixo da média	48	10	7	n/d
Taxas de vacinação infantil, 2011 (%)				
DPT	72	99	96	97
sarampo	74	99	97	98
Despesa pública em saúde, 2010:				
Como proporção da despesa total em saúde (%)	29	54	47	62
Como proporção do PIB (%)	1,2	2,7	4,2	3,2
Per capita (PPC, dólares internacionais, a preços constantes de 2005)	39	203	483	620
Despesa pública em educação como proporção do PIB, 2010 (%)	3,3	n/d	5,6[c]	4,1[d]

[a] 2006.
[b] Último ano para o qual existem dados disponíveis nesse período.
[c] 2009.
[d] 2008.

FONTE: "Indicadores do desenvolvimento mundial" (on-line, 1º de janeiro de 2013). Média de anos de escolaridade do "Relatório do desenvolvimento humano 2013", e desnutrição infantil segundo o Unicef (2012). Os países estão classificados em ordem crescente de PIB per capita.

Até certo ponto, eventos semelhantes ocorreram em várias partes da antiga União Soviética e na Europa Oriental. Com frequência se esquece de que, antes do desmantelamento da União Soviética, em 1991, os padrões de gastos sociais na Europa Ocidental e Oriental não eram muito diferentes — a maioria dos países em ambas as regiões tinha um Estado de bem-estar social desenvolvido e gastava grande parte do seu PIB em saúde, educação, seguridade social e fins relacionados.[21] Foi após o desmantelamento da União Soviética, seguido em grande parte do Leste Europeu pela catástrofe econômica, que os gastos sociais também passaram a sofrer uma enorme pressão em muitos países da região (sobretudo aqueles com fracas instituições democráticas). O dano ainda permanece em parte irreparado.

No Brasil, as políticas sociais progressistas são relativamente recentes e seguiram um período de rápido crescimento econômico, em vez de precedê-lo como na China. Talvez seja interessante que os indicadores sociais do Brasil e da China pareçam bastante semelhantes hoje (ver tabela 3.7), embora tenham chegado a uma situação similar por meio de diferentes vias. Durante um longo tempo, o Brasil combinou crescimento econômico acelerado com governo repressivo, enorme desigualdade e privação endêmica. No entanto, conforme será discutido na próxima seção, esse quadro mudou radicalmente nos últimos vinte anos, um período de iniciativas ambiciosas e de grande alcance nas áreas de saúde, educação e seguridade social (bastante impulsionadas pelo ressurgimento democrático que se seguiu ao fim da ditadura militar), com resultados impressionantes.

O VELHO E O NOVO BRASIL

Junto com a nossa análise das possibilidades de desenvolvimento "mediado por crescimento" em um livro anterior, também discutimos as armadilhas da "opulência desorientada" — a busca indiscriminada de expansão econômica, sem prestar muita atenção à forma como ela é compartilhada ou como isso afeta a vida das pessoas.[22] Naquela época (final dos anos 1980), o Brasil era, em muitos aspectos, um exemplo apropriado desse padrão. Nos anos 1960 e 1970, o país teve uma das economias de mais rápido crescimento do mundo, mas as condições de vida permaneceram deploravelmente ruins para uma grande parte da população. Comentando o assunto mais uma vez em meados da década de 1990, em contraste com o padrão de crescimento mais equitativo e participativo da Coreia do Sul, escrevemos que "a Índia corre o risco de seguir o caminho do Brasil, em vez do caminho da Coreia do Sul".[23] A experiência recente justifica essa apreensão sobre o caminho que a Índia poderia seguir — há uma quantidade razoável de opulência desorientada na Índia de hoje.

Curiosamente, durante as últimas duas décadas, o Brasil mudou de rumo e adotou uma abordagem mais inclusiva, baseada em políticas sociais ativas. Essa mudança foi em grande parte impulsionada pelo florescimento da democracia que se seguiu à promulgação de uma Constituição democrática em 1988, logo após o fim de um longo período de ditadura militar. Aspectos notáveis dessa nova orientação incluem um forte compromisso com o livre acesso a cuidados universais de saúde, arrojados programas de seguridade social e garantia de renda, e grandes esforços para ampliar o alcance e a qualidade do ensino fundamental. É evidente que restam muitas imperfeições significativas, mas esses problemas são objetos de pesadas críticas e discussões públicas hoje no Brasil.[24]

O direito à saúde foi incluído na nova Constituição democrática, não do modo não vinculante dos "Princípios Diretivos" da Constituição indiana, mas como uma questão de direito judiciável. Para executar essa obrigação do Estado, o Brasil criou o Sistema Único de Saúde, que visa à prestação de atendimento gratuito para todos, sem discriminação, e também lançou o ambicioso Programa Saúde da Família. O sistema envolve prestadores públicos e privados de serviços de saúde, mas tem financiamento governamental. Isso levou a uma grande expansão do acesso à saúde, sobretudo para os mais desfavorecidos: de acordo com a Organização Mundial da Saúde, 75% da população "depende exclusivamente dele para sua cobertura de cuidados de saúde".[25] Hoje os indicadores de saúde do Brasil são razoavelmente bons; por exemplo, a vacinação infantil universal, uma taxa de mortalidade infantil de apenas catorze a cada mil (em comparação com 47 a cada mil na Índia), e apenas 2% das crianças com menos de cinco anos estão abaixo do peso (em comparação com impressionantes 43% na Índia).

Uma característica particular do novo projeto de saúde do Brasil é o fato de ser enraizado em movimentos populares atuantes. O próprio Sistema Único de Saúde foi em grande medida concebido por ativistas da saúde como parte de um "projeto [maior] de política social concebido por movimentos sociais", fortemente associado com "a transformação do Estado e da sociedade em uma democracia".[26] Curiosamente, esse projeto é conhecido no Brasil como "reforma da saúde" — um lembrete útil de que "reforma" tem muitas conotações possíveis e não precisa ser entendida, como acontece com frequência na Índia, como uma saída de cena do Estado. A experiência do Brasil também nos lembra que, em uma democracia, os cuidados de saúde podem ser alvo de uma intensa discussão política, como aconteceu na Europa Ocidental (e, em certa medida, mais recentemente, até mesmo nos Estados Unidos). Como veremos no capítulo 6, há uma lição muito importante aqui para a Índia, onde a saúde pública ainda não é prioridade na lista de problemas que monopolizam a atenção dos líderes políticos, partidos de oposição ou apresentadores de programas de entrevistas.

Os programas de redistribuição de renda e de seguridade social, sempre em conformidade com a nova Constituição democrática do Brasil, também tiveram resultados substanciais. Em um estudo criterioso, Martin Ravallion (2011) compara a velocidade e as causas da redução da pobreza no Brasil, na Índia e na China entre 1981 e 2005. Durante a segunda metade desse período (entre 1993 e 2005), o PIB per capita do Brasil cresceu apenas cerca de 1%, em comparação com cerca de 5% na Índia. No entanto, a taxa de redução da pobreza (em termos de redução percentual anual da "taxa de incidência") foi muito maior no Brasil, o que marcou esses anos como um período de substancial redistribuição, em contraste com a Índia, onde a desigualdade econômica cresceu.[27] Novas pesquisas, com base numa série de dados atualizada até o final da década de 2000, corroboram o papel da redistribuição econômica na experiência recente de redução da pobreza no Brasil.[28]

As iniciativas de redistribuição mais relevantes incluíram vários programas de assistência social (como um regime abrangente de aposentadorias), políticas de valorização do salário mínimo e, a partir de 2003, o famoso Bolsa Família, programa de transferência direta de renda com um público-alvo que abrange cerca de um quarto da população — principalmente aqueles que estão fora do setor formal da economia.[29] Esses programas tiveram um impacto limitado sobre o grau de desigualdade no Brasil — na verdade, o Brasil ainda é um dos países mais desiguais do mundo (junto com Índia, China e África do Sul) —, mas sem dúvida geraram um grande impacto sobre a pobreza, em particular a pobreza extrema.[30]

Menos conhecidas que o Bolsa Família ou o Fome Zero (a iniciativa de segurança alimentar no Brasil), mas não menos importantes, são a expansão sustentada e a melhoria do sistema de ensino brasileiro durante o últimos vinte anos.[31] Mesmo na sociedade altamente desigual do Brasil, a proporção de crianças que frequentam as escolas privadas no nível primário (cerca de 10%) é muito menor do que na Índia (cerca de 30%) e, ao contrário da Índia, não parece estar crescendo.[32] As escolas públicas, por sua vez, passaram por grandes reformas. Por exemplo, os municípios começaram a assumir a maior parte da responsabilidade pela gestão das escolas; uma lei de equalização de financiamentos foi promulgada para garantir uma distribuição justa dos recursos da educação; o desempenho dos alunos foi cuidadosamente monitorado através de testes regulares padronizados aplicados em escolas de todo o país; transferências condicionais de dinheiro (de início, o Bolsa Escola e, mais tarde, o Bolsa Família) têm sido utilizadas para promover a frequência escolar, e (muito importante) o Brasil tem investido fortemente na educação pré-escolar, que foi estendida a mais de 80% das crianças na primeira infância.[33]

Os resultados foram impressionantes. Pelo menos três grandes melhorias educacionais têm sido bem documentadas. Em primeiro lugar, houve uma grande melhora na frequência e no desempenho escolar e nas faixas etárias mais jovens. Até 2009, a frequência escolar na faixa etária de seis a catorze anos foi de 98%, mesmo índice registrado pela alfabetização na faixa etária de quinze a 24 anos.[34] Em segundo lugar, esse período também testemunhou uma redução acentuada na *desigualdade* educacional. Por exemplo, o Coeficiente de Gini de anos de escolaridade caiu de 0,41 em 1995 para 0,29 em 2009.[35] Reformas educacionais, incluindo a política de equalização de financiamentos, também ajudaram as regiões menos desenvolvidas (como o Nordeste) a alcançar o resto do país. Em terceiro lugar, o desempenho dos alunos (medido pelos resultados em testes) melhorou de forma notável, apesar de terem partido de um patamar baixo de acordo com os padrões internacionais. Entre 2000 e 2009, o Brasil apresentou uma das taxas mais acentuadas de melhora nas notas dos alunos entre todos os incluídos no Programa Internacional de Avaliação de Estudantes (Pisa, na sigla em inglês).[36] Considerando a velocidade do progresso nessas diferentes dimensões a partir de outro ângulo, em 2009 as oportunidades de escolaridade média das crianças do quintil de renda *mais pobre* no Brasil não estavam muito longe daquelas desfrutadas pelas crianças do quintil de renda *mais rico* apenas dezesseis anos antes.[37]

O gasto social em termos de proporção do PIB no Brasil é atualmente superior (cerca de 25%) ao de qualquer outro país da América Latina, com exceção de Cuba (cerca de 40%), e cerca de quatro vezes a proporção correspondente na Índia (ao redor de míseros 6%).[38] Como em muitos outros países latino-americanos, uma parte substancial dessa despesa social (gastos com a seguridade social, especialmente) tem características regressivas, no sentido de que beneficia de forma desproporcional setores mais endinheirados da população.[39] Iniciativas recentes, porém, foram firmes ao estender o alcance do amparo social aos mais desfavorecidos, corrigindo tendências anteriores numa medida significativa. Essas conquistas, e a velocidade em que ocorreu a mudança — a maior parte delas aconteceu em menos de vinte anos desde a promulgação de uma Constituição democrática —, são fatos importantes, dos quais podem ser tiradas lições encorajadoras.

COMPARAÇÕES DENTRO DA ÍNDIA E AS LIÇÕES INTERNAS[40]

Embora a Índia tenha muito a aprender com a experiência internacional, também tem muito a aprender com a diversidade de experiências *dentro* desse grande país. Os dados regionais são bastante diversos entre si, e se alguns estados fossem separados do resto da Índia veríamos uma imagem bem diferente da média para o país no seu conjunto. Certo número de estados da Índia — Kerala e Tamil Nadu, por exemplo — poderia estar no topo das comparações para o sul da Ásia se fossem tratados como países separados, e outros — como Uttar Pradesh e Madhya Pradesh — se sairiam imensamente pior. No entanto, o que fica mais patente nessas comparações interestaduais é apenas o quanto esse país tão diverso pode aprender com as experiências de seus estados mais bem-sucedidos.

Esses contrastes são realmente acentuados. Por exemplo, enquanto a expectativa de vida das mulheres é de 77 anos em Kerala, ainda é inferior a 65 anos em muitos dos grandes estados do norte da Índia. Além disso, essas discrepâncias reforçam de várias maneiras as lições de experiências internacionais comparativas para estratégias de desenvolvimento. Em particular, os es-

TABELA 3.8. INDICADORES SELECIONADOS PARA OS PRINCIPAIS ESTADOS DA ÍNDIA, 2005

	INDICADORES RELACIONADOS À EDUCAÇÃO		INDICADORES RELACIONADOS À SAÚDE			INDICADORES RELACIONADOS À POBREZA		
	Alfabetização entre mulheres, 15-49 anos, 2005-6 (%)	Proporção de crianças de 6-14 anos frequentando a escola, 2005-6 (%)	Proporção de crianças de 8-11 anos que passam em um teste simples de leitura, 2004-5 (%)	Taxa de mortalidade abaixo dos 5 anos, 2005-6 (por mil)	Proporção de crianças totalmente imunizadas, 2005-6 (%)	Proporção de mulheres adultas com baixo índice de massa corporal, 2005-6 (%)	Proporção da população abaixo da linha de pobreza, 2004-5 (%)	Proporção da população no quintil mais baixo de renda, 2005-6 (%)	Renda per capita média, 2004-5 (rupias/ano)
Andra Pradesh	49,6	81,4	50	63,2	46,0	33,5	29,6	10,8	6241
Assam	63,0	84,4	72	85,0	31,4	36,5	34,4	19,8	6000
Bihar	37,0	62,2	44	84,8	32,8	45,1	54,4	28,2	3530
Chhattisgarh	44,9	81,1	61	90,3	48,7	43,4	49,4	39,6	5306
Gujarat	63,8	83,0	64	60,9	45,2	36,3	31,6	7,2	6300
Haryana	60,4	84,1	65	52,3	65,3	31,3	24,1	4,1	9443
Himachal Pradesh	79,5	96,2	83	41,5	74,2	29,9	22,9	1,2	9942
Jammu e Caxemira	53,9	87,8	40	51,2	66,7	24,6	13,1	2,8	8699
Jharkhand	37,1	71,7	59	93,0	34,2	43,0	45,3	49,6	4833
Karnataka	59,7	84,0	53	54,7	55,0	35,5	33,3	10,8	5964
Kerala	93,0	97,7	82	16,3	75,3	18,0	19,6	1,0	9987
Madhya Pradesh	44,4	89,1	46	94,2	40,3	41,7	48,6	36,9	4125

Maharashtra	70,3	87,2	66[a]	46,7	58,8	36,2	38,2	10,9	7975[a]
Odisha	52,2	77,5	58	90,6	51,8	41,4	57,2	39,5	3450
Punjab	68,7	85,3	66	52,0	60,1	18,9	20,9	1,4	9125
Rajastão	36,2	75,4	55	85,4	26,5	36,7	34,4	24,2	6260
Tamil Nadu	69,4	93,9	79	35,5	80,9	28,4	29,4	10,6	7000
Uttar Pradesh	44,8	77,2	39	96,4	23,0	36,0	40,9	25,3	4300
Uttarakhand	64,6	90,4	63	56,8	60,0	30,0	32,7	6,0	6857
Bengala Ocidental	58,8	79,7	51	59,6	64,3	39,1	34,2	25,2	6250
Índia	**55,1**	**79,6**	**54**	**74,3**	**43,5**	**35,6**	**37,2**	**20,0**	**5999**

[a] Incluindo Goa.

FONTES: Os números com 2005-6 como ano de referência são retirados da terceira Pesquisa Nacional de Saúde da Família (Instituto Internacional de Ciências da População, 2007, e relatórios estatais sobre a frequência escolar); as estimativas de pobreza para 2004-5 são do Relatório da Comissão Tendulkar (como reproduzido em Governo da Índia, 2012c); a proficiência em leitura e a renda per capita mediana provêm da Pesquisa de Desenvolvimento Humano na Índia (Desai et al., 2010). Para mais detalhes, ver Drèze e Khera (2012a).

tados indianos que se saíram bem tendem a ser aqueles que tinham desde o início bases sólidas de desenvolvimento participativo e amparo social, e promoveram ativamente a expansão das capacidades humanas, em especial no que diz respeito a educação e saúde.

As disparidades interestaduais estão ilustradas na tabela 3.8, que apresenta uma amostra de indicadores básicos de desenvolvimento relacionados a educação, saúde e pobreza.* Também apresentamos na tabela 3.9 dois índices sumários de privação: um "índice de desenvolvimento humano" padrão, que atribui peso igual para os nove indicadores apresentados na tabela 3.8, e a proporção da população estimada como vivendo sob condições de "pobreza multidimensional".[41]

Sete grandes estados (com um total de 545 milhões de habitantes em 2011, cerca de metade da população da Índia) tiveram indicadores sociais sofríveis por um longo tempo, bem como altos níveis de pobreza: Bihar, Chhattisgarh, Jharkhand, Madhya Pradesh, Odisha, Rajastão e Uttar Pradesh.[42] O caráter desolador das condições de vida nesses estados, para grande parte da população, é evidente a partir da tabela 3.8. Esses números mostram, por exemplo, que menos da metade das crianças com idade de oito a onze anos consegue passar em um teste de leitura muito simples (indo um pouco além de definições liberais de "alfabetização") em alguns desses estados, apenas 23% das crianças estão totalmente imunizadas em Uttar Pradesh, e mais da metade da população de Bihar vive abaixo da linha de pobreza extremamente baixa adotada pelo governo da Índia.

Nos padrões internacionais, alguns desses estados não são muito diferentes dos países mais pobres da África quanto à intensidade da privação humana. Isso é reiterado pelos recentes trabalhos sobre a pobreza multidimensional. Por exemplo, os cálculos do "índice de pobreza multidimensional" (MPI, na sigla em inglês) colocam estados como Bihar e Jharkhand na mesma categoria de alguns dos países mais pobres da África — como Moçambique e Serra

---

* Uma gama mais ampla de indicadores específicos para estados é apresentada no "Apêndice estatístico", tabelas A.3 e A.4, não só para os grandes estados, mas também para os estados menores da região nordeste da Índia. Alguns desses estados menores, tais como Sikkim (e, em certos aspectos, Manipur, Mizoram e Tripura), têm se saído relativamente bem em várias dimensões do desenvolvimento humano. Essas experiências merecem mais atenção do que receberam até agora.

Leoa.⁴³ Além disso, em termos de MPI, os sete estados mencionados (Bihar, Chhattisgarh, Jharkhand, Madhya Pradesh, Odisha, Rajastão e Uttar Pradesh) estão mais ou menos emparelhados — em conjunto — com os 27 países mais pobres da África, e têm aproximadamente a mesma população.⁴⁴ O que números da pobreza multidimensional sugerem, grosso modo, é que *as condições de vida da metade mais pobre da Índia não são muito melhores, se é que são superiores, que as da metade mais pobre da África.*

Olhando para o outro extremo da escala, na tabela 3.9, três grandes estados distinguem-se com níveis relativamente elevados de desenvolvimento humano: Kerala, Himachal Pradesh e Tamil Nadu. Punjab e Haryana não estão muito atrás; em termos de "pobreza multidimensional", Punjab na verdade se sai um pouco melhor do que Himachal Pradesh e Tamil Nadu. Existem, no entanto, duas razões particulares para dar especial atenção à Kerala, Himachal Pradesh e Tamil Nadu. Primeiro, eles se saem bem melhor do que Punjab e Haryana nos indicadores relacionados ao gênero e às crianças. Segundo, Kerala, Himachal Pradesh e Tamil Nadu são todos estados que eram bastante pobres não muito tempo atrás (digamos em 1950 e 1960) — ao contrário de Punjab e Haryana, que foram as regiões relativamente prósperas da Índia por um longo tempo.⁴⁵ Isso aumenta o interesse de suas realizações recentes — o desempenho na melhoria das condições de vida, bem como o sucesso em aumentar a renda per capita, juntamente com a expansão da capacidade humana.

As conquistas sociais de Kerala têm uma longa história e vêm sendo amplamente discutidas — inclusive em nossos trabalhos anteriores.⁴⁶ O interessante é que Kerala continua progredindo com rapidez em muitas frentes, e sua vantagem sobre outros estados não mostra nenhum sinal de diminuição ao longo do tempo. Desde a década de 1980 houve advertências regulares — provenientes em sua maioria de comentaristas desconfiados da intervenção estatal — de que as realizações do desenvolvimento de Kerala eram insustentáveis, ou enganosas, ou mesmo que se transformariam em um "desastre".⁴⁷ Como se revelou, no entanto, a melhoria das condições de vida em Kerala não apenas se manteve como se acelerou, com a ajuda de um rápido crescimento econômico, por sua vez auxiliado pelo foco de Kerala no ensino fundamental e em outras capacidades básicas.

Como Kerala, Himachal Pradesh lançou programas sociais ambiciosos, incluindo um movimento vigoroso em direção à educação primária universal,

TABELA 3.9. DESENVOLVIMENTO HUMANO E POBREZA MULTIDIMENSIONAL: ÍNDICES SINTÉTICOS PARA OS PRINCIPAIS ESTADOS DA ÍNDIA

	Índice de Desenvolvimento Humano (IDH), 2005[a]	Proporção da população "multidimensionalmente pobre", 2005-6[b] (%)
Kerala	0,970	12,7
Himachal Pradesh	0,846	29,9
Tamil Nadu	0,749	30,5
Punjab	0,742	24,6
Haryana	0,670	39,3
Jammu e Caxemira	0,655	41,0
Uttarakhand	0,612	39,5
Maharashtra	0,601	37,9
Gujarat	0,520	41,0
Karnataka	0,500	43,2
Andra Pradesh	0,458	44,5
Bengala Ocidental	0,446	57,4
Assam	0,441	60,1
Rajastão	0,301	62,8
Chhattisgarh	0,271	69,7
Madhya Pradesh	0,230	68,1
Odisha	0,229	63,2
Uttar Pradesh	0,212	68,1
Jharkhand	0,170	74,8
Bihar	0,106	79,3
Índia	**0,400**	**53,7**

[a] Com base nos dados da Pesquisa Nacional de Saúde da Família (NFHS) para 2005-6, dados da Pesquisa Nacional por Amostragem (NSS, na sigla em inglês) para 2004-5 e dados da Pesquisa de Desenvolvimento Humano na Índia (IHDS) para 2004-5.
[b] Com base nos dados da Pesquisa Nacional de Saúde da Família (NFHS) para 2005-6.

FONTES: O índice de desenvolvimento humano apresentado aqui é uma média não ponderada dos valores normalizados para cada um dos nove indicadores apresentados na tabela 3.8 (ver Drèze e Khera, 2012a). Sobre os números da pobreza multidimensional, ver Alkire e Seth (2012). Os estados estão classificados em ordem decrescente de IDH em 2005.

numa época em que o estado ainda era muito pobre — o início dos anos 1970.[48] A velocidade do progresso tem sido verdadeiramente impressionante: como a tabela 3.8 ilustra, Himachal Pradesh está agora no mesmo nível de Kerala quanto ao ensino fundamental, e em outros indicadores sociais também está recuperando o atraso. Em cerca de quarenta anos, Himachal Pradesh fez a transição de uma situação de severos atrasos sociais e privações (como a região era então vista) para um estado de relativo avanço, estando livre, de forma amplamente compartilhada, de privações abjetas.

Tamil Nadu é outro caso interessante de um estado que alcançou rápido progresso ao longo de um período relativamente curto, embora tenha partido de terríveis níveis de pobreza, miséria e desigualdade. Ao longo das décadas de 1970 e 1980, as estimativas oficiais de pobreza para Tamil Nadu foram superiores aos números correspondentes à Índia como um todo, para as áreas rurais e urbanas (cerca de metade da população estava abaixo da mísera linha de pobreza da Comissão de Planejamento).[49] Assim como em Kerala, as relações sociais também eram extremamente opressivas, com os *dalit* (membros das castas catalogadas) instalados em aldeias separadas (conhecidas como "colônias"),* em geral privados de elementos básicos de conforto, e muitas vezes impedidos de afirmar-se mesmo das maneiras mais simples, como vestindo uma camisa ou andando de bicicleta. Foi durante esse período que Tamil Nadu, para consternação de diversos economistas, iniciou programas sociais ousados, como as refeições quentes ao meio-dia para todos os alunos das escolas primárias, e começou a colocar em prática uma extensa infraestrutura social — escolas, centros de saúde, estradas, rede de transporte coletivo, fornecimento de água, ligações de energia elétrica e muito mais. Isso não se deu por causa da magnanimidade da elite governante, e sim como um resultado da política democrática, que permitiu a pressão pública organizada. Grupos desfavorecidos, particularmente os *dalit*, tiveram de lutar para alcançar cada conquista.[50] Hoje, Tamil Nadu tem alguns dos melhores serviços públicos entre os estados indianos, e vários deles são acessíveis a todos, em uma base não discriminatória. A experiência de Tamil Nadu será discutida outra vez no capítulo 6, com especial referência à saúde e à nutrição.

---

* "Castas catalogadas" (*scheduled castes*) é o termo constitucional para os grupos étnicos historicamente excluídos, considerados "intocáveis", no sentido de impuros. (N. T.)

Embora cada uma dessas experiências tenda a ser vista, tomada individualmente, como algum tipo de "caso especial" isolado, é interessante notar que a população agrupada desses três estados é bem superior a 100 milhões. Tamil Nadu sozinho tinha uma população de 72 milhões em 2011, maior do que a da maioria dos países do mundo. Além disso, a afirmação de que esses estados são "discrepantes" ignora o fato de que suas respectivas trajetórias de desenvolvimento, apesar de muitas diferenças, têm características compartilhadas de grande interesse. Em primeiro lugar, as políticas sociais ativas constituem um aspecto importante dessa experiência compartilhada. Isso é particularmente notável na ênfase na educação pública, mas também se estende a outros domínios, tais como saúde, seguridade social e serviços públicos.

Em segundo lugar, esses estados, na maioria dos casos, têm seguido princípios universalistas na prestação de serviços públicos essenciais. Isso é especialmente visível no que se refere a Tamil Nadu, como será discutido no capítulo 6, mas também se aplica a Himachal Pradesh e Kerala. O princípio básico é que serviços como a educação escolar, os cuidados básicos de saúde, as refeições do meio-dia, as ligações de energia elétrica, os cartões de provisionamento e a água potável devem ser, na medida do possível, disponibilizados para todos em uma base não discriminatória, em vez de terem como "alvo" segmentos específicos da população. De fato, em muitos casos, a provisão de serviços e comodidades essenciais não foi apenas universal, mas também gratuita.*

Em terceiro lugar, esses esforços têm sido em grande parte facilitados por uma administração atuante e relativamente eficiente. Os governos envolvidos ofereceram seus serviços de forma tradicional, procurando não se valer de atalhos bastante empregados nos últimos tempos, como o uso de "paraprofessores" (em vez de professores regulares), transferências condicionais de dinheiro, ou o recurso a bolsas para as escolas privadas (em vez de construir escolas públicas). Os heróis desses esforços bem-sucedidos têm sido instituições públicas "fora de moda" — escolas, centros de saúde, repartições públicas,

---

* Essa abordagem é coerente com a evidência cada vez maior dos efeitos negativos das "tarifas de usuário" (isto é, cobrar dos beneficiários) no contexto dos serviços públicos essenciais, principalmente os relacionados com a saúde e a educação. Esses e outros aspectos da prestação de serviços públicos de amparo social são discutidos com mais detalhes no capítulo 7.

gram panchayats (conselhos de vilarejos) e cooperativas.* Essas instituições públicas tradicionais abriram muito espaço para a iniciativa privada em um estágio posterior de desenvolvimento, mas lançaram as bases de um rápido progresso em cada um desses casos.

Em quarto lugar, lidar com a desigualdade social também tem sido uma importante parte dessas experiências compartilhadas. Em cada caso, a carga histórica de desigualdade foi reduzida significativamente de uma forma ou de outra. Em Kerala e Tamil Nadu, princípios de igualdade e direitos universais foram forjados através de movimentos de reforma social sustentada, bem como de lutas ferozes pela igualdade por parte dos grupos menos favorecidos — em especial os *dalit*, que costumavam receber um tratamento abominável e ainda precisam continuar sua batalha para reverter por completo as velhas tendências.[51] Himachal Pradesh beneficiou-se de um ambiente social mais favorável, com normas sociais relativamente igualitárias e uma forte tradição de ação cooperativa. Embora as desigualdades substanciais de classe, casta e gênero permaneçam em todos os casos, os mais desfavorecidos pelo menos garantiram um papel ativo — e em constante expansão — na vida pública e nas instituições democráticas.

Em quinto lugar, essas experiências de rápido progresso social são um reflexo não apenas de políticas estatais construtivas, mas também do envolvimento ativo da população na política democrática. Os movimentos sociais que combateram as tradicionais desigualdades (particularmente de castas) fazem parte desse padrão maior.[52] Tais avanços sociais, a difusão da educação e o funcionamento das instituições democráticas (com todas as suas imperfeições) possibilitaram que pessoas — homens e mulheres — tivessem voz nas políticas públicas e nos arranjos sociais de uma forma que ainda não aconteceu em muitos outros estados.

---

* O termo "panchayat" é essencial para descrever a estrutura capilarizada da democracia na Índia, com seus órgãos de governo local estruturados desde o nível dos vilarejos. Um *panchayat* é um conselho eleito de vilarejo. Um *gram panchayat* é, na verdade, um conselho eleito para governar um agrupamento de vilarejos. Na Índia, há 638 mil vilarejos. (Segundo o recenseamento de 2011, 72,2% da população vive nesses vilarejos; os 27,8% restantes vivem em cidades e aglomerados urbanos.) Há também conselhos que operam no nível dos subdistritos ou "blocos" (os *panchayat samitis*) e, agrupando subsdistritos, conselhos distritais (*zilla parishads*). Há cerca de 650 distritos administrativos, divididos em um número variável de "blocos". (N. T.)

Por último, mas não menos importante, não há nenhuma evidência de que o cultivo de capacidades humanas tenha sido feito à custa do sucesso econômico convencional, como o crescimento econômico acelerado. Pelo contrário, esses estados alcançaram taxas consideráveis de expansão, como aliás seria de esperar, tanto em razão das relações econômicas causais como do que se observou no contexto internacional (incluindo a história de sucesso do "Leste Asiático"). Embora muitas das grandes iniciativas e conquistas sociais remontem a épocas anteriores, quando esses estados não eram particularmente ricos, hoje Kerala, Himachal Pradesh e (em menor grau) Tamil Nadu têm algumas das mais altas rendas per capita e mais baixas taxas de pobreza entre os estados indianos (ver tabela 3.8). O crescimento econômico, por sua vez, permitiu que esses estados sustentassem e consolidassem políticas sociais ativas. Trata-se de um exemplo importante da complementaridade entre crescimento econômico e atuação do setor público, discutida anteriormente.

Não muito tempo atrás, Kerala foi considerado uma espécie de anomalia entre os estados indianos. Sua história social e cultura política pareciam colocá-lo à parte, tornando difícil para qualquer outro estado seguir um rumo similar. Hoje a situação é um pouco diferente. Kerala ainda está à frente de várias maneiras, mas alguns estados também têm alcançado grandes progressos na melhoria da qualidade de vida — não exatamente da mesma forma, mas de maneiras que compartilham muitas características interessantes com a experiência de Kerala. Outros estados têm um bom motivo para aprender com essas iniciativas positivas, assim como a Índia também aprende com os sucessos e fracassos do resto do mundo.

4. *Accountability* e corrupção

Às margens do lago artificial do distrito de Sonebhadra (o lago Govind Ballabh Pant Sagar em Uttar Pradesh),* há uma enorme usina de força operada pela National Thermal Power Corporation (NTPC). Quando um de nós visitou a sede da NTPC, localizada em uma agradável área verde perto da usina, descobriu que um grande número de aparelhos de ar condicionado ficavam ligados a todo vapor durante o dia inteiro, mesmo no lobby deserto de um setor destinado a convidados (isso foi no meio do verão). Do lado de fora dos muros da sede, pessoas da comunidade *dom* (uma "casta catalogada"),** que trabalham como "varredores" para a NTPC há 25 anos, moram em barracos, sem acesso à eletricidade (ou qualquer outro conforto moderno). Ao serem perguntadas, disseram que estavam com medo de perder o emprego caso se queixassem da sua situação. Um pouco mais adiante, pessoas que foram desalojadas pela usina, sem receber nenhuma compensação significativa, estão de alguma forma tentando reconstruir suas vidas. Como

---

* Literalmente o "oceano" ou "mar" (significado de "sagar", palavra híndi) Govind Ballabh Pant (nome de um importante político indiano, ativista da independência). (N. T.)
** "Dom" é o termo com o qual o grupo étnico *domba* prefere autodesignar-se no norte da Índia. (N. T.)

seus vizinhos *dom*, elas também não têm energia elétrica e também têm medo de reclamar.

O funcionamento do setor público é uma questão de interesse geral em todos os países do mundo, porque todos os países têm um. É evidente que o tamanho e a extensão do setor variam de caso para caso, mas, apesar dessas variações, o problema de implementar a *accountability* no setor público surge em todos os lugares. Específica da Índia é a combinação da insistência — por razões completamente plausíveis — em ter um setor público forte com a negligência, bastante ampla, de *accountability* sobre o funcionamento desse setor. Dados o seu tamanho e o papel crucial que desempenha na estratégia indiana de desenvolvimento, é particularmente importante perguntar como a *accountability* do setor público deve ser desenvolvida e fortalecida. A triste verdade é que o debate "público versus privado" até agora se concentrou de maneira esmagadora na "necessidade" de um setor público bem conduzido, e não em como as instituições públicas que se supõe necessárias devem ser geridas, ou o que exatamente tornaria os tomadores de decisão e operadores envolvidos sujeitos à *accountability*.

A presunção de que há algo de politicamente reacionário em levantar a questão da *accountability* no setor público é muito comum. Ela também reflete uma confusão grave sobre duas diferentes perguntas: (1) em que áreas pode o setor público, dadas as melhores condições possíveis, servir aos interesses do público melhor do que o setor privado? (2) Como podem as instituições do setor público ser sujeitas à *accountability*, de modo que possam servir aos fins para os quais foram criadas? Insistir na legitimidade da segunda pergunta não afeta de maneira nenhuma a relevância da primeira.

Quanto à primeira questão, o argumento de ir além dos cálculos de lucro privado na tomada de decisões econômicas é fundamental, em especial em um país como a Índia. A existência do que os economistas chamam de externalidades — como a poluição do ar ou da água, ou a devastação dos recursos naturais — tende a piorar a relação entre os ganhos privados e os benefícios sociais. Do mesmo modo, o nível assimétrico de informação entre compradores e vendedores — e, de forma mais geral, uma falta de conhecimento adequado por parte dos desinformados ou mal informados para escolher de maneira sensata — pode fazer a busca por lucros privados divergir das metas de bem-estar social. A ausência de concorrência também pode ser um motivo para preocupação com preços artificialmente elevados, que poderiam ser menores caso houvesse mais de uma empresa disputando o mesmo mercado.* Outras razões para evitar a dependência completa do setor privado são a pobreza e a desigualdade. Como a rentabilidade está ligada à condição financeira do comprador, ou do consumidor, os lucros privados com frequência podem ser um guia bastante inadequado para determinar as prioridades das políticas públicas. Alguns desses problemas podem ser superados instituindo-se impostos e subsídios apropriados, mas muitos deles, como as dificuldades causadas pela informação assimétrica ou pelo poder dos monopólios (quando são poderosos), não podem ser adequadamente tratados por esses instrumentos.

O argumento a favor de empresas públicas bem geridas pode, portanto, ir além da necessidade de serviços públicos básicos bem fornecidos (eles normalmente são fornecidos, em grande parte do mundo, pelo governo). Há também, é claro, muitas áreas em que o setor privado já tem feito um excelente trabalho na Índia, contribuindo para a prosperidade geral do país. Não acreditamos que os indianos desejam que o setor público assuma a produção e operação de telefones celulares ou se envolva na área da tecnologia da informação. A reputação do setor público em muitos campos econômicos, da agricultura coletivista aos hotéis administrados pelo Estado, está agora, de forma bastante ampla, manchada em todo o mundo. Contudo, há áreas (especialmente educação, saúde, nutrição, entre outras) nas quais a necessidade de um setor público atuante pode ser muito intensa, e sua presença pode dar uma contribuição importante não apenas para o bem-estar da população, mas também para o resto da economia (incluindo as iniciativas individuais e do setor privado). Vamos retornar a essa questão nos capítulos seguintes, em particular à necessidade de envolvimento público na prestação de assistência médica, ensino fundamental e médio, e infraestrutura relacionada a essas áreas.

Dito isto, permanece imperioso fazer uma distinção entre as duas perguntas apresentadas anteriormente, e a resposta à primeira, claro, depende da segunda. É difícil negar que o histórico operacional de empresas públicas na Índia raras vezes é positivo; com frequência é desastroso. Naturalmente, a ini-

---

* Como observaram John Vickers e George Yarrow em sua obra clássica sobre a "privatização", esse expediente pode funcionar bem quando há concorrência — de uma forma impossível de funcionar quando existe pouca ou nenhuma concorrência (Vickers e Yarrow, 1988).

ciativa privada também pode ser muito ineficiente, mas existe *accountability* nesse setor, já que a incompetência gera perdas ou reduz os lucros, o que tende a ser penalizado pela lógica das operações de negócios e pela disciplina do mercado. É verdade (como acabamos de discutir) que os custos e benefícios privados podem divergir substancialmente, em vários casos, do interesse público e dos custos e benefícios sociais, e o ceticismo em relação à afirmação da iniciativa privada como solução para todos os problemas não pode ser desconsiderado só porque esse setor tem um sistema de *accountability* ancorado dentro dos limites de sua própria lógica — a da geração de lucros. A adequação de um sistema de *accountability* não pode ser dissociada dos objetivos que estão sendo perseguidos. Entretanto, se por um lado a busca de lucros privados pode nos levar, em muitos casos, a divergir do interesse público, não se deve presumir que uma empresa pública, por sua vez, se sairá melhor sem um sistema adequado de *accountability* e análise crítica.

O argumento a favor do envolvimento público depende em grande medida da possibilidade de sistemas de prestação de serviços e empresas públicas com bom funcionamento e sujeitos à *accountability*. A tragédia na Índia tem sido a de que a maior parte dos debates políticos tende a se esquivar da questão da *accountability* do setor público, seja desvalorizando o setor público como um todo, em contraste com as virtudes supostamente imaculadas da iniciativa privada, seja desvalorizando o setor privado, em contraste com um mundo imaginário de funcionários públicos dedicados cumprindo seus deveres sociais com admirável eficiência e humanidade. Temos de tomar cuidado para não nos deixar envolver por nenhum desses dois contos de fadas.

Enfatizar a importância crucial dessa questão não significa acreditar que uma solução surgirá assim que olharmos para ela. Contudo, é improvável que surja uma solução a menos que a procuremos.* Essa busca tem sido uma prioridade extremamente negligenciada na economia política indiana, e está apenas começando a receber a atenção que merece. Voltaremos a essa questão em seguida.

---

* Há também uma necessidade de testes objetivos dos méritos relativos de diferentes tipos de intervenção pública. Abhijit Banerjee e Esther Duflo demonstraram a possibilidade de utilizar ensaios clínicos randomizados para estabelecer conclusões solidamente pesquisadas nas áreas em que tais testes empíricos já tinham sido considerados impossíveis ou inúteis; ver seu *Poor Economics* (Cambridge, MA: MIT Press, 2011).

INFRAESTRUTURA E PRIVAÇÃO DE ENERGIA

A questão da *accountability* surge, em diferentes níveis, ao encararmos o planejamento de infraestrutura na Índia. A deficiência — em termos tanto de infraestrutura física (energia, estradas, abastecimento de água, saneamento e outras instalações físicas) como social (educação, cuidados de saúde e outros aspectos que contribuem para o desenvolvimento da capacidade humana) — é incrivelmente generalizada. Além de problemas de *accountability* no âmbito das empresas individuais, há problemas sérios de regulamentação para setores inteiros.

Um exemplo revelador da ineficiência dos serviços públicos foi o incapacitante apagão que atingiu todo o país no final de julho de 2012, mergulhando metade dele no escuro e fazendo a Índia ganhar a reputação de "a nação do blecaute" (como expressou *The Economist*). Como isso poderia acontecer? As explicações são abundantes:

- A expansão da capacidade produtiva de energia elétrica não acompanhou a demanda.
- Alguns estados excedem sua cota alocada de energia sem informar as autoridades centrais que controlam as redes.
- Não existe um sistema que impeça de forma suficientemente rápida que os estados excedam sua cota.
- O atraso das chuvas de monção em algumas partes do país levou a um maior uso de energia elétrica, fator ao qual as autoridades pouco atentaram.
- Uma grande parte da eletricidade oferecida é furtada ou não registrada, e embora os responsáveis saibam disso, não se dispõem a se envolver com o problema, pois sua solução pode ter significativas consequências políticas.
- Não existe um sistema de alerta inicial eficaz para advertir as autoridades de que algo está começando a dar errado.

Além dessas, há também muitas outras "miniexplicações". A maioria contém alguma dose de verdade, mas ainda assim o sinal emitido pelo apagão generalizado excede a soma das diferentes partes identificadas.

Se as explicações sobre o blecaute de energia elétrica são abundantes, as propostas para soluções imediatas que, em tese, remediariam os problemas com rapidez também são. Uma ideia recorrente é que, como o problema deriva do fato de que o setor de energia está nas mãos do governo, o setor deveria ser privatizado, como supostamente aconteceu na China. O setor de energia chinês de fato funciona muito bem em comparação com o indiano, e a admiração pelos feitos obtidos pelos chineses (incluindo o acesso quase universal à eletricidade) é em grande parte merecida. No entanto, como foi discutido no capítulo 1, essa explicação para o sucesso da China nesse campo não funciona tão bem, já que o setor de energia chinês não é totalmente privatizado: a produção e o abastecimento de energia tanto na China como na Índia são em grande parte controlados pelo Estado. Existem, é claro, empresas de energia privadas na China operando dentro de um sistema mais amplo, o que acontece também na Índia (com empresas como a Reliance Power, Tata Power e outras). A vantagem dos chineses está na gestão de um setor estatal de energia mais eficiente e inegavelmente mais racional.

Parte da diferença reside no fato de que a China costuma investir mais do que o dobro, em termos de proporção do PIB, no setor de energia do que a Índia. A China erigiu uma capacidade de geração de energia, de acordo com sua necessidade de expansão, em uma proporção inexistente na Índia.[1] Os chineses também parecem gerar um significativo retorno sobre seus investimentos em energia, ao passo que o setor energético indiano está sempre em déficit, e — como Pranab Bardhan observa — a necessidade de subvenção dos comitês estaduais de eletricidade em muitos casos tende a ser superior a 10% dos déficits fiscais dos estados.[2] Por que caímos nas garras de déficits perpétuos no setor de energia?

Esse também é um problema, em última análise, de *accountability*. Mesmo nos níveis superiores, os principais operadores da estratégia de energia indiana parecem enfrentar pouca pressão para fazer as coisas direito, e não são forçados a assumir a responsabilidade pelo terrível planejamento do setor de energia na Índia. A ausência básica de sistemas de controle e *accountability* na geração e distribuição de energia na Índia ficou dolorosamente óbvia com o blecaute; no entanto, parecia impossível determinar um responsável entre os executivos do setor. É muito fácil — além de cômodo — pedir mais competência na gestão das empresas e do sistema de geração e distribuição de energia como um todo, mas a lacuna fundamental é a quase total ausência de responsabilidade atribuída às pessoas que tomam decisões e assumem o comando das operações, que não precisam enfrentar consequência nenhuma se e quando as coisas vão mal.[3] Essa ausência de responsabilização parece percorrer todas as camadas da hierarquia, fazendo com que a calamidade ocorrida em julho de 2012 — mesmo com exemplos menores ocorrendo dia sim, dia não — parecesse um inesperado desastre natural (como um terremoto), sem nenhuma ação das mãos humanas. No momento em que este livro foi editado, no início de 2013, o setor de energia ainda não tinha um sistema adequado de *accountability*, e continuava perpetuamente sedento de dinheiro e dependente de enormes alocações de verbas fornecidas pelo Estado, desviando dinheiro de outros fins sociais urgentes.

Uma das razões para a abrangência e a capacidade limitadas do setor energético indiano é a prática de tolerar (e, no momento oportuno, absorver) os enormes prejuízos acumulados por empresas estatais de energia, que se devem em grande parte aos subsídios mal alocados, à taxação insuficiente do fornecimento de eletricidade, ao furto de energia, às perdas de transmissão e a outras despesas — em larga medida para o benefício dos grandes consumidores, que têm influência política para impedir qualquer tentativa de impor medidas de recuperação de custos. Esse desequilíbrio no sistema leva a uma enorme perda de receita pública, em detrimento de mais incentivos para investir no setor de energia (como na China). Na verdade, quando a eletricidade é fornecida com prejuízos, as empresas de distribuição têm pouco a ganhar com a ampliação do alcance das linhas, ou mesmo com o fornecimento ininterrupto de energia.[4] Embora os defensores mais ardorosos da energia subsidiada consigam o que querem, muitos dos indianos mais pobres, quase um terço da população (cerca de 400 milhões pessoas), não têm acesso a nenhuma fonte de eletricidade. É incrível a falta de atenção dispensada aos "perpetuamente sem eletricidade" em comparação com as queixas — por mais importantes que sejam — de quem só fica sem energia de vez em quando. No caos inexplicável do planejamento energético na Índia, os mais afetados são solenemente ignorados.

A POLÍTICA DE SUBSÍDIOS AOS PRIVILEGIADOS

A falência do setor energético na Índia é parte de um problema político generalizado, que deve ser abordado em um nível global e envolve a necessidade de resistir (ou opor-se) à influência política de grupos privilegiados. Apesar de essa dificuldade se manifestar apenas no final da cadeia de eletricidade — na chamada "última milha" da distribuição no varejo, quando a energia é vendida para os consumidores —, a grande sangria econômica envolvida também influencia os arranjos que podem ser feitos para os estágios iniciais de geração e transmissão.

O setor energético da Índia tem enormes prejuízos com a venda de eletricidade abaixo do custo da oferta (e mesmo com o fornecimento gratuito de energia para a agricultura em alguns estados) e com os subsídios implícitos associados a perdas de transmissão, furto de energia, inadimplência e assim por diante. Esses subsídios aos consumidores, oferecidos de forma explícita ou aceitos implicitamente, tendem a ser bastante regressivos, e resultaram em sérios prejuízos e na potencial insolvência do setor, reduzindo o investimento na geração de energia e capacidade de transmissão, bem como em uma ausência persistente de ligações elétricas para centenas de milhões de pessoas. Quantidades significativas de recursos públicos também foram alocadas para subsidiar a energia disponibilizada a consumidores mais abastados, empregando verbas que poderiam ter contribuído com a expansão da educação para as pessoas sem instrução e com o fornecimento de cuidados de saúde para aqueles sem acesso a atendimento médico — ou, nesse mesmo campo, com o fornecimento de ligações elétricas aos que estão permanentemente privados delas. Estancar essa sangria e enfrentar a pressão de determinados grupos econômicos de peito aberto são tarefas políticas árduas e, a menos que os indianos — os funcionários do governo, os políticos, as pessoas em geral — se ergam para esse desafio, o setor de energia indiano seguirá fracassando (não importa quem seja o dono) e subsidiando quem menos precisa.* Isso também é uma questão de *accountability*, alimentada pelo viés do

---

* Não estamos argumentando contra qualquer subsídio ao consumo de eletricidade, independentemente das circunstâncias. Pode haver um bom argumento, por exemplo, a favor de subsidiar o consumo de energia das famílias mais pobres. A adoção de faixas de preços e tarifas diferenciadas (incluindo as conhecidas na Índia como "tarifas telescópicas") é uma prática comum

debate público na política da Índia (que é um dos principais temas deste livro). Nada é mais fácil para o governo do que permitir que o atual sistema irracional e desigual de subsídios siga sem contestação. Grupos organizados protestam nas ruas quando os subsídios regressivos são cortados, mas ninguém se mobiliza em prol dos que permanecem sem acesso à energia elétrica, nem contra a má alocação de recursos públicos que poderiam ter sido utilizados para fins sociais mais urgentes ou mais relevantes.

Problemas semelhantes podem ser observados nas políticas de preços de muitas outras fontes de energia, tais como gasolina e diesel, com a mesma prioridade implícita sendo dada aos mais abastados, e não àqueles que dispõem de poucos meios — e nenhum instrumento — para fazer uso significativo do combustível artificialmente barateado. Além de habitantes privilegiados das cidades que desfrutam de aparelhos modernos e estilos de vida luxuosos às expensas públicas, os principais beneficiários desses subsídios energéticos incluem as empresas de telecomunicações e shopping centers climatizados.[5] Tentativas de redução de subsídios para a gasolina ou o diesel tendem a gerar um enorme clamor de lobbies poderosos e são muitas vezes abandonadas em questão de poucos dias. A manutenção dos subsídios regressivos aplaca as vozes dissonantes de pessoas em posições relativamente privilegiadas — não que sejam magnatas, mas desfrutam de uma condição financeira bem melhor que o grosso da população da Índia. Do ponto de vista político, tal apaziguamento pode ser bastante útil, por se tratar de uma "demanda" da oposição "aceita" pelo governo, mas é um tremendo equívoco descrever tais concessões aos poderosos como políticas "populistas" (como às vezes são chamadas), uma vez que na verdade têm pouca utilidade para a maior parte da população.[6]

Uma consideração similar aplica-se ao subsídio para fertilizantes, que há longo tempo vem provocando um enorme rombo nas finanças públicas da

---

em muitos países, e não é difícil de implementar se o consumo de eletricidade for medido de forma adequada. Em alguns estados indianos, a diferenciação de preços tem sido usada com resultado relativamente bom, permitindo que as famílias pobres tenham acesso à eletricidade. Nosso argumento é que todos esses subsídios devem ser analisados com cuidado, além de sujeitos a *accountability*. Não há justificativa convincente para os subsídios contraproducentes para o consumo de energia elétrica por usuários privilegiados, resultantes de pressões de grupos que exercem influência em toda a Índia atualmente.

Índia, custando cerca de 1,5% do PIB do país em 2008-9, quando a despesa pública com a saúde (por parte dos governos central e estadual juntos) foi *inferior* a 1,5% do PIB — um caso bastante evidente de prioridades distorcidas. Embora o subsídio para fertilizantes possivelmente tenha sido útil quando foi introduzido, no final dos anos 1970 (no início da Revolução Verde), seria difícil justificá-lo hoje — ainda mais nessa escala —, dada sua natureza distribucional regressiva e seu impacto ambiental adverso. Além de favorecer de maneira desproporcional os grandes produtores, o que por si só já o torna regressivo, seus principais beneficiários são poderosas indústrias de fertilizantes.[7] Embora tenha havido alguma racionalização nos últimos anos, o subsídio para fertilizantes continuou desmedido — cerca de 700 bilhões de rupias (cerca de 0,8% do PIB da Índia) em 2011-2.

Nada disso quer dizer que todos os subsídios estão errados, ou que deveriam ser suspensos. Pelo contrário, o argumento contra os subsídios regressivos repousa em parte na possibilidade de fazer um uso muito melhor dos mesmos recursos em benefício dos menos favorecidos. O que não se vê nos debates atuais é uma avaliação discriminada e objetiva de quem são os beneficiários dos diferentes tipos de subsídios.[8] Por exemplo, termos como "classe média" ou "aam aadmi" (homem comum) muitas vezes são usados de forma bastante imprecisa para se referir a grupos relativamente privilegiados como os menos favorecidos (no capítulo 9 voltaremos a essa questão). Os de fato desfavorecidos, entretanto, raras vezes figuram no debate como um todo.

O papel pernicioso dos subsídios regressivos se aplica não apenas aos que são concedidos de modo transparente e explícito, tais como os oferecidos ao diesel ou aos fertilizantes, mas também aos subsídios implícitos, em especial os decorrentes do que o Ministério das Finanças chama de "renúncia fiscal", na forma de recursos que poderiam ter sido coletados, mas dos quais se abriu mão por conta de isenções e incentivos. Algumas dessas isenções poderiam muito possivelmente ser justificadas, mas inúmeras outras não passam de donativos disfarçados para lobbies poderosos, sobretudo os corporativos. O relatório anual de "Renúncia Fiscal" feito pelo Ministério da Fazenda a estima em espantosos 5,294 320 trilhões, de rupias em 2011-2, ou mais de 5% do PIB da Índia.[9] Isso inclui mais de 570 bilhões de rupias em direitos aduaneiros não cobrados apenas sobre "diamantes e ouro". Retornaremos, no capítulo 9, ao triste destino político de uma tentativa — muito tímida — feita em 2012-3 para obter uma redução marginal do subsídio implícito para joalheiros e ourives, que logo teve de ser abortada em virtude de protestos ruidosos.[10]

Como já discutimos, e analisaremos mais adiante, o poderio desigual dos relativamente privilegiados é uma enorme fonte de distorção das prioridades de desenvolvimento equitativo na Índia, com o qual o país está em teoria comprometido, de acordo com os Princípios Diretivos da Constituição do país. O desafio da *accountability*, que tem várias facetas diferentes, em última instância, é parte do problema geral da desigualdade de poder entre os relativamente privilegiados e o resto, uma característica marcante do panorama social da Índia. Esse problema será o principal assunto nos capítulos 8 e 9.

CUSTOS DE ENERGIA, EXTERNALIDADES E INCERTEZA

Além das falhas graves em termos de eficiência operacional e responsabilização política, o setor também enfrenta problemas de cálculo racional na escolha entre formas distintas de energia. Nesse sentido, os contornos da situação não são claramente discerníveis como no caso da corrupção das prioridades em virtude do poder de pressão desigual dos diferentes grupos. As escolhas entre fontes distintas de energia — carvão, petróleo, gás, energia nuclear, solar e assim por diante — demandam uma atenção tecnicamente esclarecida, apesar de — como será discutido a seguir — os interesses de grupos distintos também estarem envolvidos nessas escolhas.

A Índia tem grandes reservas de carvão, embora as quantidades que de fato estão sendo extraídas no momento por organizações autorizadas (sobretudo a estatal Coal India) sejam insuficientes em relação às necessidades imediatas de geração de energia. O problema da mineração não é, no entanto, o único a ser enfrentado nesse caso, e não pode mesmo ser o mais significativo, em especial no longo prazo. Os custos ambientais da dependência do carvão podem ser muito prejudiciais, e se aplicam tanto à extração do minério quanto ao seu uso. Dependendo da localização e de como a escavação é empreendida, a mineração pode ser altamente destrutiva para as árvores e os recursos naturais por um lado, e para os habitats humanos por outro. Já quanto ao uso, a queima de carvão gera grandes adversidades ambientais — tanto em termos locais (através da poluição) como globais (por causa do aquecimento da atmosfera).

Além do problema operacional imediato de fornecimento de energia, a questão de longo prazo da escolha racional entre diferentes matrizes energéticas na Índia precisa ser abordada. A escassez de energia, e até mesmo o blecaute nacional ocorrido em julho de 2012, pode levar a Índia a um uso maior de energia baseada em carvão, mas há também o problema social mais amplo do seu "custo total", incluindo as externalidades geradas por mais mineração e mais queima de combustível — para o país e para o mundo em geral. O fato de que o uso de energia da Índia já é bastante significativo em termos de proporção do consumo mundial, e muito provavelmente continuará em acentuada expansão em virtude do crescimento da economia indiana, torna eticamente inaceitável para a Índia se preocupar apenas com o dano ao meio ambiente dentro de suas fronteiras — o que já é ruim o suficiente.

Os custos econômicos e sociais do uso de energia tendem a divergir por causa das externalidades, incluindo as emissões relacionadas à geração e ao consumo. Existem também os custos sociais da mineração, ligados aos riscos para a vida humana e à deterioração dos ambientes locais. Essas externalidades não são controladas de forma nenhuma na Índia. Por exemplo, tem havido diversos casos de remoção forçada e até violenta de moradores de longa data, muitas vezes com pouca ou nenhuma ajuda em termos de reassentamento ou reabilitação. Os custos humanos do reassentamento forçado na Índia têm sido enormes, como apontam ativistas ambientais (entre outros).[11]

A economia de mercado obviamente não proporciona uma boa orientação social nesse caso. Decisões econômicas tendem a não levar em consideração as externalidades, a menos que sejam influenciadas por leis ou pela opinião pública, ou que sejam alvo de impostos, subsídios, regulamentações ou outras ferramentas de finanças públicas. Seria sem dúvida mais desejável que algumas grandes mudanças na mentalidade humana fizessem as pessoas considerarem seu impacto sobre a vida dos outros, mesmo quando sua existência imediata não está ameaçada, mas, dados os valores que dominam a cultura de mercado atual da Índia, a probabilidade de que isso aconteça em breve não é muito grande.

Isso significa que as decisões de mercado sobre a produção de energia em geral se baseiam em indicadores sociais incorretos de custos e benefícios reais, ignorando externalidades relevantes. Se olharmos para o custo de produção de tipos tradicionais de energia, o carvão parece ser o mais barato, seguido por outros combustíveis fósseis (incluindo o petróleo), enquanto a energia solar e a eólica são muito mais caras segundo os cálculos do mercado. Uma das novas formas de extração de energia nos últimos anos é a extração local de gás de xisto, em especial nos Estados Unidos, que pode ser ainda mais barato do que o carvão — apesar de o processo de fraturamento hidráulico poder gerar sérios custos externos para os arredores. Os custos da energia nuclear inserem-se em um ponto intermediário: há tantas estimativas de custos diferentes que é difícil separar ciência e interesse. No entanto, há evidências consideráveis de que a energia nuclear pode ser produzida pelo menos de forma mais barata do que a derivada do petróleo, e poderia ser menos dispendiosa do que a extração de carvão (apesar do menor custo de mercado do carvão), desde que as externalidades de emissão e poluição da mineração e utilização do carvão sejam incluídas nos cálculos dos custos.

Ativistas antipoluição, envolvidos em uma batalha feroz contra o aquecimento global, muitas vezes tendem a ter uma visão relativamente tolerante da energia nuclear para uso civil, por razões que são fáceis de entender. Mas seria um erro bastante grave identificar as externalidades apenas com as emissões de carbono e a poluição. A energia nuclear tem suas próprias externalidades, que podem ser enormes, na verdade — talvez até mesmo gigantescas. Esse tipo de energia gera sérios problemas de eliminação de resíduos, algo que poderia tornar-se mais e mais problemático na medida em que um país se torna dependente da energia nuclear como uma fonte básica de energia. Além disso, existe a possibilidade do roubo de material nuclear por terroristas, perigos de acidentes nucleares com resultados catastróficos e riscos de sabotagem, com um potencial desastroso.[12] O amplo reconhecimento, com base em casos de vazamento ou ameaça (o último deles na Central Nuclear de Fukushima I, em 2011), de que o planejamento pode dar errado — mesmo em um país tão bem regulado como o Japão — torna difícil acreditar que a probabilidade de um acidente pode chegar a zero ou quase zero através de passos preventivos. Como aconteceu no notório "'blecaute indiano" de julho de 2012, a calamidade pode permanecer latente até o último momento — e, olhando em retrospectiva, temos razões de sobra para acreditar que ela pode se concretizar.

O desastre de Fukushima ocorreu em um país cientificamente avançado, com a população mais disciplinada do mundo (o que fica evidente, por exemplo, na capacidade notável do Japão para realizar a evacuação de civis sem causar pânico), e mesmo assim o desastre causou algumas mortes e quase provocou danos bem mais graves em uma região que se estende muito além do Japão, para onde as nuvens nucleares poderiam ter migrado (Tóquio também, dizem-nos, poderia ter sido atingida). Isso deve servir de alerta para o planejamento energético em todo o mundo — mesmo na França (apesar da convicção recorrente de que nada pode sair errado com as medidas francesas de segurança). Há tamanho sigilo em torno das usinas nucleares indianas que os fatos confiáveis sobre elas são difíceis de verificar, mas muitos analistas, inclusive a Agência Internacional de Energia Atômica, advertiram que há provas suficientes para sugerir que as instalações nucleares civis do país são particularmente inseguras.[13] Essa questão deve ser encarada como uma enorme fonte de preocupação para o futuro da Índia — e para o mundo, à medida que mais e mais países se deixam enganar, de forma crescente, pelo barateamento e o aparentemente reduzido impacto ambiental da energia nuclear. Temos que levar em conta a disseminação de tal perigo à medida que a energia nuclear se torne uma fonte de energia de primeira ordem em todo o mundo. Combinações de baixas probabilidades podem produzir uma soma muito grande (como J. B. S. Haldane nos fez entender há quase um século), com perspectivas terríveis de uma "inesperada" dizimação de vidas e habitats humanos.

O desafio ambiental de hoje parece ser o de estarmos presos entre os conhecidos perigos de asfixia por combustíveis tradicionais (carvão, petróleo e gás natural) e os novos perigos de acidentes nucleares e consequente contaminação, mas também, possivelmente, por sabotagem e atividades terroristas. Os contornos de um dilema são claros o suficiente nesse caso, mas a solução não deve se limitar a escolher o menor entre os perigos depois de uma análise cuidadosa das certezas e incertezas (por mais importante que isso deva ser no curto prazo). Essa escolha envolve também, em última análise, o avanço na viabilidade de uso de fontes de energia (incluindo as energias solar e eólica) que não produzam nenhuma das duas grandes externalidades (a poluição atmosférica e o risco de catástrofes nucleares) que ameaçam o mundo de hoje.

As externalidades — ainda que estimadas em termos probabilísticos — são um ponto crucial. Dados os sinais do mercado, as fontes alternativas, como as energias eólica e solar, nunca vão avançar de fato sem o apoio público, que é bastante limitado no atual estado de coisas — sobretudo se levarmos em conta os subsídios generosos da Índia para as formas convencionais de energia, discutidas anteriormente. Precisamos de sistemas de incentivos relevantes e bem avaliados — através de impostos e subsídios — para estimular o mercado a responder às necessidades sociais, sem deixar de ter em mente o resultado que a pesquisa apoiada pelo Estado pode gerar em instituições públicas e privadas. As energias solar e eólica podem ainda não ter sido devidamente aproveitadas, mas a tecnologia há de ser desenvolvida com toda a criatividade de que os seres humanos são capazes. Não há nenhuma razão para que a Índia, com tantos talentos e realizações no campo da ciência, não seja um país líder na exploração de novas tecnologias nessa área da maior importância para o mundo contemporâneo.

CORRUPÇÃO E MUDANÇA INSTITUCIONAL

A questão da *accountability* está estreitamente relacionada com a da corrupção, que recebeu uma grande atenção em debates políticos recentes na Índia. Na ausência de bons sistemas de *accountability*, além de graves negligências de deveres, pode haver muita tentação para os funcionários públicos de taxar a "preços" elevados o que eles na verdade deveriam entregar como parte de seu trabalho. Essa "recompensa", um exemplo de corrupção com base em privilégio oficial, também pode causar uma distorção de um serviço supostamente público em benefício de pessoas que têm os meios e a vontade de comprar favores. A corrupção tornou-se uma característica tão endêmica da administração e vida comercial indianas que, em algumas partes do país, nada se move na direção pretendida a menos que a mão do servidor seja molhada.

O fato de um problema que já vem de tão longa data ter se tornado uma questão amplamente discutida nos últimos anos é positivo, pois gerou boa dose de descontentamento público. Não poderia ser de outra forma, já que a corrupção é um grande empecilho para a economia — além de ter reflexos diretos sobre a vida da população do país. No entanto, a democracia exige não só que as queixas sobre essas terríveis práticas sejam extensamente divulgadas, mas também que isso leve a uma séria *discussão* sobre o que pode ser feito de forma racional para resolver o problema. A tentação de "acabar com a corrupção" por punição sumária executada fora dos procedimentos legais indianos, que parece atrair muitas pessoas (o que não chega a causar surpresa, dada a frustração com as ações legais existentes), pode ser um tremendo retrocesso. Além da possibilidade de penalizar os acusados de corrupção (que poderiam ser inocentes), em vez daqueles já julgados e considerados culpados, os procedimentos de justiça instantânea e sumária geram a ilusão — uma ilusão de graves consequências — de algo que está sendo feito para mudar um sistema corrupto que gera práticas corruptas. Devemos buscar soluções reais, que funcionem, em vez de ansiar que uma punição seja imposta ao culpado — ou acusado. A corrupção é promovida e alimentada pela ausência de sistemas de *accountability*, que não podem ser providos pelos meios grosseiros de punição de uma justiça sumária. Mesmo com o estabelecimento de uma espécie de ombudsman superpoderoso, com poderes draconianos que não são temperados por procedimentos judiciais (como em algumas versões do proposto projeto da Lei Lokpal),* pode-se causar mais problemas do que ajudar a resolvê-los. Quando um sistema é defeituoso e dá às pessoas o tipo errado de incentivos — possibilitando que se negligencie um dever e se colham lucros ilícitos sem penalizações sistemáticas —, o que tem de ser alterado é o próprio sistema. Por exemplo, qualquer sistema que deixa funcionários públicos efetivamente no comando — ou permite o domínio oligárquico — sobre a concessão de licenças (por exemplo, de importação ou de mineração), sem supervisão e fiscalização, pode se tornar um campo minado de práticas corruptas.**

Que tipo de mudança institucional poderia ser considerada e buscada? Pelo menos três diferentes questões são centrais para a prevalência da corrupção nos serviços públicos. Primeiro, a corrupção floresce em um contexto de obscuridade informacional: por natureza, é uma atividade secreta. Uma mu-

---

* O Parlamento indiano aprovou a "Lokpal Bill", ou lei anticorrupção, em 18 de dezembro de 2013, considerada um passo histórico na luta contra a corrupção no país. (N. T.)
** Ver *India Grows at Night*, de Gurcharan Das (2012), para uma análise criteriosa da contribuição do "Raj das Licenças" para a geração de corrupção. Das tem bastante razão quando diz: "A lição é elevar a capacidade do Estado ou limitar sua ambição" (p. 438). Por razões discutidas extensivamente neste livro, incluindo a importância crucial do bom funcionamento dos serviços públicos, a primeira parte da alternativa deve continuar a ser um compromisso fundamental na Índia. Uma prova de que não se trata de uma impossibilidade é o fato de que a maioria dos países classificados como "menos corruptos" em rankings internacionais (sobre isso, ver Das, p. 226), como Suécia, Dinamarca, Canadá e Cingapura, tem um setor público significativamente maior do que a Índia em termos proporcionais.

dança institucional que promova a transparência e o acesso à informação pode ser uma força atuante contra a prevalência da corrupção e do peculato. Em segundo lugar, a corrupção sobrevive em um ambiente social de tolerância, não importando como as pessoas "morais" tendam a ver tais delitos. Uma crença geral de que a corrupção é o "comportamento padrão" e tem de ser tolerada, a não ser que os desvios sejam totalmente expostos e flagrantes, pode gerar uma situação em que os caçadores de propina não sofram muita pressão para corrigir-se, seja por parte de seus pares, seja por parte de sua própria consciência. Em terceiro lugar, a corrupção pode ser reduzida através de uma ameaça real de acusação e sanção. No entanto, talvez seja difícil promover a acusação na ausência de testemunhas preparadas para depor ou de provas documentais, e essa pode ser uma grande barreira para processar ou punir um tomador de propina, o que por sua vez tende a proporcionar uma sensação de impunidade para os funcionários públicos que pedem — e conseguem — subornos. Há também outras questões envolvidas (algumas das quais foram discutidas no início deste capítulo), mas o tripé formado por lacunas de informação, leniência social e dificuldade acusatória está entre os fatores que mais ajudam a sustentar uma cultura de corrupção.

Então, o que pode ser feito acerca de cada um desses fatores subjacentes? Tem havido algum progresso genuíno em resolver o primeiro desses problemas — o da informação. A Lei do Direito à Informação de 2005 foi um passo importante para uma maior transparência e acesso à informação, tornando os assuntos governamentais muito mais abertos ao público e ajudando a fomentar a *accountability*, bem como reduzir a corrupção. Embora já amplamente utilizada, a lei ainda tem um enorme potencial adicional, sobretudo por meio da aplicação mais ampla das normas de "divulgação proativa", bem como de sanções em caso de não cumprimento. Outras inovações tecnológicas e sociais, como a rápida disseminação da informatização e (em alguns estados) a institucionalização das auditorias sociais, também consolidaram essa tendência em direção à transparência.[14] Aqui, outra vez, há significativas realizações, bem como um espaço enorme para novos benefícios.

A segunda questão — a da leniência social — também é ajudada indiretamente por uma maior transparência de informações. Por exemplo, a utilização da "denúncia e execração pública", desde que a denúncia venha antes da execração, pode ser tentada. Campanhas públicas intensas e o uso habilidoso da

Lei do Direito à Informação, combinados com o uso construtivo da mídia (incluindo a "mídia social"), podem ser de grande ajuda nesse sentido, bem como na alteração da percepção pública do que é aceitável e do que não é. Essa abordagem já foi utilizada com bons resultados em vários contextos — desde o escrutínio público da vida pregressa, incluindo possíveis antecedentes criminais, dos candidatos a eleições até a análise de declarações de imposto de renda ou de negócios de personalidades públicas — e pode ser levada bem mais longe do que tem sido até hoje. Por trás da relutância em fazer maior uso dessa medida corretiva estão tanto o que pode ser chamado de uma "inércia de normas sociais" (um assunto que vai nos ocupar em seguida) como uma crença, muitas vezes implícita, de que os costumes não mudam até que — ou a menos que — alguma acusação de destaque combinada com um julgamento punitivo chame a atenção para a transgressão envolvida.

É na terceira frente — a da acusação eficaz — que pouquíssimo foi feito até agora. Sem dúvida, não causa surpresa que os atos de corrupção sejam com frequência difíceis de expor e provar com garantias suficientes para justificar a acusação. No entanto, mesmo com um número relativamente pequeno de casos de acusações bem-sucedidas, se forem rigorosas e bem divulgadas, é possível causar efeitos dissuasivos relevantes sobre a incidência de corrupção.[15] Os índices de condenação, porém, são tão "ridiculamente baixos" (como a Comissão Legal da Índia afirmou em seu relatório 160, apresentado em 1999) que a Lei de Prevenção da Corrupção nem sequer alcançou esse objetivo mínimo. O problema vai muito além das dificuldades rotineiras de estabelecer a culpa em casos de corrupção.

Uma das facetas do problema é a relutância das testemunhas em prestar depoimento no tribunal ou, em geral, fornecer provas. Nesse contexto, Kaushik Basu defendeu que pagadores de propina fossem isentados de qualquer punição nos casos em que são vítimas do chamado "suborno por assédio", que se dá quando determinado valor é cobrado por algo a que toda a população tem direito (por exemplo, a obtenção de um passaporte ou comprovante de residência). Essa isenção daria aos pagadores de propina um incentivo para denunciar o suborno e, sabendo disso, os funcionários públicos poderiam se tornar mais hesitantes, pelo menos na prática da corrupção ativa.[16] Na verdade, a Lei de Prevenção da Corrupção já contempla essa isenção, mas, como as seções pertinentes da lei (seções 12 e 24) são abertas a diferentes interpretações, talvez seja necessário alterar o texto para uma maior clareza sobre a imunidade de um pagador de propina no caso específico de suborno por assédio.[17]

É evidente que a proposta de Basu merece atenção, mas há também sérios problemas a serem considerados. Em primeiro lugar, a legalização dos subornos não incentivaria pessoas moralmente corretas a pagar propinas que dado de outra maneira não teriam? Em segundo lugar, não seria difícil distinguir, na prática, entre subornos por assédio e outros tipos de suborno nos quais o pagador estivesse tentando obter um privilégio a que *não* tivesse direito? Em terceiro lugar, o governo não minaria sua credibilidade promovendo algo que se parece com uma apologia a uma prática perversa, principalmente porque a questão da distinção de culpabilidade entre o pagador de propina e o tomador do suborno seria ignorada por muita gente? Esses são os tipos de dúvidas e preocupações que teriam de ser examinados se a proposta fosse levada adiante, além das disposições de isenção já incluídas na Lei de Prevenção da Corrupção.[18]

Talvez o fator mais relevante seja o fato de existirem diversas outras barreiras ao êxito da acusação, em especial as ineficiências do sistema jurídico, o clientelismo político de elementos corruptos, a falta de mecanismos de proteção para delatores e a relutância geral das autoridades estatais em permitir o julgamento de funcionários do governo. O último ponto é particularmente importante, já que a regra (para nossa surpresa) é que nenhum funcionário do governo pode ser processado por negligência do dever sem a autorização prévia do governo, que quase nunca é concedida. A própria Lei de Prevenção da Corrupção (seção 19) afirma claramente que a "sanção anterior" do governo em questão é necessária até mesmo para "tomar conhecimento" de qualquer violação da lei por parte de um funcionário público. Esse é, sem dúvida nenhuma, um exemplo ultrajante de salvaguarda burocrática que demanda revogação imediata. Existem disposições semelhantes de ampla imunidade concedida a ministros e outros representantes eleitos — e, mesmo quando a acusação é permitida, as instâncias de acusação (como o Departamento Central de Investigação) geralmente estão sob o controle do governo, tornando muito difíceis os processos independentes e imparciais. De forma nada surpreendente, os membros do Parlamento têm relutado em desmantelar esse sistema de imunidade e impunidade, apesar das inúmeras demandas e propostas para alterá-lo. Como argumenta A. G. Noorani, eminente advogado constitucionalista, com toda a propriedade: "Apesar de seus sonoros diálogos rancorosos, os partidos políticos dão-se as mãos contra as principais medidas que favorecem a *accountability*".[19]

Isso ilustra bem a dificuldade generalizada de promover a *accountability* e eliminar a corrupção: o sucesso da batalha depende de uma grande quantidade de iniciativas governamentais para pôr em prática as necessárias salvaguardas, mas o governo tem pouco incentivo para prestar contas ao povo. Essa é uma razão pela qual os esforços para garantir a promulgação de uma legislação destinada a assegurar a *accountability* (incluindo a Lei do Direito à Informação) muitas vezes encontram enorme resistência. Superar essa resistência é um grande desafio para a prática democrática.

A MUDANÇA É POSSÍVEL

Um dos maiores obstáculos para a promoção da *accountability* é a enorme sensação de pessimismo de que nada pode mudar a esse respeito, a não ser possivelmente para pior. Essa impressão tende a ser criada por uma experiência bastante continuada de *declínio* da *accountability* em muitas áreas de atividade governamental e da vida pública na Índia nas últimas décadas. Não há razão, no entanto, para que essas tendências não possam ser revertidas. Na verdade, em alguns aspectos, elas já começaram a ser, e há vários motivos para termos esperança.

Para começar, as pessoas estão cada vez mais reivindicadoras e exigentes, em parte devido ao aumento dos níveis de ensino. A evasão do dever é uma forma de exploração, e por vezes chega a ser grosseira — como quando funcionários do governo repetidamente solicitam aos requerentes para "voltar amanhã". Escolarização e autoconfiança ajudam na resistência a esse abuso de poder, tanto no nível individual como através da ação coletiva.

Em segundo lugar, mudanças legislativas e institucionais podem fazer uma grande diferença. A demonstração mais dramática disso no passado recente é a Lei do Direito à Informação, mencionada anteriormente. A Lei do Direito à Informação da Índia é uma das mais efetivas do mundo, e isso tem levado a muitas mudanças radicais, em termos não só de acesso à informação para o público, mas também de construção de uma cultura de transparência na vida pública e de combate aos abusos do poder estatal. A lei garante irrestrito acesso a praticamente qualquer documento do governo (e, na verdade, não apenas a "documentos", mas também a informações em um sentido bem mais amplo), a ser concedido — no prazo de trinta dias — a qualquer cidadão que o solicite. A legislação também atribui a todas as autoridades públicas uma obrigação de "divulgação proativa" de toda informação essencial (ou seja, a obrigação de abrir essa informação ao público sem esperar que alguém a solicite). Qualquer funcionário público que não fornecer as informações solicitadas em trinta dias corre o risco de ser multado. Esses direitos e obrigações são ativamente supervisionados por "comissários de informação" poderosos e independentes. Talvez o aspecto mais alentador da Lei do Direito à Informação seja sua enorme popularidade e seu uso generalizado: mais de 1 milhão de solicitações para obter informações são apresentadas a cada ano nos termos da lei, e uma grande parte é bem-sucedida no que se refere à obtenção das informações requeridas.[20]

A Lei do Direito à Informação faz parte de uma série de recentes iniciativas legislativas e institucionais que têm como objetivos o combate à corrupção e a promoção da *accountability* na vida pública. O muito debatido projeto da Lei Lokpal é outro exemplo bem conhecido, mas existem vários outros, incluindo leis e propostas que tratam do estabelecimento de canais de comunicação para receber as queixas e reivindicações dos cidadãos, da responsabilização judicial, dos contratos públicos, das reformas eleitorais, do lobby corporativo, da proteção de denunciantes e da garantia do "direito ao serviço público". Muitas dessas legislações ainda estão pendentes, ou foram aprovadas de uma forma diluída, e algumas delas (incluindo o projeto da Lei Lokpal) têm falhas graves no estágio em que se encontram atualmente. No entanto, essas iniciativas representam um importante avanço na política indiana e são muito promissoras.

Em terceiro lugar, há uma margem enorme para uma melhor utilização da tecnologia na prevenção da corrupção, bem como do abandono do dever. A informatização é um passo óbvio. Vários estados têm sido capazes de reduzir o desfalque no Sistema Público de Distribuição (PDS, na sigla em inglês), por exemplo, pela informatização do sistema, e outros estão se movendo com rapidez nessa direção.[21] Os telefones celulares tornaram muito mais fácil a comunicação com funcionários públicos que costumavam estar convenientemente "fora do posto" na maior parte do tempo. Os cartões de ponto inteligentes tornaram possível gerar registros de forma inviolável, e a biometria pode ser uma ferramenta útil contra a fraude de identidade. Todas essas inovações têm suas limitações e também podem ser mal empregadas ou causar problemas significativos no curto prazo, mesmo quando ajudam no longo prazo.[22] Inovações técnicas demandam avaliação crítica e debate público, mas isso não significa que não possam ser usadas de maneira construtiva. Um desafio importante é aproveitar as novas tecnologias para fins sociais e não apenas para ganhos privados (tal como já estão amplamente implantadas).

Em quarto lugar, a descentralização do poder e da tomada de decisões permanece muito incipiente. A maioria dos estados ainda precisa construir instituições eficazes de governança local, como *gram panchayats* e *gram sabhas* (Kerala é uma notável exceção). O chefe de um *gram panchayat* pode não ser necessariamente mais simpático e receptivo do que um funcionário graduado de um subdistrito, mas pelo menos é mais acessível, bem como mais responsável perante o eleitorado. Além disso, há assentos reservados para as mulheres e comunidades carentes nas Instituições do Panchayati Raj (PRIs, na sigla em inglês),* e evidências sugerem que sua atuação "auxilia no acesso adequado a bens públicos locais para grupos desfavorecidos".[23] Há também indicações que, nos estados com PRIs ativas, a população está aprendendo rapidamente a usar essas instituições para expressar suas demandas. Por exemplo, uma pesquisa recente com 2 mil famílias em 105 vilarejos do Rajastão (que não é um dos estados mais "progressistas" da Índia) informou que três quartos dos respondentes "buscam funcionários públicos para exigir serviços", e que, em quase dois casos a cada três, os membros dos *gram panchayat* são os primeiros a ser abordados.[24] Aqui, novamente, há possibilidades relevantes para o futuro, mesmo que os resultados obtidos até agora tenham sido limitados.

Em quinto, todos esses progressos, e outras formas de envolvimento democrático com questões relativas à *accountability* (incluindo denúncias midiáticas e debates públicos), podem levar a mudanças significativas nas normas sociais, nos hábitos de pensamento e na cultura de trabalho. Isso de fato já tem acontecido em certa medida. Por exemplo, qualquer funcionário público que marque um arquivo como "confidencial" (como costumava ser feito por uma

---

* Panchayati Raj é um sistema de governança local. (N. T.)

questão de rotina, mesmo quando uma informação trivial estava em jogo) hoje corre o risco de se expor ao ridículo, a menos que o arquivo seja referente a algo como a segurança nacional. A disciplina da transparência foi aceita a contragosto pela burocracia, mas chegou para ficar. Não é nada implausível esperar que, um dia, um burocrata que peça suborno também seja ridicularizado, admoestado ou delatado, pois esse fato não será mais considerado "parte do jogo", como é hoje. Apenas quando a hipótese de usar recursos públicos para fins privados *deixar de ser considerada uma possibilidade* para a maioria das pessoas é que a batalha contra a corrupção realmente terá sido ganha.

Por último, mas não menos importante, a política de *accountability* do setor público está mudando. Até pouco tempo, não havia nenhum grupo organizado defendendo a promoção da *accountability* no setor público. Na esquerda política, existia pouco reconhecimento do problema — os funcionários do governo têm sido a fortaleza dos partidos comunistas mais importantes da Índia, que raras vezes aceitam a ideia de que um servidor público poder ser um obstáculo para a busca do bem-estar da população. Na embrutecida direita política, o setor público foi rebaixado de forma quase incondicional — nessa linha de pensamento, um pouco mais ou um pouco menos de ineficiência dificilmente faz diferença. A agenda da direita era privatizar, não melhorar, o setor público. Tudo isso produziu um estranha "coalizão de apatia" entre esquerda e direita no que diz respeito à *accountability* no setor público.

Essa apatia, no entanto, está começando a diminuir, pois as pessoas estão aprendendo a exigir uma maior *accountability*, fruto do trabalho de toda uma variedade de iniciativas públicas e movimentos sociais que dão expressão a essa demanda.[25] Algumas dessas iniciativas são mais inspiradoras do que outras, mas o fato de que os representantes eleitos e funcionários públicos estão sob escrutínio público muito maior do que no passado é sem dúvida nenhuma um avanço. As reformas legislativas já mencionadas têm acontecido, em grande parte, em resposta a esse crescente movimento popular favorável à *accountability* na vida pública.

Existem evidências ainda não totalmente comprovadas de que algumas dessas mudanças estão começando a fazer a diferença. Se nos deixássemos levar pelos relatos da mídia, teríamos a impressão de que a corrupção está aumentando a galope. E certos tipos de corrupção, sobretudo a corporativa, de fato adquiriram proporções sem precedentes. Mas também é fato que, em certa medida, a corrupção tornou-se mais *visível* por causa do crescente escrutínio público, bem como dos novos mecanismos para expor a corrupção (especialmente em virtude da Lei do Direito à Informação). Não há muita evidência de que a exposição geral do público à corrupção na vida diária esteja crescendo. Na verdade, de acordo com o mais recente *Estudo da Corrupção na Índia* do Centro de Estudos de Mídia, a proporção de indianos que achava que a corrupção tinha "aumentado" em relação ao ano anterior baixou de 70% em 2005 para 45% em 2010, e a proporção dos que acreditavam que havia "diminuído" quintuplicou, passando de 6% para 29%. E, o que talvez seja o mais importante, a proporção de famílias rurais que tinham pagado subornos no ano anterior também caiu acentuadamente, de 56% em 2005 para 28% em 2010.[26] Não há motivos para comemoração aqui, pois ambas as pesquisas apontam para a corrupção desenfreada e também para uma ainda dominante percepção do aumento da corrupção; no entanto, é importante tomar nota de alguns sinais significativos de melhora, particularmente o declínio aparente na proporção de famílias que são obrigadas a pagar subornos.

Seria ingênuo supor que a batalha pela transparência e *accountability* está prestes a ser ganha, mas pelo menos há um combate sério acontecendo. Há não muito tempo, qualquer tentativa de construir uma campanha contra a corrupção teria sido vista como um caso de romantismo incurável. Hoje, milhões de pessoas fazem parte dessa luta, de uma forma ou de outra. Seu resultado tem um peso crucial sobre as perspectivas para uma influência — e participação — mais construtiva do Estado na vida dos cidadãos indianos.

COMPORTAMENTO E NORMAS SOCIAIS

Além da reforma dos sistemas, existe, naturalmente, o importante papel da mudança comportamental, no sentido de aproximar os hábitos cotidianos das exigências de *accountability* e do serviço público. Não se pode negar que alterar a maneira como as pessoas se comportam é algo bastante difícil de conseguir apenas por meio de decisões políticas ou campanhas públicas. Isso leva tempo, e muitas vezes há uma lacuna entre a persuasão intelectual e a conduta real. O ceticismo, por essas razões, é bem justificado, mas não precisa levar a uma aceitação fatalista das formas dominantes de comportamento. O que pode motivar o fatalismo e o cinismo nesse campo é a crença implícita e com frequência repetida de que o comportamento humano é basicamente autocentrado e voltado para o ganho pessoal, não importando os valores sociais sacrificados no processo.

Há, no entanto, uma abundância de evidências de todas as esferas da economia, da política e do comportamento social de que várias regras autoimpostas de comportamento são implicitamente aceitas pelos seres humanos na formação de sua conduta, e as pessoas de fato abrem espaço para outras considerações que não as do mero interesse próprio, de diferentes maneiras, em seu dia a dia. Mesmo criminosos preocupados apenas em ganhar dinheiro normalmente seguem regras de "comportamento de gangue", e a "honra entre ladrões" não é apenas retórica vazia. Muito disso depende de quais são as regras estabelecidas em uma sociedade em particular. Como Adam Smith discutiu em sua *Teoria dos sentimentos morais*:

> Muitos homens se comportam de maneira bastante decente, e por toda a vida evitam qualquer grau considerável de culpa, talvez até mesmo sem compartilhar do sentimento em relação à propriedade sobre a qual fundamos nossa aprovação de sua conduta, mas atuando apenas a partir do respeito ao que veem como regras estabelecidas de comportamento.

O problema na Índia de hoje é que, nas relações comerciais e na vida pública, as regras de comportamento estabelecidas progressivamente se deterioraram, fazendo da extração financeira ilícita uma atitude considerada aceitável. No entanto, o inverso de um círculo vicioso é um círculo virtuoso, de modo que o aumento da observação das regras padrão de comportamento econômico gera um cumprimento ainda maior dessas regras.*

Ao propor códigos de conduta socialmente úteis, o que se tenta não é a conversão de pessoas completamente autocentradas em seres humanos altruístas. É uma questão de mudança de foco para o comportamento com múltiplos objetivos que caracteriza a maioria das escolhas humanas. Esse elemento "extra" está presente em todos os tipos de comportamento humano nas relações sociais

---

* Sobre isso, ver Adam Smith, *The Theory of Moral Sentiments* (1759, 1790). A citação de Smith é da p. 162. Ver também os ensaios incluídos em Sen (2002a).

— que envolvem família, amigos, colegas, aliados políticos, membros do empresariado, membros de gangues e em última análise todos os seres humanos.

Contudo, os esforços para mudar as normas e práticas comportamentais, por mais importantes que sejam, não podem ser um substituto para reformas institucionais de outros tipos. Organizar a economia e estabelecer regras para mediar a interação entre o mundo dos negócios e a política demanda atenção legal e institucional, e as tentativas de avanço nesse sentido não devem ser abandonadas na esperança de uma reforma comportamental. Na verdade, as reformas institucionais e os códigos de comportamento têm de ser vistos como complementares, e podem reforçar-se mutuamente de modo bastante substancial.

Por fim, o envolvimento da mídia tem um papel importante a desempenhar, tanto exigindo e incentivando reformas institucionais como influenciando o comportamento humano. Os seres humanos respondem a incentivos. Querer tirar proveito de uma situação não é o mesmo que cobiçar, e não há nenhuma desonra para a humanidade em aceitar o fato de que o comportamento verdadeiramente altruísta é muito raro. Os incentivos incluem não apenas os ganhos financeiros e lucros, mas também a admiração e o louvor público como uma influência positiva, e a denúncia e a execração pública como um impedimento potencial. Adam Smith observou que é o "merecimento do louvor" que deve nos mover em nosso pensamento moral, mas também reconheceu que é a manifestação concreta do louvor que mais tende a encorajar os seres humanos (da mesma forma como a manifestação concreta da culpa os restringe).[27] Os meios de comunicação podem desempenhar um papel importante aqui.

No entanto, nenhum sistema de vigilância da mídia, por mais importante que seja, pode ser por si só uma força suficiente para garantir a *accountability* ou eliminar a corrupção. Da mesma forma, o debate público bem informado também não basta, apesar do impacto que pode proporcionar ao fazer com que a intolerância da corrupção por parte da população seja ouvida em alto e bom som. Nem podem as reformas institucionais, mudando o padrão de incentivos da rentabilidade pessoal acima de tudo para a conduta "normal", realizar a mudança por conta própria. Todas essas iniciativas, porém, se realizadas em conjunto, podem produzir um substancial, ainda que gradual, movimento que conduza um ambiente de tolerância com a corrupção na direção de um conjunto diferente de — nas palavras de Adam Smith — "regras estabelecidas de comportamento".

Não há "solução mágica" que possa, sozinha, pôr em prática uma maior *accountability*. Em vez disso, temos de buscar uma combinação de iniciativas que incluam a reforma dos sistemas de administração e de investigação, alterando a estrutura de incentivos, a realização de reformas legais adequadas, reduzindo a tolerância social da desonestidade financeira e expandindo o uso de disposições já codificadas na Lei do Direito à Informação e em legislações relacionadas, e o estabelecimento de um jornalismo investigativo que vise relatar, de forma sistemática, o mau comportamento do qual não se presta conta. O progresso resultante pode ser lento, mas as propriedades de um círculo virtuoso de mudança comportamental podem ganhar impulso para alcançar uma velocidade inesperada — a julgar pela experiência de outros países do mundo, como a Itália, que estava mergulhada, não muito tempo atrás, no que costumava ser chamado de "crise deontológica".* O mundo tem constatado repetidas vezes que o que parece ser irremediavelmente impossível de mudar pode não ser tão irremediável assim.

---

* Um de nós teve o privilégio de servir como conselheiro oficial, no Parlamento italiano, da Comissão Antimáfia, presidida por Luciano Violante, em 1992-4, que tratava, entre outras coisas, das causas da corrupção desenfreada e sua conexão com o mundo do crime. Foi impressionante ver como as justificativas mais frequentemente oferecidas pelos corruptos tenham sido: (1) "todos fazem isso — e não apenas eu", e (2) "eu não poderia sobreviver em um mundo competitivo, a menos que também seguisse o mesmo tipo de regras de comportamento que os demais". Como as normas de comportamento são passadas adiante, a propagação da aceitação dos novos parâmetros de conduta provou ser consideravelmente mais rápida do que se receava, mesmo em um país com uma reputação prolongada de corrupção.

5. A centralidade da educação

Em um diagnóstico contundente, Rabindranath Tagore disse: "na minha opinião, a imponente torre de miséria que repousa hoje no coração da Índia tem como único alicerce a ausência de educação".[1] Trata-se de uma afirmação um pouco extrema, pois destaca apenas um fator entre muitos problemas que a Índia enfrenta. Ainda assim, Tagore oferece um julgamento profundamente perspicaz.

O papel da educação básica no processo de desenvolvimento e progresso social é amplo e importantíssimo. Em primeiro lugar, a capacidade de ler, escrever e contar tem efeitos poderosos sobre a nossa qualidade de vida: a liberdade para compreender o mundo, para levarmos uma existência bem informada, para nos comunicarmos com os outros e, de um modo geral, para estarmos em contato com a realidade. Na sociedade contemporânea, em que tanta coisa depende da palavra escrita, ser analfabeto é como estar preso, e a educação escolar abre uma porta através da qual as pessoas podem escapar do encarceramento.

Em segundo lugar, as nossas oportunidades econômicas e perspectivas de emprego dependem bastante do nosso nível educacional e das nossas habilidades aprendidas. A capacidade de compreender a informação escrita e dominar as operações numéricas envolvidas em tarefas específicas pode ser uma qualificação imprescindível até mesmo para tarefas simples, sobretudo com o aumento da especialização nos processos de produção e distribuição. A necessidade de educação expandiu-se em especial no mundo do comércio globalizado, e o sucesso de economias como a China tem se baseado de forma substancial na capacidade de uma força de trabalho razoavelmente escolarizada para atender às demandas de controle de qualidade e treinamento de habilidades envolvidas na produção de bens e serviços para o mundo como um todo.

Em terceiro lugar, o analfabetismo abafa a voz política da população e, portanto, contribui diretamente para sua insegurança. A conexão entre a voz e a segurança das pessoas é muitas vezes subestimada. Isso não significa negar que as democracias possam ser eficazes mesmo na presença de tantos analfabetos; esse ponto com certeza precisa ser enfatizado, pois está perdido no fundo do argumento reacionário, com frequência aventado, de que uma população analfabeta não tem nenhuma serventia para os direitos democráticos. No entanto, é fato que o alcance da voz democrática das pessoas pode ser bem maior quando as oportunidades políticas são combinadas com o empoderamento social, incluindo a capacidade de ler jornais, revistas e livros e de se comunicar com os demais. A questão não é se as democracias podem ser realmente eficazes, mas quão mais eficazes podem se tornar se as vozes abafadas pelo analfabetismo puderem ser liberadas da asfixia que a educação escolar inadequada produz.

Em quarto lugar, a educação básica pode desempenhar um papel importante na resolução de problemas de saúde em geral e de saúde pública em particular. É fácil notar a relevância da educação voltada para a saúde (por exemplo, no que diz respeito às formas como as infecções se espalham e como as doenças podem ser prevenidas). Mas mesmo a educação não específica pode desenvolver a capacidade de um indivíduo de pensar, e gerar a compreensão social de maneiras que podem ter papel fundamental no combate aos problemas epidemiológicos. Na verdade, alguns estudos sugerem que a formação escolar pode ter um impacto maior sobre a saúde do que a própria educação específica para a saúde. A educação escolar também tende a facilitar a implementação de medidas de saúde pública, relacionadas, por exemplo, à imunização, ao saneamento ou à prevenção de epidemias.

Em quinto lugar, o desenvolvimento da educação tem sido muitas vezes o principal motor de mudanças na percepção pública da escala e do alcance do que pode se chamar de direitos humanos, amplamente definidos.[2] Por exemplo, o desenvolvimento educacional em Kerala — e mais recentemente em Himachal Pradesh — tem sido um fator significativo para o aumento da demanda por cuidados de saúde, com base em uma percepção mais clara da importância da saúde e do papel da sociedade em prover equipamentos e serviços de saúde. O entendimento do que pode ser visto como direitos humanos — e os cuidados de saúde certamente figurariam na percepção global de direitos humanos hoje — tende a ser bastante aguçado pela disseminação da educação escolar e da alfabetização.

Em sexto lugar, a educação também pode fazer a diferença para a compreensão e utilização das garantias legais — os direitos já consolidados que as pessoas tantas vezes não são capazes de utilizar. Quando as pessoas são analfabetas, sua capacidade de compreender, exigir e pôr em prática seus direitos legais pode ser bem limitada. Isso se aplica, em especial, às mulheres, como Salma Sobhan revelou muitos anos atrás, no contexto de Bangladesh, onde o analfabetismo era uma das principais barreiras para o exercício dos direitos das mulheres.[3] A falta de escolaridade pode levar diretamente à insegurança ao distanciar os necessitados das formas e dos meios para resistir à violação dos direitos legais estabelecidos.

Em sétimo lugar, há amplas evidências de que a escolaridade das jovens pode melhorar substancialmente a voz e o poder das mulheres nas decisões familiares. Além da importância geral da equidade no interior da família, a voz das mulheres também pode levar a inúmeras outras mudanças sociais. Uma das mais essenciais diz respeito ao fato de que o empoderamento das mulheres tende a ter um forte impacto sobre a queda na taxa de fecundidade. Isso não é nada surpreendente, uma vez que as vidas mais afetadas pela criação e educação dos filhos são as das jovens, e qualquer coisa que amplifique sua voz e promova seus interesses tende, em geral, a prevenir o parto demasiado frequente. Além disso, a educação e a alfabetização das mulheres podem reduzir as taxas de mortalidade infantil. Há evidências consideráveis de uma estreita relação entre a alfabetização das mulheres e a sobrevivência infantil em muitos países.[4]

Em oitavo lugar, mesmo que não seja nenhuma solução mágica contra as barreiras de classe, a educação pode contribuir enormemente para a redução das desigualdades relacionadas com as divisões de classe e casta. Como foi discutido no capítulo 1, a estratificação continua a ser um grande obstáculo para o desenvolvimento econômico e social da Índia, e a disseminação da educação é um dos mais importantes meios para combater essa característica debilitante da sociedade indiana.

Por último, mas não menos importante, aprender e estudar pode ser extremamente agradável, e as atividades criativas, desde que bem orientadas, aliadas ao processo de escolarização, podem acrescentar muito à qualidade de vida dos jovens, isso sem contar os benefícios de longo prazo. Esse aspecto do aprendizado pode não ser tão óbvio para o aluno indiano típico, que muitas vezes estuda em um ambiente monótono ou hostil, e pode estar exposto, em diversos casos, aos castigos físicos. No entanto, para a maioria das crianças, frequentar a escola não só é muito preferível ao trabalho infantil, ao trabalho doméstico ou a outras alternativas do tipo, como também pode tornar a vida delas divertida e mais gratificante.

É fácil ver a diferença que a educação básica pode fazer para a vida humana. Ela também é valorizada até mesmo pelas mais pobres das famílias. Diferentemente do que diz uma história anedótica bastante conhecida, segundo a qual os pais indianos muitas vezes não querem — ou até proíbem — que seus filhos sejam escolarizados, em especial as meninas, é impressionante ver a facilidade com que a importância da educação para todos é percebida até mesmo pelas famílias mais pobres e desfavorecidas da Índia. Essa foi uma das principais conclusões do *Relatório público sobre educação básica* (conhecido como Relatório Probe, da sigla em inglês), publicado em 1999, e também de trabalhos mais recentes, por exemplo, o do Pratichi Trust.[5] E, ao contrário do que se afirma com frequência, os estudos empíricos sistemáticos não encontraram nenhuma resistência séria por parte dos pais a mandar seus filhos — meninas ou meninos — às escolas, desde que sejam acessíveis, eficazes e seguras. Nos casos em que existe certa relutância, a tendência é que se deva à estrutura de escolarização, por exemplo, em virtude da preocupação com a segurança das crianças, sobretudo de meninas, quando as escolas estão localizadas a uma considerável distância de onde os pais trabalham, ou quando a escola tem apenas um professor, que pode não estar presente todos os dias.[6]

DESENVOLVIMENTO E EDUCAÇÃO

A conexão entre educação e desenvolvimento, incluindo o papel fundamental dos serviços públicos na concretização de uma transformação educacional, foi antevista com clareza mais de duzentos anos atrás por Adam Smith, que forneceu a análise clássica de como o mecanismo de mercado pode funcionar exitosamente. Ele desejava um uso muito maior de recursos do Estado para a educação pública, e argumentou: "Com um gasto muito pequeno, o [setor] público pode facilitar, incentivar e até impor a quase todo o conjunto da população a necessidade de adquirir as partes mais essenciais da educação".[7]

As experiências da Europa e dos Estados Unidos, que têm sido extensivamente estudadas, expõem com mais força o papel decisivo da educação, conduzida em geral por iniciativas governamentais, no sentido de facilitar e sustentar o desenvolvimento econômico e social.

Essas lições também inspiraram as potências econômicas em ascensão na Ásia a partir do século XIX. Já em meados do mesmo século, o papel transformador da educação escolar foi visto com notável clareza no Japão — o país pioneiro na realização do moderno desenvolvimento econômico na Ásia.[8] Na época da Restauração Meiji, em 1868, o Japão já tinha um nível de alfabetização maior do que a Europa, apesar de o país ainda não ter passado pelo processo de industrialização ou desenvolvimento econômico moderno que a Europa experimentou durante um século. Como observamos no capítulo 2, o Código Fundamental de Educação, promulgado em 1872, expressou um compromisso público inequívoco de garantir que não houvesse "nenhuma comunidade com uma família analfabeta, nem nenhuma família com uma pessoa analfabeta". Foi o Estado atuante — ainda que autoritário — que conduziu a universalização do ensino no Japão.

O foco na educação foi intenso no início do período de desenvolvimento japonês, durante a Era Meiji (1868-1912). Por exemplo, entre 1906 e 1911, a educação consumiu até 43% do orçamento das cidades e vilarejos japoneses.[9] Nesse período, o progresso do ensino fundamental foi particularmente rápido, e os responsáveis pelo recrutamento do Exército ficaram impressionados com o fato de que, se em 1893 um terço dos recrutas era analfabeto, já em 1906 não havia quase ninguém nessa condição. Em 1910, o Japão era quase totalmente alfabetizado, pelo menos no que diz respeito aos jovens, e em 1913, embora ainda se tratasse de uma nação muito mais pobre do que a Grã-Bretanha ou os Estados Unidos, já se publicavam mais livros no Japão do que na Grã-Bretanha, e mais do que o dobro do que nos Estados Unidos. O foco na educação determinou, em grande medida, a natureza e a velocidade do progresso econômico e social do Japão.

O fato de que o desenvolvimento humano em geral e a educação escolar em particular sejam, acima de tudo, aliados dos pobres, e não só dos ricos e afluentes, é a ideia por trás da estratégia japonesa de desenvolvimento econômico em toda a sua história moderna. Mais tarde, Coreia do Sul, Taiwan, Cingapura, Hong Kong e, claro, China seguiram rotas similares e firmemente concentradas na educação básica, em grande parte fornecida pelo Estado. Nas explicações sobre o rápido progresso econômico da Ásia Oriental, sua vontade de fazer bom uso da economia de mercado global é várias vezes enfatizada, e com razão. Esse processo, porém, foi muito ajudado pelas realizações desses países na educação pública. A participação integral em uma economia globalizada teria sido difícil de realizar caso as pessoas não soubessem ler ou escrever.

A ÍNDIA DEIXADA PARA TRÁS

É curioso observar que, apesar da forte retórica pró-educação no movimento nacionalista indiano, a expansão da educação escolar tem sido lentíssima na Índia — muito mais do que na Ásia Oriental. A Índia tem ficado atrás da Ásia Oriental por uma ampla margem, como ilustra a tabela 5.1. O déficit é particularmente marcante para as mulheres indianas, incluindo as jovens, grande parte das quais é analfabeta ainda hoje, em nítido contraste com a Ásia Oriental — o que inclui, por exemplo, a Indonésia, um país que em tempos não tão distantes (em 1960) não tinha um desempenho muito melhor do que a Índia nesse quesito, mas onde hoje a alfabetização é atualmente mais ou menos universal entre grupos mais jovens.

Sem dúvida, as diferentes partes da Índia têm números distintos nesse campo. O estado de Kerala (formado após a independência pela união de dois "estados indianos nativos", Travancore e Cochin, que receberam permissão do Raj britânico para ter suas próprias políticas internas) de fato apresentou uma história de política pró-educação — muito mais do que o resto da Índia. Essa perspectiva pró-educação foi mantida e intensificada após a independência, sob uma liderança política de esquerda, colocando Kerala substancialmente à frente do restante do país em termos de educação escolar. Malabar, uma pequena parte da nova Kerala originada do antigo estado de Madras, na Índia britânica, que tinha um histórico educacional mais retrógrado antes da independência, logo se alinhou com o restante de Kerala no desenvolvimento educacional. Kerala, porém, era a exceção no cenário de atraso educacional da Índia pós-independência, assim como o Sri Lanka, com sua história de rápida expansão da escolarização.[10] A maior parte da Índia tinha um patamar de escolarização absurdamente baixo — considerando o país como um todo, quando os britânicos o deixaram, a taxa de alfabetização de adultos era de apenas cerca de 18%. E, como já discutimos nos capítulos 2 e 3, essa negligência da educação escolar continuou inabalada através dos anos pós-independência, até muito recentemente.

Ainda em 2005-6, cerca de 20% das crianças indianas de seis a catorze anos não frequentavam a escola, e cerca de 10% das crianças dessa faixa etária nunca tinham sido matriculadas em uma escola.[11] A negligência é particularmente marcante para as meninas indianas: quase a metade delas estava fora da escola em grandes partes da Índia (por exemplo, Bihar) nesse mesmo ano. Nesse quesito, o sul da Ásia (incluindo a Índia) manteve-se bem mais perto da África Subsaariana do que do resto do continente. Nem mesmo na comparação com o sul da Ásia a Índia está se saindo tão bem. Bangladesh, apesar de ser muito mais pobre, alcançou — e, de certa forma, ultrapassou — a Índia na educação das meninas, como foi discutido no capítulo 3. O Nepal é ainda mais pobre e tinha menos de metade das taxas de alfabetização da Índia até pouco tempo atrás, em 1980, mas quase alcançou a Índia nos grupos etários mais jovens (ver tabela 5.1). Mesmo o hiato de alfabetização entre a Índia e o Paquistão parece muito menor hoje (embora a vantagem ainda seja da Índia) do que parecia trinta anos atrás. Há uma história alarmante de contínua negligência do ensino fundamental e, principalmente, da educação das meninas, que é uma necessidade central no processo de desenvolvimento econômico e social.

TABELA 5.1. TAXA DE ALFABETIZAÇÃO EM
PAÍSES ASIÁTICOS SELECIONADOS

País	Taxa de alfabetização de adultos (% de pessoas alfabetizadas na faixa etária de 15 anos ou mais)			Taxa de alfabetização entre mulheres jovens (% de mulheres alfabetizadas na faixa etária de 15-24 anos)	
	1960	1980[a]	2010[b]	1980[a]	2010[b]
Sul da Ásia					
Índia	28	41	63	40	74
Bangladesh	22	29	57	27	78
Nepal	9	21	60	15	78
Paquistão	15	26	55	24	61
Sri Lanka	75	87	91	90	99
Ásia Oriental					
China	n/d	65	94	82	99
Indonésia	39	67	93	82	99
Malásia	53	70	93	87	98
Filipinas	72	83	95	93	98
Tailândia	68	88	94	96	98
Vietnã	n/d	84	93	94	96

[a] 1981 para Bangladesh, Índia, Nepal, Paquistão, Sri Lanka; 1979 para Vietnã; 1982 para China.
[b] 2006 para a Índia; 2009 para a Indonésia e Paquistão; 2008 para Filipinas; 2005 para Tailândia.

FONTES: "Relatório de desenvolvimento mundial 1980"; tabela 23 para os dados de 1960. "Indicadores do desenvolvimento mundial" (on-line, 1º de janeiro de 2013) para os outros anos. Taxas de alfabetização específicas por idade do recenseamento da Índia de 2011 não estão disponíveis no momento da escrita deste livro; para as pessoas com idade de sete anos ou mais, a estimativa do recenseamento é de 74%.

DESAFIOS DO ENSINO SUPERIOR

Há muitos problemas a serem abordados em diferentes níveis educacionais na Índia — desde a educação pré-escolar até os mais altos níveis do ensino superior. Neste livro, nos concentramos sobretudo no estado negligenciado das escolas — e da escolarização — na Índia, não só porque essas deficiências são extremamente relevantes por si sós, mas também porque influenciam o que pode ou não ser alcançado na educação pós-escolar. Uma vez que o acesso a faculdades e universidades é gravemente comprometido pela exclusão na fase escolar de uma parte significativa da população, uma exclusão que é ainda maior se levarmos em conta o acesso a uma educação escolar minimamente boa, é difícil para o ensino superior conseguir qualquer coisa perto de seu potencial. No entanto, existem problemas específicos da educação superior que se originam em outra parte, e é útil examinar brevemente seu estado e sua qualidade na Índia como um todo.

Para começar, algumas palavras sobre a tradição. Europa e América do Norte têm sido os centros dominantes de ensino superior organizado por quase mil anos. A universidade mais antiga do mundo foi criada em 1088 em Bolonha, na Itália. A de Paris veio três anos depois, em 1091. Outras cidadelas de ensino superior logo surgiram em diferentes países da Europa, incluindo a Universidade de Oxford, em 1167, e a Universidade de Cambridge, em 1209. Há uma tendência em todo o mundo — refletida na Índia também — a acreditar que o ensino superior é de alguma forma uma contribuição quintessencial do Ocidente para o mundo. A história do último milênio inclina-se a confirmar esse entendimento; contudo, é importante nesse contexto se lembrar do fato — e ser inspirado por ele — de que a Índia tem, em alguns aspectos, uma herança até mais longa de ensino superior.

Consideremos a Universidade Nalanda, que serviu como uma universidade pan-asiática (atraindo estudantes de toda a Ásia), dirigida por uma fundação budista — e contando com o apoio de muitos outros, incluindo reis hindus. Quando a mais antiga universidade europeia, a de Bolonha, foi fundada, em 1088, Nalanda já tinha mais de seiscentos anos de idade.* Nalanda foi um antigo centro de aprendizado avançado que atraiu estudantes de vários países do mundo, como China, Coreia, Japão, Tailândia, Indonésia e demais nações asiáticas, e também alguns ocidentais e turcos. No seu auge,

---

* Houve um estabelecimento budista anterior em Takshila, no que é hoje o Paquistão, mas, embora tenha oferecido instrução religiosa e alguma educação relacionada ao budismo, não desenvolveu o tipo de alcance pedagógico e de liberalidade que Nalanda conseguiu praticar. Nesse sentido, Takshila era mais semelhante a Al Azhar, universidade muçulmana pioneira e muito distinta no Egito, fundada cerca de duzentos anos depois de Nalanda, que desenvolveu um sistema regular de ensino pedagógico intimamente ligado à religião, e que, com toda a justiça, ganhou fama mundial.

no século VII, Nalanda era uma universidade residencial, com 10 mil alunos em seus dormitórios.

Os assuntos ensinados em Nalanda ainda estão sendo investigados, à medida que a antiga universidade vai sendo restabelecida sob uma iniciativa conjunta da Cúpula do Leste Asiático. Mas não se trata de uma busca fácil, já que os documentos em Nalanda foram indiscriminadamente queimados por Bakhtiyar Khilji e seu exército conquistador, no final do século XII. Relatos contemporâneos dizem-nos que a grande e célebre biblioteca de Nalanda — ao que tudo indica, abrigada em um edifício de nove andares — ardeu durante três dias em chamas de destruição. Embora Nalanda ainda tenha perdurado por algum tempo depois de se reagrupar e se reorganizar após a devastação, a universidade jamais recuperaria sua dimensão, qualidade ou reputação. Mas, juntando todos os relatos que temos, em especial as memórias de ex-alunos de Nalanda (sobretudo da China), sabemos que as matérias lá ensinadas e pesquisadas incluíam religião, história, direito, linguística, medicina, saúde pública, arquitetura e escultura, bem como astronomia (com uma torre de observatório que, segundo os escritos de Xuangzang, um erudito chinês que estudou em Nalanda, no século VII, se erguia majestosamente sobre a névoa em manhãs brumosas). Há evidências circunstanciais de que a matemática também deve ter sido ensinada, por sua íntima ligação com a astronomia, e isso teria sido natural, dada a proximidade entre Nalanda e o velho refúgio de matemáticos indianos de Kusumpur, em Pataliputra — cidade que hoje tem o nome de Patna.

O interesse em medicina e saúde pública foi particularmente importante, e Yi Jing, outro estudante chinês em Nalanda, teve a distinção de ser o primeiro autor no mundo antigo a escrever uma avaliação comparativa dos sistemas médicos em dois países — China e Índia. Aliás, na história da China antiga, Nalanda é a única instituição acadêmica fora do país onde estudiosos chineses receberam educação superior. É difícil pensar em um reconhecimento maior da qualidade do ensino superior em Nalanda do que isso. É também importante reconhecer que, embora Nalanda fosse a instituição pioneira da educação superior na Índia — e no mundo —, não era a única, uma vez que outros centros de ensino superior surgiram no país no primeiro milênio, muitas vezes inspirados por Nalanda. Entre eles, Vikramshila, também onde hoje é Bihar, e que também foi uma fundação budista, surgiu para competir com Nalanda em termos de ofertas educacionais e reputação de excelência.

Mas tudo isso foi muito tempo atrás, e apesar de todas as universidades indianas atuais, incluindo a recentemente restabelecida Universidade Nalanda, poderem se inspirar na longa história de ensino superior na Índia, o fato é que as realizações das instituições de ensino superior indianas contemporâneas são bastante limitadas. A qualidade do ensino é difícil de ser julgada (e sempre levanta controvérsias), mas, se tomarmos como parâmetro a lista das duzentas melhores universidades elaborada pelo *The Times Higher Educational Supplement* divulgada em outubro de 2011, uma proporção enorme das principais instituições do mundo está localizada nos Estados Unidos. Com efeito, as cinco primeiras são todas americanas: Harvard, Caltech, MIT, Stanford e Princeton, nessa ordem. As britânicas vêm logo atrás, e entre as dez primeiras encontramos Cambridge, Oxford e o Imperial College de Londres.

No entanto, o que realmente impressiona na lista é a preponderância dos estabelecimentos ocidentais entre as duzentas melhores universidades.[12] Não há nenhuma asiática entre as vinte primeiras colocadas e, embora algumas universidades de elite na Ásia apareçam logo abaixo desse primeiro grupo, incluindo Hong Kong, Tóquio, Pohang, Cingapura, Pequim, Hong Kong University of Science and Technology, Kyoto, Tsinghua e algumas outras, juntas elas formam apenas uma pequena minoria entre as melhores do mundo. É particularmente notável que não haja uma única universidade indiana na lista.

Uma vez que todo mundo se beneficia da disponibilidade do ensino superior de primeira qualidade na Europa e nos Estados Unidos, as nações não ocidentais não têm razão para lamentar a excelência do Ocidente nessa área importantíssima. Isso porque as portas de todas as universidades ocidentais estão abertas a estudantes de qualquer lugar do mundo — desde que possam dar-se ao luxo de pagar as anuidades, que podem naturalmente ser bastante proibitivas (a menos que os novos estudantes consigam receber uma bolsa de estudos ou outro apoio acadêmico dessas universidades ou de outro lugar). Contudo, dado o potencial acadêmico da Índia e sua longa história no ensino superior, seria natural esperar um desempenho muito melhor do setor universitário indiano do que vemos hoje.

Para fazer esse julgamento, não precisamos nos guiar apenas pelo ranking apresentado pelo *The Times Higher Educational Supplement*, o que poderia ser, como tem sido alegado, culturalmente tendencioso. Há uma abundância de outras evidências apontando para idêntica conclusão. Mesmo a avaliação dos próprios alunos, em particular das universidades nas quais tentam ingressar, tende a confirmar um importante problema de deficiência de qualidade. Estudantes indianos se saem muitíssimo bem, uma vez que ingressam em qualquer das principais universidades do mundo, atingindo um nível que é difícil de ser alcançado dentro dos limites de universidades indianas. Essa situação pode ser mudada e, em certa medida, pode já estar mudando. Várias das principais universidades indianas têm excelentes desempenhos em assuntos específicos, mesmo quando seus resultados são puxados para baixo pelos padrões fracos ou medianos dos outros departamentos. A qualidade do ensino superior oferecida em instituições especializadas (como o Instituto de Estatística da Índia, ou os Institutos Indianos de Tecnologia, ou alguns Institutos de Administração) tem, de modo geral, sido bem alta, e nesses casos há uma manutenção da qualidade que as universidades indianas não costumam apresentar.

Os problemas das universidades indianas, em termos de infraestrutura, instalações acadêmicas, recrutamento e salários, podem ser criticamente avaliados — e devem ser. A limitação do ingresso, no entanto, é um grande peso sobre o desempenho do ensino superior indiano, e melhorar isso é de fundamental importância para reformar — na verdade, refazer — todo o sistema de ensino no país.

PROGRESSOS E DEFICIÊNCIAS

É encorajador que nos últimos anos o abandono da educação escolar na Índia tenha sido parcialmente resolvido. Mas ainda há um longo caminho a percorrer para remediar essa negligência de longa data. É essencial perguntar: que progresso houve e que falhas permanecem? As estatísticas oficiais da Índia mostram um aumento constante da matrícula escolar — para meninas e meninos — e das instalações disponíveis nas escolas. Decisões governamentais, bem como as sentenças da Suprema Corte, têm contribuído para essa evolução, e a promulgação da Lei do Direito à Educação, em 2010, por mais incerto que seu impacto possa ser, é sem dúvida uma tentativa de fazer as coisas progredirem. A Sarva Shiksha Abhiyan ("campanha pela educação universal"), envolvendo toda a Índia e implementada pelos governos estaduais com o apoio do governo central, também tem sido de grande ajuda na expansão e melhoria das instalações escolares em todo o país.

O progresso é evidente não só nos relatórios do governo (há um considerável ceticismo popular sobre a confiabilidade de alguns desses números), mas também nos estudos independentes. Estes incluem, por exemplo, uma recente repesquisa em duzentos vilarejos selecionados de modo aleatório e inicialmente estudados pela Equipe Probe em 1996, espalhados por sete grandes estados do norte da Índia (Bihar, Chhattisgarh, Jharkhand, Madhya Pradesh, Rajastão, Uttar Pradesh e Uttarakhand), onde a participação escolar e os níveis educacionais são comparativamente baixos.[13] Mesmo nesses estados, a taxa de escolarização para crianças de seis a doze anos passou de 80% para 95% entre 1996 e 2006.[14] O progresso foi particularmente rápido em comunidades carentes: até 2006, as taxas de escolarização entre *dalit*, muçulmanos e (em menor grau) crianças *adivasi* na mesma faixa etária quase tinham alcançado a média de 95% para a população da amostra como um todo.* Embora longe de ser completo, o acelerado movimento em direção à universalização da matrícula no ensino primário em todos os grupos sociais é impressionante.

As instalações escolares nos vilarejos estudados pela Equipe Probe também haviam melhorado. Em 2006, 73% das escolas da amostra tinham pelo menos duas salas adequadas para qualquer condição climática, em comparação com 26% em 1996. Além disso, em 2006, 60% das escolas dispunham de banheiros próprios, e quase três quartos delas contavam com provisão de água potável. Uniformes eram fornecidos gratuitamente aos alunos em mais da metade das escolas (em contraste com os 10% de 1996), e livros didáticos eram distribuídos sem custo em quase todas as escolas em 2006 (contra menos da metade em 1996). Fato também significativo, as refeições quentes ao meio-dia (muito importantes por motivos nutricionais, bem como para evitar a falta de concentração das crianças nos estudos por causa da fome), que foram introduzidas entre as duas datas da pesquisa, estavam sendo servidas em 86% das escolas até o final do período.[15]

---

* Literalmente, *adivasi* significa "habitante originário". O termo se refere à população tribal, que soma cerca de 8% dos indianos. Na Constituição, essa população é classificada como "tribos catalogadas". (N. T.)

Todavia, o funcionamento das escolas continua severamente — talvez até mesmo desastrosamente — deficiente. Apenas dois terços dos alunos estavam presentes no dia da pesquisa, de acordo com os registros escolares, e ainda menos segundo observações diretas dos pesquisadores de campo. Há um considerável absenteísmo entre os professores, além de numerosos atrasos e saídas antecipadas. A proporção de escolas com apenas um professor nomeado ainda é significativa — cerca de 12%. Há uma escassez crônica de professores regulares, em grande parte devido à relutância das autoridades públicas em fazer nomeações, já que os atuais salários, depois dos relatos de sucessivas Comissões de Salários, são bastante substanciais para os padrões indianos. Essa lacuna é por vezes preenchida por "professores contratados", com salários consideravelmente mais baixos, mas cujo desempenho não é garantido — assim como a sustentabilidade desse tratamento dualista e discriminatório do quadro docente.

Além da falta de professores nomeados, o absenteísmo contribui para a existência de um único professor em muitas escolas. Na pesquisa de 2006, 21% das escolas da amostra estavam funcionando com apenas um professor no dia da pesquisa — ou porque tinham um único professor nomeado, ou devido ao absenteísmo. Há também uma chocante negligência do ensino mesmo por parte daqueles professores que se dão ao trabalho de aparecer. Na verdade, metade das escolas não tinha *nenhuma* atividade docente no momento da inesperada visita do investigador — tanto em 1996 como em 2006.* Essa não é, certamente, uma imagem que inspira confiança a respeito da educação escolar nas áreas onde ela é mais necessária. Enquanto grande parte do mundo, e até mesmo uma significativa porção do restante do país, se dedicava em larga escala às atividades pedagógicas, metade das escolas nesses estados não fazia quase nada para educar as crianças, negligenciando seus deveres e ignorando o direito dos jovens estudantes de cursar o ensino fundamental e ingressar no mundo moderno.

---

* Outro estudo recente, com base em uma amostra aleatória de mais de 3 mil escolas de todo o país, chegou a conclusões semelhantes: menos da metade dos professores estava envolvida em atividades de ensino em um dia comum (Kremer et al., 2005). Os resultados do Relatório Probe, que dizem respeito ao norte da Índia, eram na verdade piores (nenhuma atividade de ensino em uma escola significa que *todos* os professores estão fazendo outra coisa). As taxas de absenteísmo entre os professores na amostra nacional variaram de 15% em Maharashtra a 42% em Jharkhand, com uma média nacional de 25%.

Sem sequer levar em conta a baixa qualidade do ensino, o estrago gerado por esse colapso catastrófico de estabilidade e ordem no sistema escolar pode ser avaliado considerando as implicações dos resultados dessas pesquisas para o número de dias efetivos de ensino que uma criança desfruta ao longo do ano letivo. Nos estados incluídos no Relatório Probe, o número oficial de dias letivos por ano é de cerca de duzentos. Porém, com uma taxa de absenteísmo dos professores de cerca de 20%, e um número de faltas dos alunos na casa dos 33%, a probabilidade combinada de uma criança *e* seu professor estarem presentes em um dia letivo típico é apenas um pouco acima de 50%. Isso reduz o número de dias de ensino efetivo a cerca de cem dias. Mas a história não para por aí, porque o levantamento também sugere que, mesmo durante esses cem dias, quase metade do tempo é gasta sem nenhuma atividade pedagógica. Assim, o tempo de ensino real é mais próximo dos cinquenta dias — cerca de *um quarto* do número de um sistema de ensino em bom funcionamento.

PADRÕES EDUCACIONAIS

A educação escolar na Índia sofre de duas deficiências principais: em primeiro lugar, a limitação de cobertura e, em segundo, os padrões precários da educação que é oferecida e recebida. Embora tenha havido algum progresso na oferta de ensino, a qualidade das escolas indianas parece ser baixíssima em uma ampla gama de instituições. Os métodos de ensino são muitas vezes dominados pela memorização estúpida, incluindo a repetição — geralmente sem compreensão — do que foi lido e uma ladainha sem fim de tabuadas de multiplicação e outras tabelas do gênero. As crianças com frequência aprendem bem pouco nessas escolas, e em testes realizados em 2006, como parte da pesquisa mencionada na seção anterior, descobriu-se que quase metade dos alunos da quarta e da quinta série não era capaz de fazer uma multiplicação de apenas um algarismo, ou uma simples divisão por cinco. O seu conhecimento de fatos históricos relevantes é também, em geral, de uma pobreza angustiante. Foi uma sondagem relativamente pequena, mas as conclusões sobre o desempenho dos alunos são costumam ser consistentes com as de uma série de outros trabalhos, como a tabela 5.2 ilustra.

A falta de qualidade caracteriza a educação oferecida na maior parte das escolas regulares, e parece estar amplamente presente mesmo nas consideradas "escolas top" das principais cidades indianas, como Delhi, Bombaim, Chennai, Calcutá e Bangalore. Em 83 "escolas top" avaliadas em conjunto pela Wipro, uma empresa de informação de primeira linha, e pela Educational Initiatives (EI), tanto o conhecimento como as competências dos alunos pareciam muito limitados. Por exemplo, apenas um terço dos estudantes de quarta série das "escolas top" sabia quem era a pessoa viva em uma lista com quatro nomes: Mahatma Gandhi, Indira Gandhi, Rajiv Gandhi e Sonia Gandhi (curiosamente, um pequeno número pensava que era Mahatma Gandhi quem ainda estava vivo). Cerca de dois terços dos alunos de quarta série não eram capazes de medir o comprimento de um lápis com uma régua. Constatou-se também uma perceptível falta de consciência das questões sociais entre os estudantes da amostra.[16]

Ainda que as autoridades indianas tenham resistido à inclusão do país em rankings internacionais de desempenho dos alunos, alguns estudos recentes tornam possível comparar os estudantes indianos com os estrangeiros, tais como o levantamento Pisa Plus,* realizado em 2009. O desempenho indiano foi bem inferior aos dos 74 países ou economias incluídos na pesquisa.[17] E isso considerando que os dois estados indianos que participaram do Pisa Plus foram os de melhor nível de escolarização, Tamil Nadu e Himachal Pradesh. Numa comparação da capacidade geral de leitura entre alunos de quinze anos nesses 74 países ou economias, ambos os estados indianos figuram entre os três últimos lugares (na companhia do Quirguistão). Em outros testes, que incluem disciplinas como escrita, ciências e matemática, estudantes indianos estão igualmente em desvantagem em relação a alunos de outros países incluídos no levantamento Pisa.

---

* Pisa é a sigla em inglês para o Programa Internacional de Avaliação de Estudantes — desenvolvido e coordenado pela Organização para Cooperação e Desenvolvimento Econômico (OCDE) —, que promove uma avaliação comparada, aplicada internacionalmente a estudantes na faixa etária dos quinze anos. Na maioria dos países, essa é a idade pressuposta para o término da educação escolar básica, considerada obrigatória. O Pisa Plus, ou projeto Pisa 2009+, foi a aplicação, em 2010, dos mesmos testes do Pisa 2009 a participantes adicionais, entre os quais os dois citados estados indianos: Costa Rica, Emirados Árabes Unidos, Geórgia, Índia (Himachal Pradesh e Tamil Nadu), Malásia, Malta, Ilhas Maurício, Moldávia e Venezuela (Miranda). (N. T.)

TABELA 5.2. RESULTADOS DE ESTUDANTES NO ENSINO PRIMÁRIO: DESCOBERTAS RECENTES

FONTE	BASE	RESULTADO DA AMOSTRA
Pesquisa de Desenvolvimento Humano na Índia, 2004-5	Grande, amostra aleatória em toda a Índia	• Apenas metade das crianças com idade entre 8 e 11 anos matriculadas em uma escola pública é capaz de ler um parágrafo simples, com três orações. • Menos de metade (43%) dessas crianças é capaz de subtrair um número com dois algarismos de outro número com dois algarismos. • Mais de um terço (36%) é incapaz de escrever uma simples oração como "O nome da minha mãe é Madhuben".
Pesquisa Aser, 2011	Grande, pesquisa representativa de estudantes em áreas rurais de toda a Índia	• Apenas 58% das crianças matriculadas na 3ª, 4ª e 5ª séries conseguem ler um texto da 1ª série. • Menos de metade (47%) é capaz de fazer uma simples subtração de dois algarismos. • Da 5ª à 8ª série, apenas metade das crianças consegue usar um calendário.
Probe Revisited, 2006	Amostra aleatória de 284 estudantes de escolas públicas rurais em estados onde se fala híndi	• Apenas 37% das crianças matriculadas na 4ª ou 5ª séries conseguem ler fluentemente. • Menos de metade (45%) é capaz de dividir 20 por 5. • Um terço não é capaz de fazer adições com reserva.

Estudos em vilarejos CORD-NEG, 2010-1	Amostra aleatória de crianças em escolas públicas de nove vilarejos em distritos periféricos de Bihar, Jharkhand e Odisha	• De 110 crianças matriculadas na 4ª ou 5ª séries, somente a metade era capaz de reconhecer um número com dois algarismos. • Menos de um quarto dessas 110 crianças foi capaz de subtrair um número com dois algarismos de outro número com dois algarismos.
Estudo de Qualidade na Educação WIPRO-EI 2011	Pesquisa com mais de 20 mil estudantes em 83 "escolas top" em cinco grandes cidades (Bangalore, Chennai, Delhi, Calcutá e Bombaim)	• Habilidades de leitura e matemática dos alunos da 4ª série da Índia estão abaixo da média internacional. • Apenas 16% dos alunos da 4ª série conseguiram dominar a medição do comprimento de um lápis com uma régua. • Apenas 22% dos alunos da 6ª série conseguiram entender que amassar um papel não altera o seu peso.

FONTES: Desai et al. (2010), p. 93; Fundação para a Educação Pratham (2012), pp. 58 e 68; De et al. (2011), p. 57; De et al. (2010), pp. 94-7; Samson e Gupta (2012), pp. 145-8; Educational Initiatives (2011), pp. 4, 34 e 36.

Às vezes é feita a observação de que os testes do Pisa — entre outros — não levam em conta a cultura local e refletem preconceitos "ocidentais". É difícil entender por que a leitura, escrita e matemática elementar devem ser vistas como habilidades exclusivamente ocidentais, mas talvez seja interessante notar que os melhores do mundo nesses testes tendem a ser os asiáticos, e não os europeus: os três primeiros lugares na comparação da capacidade de leitura são ocupados por Xangai (China) e Coreia do Sul, juntamente com a Finlândia. Os cinco primeiros também incluem Hong Kong e Cingapura. O problema da Índia não parece ser falta de contato com o Ocidente nem o fato de estar na Ásia, em vez de na Europa ou América: trata-se de uma deficiência especificamente indiana — e do sul da Ásia — não se beneficiar da visão sobre o papel da educação de qualidade que norteou as experiências de desenvolvimento de grande parte da Ásia, Europa e América.

Além da educação de baixa qualidade com que os alunos indianos precisam se contentar, há o problema adicional das grandes variações regionais de desempenho escolar. Como mostra a tabela 5.3, os dois estados incluídos no estudo do Pisa (Himachal Pradesh e Tamil Nadu) têm alguns dos melhores níveis de desempenho entre os principais estados indianos. Embora seus padrões educacionais sejam seriamente deficientes a partir de uma perspectiva internacional, o desempenho dos alunos em outras partes da Índia tende a ser pior — na verdade, muito pior. É horrível, por exemplo, saber que em sete grandes estados indianos, que representam metade da população do país, a proporção de crianças de entre oito e onze anos matriculadas em escolas públicas que podem passar em um teste de leitura elementar (que vai apenas um pouco além do que se considera oficialmente como "alfabetização") varia entre um quarto e metade.*

---

* Essas conclusões sobre o desempenho dos alunos precisam ser vistas à luz do fato de que uma grande proporção das crianças que vão para as escolas de ensino primário é de uma primeira geração de alunos. Os pais desses estudantes podem oferecer pouco ou nenhum apoio pedagógico a seus filhos, e a falta de tradição educacional nessas famílias faz com que a manutenção do interesse e da concentração nos estudos seja bem mais difícil. Uma vez que o desenvolvimento de aspirações é uma parcela muito importante da melhoria do desempenho educacional (sobre isso, ver Hart, 2012), a necessidade de prestar especial atenção aos baixos níveis de aspirações dos primeiros frequentadores da escola é parte da tarefa sobre a qual um sistema de ensino em rápida expansão tem de se debruçar. Nada disso, é claro, ameniza a natureza chocante das recentes conclusões sobre o desempenho dos alunos e a qualidade da educação nas escolas indianas.

TABELA 5.3. DESEMPENHO DOS ALUNOS NOS PRINCIPAIS ESTADOS, 2004-5

	Proporção de crianças com idade entre 8-11 anos matriculadas em uma escola pública que são capazes de:		
	Ler[a]	Subtrair[b]	Escrever[c]
Himachal Pradesh	81	64	77
Kerala	80	64	84
Tamil Nadu	78	67	82
Assam	73	45	97
Maharashtra, Goa	65	53	71
Haryana	63	58	61
Gujarat	60	36	64
Chhattisgarh	58	31	46
Odisha	58	48	73
Punjab	54	61	65
Uttarakhand	53	35	62
Jharkhand	51	54	56
Bengala Ocidental	51	56	72
Rajastão	50	37	53
Karnataka	45	48	76
Andhra Pradesh	44	46	62
Bihar	40	43	65
Madhya Pradesh	39	25	38
Uttar Pradesh	29	22	51
Jammu e Caxemira	26	50	67
Índia[d]	**50 (69)**	**43 (64)**	**64 (79)**

[a] Pelo menos um parágrafo simples, com três orações.
[b] Um número de dois algarismos de outro número de dois algarismos, com empréstimo.
[c] Uma oração simples, com dois erros ou menos.
[d] Entre parênteses, os percentuais correspondentes em escolas privadas.

FONTE: Desai et al. (2010), p. 94, com base na Pesquisa de Desenvolvimento Humano na Índia (IHDS, na sigla em inglês). Crianças indianas geralmente iniciam o ensino fundamental com seis anos, ou (às vezes) cinco. Os estados estão classificados em ordem decrescente de habilidades de leitura.

Pesquisas recentes apontam para outros aspectos preocupantes do desempenho dos alunos (em termos de habilidades básicas, tais como domínio da aritmética simples ou capacidade de ler e escrever) na Índia.[18] Em primeiro lugar, além de ser baixíssimo, ele vem melhorando *muito lentamente* à medida que as crianças progridem no sistema de ensino. Uma revisão recente do desempenho dos alunos, por exemplo, sugere que, entre as crianças que não são capazes de passar em um teste muito simples (tal como uma adição na forma vertical com números de um só algarismo), a proporção dos que *ainda são incapazes* de passar no mesmo teste após mais um ano de escola está normalmente em algum ponto entre 80% e 90%.[19] Isso é consistente com a observação bastante frequente de que os professores tendem a centrar-se sobretudo em crianças que estão se saindo melhor e a negligenciar aqueles que de fato precisam de mais atenção. Em segundo lugar, o desempenho fraco dos alunos não se limita às escolas públicas. Na verdade, as diferenças de resultados de testes entre as escolas públicas e privadas não são particularmente grandes, em especial depois de levar em conta as diferenças de condição socioeconômica dos alunos (ver também a tabela 5.3, última linha).[20] Mesmo nas escolas mais caras, o desempenho dos alunos deixa muito a desejar, ainda que esteja inegavelmente acima da média. Por último, mas não menos importante, há pouca evidência de qualquer melhoria geral no desempenho dos alunos ao longo do tempo, pelo menos no passado recente. Na verdade, as pesquisas Aser (iniciadas em 2005) sugerem, no mínimo, uma deterioração no desempenho médio dos alunos durante os últimos anos.[21]

Trata-se de um quadro muito desanimador, que ainda não foi reconhecido de forma adequada nos debates sobre a educação na Índia. O desempenho cognitivo dos alunos e, de forma mais ampla, a qualidade da educação são fatores de suma importância. Conforme discutido anteriormente, a educação desempenha um papel central em uma grande variedade de campos — econômico, social, político, cultural e outros — e pode também ser importantíssima para a redução das desigualdades de classe, casta e gênero. Uma pesquisa recente também traz à tona, mais especificamente, a importância do desempenho cognitivo para o crescimento econômico e a participação na renda nacional. Na verdade, a qualidade do aprendizado parece ter muito mais influência do que apenas os "anos de estudo" como motores do crescimento e desenvolvimento.* A enorme explosão de atividades econômicas no leste e sudeste da Ásia, incluindo um papel ativo para as mulheres, deve muito aos êxitos educacionais desses países em comparação com a Índia. Se essa ligação não recebe a mesma atenção entre os indianos, isso reflete, possivelmente, uma falta de percepção no que se refere à natureza da expansão econômica baseada no desenvolvimento da capacidade humana que o Japão iniciou e que foi seguida com grande sucesso no Leste Asiático e, em certa medida, mesmo no Sudeste Asiático. A experiência mais recente em outros lugares, incluindo a América Latina, reforça as evidências anteriores de que os padrões da educação escolar são importantes tanto para o crescimento econômico como para a qualidade de vida. À medida que os limites da pesquisa em educação se expandem, a enormidade do preço que a Índia está pagando por não ter posto em prática um bom sistema de ensino está se tornando cada vez mais clara.

A EXCELÊNCIA DOS PRIVILEGIADOS E AS DIVISÕES SOCIAIS

Há, no entanto, um enigma interessante na baixa qualidade da educação na Índia e na aclamação que os indianos com boa formação muitas vezes recebem no exterior. A educação indiana, apesar de suas enormes limitações, com frequência recebe elogios espetaculares fora do país. Isso levanta uma curiosa questão de epistemologia (o que confere ao sistema de educação indiano seus aplausos internacionais?), mas também tem implicações práticas na medida em que cria uma falsa sensação de satisfação pelo estado geral de coisas na educação indiana.[22] Vemos notícias de que especialistas indianos com ótima formação estão tirando bons empregos dos anteriormente não ameaçados ocidentais — essa foi uma parte importante da retórica até mesmo das recentes campanhas para a eleição presidencial nos Estados Unidos. Os principais jornais americanos apresentaram artigos pedindo melhorias dos sistemas de educação e de formação norte-americanos, a fim de acompanhar o grupo de ins-

* Como expõe uma resenha, "há forte evidência de que as habilidades cognitivas da população — e não só a mera frequência escolar — sejam fortemente relacionadas com a remuneração individual, a distribuição de renda e o crescimento econômico" (Hanushek e Woessmann, 2008, p. 607).

truídos vindos da distante Ásia, incluindo a Índia, dos quais se diz serem tão qualificados quanto interessados em arrebatar as boas oportunidades de emprego antes oferecidas aos americanos médios.

É essa a mesma Índia que apresenta um histórico tão terrível de educação escolar? Qual pode ser a explicação? Certamente, muitos indianos — uma minoria, mas ainda assim bastante numerosa — têm acesso a uma educação excelente na Índia. Há escolas de elite, centros avançados de ensino superior, e uma sociedade que valoriza a excelência educacional e a honra. Mesmo em escolas de segundo escalão, os melhores alunos frequentemente recebem atenção e instrução proveitosas. Como observamos no início deste capítulo, as instituições de ensino superior, como os Institutos Indianos de Tecnologia (IITs) e Institutos Indianos de Administração (IIMs), oferecem ensino e orientação da mais alta qualidade, e, da mesma forma, os departamentos específicos de uma série de universidades indianas. Bem formados e confiantes, muitos indianos são extremamente bem-sucedidos no exterior e se destacam nos ramos em que atuam. Além disso, as empresas indianas podem oferecer serviços de terceirização para a América do Norte e a Europa com excelência competitiva e economia — e não apenas com trabalhos de baixa a média qualificação (como nos chamados call centers), mas às vezes em funções que envolvem problemas técnicos complexos de programação e design.

O fato é que o sistema educacional indiano é extraordinariamente diverso, e de uma forma bastante peculiar, com um grupo de crianças das classes privilegiadas relativamente pequeno, desfrutando de boas — e muitas vezes excelentes — oportunidades educacionais, e com a maior parte da população sendo confinada a uma escolarização precária ou deficiente em vários sentidos. Os recursos de que os estudantes dispõem variam enormemente desde os primeiros tempos de escola até a formação especializada, e situam uma pequena proporção de alunos — apesar de numerosa em termos absolutos — no mais alto degrau da escada, enquanto outros estão presos bem abaixo. O sistema educacional — tomando os elementos sociais, econômicos e organizacionais em conjunto — parece garantir, em conformidade com a divisão geral entre "os privilegiados e o resto" na sociedade indiana, que alguns poucos jovens, provindos de um gigantesco grupo, consigam ter uma excelente educação. A seleção não se dá por nenhuma tentativa organizada de exclusão (na verdade, longe disso), mas por diferenciações explicadas pela desigualdade econômica e social relacionada a classe, casta, gênero, localização e privilégio social.

Os privilegiados em geral se saem muito bem — eles normalmente não desperdiçam oportunidades, o que não deixa de ser um mérito. Seu sucesso aparece, em primeiro lugar, nos próprios estabelecimentos de ensino e, em seguida, no mundo inteiro, impressionando indianos e estrangeiros na mesma medida. O país, em seguida, celebra sem inibição os "triunfos da nação". Além disso, esses "primeiros da classe" (que, cada vez mais, incluem meninas) não só se dão bem na vida como também podem saborear — é claro, com modéstia — a homenagem que recebem por terem "deixado seu país orgulhoso". Enquanto isso, os últimos da classe, particularmente as meninas, nem sequer conseguem ler ou escrever, pois não tiveram a oportunidade de receber uma educação decente.

Devemos deixar claro que não temos nada contra os primeiros da classe em si. O país certamente precisa deles para muitas finalidades diferentes: para a academia florescer, para a economia prosperar, para a ciência e a tecnologia avançarem, para a medicina progredir e para enfrentar de maneira mais efetiva os numerosos desafios econômicos, sociais, administrativos e ambientais que a Índia encara. Nossas preocupações não surgem de nenhum entendimento de que esses primeiros da classe estão nos decepcionando. O que está errado é um sistema em que o sucesso do empreendimento educacional é julgado pelo desempenho de uma pequena (e em grande parte autocentrada) elite, ignorando o restante, e em que há uma notável insensibilidade social para a iniquidade e a injustiça dessas grandes disparidades, contribuindo para a persistência de uma sociedade marcada por uma enorme estratificação.

O reconhecimento que precisamos buscar é o de que, apesar dos grandes sucessos dos primeiros da classe, o sistema de educação da Índia é de uma negligência tremenda, tanto em termos de cobertura como de qualidade. A hierarquia educacional verticalizada que veio a ser tolerada na Índia não é apenas terrivelmente injusta, mas também ineficiente para sustentar a base de uma economia dinâmica e uma sociedade progressista. É a partir desse ponto de vista estrutural, combinando aspectos de eficiência com equidade, que podemos entender melhor como — e quanto — o país perde por meio de sua concentração extraordinária sobre alguns, enquanto negligencia a grande maioria dos indianos, prejudicados pela desvantagem econômica, pelas divisões de casta, pelas barreiras de classe, pelas desigualdades de gênero e pelos abismos sociais relacionados com a etnia e a organização das comunidades.

GESTÃO ESCOLAR E MAGISTÉRIO

A disseminação da alfabetização em todo o mundo foi atingida em sua esmagadora maioria através da educação pública. Isso se aplica a todas as principais regiões do mundo onde desenvolvimentos educacionais básicos levaram a sociedades capazes de ler e escrever e de dominar as operações matemáticas. A ação do Estado foi a base da transformação educacional na Europa e na América do Norte, no século XIX, equiparada pelo progresso subsequente do Japão, seguido pela rápida expansão do ensino sob o regime comunista na União Soviética (incluindo a Ásia soviética), na China, em Cuba, no Vietnã e em outros países, e fortemente defendida com grande sucesso pelo Leste Asiático (apesar do seu forte compromisso em desenvolver uma economia de mercado em sua maior parte privatizada). É difícil ver como a Índia pode conseguir os mesmos resultados educacionais sem o mesmo nível de empenho e esforço por parte do Estado, e no entanto ainda é significativa a defesa, entre alguns pensadores do desenvolvimento na Índia, da prevalência de escolas privadas. Nós argumentamos que, embora seja fácil ver o que é tão atraente na atuação do setor privado para o crescimento da educação escolar indiana, o alcance real desse caminho incomum para a transformação educacional é bastante limitado. Mas, antes de discutirmos os problemas de excesso de confiança no ensino privado, temos de olhar para os enormes problemas que a educação pública tem enfrentado desde a independência, e para as dificuldades que restam e precisam ser superadas. Ainda que a *solução* oferecida pela educação privatizada para os problemas gigantescos enfrentados pela educação pública na Índia seja irreal (como em grande parte acreditamos que seja), os *problemas* são bastante reais.

O problema clássico da educação escolar na Índia tem sido o subfinanciamento por parte do Estado. Esse certamente foi o caso na Índia britânica até a independência (quando os britânicos deixaram a Índia, mais de 20% dos indianos não tinham acesso à escola), mas não deixou de ser com a implantação das políticas públicas da Índia recém-independente, que continuaram subfinanciando a educação de forma severa, apesar de uma retórica que afirmava exatamente o contrário, com slogans como "A educação é a nossa primeira prioridade". O problema do subfinanciamento permanece até hoje, ainda que de maneira menos dramática — os limitados progressos já discutidos neste capítulo baseiam-se em uma elevação substancial do apoio financeiro para a educação escolar. Contudo, se por um lado a insuficiência de financiamento está sendo pelo menos em parte remediada, outros problemas da educação pública na Índia vêm se tornando cada vez mais graves e poderosamente regressivos.

O principal desses problemas é o da *accountability* quanto à oferta de educação escolar. Já mencionamos a incidência de absenteísmo por parte dos professores, que é enorme em algumas partes do país; além disso, como foi também discutido, em diversas regiões os professores que se encontram nas escolas parecem relutar em ensinar. É aterrador pensar que uma grande proporção (possivelmente perto da metade) das crianças do país está sentada de braços cruzados nas salas de aula em um dia escolar típico — ansiosa para aprender, mas privada de qualquer orientação e condenada em muitos casos à saída do sistema escolar sem sequer ser capaz de ler ou escrever. A maioria das crianças é perfeitamente capaz não só de adquirir conhecimentos básicos ou habilidades matemáticas, mas também de estudar bem além do mínimo garantido pela Constituição, que é de oito anos.[23] O fracasso do sistema de ensino em responder a essas aspirações e capacidades é uma manifesta e colossal injustiça, e ainda assim permaneceu sem solução por várias décadas.

Poderia a falta de comprometimento de muitos professores ter algo a ver com o fato de seus salários serem muito baixos? Os salários costumavam ser baixos (e um de nós se recorda de ter se juntado a marchas de protesto nas ruas de Calcutá, como estudante universitário no início de 1950, reivindicando "um salário decente para nossos professores"). Mas isso foi bastante tempo atrás. É difícil defender essa linha de explicação hoje, dada a grande melhora na remuneração dos professores, com base nas recomendações das sucessivas Comissões de Salários, que têm impulsionado os pagamentos dos professores (e de outros funcionários públicos) para além dos níveis que poderiam ter sido razoavelmente imaginados apenas algumas décadas atrás. Na verdade, os salários dos professores de escolas públicas na Índia estão agora bem fora de sintonia com as práticas do setor privado, bem como com os padrões internacionais.

Para usar só um dos indicadores possíveis, considere o salário de um professor primário como uma proporção do PIB per capita.[24] Em 2001, essa proporção entre a remuneração de um professor e o PIB per capita foi estimada em cerca de um na China, em algum ponto entre um e dois na maioria dos países da OCDE, e um pouco superior em países em desenvolvimento, mas não superior a três em nenhum dos países (com exceção da Índia) para os quais os dados estavam disponíveis. Números mais recentes sugerem proporções semelhantes de salários dos professores em relação ao PIB em 2005 e 2009.[25] Por exemplo, a média da OCDE girava em torno de 1,2 entre 2000 e 2009. Na Índia, no entanto, parece que a correspondente proporção já era de cerca de três antes que as tabelas da Sexta Comissão de Salários entrassem em vigor (em 2009, com efeitos retroativos a partir de 2006), e subiu para cerca de cinco ou seis depois disso (ver tabela 5.4). As proporções específicas por estado são ainda mais elevadas — bem mais elevadas — em alguns dos estados mais pobres e precários em termos educacionais (por exemplo, em torno de dezessete em Uttar Pradesh), se usarmos o PIB per capita do estado como denominador. Qualquer que seja a fonte do problema da baixa eficiência do ensino, a culpa não pode ser atribuída aos salários supostamente baixos pagos aos professores.

Parece haver também pouca evidência para sugerir que a melhoria salarial tem um efeito particularmente benéfico para a elevação dos padrões de ensino.[26] Altos salários tornam possível selecionar profissionais a partir de um número maior de candidatos ou elevar as exigências mínimas de formação. Por outro lado, também transformam as funções docentes em empregos desejáveis que atraem qualquer pessoa com as qualificações necessárias — incluindo aqueles que não têm interesse nenhum no magistério. Mas talvez o fator mais importante seja que os altos salários também aumentam a distância social entre os professores e os pais. Em vários estados indianos hoje, o salário de um professor primário é mais de dez vezes maior do que o de um trabalhador rural, mesmo nos casos de quem trabalha em tempo integral e recebe o salário mínimo exigido por lei. Essa distância social, que tem crescido ao longo dos anos e é em parte relacionada com enormes desigualdades de renda, não ajuda a promover a cooperação mútua entre professores e a maioria das famílias rurais, o que pode ser bem importante para o sucesso da educação escolar.

Os salários relativamente altos dos professores também tiveram o efeito de tornar a expansão da educação escolar muitíssimo mais custosa em um país com um grande grupo de pessoas qualificadas para ensinar e ansiosas para fazê-lo. É importante reconhecer que a questão dos salários elevados dos professores é parte do problema geral da remuneração do setor público na Índia. O país tem um sistema ímpar de fixação de salários com base em revisões periódicas por Comissões de Salários nomeadas, que recomendam tabelas salariais para funcionários públicos sem assumir qualquer responsabilidade de esclarecer como os encargos financeiros da estrutura salarial deverão ser financiados e, o que é mais importante, quais são as implicações desses aumentos na vida daqueles cujos rendimentos não são determinados por Comissões de Salários.* Os membros da Comissão de Salários têm pouco incentivo para desapontar aqueles cuja remuneração são encarregados de determinar (incluindo eles mesmos), sem a necessidade de estabelecer nenhum compromisso com os demais, de trabalhadores rurais a proletários urbanos. O gráfico 5.1 compara as tendências recentes nos salários pagos na agricultura e no setor público (especificamente, os de professores universitários), e é mesmo surpreendente a extensão em que a desigualdade econômica tem sido reforçada ao longo do tempo por esse sistema bizarro de fixação salarial.

Diante da elevação de custos causada por esses aumentos salariais, muitos estados deixaram de recrutar professores regulares e têm cada vez mais contado com a admissão de "professores contratados" para exercer o magistério.[27] Os salários contratuais de professores são tipicamente uma fração (com frequência chegando a cerca de um quinto) do que os professores regulares ganham. Em geral eles também têm menos qualificação formal e treinamento do que os professores regulares. Com efeito, uma grande proporção de professores contratados é bastante inexperiente, ou treinada através de técnicas duvidosas, como cursos por correspondência. Por outro lado, espera-se que sejam mais responsáveis, pois têm contratos renováveis, por vezes condicionados à aprovação das comunidades locais ou *gram panchayats*. Há uma limitada

---

* Os relatórios da Comissão de Salários são, tecnicamente, de natureza consultiva, mas de modo geral as recomendações são endossadas pelo governo federal sem nenhum questionamento e emuladas dentro de um curto período de tempo pelos governos estaduais. O processo inteiro segue quase sem enfrentar oposição, e tende a ser tratado, com aceitação passiva, como um evento inevitável pela grande mídia, bem como pelo mundo acadêmico, que está entre os seus principais beneficiários.

TABELA 5.4. ESTIMATIVAS DOS SALÁRIOS DE PROFESSORES DO ENSINO PRIMÁRIO COMO PROPORÇÃO DO PIB PER CAPITA

País/estado	Ano de referência	Proporção estimada do salário em relação ao:	
		PIB per capita	PIE per capita
Média da OCDE	2009	1,2	–
Países asiáticos			
China	2000	0,9	–
Indonésia	2009	0,5	–
Japão	2009	1,5	–
Bangladesh	2012	≈ 1	–
Paquistão	2012	≈ 1,9	–
Índia			
Nove grandes estados[a]	2004-5	3,0	4,9
Uttar Pradesh[b]	2006	6,4	15,4
Bihar	2012	5,9	17,5
Chhattisgarh	2012	4,6	7,2

PIB: Produto Interno Bruto.
PIE: Produto Interno Estadual (para estados indianos).

[a] Andhra Pradesh, Bihar, Gujarat, Jammu e Caxemira, Madhya Pradesh, Maharashtra, Rajastão, Uttar Pradesh e Bengala Ocidental. Os números nessa linha referem-se a *todos* os professores de escolas primárias (incluindo os "contratados", que ganham salários muito mais baixos do que os professores regulares), *antes* da Sexta Comissão de Salários.

[b] Baseado em escalas da Sexta Comissão de Salários (fixados em 2009, com efeitos retroativos a partir de 2006).

NOTA: Os valores internacionais se aplicam a "salários estatutários dos professores" de escolas primárias após quinze anos de serviço. Salvo disposição em contrário, os números indianos referem-se a professores regulares (e não a professores contratados). Para informações mais detalhadas por países, ver OCDE (2011), tabela D 3.4.

FONTES: Média da OCDE, Indonésia e Japão: OCDE (2011), tabela D 3.4, p. 419. China: Ciniscalco (2004), figura 4 e apêndice de dados, p. 3. Bangladesh e Paquistão: estimativas informais nossas, baseadas em dados gentilmente cedidos pela Universidade BRAC (Daca) e pelo Coletivo para a Pesquisa em Ciências Sociais (Karachi), respectivamente. Índia: "nove grandes estados", calculados a partir de Kingdon (2010), tabela 1, com base nas médias ponderadas pela população das cifras específicas dos estados. Uttar Pradesh: recalculado a partir de Kingdon (2010), utilizando dados da *Pesquisa Econômica* sobre o PIB per capita e PIE per capita. Bihar e Chhattisgarh: estimativas nossas, baseadas em pesquisas sobre os salários dos professores feitas pelas Secretarias de Educação em questão e dados da Comissão de Planejamento sobre o PIE per capita.

GRÁFICO 5.1. SALÁRIOS DE PROFESSORES UNIVERSITÁRIOS E TRABALHADORES RURAIS

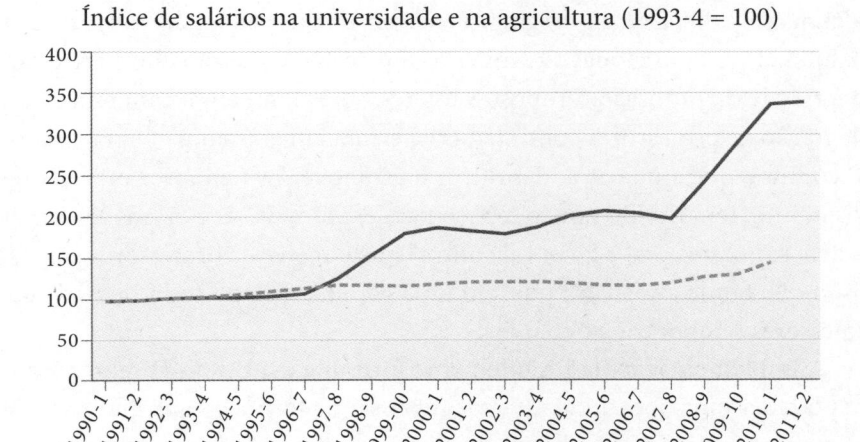

Índice de salários na universidade e na agricultura (1993-4 = 100)

——— Salários de professores   ----- Salários de trabalhadores rurais

FONTES: O índice de salários na universidade se aplica ao salário médio consolidado de professores da Delhi School of Economics, deflacionado pelo índice de preços ao consumidor para trabalhadores industriais. O índice de salários na agricultura é baseado na ligação entre duas séries de salários reais: uma baseada em *Salários agrícolas na Índia*, apresentada em Drèze e Sen (2002), e uma nova série baseada em *Wage Rates in Rural India*, apresentada em Usami (2012), usando 1999-2000 como ano de ligação. Para mais detalhes, ver a nota explicativa no "Apêndice estatístico".

evidência sugerindo que, em termos de transmissão de habilidades básicas como leitura e escrita, o desempenho de professores contratados não é pior que o dos professores regulares — a um custo muito menor.[28] "Não é pior", no entanto, não chega a ser suficiente, tendo em vista o que foi discutido anteriormente sobre a baixíssima qualidade da educação escolar na Índia em comparação com o resto do mundo. A abordagem da contratação temporária tem favorecido uma rápida expansão do sistema de ensino por meio da redução dos custos unitários, mas pode tornar-se uma grande barreira para a elevação dos padrões de ensino.

O resultado de tudo isso é um quadro docente estranhamente dualista, em que "professores efetivos" muitas vezes sem o menor comprometimento trabalham lado a lado com "professores contratados", informais porém mais ativos, empregados com uma fração do salário dos primeiros. Seria bom ver algum tipo de via intermediária emergindo desse dualismo: novos termos e condições para a carreira docente, com bons salários, exigência de qualificação e alguma segurança no emprego, mas não empregos com salários irreais e uma estabilidade incondicional que minam os incentivos ao trabalho e arruínam a integridade da profissão. Propostas interessantes também foram feitas para a integração de professores contratados e permanentes em um "plano de carreira" comum, que ajudaria a identificar e promover os melhores professores.[29] No entanto, tem havido pouco espaço para explorar essas e outras alternativas no debate polarizado "a favor ou contra" que envolve os professores contratados, o que tende a tornar a questão uma escolha do tipo tudo ou nada entre professores temporários e efetivos.

A implementação da recentemente promulgada Lei do Direito à Educação pode ser uma oportunidade para repensar de forma construtiva os termos e as condições de trabalho dos professores na Índia. A lei não só prescreve uma maior densidade de escolas, mas também uma proporção entre alunos e professor menor que 30:1 em todas as escolas. Além disso, todos os professores devem ter as qualificações mínimas prescritas pelo governo central. Atender a essas normas, expandindo o quadro de professores efetivos segundo as tabelas da Sexta Comissão de Salários, seria desastroso do ponto de vista financeiro, em especial no caso de estados pobres e com grandes déficits educacionais.[30] Por outro lado, atendê-las com a contratação de professores temporários sem treinamento seria, estritamente falando, ilegal. Muitos estados, por isso, são obrigados a procurar uma via intermediária entre esses dois extremos insatisfatórios. Em caso de fracasso, a privatização acelerada do ensino (à medida que pais descontentes tiram suas crianças das escolas públicas) é, infelizmente, um cenário possível e até provável.

O ENSINO PRIVADO COMO ALTERNATIVA

Não é difícil entender por que os vários problemas enfrentados pela educação escolar no setor público encorajariam analistas a sugerir sua privatização. Mas qual seria sua viabilidade como opção supostamente mais interessante? As instituições privadas constituem uma alternativa, mas não podem, de forma nenhuma, assumir o papel que as escolas públicas precisam desempenhar e vêm desempenhando na transformação educacional da maioria dos países do mundo.

Existe, em primeiro lugar, um grande problema de acessibilidade financeira, pois a cobrança de valores substanciais é inevitavelmente vinculada à rentabilidade das escolas privadas. Assim, não parece factível escolarizar e educar, dessa maneira, crianças de famílias pobres e comunidades desfavorecidas na Índia.

Em segundo lugar, mesmo que a questão da acessibilidade financeira fosse de alguma forma resolvida (com base, por exemplo, em um sistema de escolas privadas subsidiadas ou mediante bolsas de estudo), outros problemas persistiriam. A educação escolar é um território em que a limitação de informação tem um peso enorme, em especial para os pais cujos filhos são os primeiros da família a frequentar a escola. Além disso, há também uma forte presença de informação assimétrica, já que a direção das escolas, ou os proprietários de escolas privadas, sabem muito mais sobre o que eles são capazes de oferecer (e o que pretendem oferecer) do que as famílias dos alunos. Não se trata do território ideal para o funcionamento de um sistema de bolsas cuja intenção seria sanar a questão da inacessibilidade financeira apoiando a escolha supostamente esclarecida dos pais.[31]

Em terceiro lugar, na falta de concorrência, como muitas vezes acontece nas áreas rurais da Índia, as escolas privadas podem se tornar máquinas de fazer dinheiro sem precisar oferecer nada além de serviços educacionais modestos. O papel da concorrência no bom funcionamento dos mercados não pode ser ignorado quando se trata da educação escolar. Há, obviamente, muitos esforços significativos para expandir a presença de escolas sem relação com o governo, cobrando um valor condizente com a viabilidade de tais esforços. No entanto, a recente experiência das escolas privadas na educação indiana apresenta exemplos tanto de êxito e dedicação como de empresas bastante lucrativas com a reputação, muitas vezes merecida, de prometer o que depois não cumprem. O fato de as escolas privadas na Índia não parecerem tão melhores do que as públicas, como mencionado anteriormente, em termos de rendimento médio dos alunos, indica que pode não haver uma solução fácil e pronta para ser aplicada nesses casos.

Em quarto lugar, a educação escolar, como tem sido amplamente observado em todo o mundo, reúne inúmeras características daquilo que Paul Samuelson

(1954) chamou de "bens públicos". Existem externalidades inerentes à educação escolar, bem como um investimento constante na obtenção de conhecimentos específicos. Tudo isso torna os mercados potencialmente muito ineficientes em termos de operação e oferta de serviços. Isso não significa obrigatoriamente uma inferioridade em relação ao setor público, mas há uma clara necessidade de testar e verificar com rigor o que as escolas privadas de fato oferecem (em especial quando levamos em conta o que prometem oferecer). Esse também é, sem dúvida, o problema central na monitoração das escolas públicas. Não há dispensa automática de avaliação contínua quando se trata de escolas privadas.

Talvez o defeito menos visível da confiança excessiva depositada nas escolas privadas seja a tendência de tirar das públicas os alunos cujos pais são os mais dispostos a contribuir com críticas e reivindicações que poderiam tornar as escolas públicas mais comprometidas com a qualidade e sujeitas à prestação de contas. A dependência de escolas privadas pode fazer com que as públicas tenham problemas muito maiores, por oferecer uma saída para as famílias mais prósperas e com mais voz ativa, que desaprovam a educação escolar de baixa qualidade do setor estatal.[32] É provável que as escolas privadas continuem sendo uma parte do universo da educação escolar indiana, mas a necessidade de realizar grandes reformas nas escolas públicas e torná-las confiáveis não vai desaparecer apenas por causa da existência de uma opção para quem pode pagar.

O DÉFICIT DE AVALIAÇÃO

Entre as questões organizacionais que devem ser enfrentadas na reforma da educação escolar indiana está a da avaliação dos alunos e das escolas. No momento, todo o sistema de testes escolares está em um estado de perigosa desordem. De acordo com a Lei do Direito à Educação, de 2010, a "aprovação automática" de uma série para outra é garantida, independentemente do que a criança tenha aprendido, e os *Board Examinations* são proibidos até a oitava série.* A lei não proíbe testes escolares (em oposição aos *Board Examinations*),

---

* *Board Examinations* são os exames públicos realizados em diferentes estados indianos. São algo similares ao Enem, mas são aplicados ou durante o ensino médio ou já no início dos estudos nos *colleges* (que fornecem a educação básica dentro do ensino superior), desempenhando

mas também não os encoraja. Em vez disso, prescreve um sistema de "avaliação abrangente e contínua". Os detalhes desse método, no entanto, estão longe de ser claros, e alguns estados já se queixaram de que a nova diretriz avaliativa se traduz na prática em "nenhuma avaliação".[33]

Há uma necessidade urgente de instaurar alguma clareza sobre essa questão. Sem dúvida, o sistema tradicional de exame na Índia tinha muitas falhas, e em diversas ocasiões acabou em fraude generalizada, pressão excessiva sobre os estudantes, nivelamento por baixo dos professores e um reforço de métodos primitivos de ensino, tais como a decoreba.[34] Por outro lado, dificilmente seria uma boa ideia abolir os testes padronizados de qualquer tipo em um sistema no qual o desempenho dos alunos é tão ruim e a supervisão docente é tão precária.

O principal objetivo dos testes padronizados não é tanto pressionar as crianças a aprender, algo a que muitos educadores compreensivelmente se opõem, mas identificar que tipos de ajuda, atenção ou incentivo os alunos ou as escolas necessitam. Se uma grande proporção de crianças aprende quase nada por anos a fio em determinada escola, é importante saber disso bem antes de mandá-las para o abate no *Board Examination* (isso quando os alunos não desistem antes de chegar ao final da oitava série). Esse reconhecimento não serve como argumento para rejeitar a avaliação global e contínua, e sim como base para compilar a informação adequada sobre o desempenho dos alunos, algo que não pode ser obtido na ausência dos testes padronizados.[35] Uma rejeição inadequadamente fundamentada de tais testes sem uma alternativa viável e eficaz não parece ser o que os alunos indianos precisam hoje.

A importância da informação sobre o desempenho dos alunos é obviamente imediata para professores, diretores, inspetores e administradores, mas se aplica também aos pais das crianças e à comunidade ao seu redor. O desempoderamento dos pais é uma razão importante para a ausência de *accountability* no sistema de ensino, e a dificuldade em avaliar o que seus filhos estão aprendendo (e o que está acontecendo na escola) tem um papel central nesse processo. Gerar informações úteis sobre o rendimento dos alunos e torná-las públicas (mesmo que apenas anonimamente, ou em formato estatístico) pode-

---

um papel decisivo não só na admissão para o ensino superior como até mesmo na obtenção de empregos mais qualificados. (N. T.)

ria ser de grande ajuda aos pais e à população em geral na exigência de melhorias no sistema educacional.

A natureza e o conteúdo dos testes, claro, precisam ser submetidos a uma considerável reflexão. Por exemplo, é possível formular testes normalizados que avaliem as competências de uma criança (por exemplo, a capacidade de compreender — e não simplesmente ler — um texto simples), em vez de sua capacidade de memorizar. Da mesma forma, os testes "com consulta" podem ajudar a mudar o foco dos exames da memorização para a compreensão ou competência. Porém, o primeiro passo é reconhecer a necessidade de uma reforma: o déficit atual de avaliação é alarmante.

UNIVERSALIZAÇÃO COM QUALIDADE

A educação escolar na Índia está em um estado calamitoso e, dados os amplos papéis individuais e sociais da educação, essa falha tem influência relevante em toda uma gama de problemas sociais discutidos neste livro — desde a falta de crescimento participativo e os péssimos indicadores de saúde até os problemas de *accountability* pública, a desigualdade social e a prática democrática. Embora a centralidade da educação para o desenvolvimento seja mais reconhecida hoje na Índia do que costumava ser, e ainda que alguns progressos tenham sido feitos na ampliação da cobertura e infraestrutura do sistema de ensino, há uma necessidade urgente de ir além desses passos elementares e, em particular, dar maior atenção à *qualidade* do ensino.

A tarefa de garantir a *accountability* no sistema de ensino deve ser uma parte importante da agenda educacional em seu conjunto. Uma vez que os salários dos professores são fixados de forma arbitrária (como discutido anteriormente), o atual sistema de remuneração nas escolas públicas carece de incentivos financeiros irrevogáveis. No entanto, o incentivo financeiro não deve ser o único, pois as recompensas do magistério incluem reputação e respeito, bem como o reconhecimento geral como bons profissionais, e há evidências de que tais incentivos de natureza não monetária podem influenciar o trabalho dos professores de maneira substancial.[36]

Existem ainda outras preocupações, já que a qualidade da educação depende também de muitos outros fatores (por exemplo, o currículo escolar, a linha pedagógica, a competência dos professores e a saúde das crianças). A *accountability*, porém, é claramente uma questão central neste momento — não só a dos professores, mas a do sistema escolar como um todo.

Como discutido no capítulo 4, um dos principais obstáculos à garantia da *accountability* no setor público em geral é a ideia fatalista de que nada pode ser feito a esse respeito. Isso também se aplica ao sistema escolar. Durante os últimos dez anos, ainda que muito tenha sido feito para implementar instalações escolares, incentivos estudantis e até mesmo uma Lei do Direito à Educação, as questões de *accountability* foram ignoradas ou deixadas de lado.[37] E, no entanto, bem mais poderia ser feito se o tipo de energia e os recursos que foram gastos na expansão das instalações escolares visassem também melhorar a qualidade da educação.

Não é difícil concluir, por exemplo, que é improvável que uma escola sem coordenador pedagógico funcione muito melhor do que um navio sem leme. E, no entanto, o levantamento sobre as instalações escolares já mencionado neste capítulo constatou que metade das escolas estava desprovida desse profissional no momento da visita surpresa dos investigadores — por causa do absenteísmo ou, em um quinto das escolas da amostra, porque um coordenador não tinha sequer sido nomeado. Não há absolutamente nenhuma razão para tolerar essa falha, uma vez que é difícil garantir que cada escola tenha um coordenador e prevenir o absenteísmo. Da mesma forma, um sistema ativo de supervisão escolar (não necessariamente de um tipo punitivo) é um componente essencial de qualquer sistema de ensino, e de fato há alguma evidência de que as inspeções regulares fazem diferença para os padrões de ensino.[38] E, mesmo assim, o termo "inspeção" parece ser tratado como uma palavra suja na política de educação indiana, mencionada na Política Nacional de Educação apenas uma vez, para dizer que se espera que seja gradualmente substituída por "um sistema desenvolvido de complexos escolares", sem muita explicação sobre o que seria tal sistema (isso foi em 1992).[39] A questão da supervisão também não é mencionada na Lei do Direito à Educação, de 2010.

Conforme discutido na seção anterior, um melhor sistema de avaliação dos alunos e das escolas também seria de grande ajuda aos pais e à população em geral na exigência de melhorias no sistema educacional. Diversas outras ferramentas podem ser ativadas para garantir a *accountability* — seleção de professores, regras claras de promoção, associações de pais e mestres, ouvidorias para atendimentos de reclamações, entre outros. Nenhuma delas é suficiente por si só, mas em conjunto podem fazer uma grande diferença.

Uma questão relacionada e de alguma importância é a necessidade de buscar a cooperação de sindicatos de professores para auxiliar na melhoria da cultura de trabalho no sistema de ensino. De modo mais geral — não se limitando apenas à educação escolar —, há uma forte razão para tratar os sindicatos como aliados, e não como fontes de obstáculos no reforço da *accountability* no setor público. A atitude para com os sindicatos e suas opiniões tornou-se muito estreitamente politizada na Índia. Ativistas do livre mercado tendem a tratar os sindicatos apenas como um incômodo, enquanto a esquerda pró-sindical parece relutante em criticar a atuação autocentrada de alguns sindicatos. Tudo isso tem efeitos prejudiciais para os interesses e o bem-estar dos alunos, bem como, pelo menos no longo prazo, dos próprios professores. É de fato essencial tentar fazer com que os sindicatos reconheçam suas responsabilidades sociais e, por outro lado, vê-los como colaboradores em vez de obstáculos que precisam ser eliminados — ou sistematicamente enfraquecidos. Existem diferentes formas de abordar a questão da colaboração social.* Tratar os sindicatos como adversários não é uma delas.

Essas são apenas algumas de uma longa lista de questões que demandarão muito mais discussão e atenção no momento em que os problemas da *accountability* das escolas e da qualidade da educação receberem a consideração de que realmente necessitam. A Índia precisa de uma mudança radical na maneira como são conduzidos os debates públicos sobre a educação escolar, com uma ênfase bem maior na qualidade. Esse é um dos aspectos da argumentação deste livro a favor de uma ampliação da discussão pública sobre assuntos de desenvolvimento.

As questões distintas do aumento do financiamento, da garantia da *accountability*, da busca da cooperação de professores e sindicatos pela melhoria da qualidade da educação, e várias outras medidas paliativas exigem atenção,

---

* O Pratichi Trust vem trabalhando já há alguns anos, em conjunto com a All Bengal Primary Teachers Association e outros sindicatos de professores de escolas primárias em Bengala Ocidental, na questão da responsabilidade no trabalho dos professores, e os resultados têm sido muito positivos e encorajadores. Sobre isso, ver Kumar Rana (2012). Ver também Sarkar e Rana (2010) e Majumdar e Rana (2012).

uma vez que não há uma solução mágica que resolva todos os problemas que afetam a educação indiana em geral — e a educação escolar em particular. Uma prioridade absoluta, no entanto, é a necessidade da busca ativa de mais qualidade no sistema de ensino da Índia. Mesmo remediando o notório problema de ter muitas crianças fora da escola (e há também necessidade de abordá-lo com mais agilidade), a melhoria da baixíssima qualidade da educação indiana deve ser uma preocupação central do planejamento educacional na Índia de hoje. Identificamos certos problemas específicos e as possíveis formas de remediá-los, mas a superação de tamanha adversidade requer muito mais atenção no debate público do que a recebida até agora. É difícil conceber um desafio mais urgente para a Índia atual do que a reformulação da educação escolar para atingir a universalização aliada à qualidade na educação das crianças indianas.

6. A crise da saúde na Índia

Às vezes, as coisas mais importantes na vida são as menos discutidas. Por exemplo, é difícil pensar em algo mais importante do que a saúde para o bem-estar humano e a qualidade de vida. E, no entanto, a saúde está praticamente ausente do debate público e da política democrática na Índia.

A cobertura dos aspectos essenciais de saúde e assistência médica na grande mídia, por exemplo, é limitadíssima. Isso não se aplica apenas ao que se pode chamar, sem nenhuma intenção de desrespeito, de jornais relativamente descompromissados da Índia, mas também aos setores da mídia que apresentam engajamento mais sério. Em nosso livro anterior, verificamos que, mesmo nos melhores jornais indianos — com um histórico elogiável de cobertura de problemas sociais em geral —, raras vezes eram discutidas questões de saúde. Entre as mais de três centenas de artigos publicados na página de opinião de um dos melhores jornais do país entre janeiro e junho de 2000, nenhum tratava da saúde.* Voltamos a essa questão recentemente, examinando

---

* Ver Drèze e Sen (2002), pp. 300-3. Por curiosidade, repetimos o exercício três anos depois, para o período de janeiro a junho de 2003. Dessa vez, conseguimos encontrar um artigo que tratava de questões de saúde — era sobre a "crise da SARS [síndrome respiratória aguda grave]" na China como uma "potencial ameaça para a economia asiática".

todos os artigos (havia mais de 5 mil) publicados nas páginas de opinião dos principais jornais indianos veiculados em inglês durante o segundo semestre de 2012. Havia alguns sinais de melhora em comparação com a situação observada doze anos antes, mas a cobertura geral dos problemas de saúde em discussões editoriais permanecia minúscula — cerca de 1% do total (mesmo que adotemos uma definição muito ampla de assuntos relacionados com a saúde). A maioria dos jornais da amostra não publicou mais de um artigo destacado sobre a saúde na sua página de opinião ao longo desse período de seis meses. Isso é particularmente notável se considerarmos que o segundo semestre de 2012 foi um momento crítico para a política do setor, quando havia não apenas a possibilidade real de converter a saúde em uma das principais prioridades do 12º Plano Quinquenal, mas de delinear sérias questões sobre o quadro da política de saúde no esboço do Plano (tornaremos a falar disso). Embora essas questões tenham atraído a atenção de ativistas e profissionais de saúde, elas não se tornaram objeto de ampla discussão pública.

A baixa visibilidade das questões de saúde nos principais meios de comunicação e na política democrática da Índia também se aplica à saúde infantil, contribuindo para a exclusão das crianças das discussões políticas em geral. Por exemplo, uma análise recente dos temas discutidos no Parlamento indiano descobriu que apenas 3% das discussões dizem respeito às crianças (que constituem mais de 40% da população). Além disso, das questões discutidas, menos de 5% tratavam dos cuidados e do desenvolvimento da primeira infância. Uma análise similar da recente cobertura da mídia sobre questões relacionadas com a infância mostra que os interesses das crianças são quase invisíveis na grande mídia.[1]

Um exemplo particularmente revelador é o da vacinação infantil. Há pouquíssima consciência pública do fato de que as taxas de imunização da Índia estão entre as mais baixas do mundo. Isso é ilustrado na tabela 6.1, utilizando dados internacionais comparáveis do mais recente relatório "Estado das crianças do mundo", do Unicef. Exceto para a vacina BCG, as taxas de vacinação da Índia são uniformemente inferiores às correspondentes médias para a África Subsaariana, ou para os "países menos desenvolvidos". Também são inferiores (mesmo para a vacina BCG) às estimativas correspondentes para todos os outros países do sul da Ásia, incluindo Nepal e Paquistão. De fato, fora da África Subsaariana, é preciso ir a países devastados por conflitos, como Afeganistão, Haiti, Iraque ou Papua-Nova Guiné para encontrar índices de

TABELA 6.1. TAXAS DE VACINAÇÃO, 2012

	PROPORÇÃO (%) DE CRIANÇAS DE 1 ANO IMUNIZADAS				
	BCG	DPT	Pólio	Sarampo	Hepatite B
Índia	87	72	70	74	37
Sul da Ásia	88	76	75	77	51
África Subsaariana	84	77	79	75	74
Oriente Médio & Norte da África	92	91	92	90	89
América Latina & Caribe	96	93	93	93	90
Ásia Oriental e Pacífico	97	94	96	95	94
ECO/ CEI	96	95	96	96	94
Países industrializados	–	95	95	93	66
Média mundial	**90**	**85**	**86**	**85**	**75**
"Países menos desenvolvidos"	84	80	80	78	78
Bangladesh	94	95	95	94	95
Número de países em situação pior do que a Índia	26	16	13	25	0
Países em situação pior do que a Índia, fora da África[a]	Afeganistão, Azerbaijão, Colômbia, Costa Rica, Haiti, Iraque, Laos, Papua-Nova Guiné, Tajiquistão, Iêmen	Afeganistão, Haiti, Iraque, Papua-Nova Guiné	Afeganistão, Haiti, Iraque, Papua-Nova Guiné	Afeganistão, Azerbaijão, Haiti, Iraque, Laos, Líbano, Papua-Nova Guiné, Iêmen	–

ECO/ CEI: Europa Central e Oriental/ Comunidade dos Estados Independentes.

[a] Entre todos os países (com uma população de pelo menos 2 milhões) para os quais existem dados disponíveis; existem cerca de 150 deles (por vacina).

FONTE: Unicef (2012), tabela 3, pp. 96-9.

GRÁFICO 6.1. COBERTURA VACINAL NA ÍNDIA, CHINA E
BANGLADESH (1985-2009)

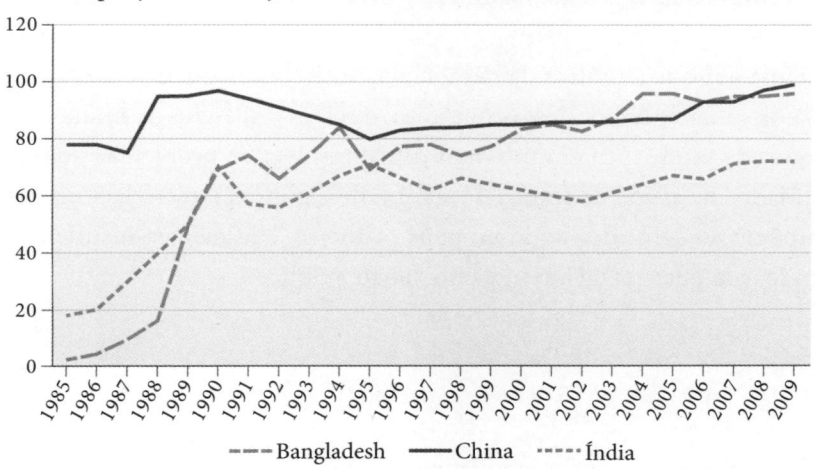

Proporção de crianças de 12 a 23 meses vacinadas com a DPT (%)

--- Bangladesh ——— China ····· Índia

FONTE: "Indicadores do desenvolvimento mundial" (on-line, em 1º de janeiro de 2013). Padrões muito semelhantes aplicam-se aos dados de imunização contra o sarampo, disponíveis na mesma fonte.

vacinação mais baixos que os da Índia.[2] Por outro lado, Bangladesh alcançou taxas de cerca de 95% para cada vacina. Esse contraste reflete o fato de que as taxas de vacinação infantil na Índia aumentaram muito lentamente na década de 1990 e no início dos anos 2000, enquanto Bangladesh superou a maior parte do déficit de imunização no mesmo período, como ilustra o gráfico 6.1.[3]

A questão não é apenas o péssimo desempenho da Índia em termos de vacinação infantil, mas também o fato de que esse terrível histórico tem permanecido inalterado e praticamente sem solução. Não encontramos nenhuma evidência de qualquer debate público significativo sobre esse tema nos últimos anos, apesar da enormidade do problema de saúde envolvido.* A oposição à

---

* Há referências esporádicas ao problema em publicações especializadas, como algumas revistas médicas para profissionais (ver, por exemplo, Vashishtha, 2009), mas ele parece ter sido amplamente ignorado na mídia em geral. Estima-se que só o sarampo seja responsável por mais de

imunização contra a poliomielite no Paquistão pelos talibãs chama a atenção (como esperado), mas há pouca discussão na mídia indiana sobre a falta de progresso em campos de imunização criticamente importantes (apesar de algumas conquistas recentes, incluindo a erradicação da poliomielite), mesmo sem a presença de um talibã.[4]

Uma vez que a prática da democracia está condicionada em grande medida à discussão pública dessas questões, o relativo silêncio da mídia sobre os cuidados de saúde torna muito mais difícil resolver os problemas que afetam os cuidados de saúde na Índia. Há, assim, dois pontos inter-relacionados que se impõem ao setor de saúde no país: primeiro, sua maciça insuficiência e, segundo, sua quase total ausência no debate público.

UM CHECKUP DA SAÚDE

Esse silêncio talvez fosse tolerável se a população indiana gozasse de boa saúde e acompanhamento médico adequado, mas nada poderia estar mais longe da verdade. Já observamos, no capítulo 3, que os indicadores de saúde e nutrição da Índia são muito pobres e bastante desfavoráveis em comparação com os de vários outros países — ricos e pobres. Por exemplo, apesar de o PIB per capita da Índia ser cerca de duas vezes maior que o de Bangladesh, este último tem uma expectativa de vida mais elevada e taxas de mortalidade infantil mais baixas do que a Índia. A falta de efetivo compromisso público com questões de saúde na Índia tem desempenhado um papel relevante na persistência desses problemas.

As despesas públicas de saúde têm oscilado em torno de 1% do PIB do país na maior parte dos últimos vinte anos — pouquíssimas nações gastam menos que isso em cuidados de saúde, em termos de proporção do PIB. Quan-

---

100 mil mortes de crianças na Índia a cada ano (John e Choudhury, 2009). Enquanto muitos países pobres conseguiram reduções drásticas da mortalidade por sarampo na década de 2000, o progresso da Índia tem sido tão lento que se estima um aumento da sua cota na mortalidade mundial por sarampo de 16%, em 2000, para 47% em 2010 (Simons et al., 2012). Nesse período, aparentemente, "todos os países implementaram uma estratégia de redução da mortalidade pelo sarampo, com exceção da Índia" (Duclos et al., 2009).

do o governo da Aliança Progressista Unida (UPA, na sigla em inglês) chegou ao poder, em 2004, um dos compromissos centrais do Programa Nacional Mínimo Comum da coalizão de governo era elevar as despesas de saúde pública para "pelo menos 2% a 3% do PIB nos próximos cinco anos". Mas, na prática, a proporção diminuiu para 0,9% do PIB em 2005, antes de subir muito lentamente outra vez, em parte devido (nos últimos anos) aos aumentos dos salários no setor público. Com a taxa atual de 1,2% do PIB, a despesa pública na saúde ainda é baixíssima vista em perspectiva comparada: apenas nove países no mundo têm despesa pública menor em saúde como proporção do PIB. O 1,2% da Índia faz feio diante dos 2,7% da China, dos 3,8% da América Latina, e da média mundial, que é de 6,5% (incluindo os países com um sistema nacional de serviços de saúde, como os da União Europeia, onde a proporção média das despesas de saúde pública em relação ao PIB é de cerca de 8%). Em termos absolutos, isso significa (em se tratando de paridade de poder de compra em dólares internacionais de 2005) 39 dólares por pessoa ao ano na Índia, em comparação com 66 dólares no Sri Lanka, 203 dólares na China e 483 dólares no Brasil.

Um sintoma relacionado à falta de compromisso do governo da Índia com cuidados de saúde é que a despesa pública nesse setor representa menos de um terço do total de gastos com saúde em geral. Apenas alguns países (como Afeganistão, Haiti e Serra Leoa) têm uma relação mais baixa entre a despesa pública em saúde e o gasto total no setor. Para pôr isso em perspectiva, a despesa pública representa entre 70% e 85% do total gasto com saúde na maioria dos países da União Europeia e da América do Norte, com uma média de 77% na União Europeia e um notável caso discrepante — os Estados Unidos (pouco abaixo de 50%), que continuam sendo algo como um "país em desenvolvimento" no que diz respeito à saúde pública. No entanto, mesmo a proporção americana é muito mais elevada do que a da Índia. A média mundial é de 63%, e até as médias da África Subsaariana (45%) e dos "países menos desenvolvidos" do mundo (46%) também são muito mais elevadas que os 29% da Índia (ver tabela 6.2). Essas são algumas indicações, entre outras, de que a Índia tem um dos sistemas de cuidados de saúde mais mercantilizados do mundo.

A confiança incomum no serviço privado de saúde na Índia resulta, em grande parte, do fato de os serviços públicos do país serem bastante limitados, e com frequência muito mal administrados. Levantamentos das unidades de saúde realizados pelo Instituto Internacional de Ciências da População (Bombaim) em 2003 ofereceram uma imagem assustadora do estado de centros públicos de saúde em toda a Índia. Por exemplo, apenas 69% dos Centros de Atenção Primária à Saúde (PHCs, na sigla em inglês) tinham pelo menos um leito, apenas 20% tinham telefone e apenas 12% passavam por "manutenção regular". Essas são médias nacionais, e os valores correspondentes para os estados mais pobres são muito piores. É o caso de Bihar, onde a grande maioria dos PHCs tinha de se virar sem luxos como eletricidade, uma balança ou até mesmo um vaso sanitário. Vale a pena lembrar que um PHC supostamente é uma unidade de saúde de alguma importância, servindo a uma população de cerca de 50 mil pessoas em média (muitas vezes até mais — em torno de 158 mil em Bihar).

TABELA 6.2. GASTO PÚBLICO EM SAÚDE, 2010

	Como proporção do PIB (%)	Como proporção da despesa total com saúde (%)	Em termos absolutos (dólares internacionais, PPC, 2005)[a]
Índia	1,2	29	39
Sul da Ásia	1,2	30	36
África Subsaariana[b]	2,9	45	66
Ásia Oriental e Pacífico	2,5	53	167
Oriente Médio e Norte da África[b]	2,9	50	199
América Latina e Caribe[b]	3,8	50	424
Europa e Ásia Central[b]	3,8	65	585
Média mundial	**6,5**	**63**	**641**
União Europeia	8,1	77	2.499

[a] Calculado com base no gasto per capita em saúde e na participação do gasto público em saúde no total.
[b] Apenas "países em desenvolvimento".

FONTE: "Indicadores do desenvolvimento mundial" (on-line, 1º de janeiro de 2013).

Mesmo quando as unidades de saúde estão disponíveis, sua utilização deixa muito a desejar. De acordo com um estudo recente, as taxas de absenteísmo entre os trabalhadores da saúde variaram entre 35% e 58% em diferentes estados indianos em 2002-3.[5] Uma imagem semelhante surge de outro estudo dos serviços de saúde no distrito de Udaipur (Rajastão): mais de metade dos subcentros de saúde foi encontrada fechada durante o horário de funcionamento regular e, até mesmo nos PHCs e Centros Comunitários de Saúde, em média 36% do pessoal estava ausente. Enquanto isso, moradores sofriam com níveis horrendos de morbidade: um terço de todos os adultos teve um resfriado durante os trinta dias anteriores à pesquisa, 42% tinham dor no corpo, 33% tinham febre, 23% sofriam de fadiga, 11% tinham dores no peito, e mais da metade sofria de anemia. Perto de um terço tinha dificuldade para tirar água de um poço, e um em cada cinco sentia dificuldade para levantar-se da posição sentada.[6]

A gravidade do problema, como se pode antever, é maior para os indianos mais pobres, mas o viés em favor dos serviços privados afeta até mesmo aqueles relativamente bem de vida, que muitas vezes têm acesso limitado a cuidados de saúde decentes e acessíveis em termos financeiros. Em geral a tecnologia e experiência estão disponíveis, porém as instalações públicas são ineficientes e desorganizadas, e os serviços privados na prática são regulamentados, deixando os pacientes, em diversas ocasiões, à mercê de profissionais inescrupulosos. Fraude, excesso de medicação, preços exorbitantes e cirurgias desnecessárias parecem ser bastante comuns no setor privado de saúde. Para ilustrar, um estudo recente dos serviços de saúde em Chennai constatou que 47% dos partos realizados no setor privado acabaram em cesariana, uma frequência bem acima do que prevê a norma da OMS, de até 15% (o índice correspondente no setor público em Chennai era de 20%).[7] Outro estudo recente dos cuidados de saúde em Delhi e Madhya Pradesh revelou que tanto estabelecimentos públicos como privados ofereciam serviços de saúde bastante deficientes, com doenças simples sendo mal diagnosticadas e tratadas de forma inadequada na maioria dos casos.[8] A necessidade de reforma não se aplica apenas aos serviços públicos, ou aos serviços disponíveis para as famílias pobres, mas ao setor de saúde como um todo.

A ARMADILHA DOS SEGUROS PRIVADOS

O rápido crescimento do PIB e das receitas públicas na Índia durante os últimos vinte anos, discutido no capítulo 1, proporcionou uma chance a importantes iniciativas no campo da política de saúde. Essa oportunidade, no entanto, foi em grande parte perdida, a despeito de alguns sinais de mudanças positivas em anos mais recentes. A taxa de progresso na área da saúde pública tem sido espantosamente lenta ao longo das duas últimas décadas, enquanto o crescimento do PIB na Índia tem mostrado uma elevação excepcional. Os anos 1990 foram uma "década perdida" para a Índia no que diz respeito à saúde, e boa parte da década de 2000 foi apenas um pouco melhor.

Como já mencionado, o Programa Nacional Mínimo Comum do primeiro governo da Aliança Progressista Unida prometeu um aumento radical na despesa pública em saúde, o que não se concretizou. Houve de fato uma grande iniciativa: a Missão Nacional de Saúde Rural (NRHM, na sigla em inglês), lançada em 2005-6. No entanto, as despesas da NRHM ficaram abaixo de 100 bilhões de rupias anuais durante os primeiros cinco anos (menos de 0,2% do PIB) — muito pouco para fazer uma diferença significativa no país. Trata-se, possivelmente, de um bom programa (mais sobre ele a seguir), mas pode ter efeito limitado se não houver maiores recursos econômicos e compromisso político — do governo e da população.

Além desses movimentos vacilantes para a consolidação de serviços públicos de saúde na Índia, há também outras iniciativas, de muitos tipos diferentes — no sentido de garantir uma prevalência ainda maior do atendimento privado e dos planos de saúde. O Rashtriya Swasthya Bhima Yojana (RSBY), ou "sistema nacional de seguro de saúde", é um passo nessa direção. Nesse sistema, lançado em 2008, as famílias "abaixo da linha de pobreza" (ALP) são inscritas em companhias de seguros privados de saúde. O governo paga o prêmio do seguro, que lhes dá direito a 30 mil rupias em cuidados de saúde em uma instituição de sua preferência, a ser escolhida a partir de uma lista de hospitais e centros de saúde credenciados.

Não é surpreendente que esse movimento tenha sido bem recebido pelo setor corporativo. Como o *Wall Street Journal* expressou alguns anos atrás em um artigo otimista elogiando esse "modelo de negócio", o Rashtriya Swasthya Bhima Yojana "representa uma maneira de as companhias de seguros se introduzirem no mercado e divulgarem suas marcas". Os hospitais privados também recebem sua parte, pois "o programa pode aumentar o número de pacientes e potencialmente ampliar a clientela". O RSBY é um trampolim conveniente para o mercado de seguros de saúde — um dos setores da economia indiana com mais rápido crescimento.

O seguro de saúde privado subsidiado pelo RSBY pode, é claro, trazer algum alívio para as famílias selecionadas.[9] É certamente um avanço em relação ao atual "sistema de desembolso", por meio do qual a maior parte dos atendimentos de saúde é paga em dinheiro a prestadores privados. Mas que tipo de sistema de saúde ele poderá produzir ou integrar? Uma interpretação possível é que o seguro privado deverá tornar-se a espinha dorsal do sistema de saúde da Índia. O governo vai pagar o prêmio de seguro para as famílias ALP, e outros irão pagar o seguro por conta própria. As pessoas vão, em seguida, procurar cuidados de saúde fornecidos por instituições credenciadas, públicas ou privadas, e os custos serão reembolsados pelas empresas de seguros.* Apesar de soar interessante, há razões bem graves para nos preocuparmos profundamente com esse modelo de atendimento de saúde.

Problemas de eficiência. As limitações do seguro privado de saúde (mais precisamente, do seguro comercial) começam com uma série de "falhas do mercado", associadas em particular com a seleção adversa e o risco moral. Em resumo, a seleção adversa refere-se ao fato de que é provável que o seguro de saúde atraia pessoas que são mais propensas a adoecer, e isso elevaria os prêmios do seguro, restringindo o leque de potenciais compradores aos clientes de alto risco. As companhias de seguros podem tentar se proteger disso "fazendo uma triagem" dos seus clientes, mas isso vai contra os princípios básicos da equidade em saúde. Nesse caso, o que pode haver é o avesso do problema, com seguros restritos a grupos de baixo risco e vedados àqueles que mais necessitam de cuidados de saúde.

---

* Essa não é — pelo menos não ainda — uma política explícita, mas como Gita Sen (2012) observa: "há muitas forças poderosas que gostariam que o sistema de saúde se movesse (ou continuasse se movendo) na direção de um mercado privado não regulamentado e lucrativo, inclusive para prestação de atendimento, seguros de saúde e educação médica" (p. 52). Houve expressões de preocupação desse mesmo tipo entre muitos observadores durante o processo de elaboração do 12º Plano Quinquenal; ver, por exemplo, Gaitonde e Shukla (2012), Varshney (2012) e Varshney et al. (2012).

Quanto ao risco moral, uma de suas manifestações é o fato de que os pacientes segurados — e prestadores de atendimento de saúde — teriam pouco incentivo para conter os custos. Cada "solução" para isso envolve seus próprios desdobramentos. Por exemplo, os incentivos para conter os custos do atendimento de saúde podem ser criados pelo reembolso de acordo com uma tabela "razoável" (por exemplo, montantes fixos para procedimentos específicos, tais como um parto ou um tratamento de tuberculose). Mas, nesse caso, os prestadores de atendimento (médicos, hospitais e assim por diante) têm fortes incentivos para usar o método mais barato possível para cada procedimento, mesmo que isso vá contra os interesses do paciente. Eles também podem ser tentados a fazer uma "filtragem", ou seja, concentrar-se em pacientes que podem ser tratados com baixo custo e virar as costas para o resto. Esses são apenas alguns exemplos dos complexos problemas de eficiência associados com o seguro privado de saúde — problemas que podem, na melhor das hipóteses, ser aliviados com uma regulamentação estrita e sofisticada, de um tipo que seria muito difícil de implementar nas atuais circunstâncias da Índia.

Problemas de distorção. O seguro comercial de saúde tende a ser dirigido principalmente para o atendimento hospitalar. É provável que um sistema de saúde baseado nesse modelo de negócios desfavoreça os serviços preventivos de saúde e, de modo mais geral, os cuidados não hospitalares. Isso seria um problema em qualquer sistema de saúde, e em especial na Índia, onde grande parte do fardo da saúde está nas doenças transmissíveis.[10] Além disso, os cuidados de saúde de muitos tipos de doenças não transmissíveis, como diabetes, problemas circulatórios e câncer, podem ser mais bem manejados no atendimento básico (a chamada pré-hospitalização), ao qual um sistema focado sobretudo em internações pode ser prejudicial. Esse é um problema extra para o enfraquecimento geral da saúde pública e dos serviços preventivos que supostamente acompanhará um aumento da dependência de regimes como o RSBY. É bem provável que o seguro privado de saúde também acabaria promovendo ainda mais a privatização dos serviços de saúde e afetaria os recursos, o tempo, a energia e o compromisso disponíveis para fortalecer os serviços públicos, o que poderia prejudicar justamente o canal através do qual a transição de saúde foi levada a cabo em todo o mundo — na Europa, no Japão, na Ásia, na América Latina, no Canadá e até mesmo nos Estados Unidos. Há aqui importantes lições da experiência mundial de transições bem-sucedidas de saúde com as quais a Índia pode aprender, mas as quais parece ter ignorado até agora.[11]

Problemas de focalização. A ideia de que o governo vai pagar os prêmios dos seguros para as famílias pobres, para garantir que sejam incluídas no sistema, aumenta todos os problemas associados ao processo de "focalização das famílias ALP", incluindo a falta de confiabilidade e a divisibilidade desse processo (para uma discussão mais aprofundada, ver o capítulo 7). No contexto da saúde, esses problemas são particularmente graves, por duas razões. A primeira é que as contingências de saúde podem, de um momento para outro, "empurrar" as famílias para a pobreza. Assim, uma família que ontem estava "acima da linha de pobreza" hoje pode estar abaixo. Listas de famílias ALP, por sua vez, são bastante rígidas (mesmo renová-las a cada cinco anos aproximadamente revelou-se dificílimo na maioria dos estados), e não é possível revisá-las sempre que as pessoas caem na pobreza devido a contingências de saúde. Assim, uma lista ALP dificilmente serviria bem à finalidade pretendida. A segunda razão é que levar em conta o estado de saúde das pessoas cria problemas para toda a lógica da abordagem ALP, que se baseia no critério do gasto per capita e em indicadores substitutos. Por exemplo, uma pessoa com alguma inaptidão, mas com uma renda que não chega a ser severamente baixa, pode estar em extrema necessidade de seguro de saúde por causa dos custos e das privações associadas a esse problema, e ainda assim não se qualificar para a inclusão na lista ALP.* Portanto, subsidiar os prêmios dos seguros de famílias ALP é uma forma muito inadequada — e ineficaz — de garantir a cobertura universal de saúde.

Problemas de equidade. É muito pouco provável que um sistema com base em subsídios focalizados para seguros atenda às normas básicas da equidade em saúde, pois quatro diferentes fontes de desigualdade se reforçam mutuamente: os erros de exclusão associados ao processo de focalização; a triagem de clientes potenciais pelas companhias de seguros; os obstáculos (falta de voz ativa, baixa escolaridade, discriminação social, entre outros) que os pobres enfrentam no uso do sistema de seguro de saúde; e a persistência de um grande componente não subsidiado no sistema de saúde, condicionado o acesso ao atendimento à capacidade de pagar pelo seguro.

---

* Sobre a relevância inescapável das inaptidões para a compreensão das exigências da justiça em relação aos cuidados de saúde, ver *A ideia de justiça* (Sen, 2009).

Problemas de irreversibilidade. Por último mas não menos importante, o modelo de seguro privado de saúde pode ser, na verdade, uma espécie de via de mão única — o setor de seguros de saúde pode facilmente se transformar num poderoso lobby e estabelecer uma forte influência sobre a política pública de saúde, tornando muito difícil o afastamento desse modelo caso ele se revele ineficaz. O atual direcionamento da Índia para o seguro privado de saúde, sem o desenvolvimento de uma base sólida de saúde pública, tem essa característica problemática — além das outras já discutidas.

O modelo de seguro privado de saúde é essencialmente o modelo americano, cuja falta de cobertura o presidente Obama — e antes dele o casal Clinton — esforçou-se para resolver (com algum sucesso recente).* Apesar da excelente qualidade dos cuidados médicos nos Estados Unidos, o país pagou um alto preço por tomar esse caminho, caracterizado pelo acesso limitado ao atendimento médico e pela exclusão. O sistema de saúde dos Estados Unidos é um dos mais caros e ineficazes do mundo industrializado: a despesa de saúde per capita é mais de duas vezes superior à da Europa, mas os resultados são piores (os Estados Unidos ocupam, por exemplo, a 50ª posição no ranking mundial de expectativa de vida). Esse sistema também é altamente desigual, com quase 20% da população excluída da cobertura dos seguros, sem falar das terríveis condições de saúde e de riscos entre grupos carentes. Além disso, as tentativas de reformar o sistema de saúde nos Estados Unidos têm se revelado extremamente difíceis, em parte devido ao poder das empresas de seguros e em parte devido à arraigada resistência política à ideia de cuidados de saúde "socializados", muito cultivada pelo lobby das seguradoras. O contraste com o Canadá, com a chamada "medicina socializada", que consegue melhores resultados a um custo muito menor, com serviços prestados pelo Estado, traz à tona alguns dos problemas que os Estados Unidos têm de superar antes de se tornar um

---

* Nos sistemas de saúde de outros países da OCDE, o seguro privado também desempenha um importante papel em muitos casos (uma notável exceção é o Reino Unido, onde o Serviço Nacional de Saúde fornece direta e gratuitamente os cuidados de saúde universal "na ponta do usuário"), mas o setor costuma ser organizado pelo Estado, ou por instituições reguladas e sem fins lucrativos (como na Alemanha e no Japão). Pouquíssimos deles recorrem de forma significativa a seguros de saúde com fins lucrativos e, quando o fazem, sujeitam-nos a uma regulação bastante estrita. Para uma revisão útil dos sistemas de saúde em treze países da OCDE, ver The Commonwealth Fund (2010).

"modelo" a ser seguido pelo mundo — em particular pela Índia. Isso não significa dizer que o Canadá seja um modelo impecável: a exclusão do seguro privado de saúde, exceto para fins muito limitados, pode ser vista como demasiado radical (não está claro por que os ricos não devem ser autorizados a pagar o seguro de saúde suplementar ao mesmo tempo que continuam livres o bastante para gastar fortunas em festas ou iates), e certamente há muito o que aprender também com o sistema europeu, que mantém os serviços públicos de saúde e seguridade social sem excluir a atuação dos seguros privados.

A necessidade fundamental de um ativo compromisso público com cuidados de saúde (incluindo uma base sólida de prestação pública dos serviços) foi reconhecida, logo após a independência da Índia, pelo Relatório do Comitê Bhore em 1946 e reafirmada recentemente — de forma um pouco distinta — pelo Relatório do Grupo de Peritos de Alto Nível sobre a Cobertura Universal de Saúde na Índia.[12] A trajetória atual do setor de saúde, no entanto, tem sido muito diferente, às vezes até diametralmente oposta — movendo-se cada vez mais na direção de um sistema privatizado, que acaba promovendo a exclusão de "pacientes não lucrativos". As regulamentações propostas parecem profundamente inadequadas para disciplinar um sistema de saúde com fins lucrativos, de forma que sirva aos propósitos de universalidade e equidade. A política de saúde está hoje em um estado um pouco confuso, com algumas iniciativas positivas em relação à consolidação de serviços públicos (incluindo a Missão Nacional de Saúde Rural e, mais recentemente, um movimento rumo à distribuição pública de medicamentos genéricos), mas também sujeita a um desvio constante para uma maior dependência do seguro privado (com incentivo ativo das seguradoras) e pouquíssima clareza sobre os princípios nos quais o futuro sistema de saúde da Índia deve se basear. Enquanto isso, muitos outros países em desenvolvimento — não apenas a China, mas também Brasil, México, Tailândia e Vietnã etc. — têm feito progressos decisivos em direção à cobertura universal de saúde, com base em compromissos claros com o financiamento público da cobertura universal e serviços públicos de saúde em bom funcionamento.* Esse é

---

* O México passou rapidamente para a cobertura universal de saúde através de seu Sistema de Protección Social en Salud (SPSS), introduzido em 2003, com um papel crucial para o programa nacional de seguro de saúde (Seguro Popular), gerido pelo Estado, para fornecer "cuidados de saúde eficazes como um direito universal, baseado na cidadania". Em 2012, o México parece ter

um aspecto da política pública na Índia no qual escolhas muito importantes ainda precisam ser feitas.¹³

O FRACASSO NUTRICIONAL

Os indicadores de nutrição da Índia têm melhorado significativamente durante os últimos 65 anos, partindo de níveis abismais na ocasião da independência do país (ver capítulo 1). Por exemplo, os sinais clínicos de desnutrição grave (como o marasmo e o *kwashiorkor*) são muito menos comuns agora do que costumavam ser,* e tem havido uma lenta mas constante melhoria na estatura e no peso das crianças. No entanto, mesmo hoje, a situação nutricional na Índia (e em grande parte do sul da Ásia) permanece terrível — pior que em quase qualquer outro lugar do mundo.¹⁴

Nenhum dos países para os quais dados recentes sobre nutrição estão disponíveis tem uma maior proporção de crianças com baixo peso do que a Índia.¹⁵ A cifra indiana, de 43%, está perto da média do sul da Ásia, mas é muito maior do que as médias estimadas para a África Subsaariana (20%) ou os "países menos desenvolvidos" (25%), para não falar de outras grandes regiões do mundo (menos de 12% em cada caso — ver tabela 6.3). A última estimativa para a China, de 4%, é cerca de um décimo do valor correspondente para a Índia. Os padrões gerais são praticamente os mesmos para o nanismo (baixa estatura para a idade), embora os contrastes das taxas de crianças com baixa estatura para idade sejam menos nítidos, e um ou dois países (por exemplo, Bu-

---

alcançado — ou quase alcançado — a cobertura universal de saúde. Ver "A Crucial Juncture for Health in Mexico", *The Lancet*, 14 jul. 2012; e Richard Horton (2012). Para uma excelente discussão sobre a maneira como o SPSS e o Seguro Popular funcionam, ver Felicia Marie Knaul et al. (2012).
* O marasmo é a desnutrição proteico-calórica do tipo seco, e os pacientes apresentam-se muito magros e desidratados. Os sinais clínicos incluem a interrupção do crescimento, pele ressecada e descamante, musculatura reduzida. O nome deriva do estado de completo desânimo dos pacientes. O *kwashiorkor* é a desnutrição proteico-calórica do tipo edematoso (há inchaço devido à retenção de líquidos), geralmente caracterizada por perda de peso menos severa que no marasmo. Seus sinais clínicos incluem descoloração dos cabelos (ficando brancos ou avermelhados); pele despigmentada, ressecada e inflamada; tristeza e apatia; abdômen distendido, bojudo; olhos avermelhados. (N. T.)

rundi) de fato tenham uma proporção estimada de crianças nessa condição ainda maior do que os 48% da Índia.

A população indiana — não apenas as crianças — também sofre de enormes deficiências de micronutrientes, incluindo a deficiência de ferro (que afeta a maioria das mulheres e crianças) e também de vários outros nutrientes essenciais, como mostra a tabela 6.4.[16] De acordo com os dados da Agência Nacional de Vigilância Nutricional, a ingestão média em relação à "dose diária recomendada" entre as crianças na faixa etária de quatro a seis anos no início de 2000 foi de apenas 16% de vitamina A, 35% de ferro e 45% de cálcio. Hoje, a situação continua a mesma nesse aspecto, em parte devido ao alcance insuficiente dos programas de suplementação, também ilustrado na tabela 6.4. Por exemplo, apenas um terço das crianças indianas com menos de cinco anos é abrangido pelo programa de suplementação de vitamina A, em comparação com a cobertura quase universal em todos os outros países do sul da Ásia e mesmo na maior parte da África Subsaariana.

Por vezes afirma-se que a desnutrição infantil na Índia é um "mito", porque as crianças indianas são geneticamente menores, de modo que os padrões antropométricos internacionais não são aplicáveis a elas. No entanto, essa recente reencarnação da chamada hipótese "pequeno mas saudável" (e é disso que se trata: de uma hipótese) ainda não recebeu nenhum tipo de sustentação científica.[17] Também é difícil reconciliá-la com uma recente revisão da validade de se aplicar os mesmos padrões antropométricos de peso e estatura a crianças de todo do mundo: o Estudo Multicêntrico de Referências de Crescimento (concluído sob os auspícios da Organização Mundial de Saúde), que não encontrou nenhuma evidência de que os indianos sejam geneticamente menores do que as outras crianças.* Mas, mesmo que essa hipótese estivesse correta em alguma medida, isso não invalidaria o fato de que os níveis de desnutrição na Índia são altíssimos — estão, sem dúvida, entre os mais altos do mundo.[18]

---

* O componente indiano desse estudo centrou-se em uma grande amostra de crianças de famílias abastadas do distrito de Delhi Sul, com pelo menos um membro com formação educacional completa (dezessete anos de estudo) e outras condições favoráveis, incluindo cuidados intensivos na gravidez e na infância. Descobriu-se que essas crianças privilegiadas, criadas em um ambiente benéfico, cresceram seguindo a mesma "curva" (em termos de peso e estatura em diferentes idades) que crianças em outros países incluídos no estudo da OMS — Brasil, Gana, Noruega, Omã e Estados Unidos. Ver Grupo de Estudo Multicêntrico de Referências de Crescimento da OMS (2006).

TABELA 6.3. INDICADORES DE NUTRIÇÃO INFANTIL, 2006-10[a]

	Proporção (%) de crianças desnutridas abaixo dos 5 anos:		Proporção (%) de bebês abaixo do peso ao nascer
	Baixo peso	Baixa estatura	
Índia[a]	43	48	28
Sul da Ásia	42	47	27
África Subsaariana	20	39	13
Ásia Oriental e Pacífico	10	19	6
Oriente Médio e norte da África	11	28	11
América Latina e Caribe	4	15	8
"Países menos desenvolvidos"	25	41	16

[a] Último ano para o qual existem dados disponíveis dentro desse período.

FONTE: Unicef (2012), tabelas 2 e 3. As estimativas regionais são baseadas em países para os quais existem dados disponíveis, e correspondem apenas a "países em desenvolvimento".

O fenômeno de altos níveis de desnutrição infantil no sul da Ásia (não só na Índia), mesmo em comparação com muitos países da África Subsaariana que têm indicadores de renda e de saúde piores, ficou conhecido como o "enigma do sul da Ásia" depois de um influente artigo publicado em 1996 por uma equipe liderada por Vulimiri Ramalingaswami, então diretor do Instituto Pan-Indiano de Ciências Médicas.[19] O artigo chamou a atenção para vários aspectos do status das mulheres no sul da Ásia como uma possível explicação para o fato, hipótese consistente com o trabalho mais recente sobre essa questão.[20] Uma das conexões entre o bem-estar das mulheres e a nutrição infantil pode ser vista no baixo peso ao nascer: o estado nutricional precário das mulheres e outras privações (especialmente durante a gravidez) levam a reduzido crescimento fetal e baixo peso ao nascer, afetando o estado nutricional das crianças desde a concepção. O artigo original, por exemplo, sugeriu que o ganho de peso durante a gravidez no sul da Ásia pode ser apenas cerca de metade (em torno de cinco quilos, em média) do respectivo número observado na África (bem mais próximo de dez quilos).

Nesse contexto, vale a pena recordar que não só as crianças, mas também as mulheres adultas, são mais desnutridas na Índia (e no sul da Ásia) que em

TABELA 6.4. DEFICIÊNCIAS DE MICRONUTRIENTES E SUPLEMENTAÇÃO

	Deficiências (%)				Suplementação (%)	
	Proporção de crianças em idade pré-escolar com anemia	Proporção de mulheres grávidas com anemia	Proporção de crianças em idade pré-escolar com deficiência de vitamina A	Proporção de crianças em idade pré-escolar com deficiência de iodo	Taxa de cobertura de suplementação de vitamina A (6-59 meses de idade), 2010	Proporção de famílias com consumo adequado de sal iodado, 2006-10
Sul da Ásia						
Índia	74	50	62	31	34	51
Bangladesh	47	47	22	43	100	84[a]
Nepal	78	75	32	27	91	63[b]
Paquistão	51	39	13	64	87	n/d
Sri Lanka	30	29	35	30	85	92[a]
China	20	29	9	16	–	97
África Subsaariana	68[c]	56[c]	44[c]	41[c]	86	53

[a] Os dados diferem da definição padrão ou referem-se apenas a parte do país.
[b] Valor para 2002-7, com base em Micronutrient Initiative e Unicef (2009), anexo A.
[c] Média ponderada pela população de valores específicos para países.

FONTE: Micronutrient Initiative e Unicef (2009), anexo A, para "deficiências". Unicef (2012), tabela 2, para "suplementação".

praticamente qualquer outro lugar do mundo. De acordo com a Pesquisa Demográfica e de Saúde (DHS, na sigla em inglês), a proporção de mulheres adultas com um "índice de massa corporal" abaixo de 18,5 (o corte padrão convencionalmente associado à deficiência crônica de energia) era de altíssimos 36% na Índia em 2005-6 — mais alto do que em qualquer outro país com dados disponíveis, e quase o triplo da correspondente estimativa para a África Subsaariana (14%).[21]

Essa é apenas uma amostra dos fatos perturbadores que caracterizam a situação nutricional na Índia. Assim como no caso da vacinação infantil, já discutida, há também um problema sério de progresso excessivamente lento. Essa foi uma das principais conclusões da terceira Pesquisa Nacional de Saúde da Família ("NFHS-3"), realizada em 2005-6 — o mais recente levantamento domiciliar abrangente sobre saúde e nutrição na Índia no momento da escrita deste livro. Por exemplo, a proporção de crianças abaixo do peso em 2005-6 não foi muito menor do que em 1992-3, quando da primeira Pesquisa Nacional de Saúde da Família, e, embora as taxas de desnutrição infantil pareçam melhorar um pouco mais depressa, o quadro como um todo é de progressos muito limitados ao longo desse período (ver tabela 6.5). Treze anos podem parecer um intervalo curto, mas na verdade é o suficiente para alcançar importantes melhorias na nutrição infantil com base em intervenções ousadas, como demonstraram a Tailândia na década de 1980 e a China nos anos 1960 e 1970. Os dados da NFHS-3 também apontam para taxas muito baixas de aumento em termos de estatura e índice de massa corporal de mulheres, e nenhuma melhora na prevalência de anemia. Assim como a estagnação de vacinação infantil no mesmo período, essas tendências alarmantes têm recebido surpreendentemente pouca atenção fora dos círculos especializados.*

---

* Uma das vítimas da negligência com esses números é o próprio sistema de monitoramento da nutrição. Os dados da NFHS-3 já têm oito anos, e há pouquíssima informação disponível (no momento da escrita) sobre os desenvolvimentos subsequentes na situação nutricional. Não se espera que os resultados da NFHS-4 (ainda a ser efetuada) estejam disponíveis antes de 2015, no mínimo. Essa lacuna de dez anos nas estatísticas sobre nutrição não ajuda na aplicação de medidas oportunas e eficazes para lidar com os problemas de nutrição da Índia.

TABELA 6.5. TENDÊNCIAS EM NUTRIÇÃO INFANTIL

	Proporção (%) de crianças desnutridas menores de três anos				
	Antigos padrões do NCHS			Novos padrões da OMS	
	1992-3	1998-9	2005-6	1998-9	2005-6
Peso para a idade					
abaixo de 2 DP	52	47	46	43	40
abaixo de 2 DP	20	18	n/d	18	16
Estatura para a idade					
abaixo de 2 DP	n/d	46	38	51	45
abaixo de 3 DP	n/d	23	n/d	28	22

DP: desvio padrão (com base na população de referência). Abaixo de 2 DP e abaixo de 3 DP correspondem, respectivamente, à desnutrição moderada e grave.

FONTE: Instituto Internacional de Ciências da População (2000), pp. 266-7, e Instituto Internacional de Ciências da População (2007a), p. 274, com base nas sucessivas Pesquisas Nacionais da Saúde da Família (NFHS). Os valores para 2005-6 baseados nos padrões do NCHS são da "Publicação de fatos nacionais" (Instituto Internacional de Ciências da População, 2007b). Os padrões do Centro Nacional de Estatísticas de Saúde (NCHS, na sigla em inglês) foram utilizados nas NFHS até que os novos padrões de crescimento infantil da OMS fossem lançados, em 2006. Para mais detalhes, ver Deaton e Drèze (2009), tabela 11.

OS CUIDADOS INFANTIS COMO RESPONSABILIDADE SOCIAL[22]

Imagine como seria ver um jardineiro que permitisse a qualquer pessoa pisar nas flores que está cultivando e, mais tarde, tentasse corrigir os problemas causados fornecendo às plantas cuidados extras e altas doses de água e fertilizantes. Algo parecido com isso, no entanto, é feito pelo Estado com as crianças indianas, uma vez que, com frequência, a intervenção pública só começa depois que elas atingem a idade escolar, quando por fim recebem a atenção do governo (isso quando têm essa sorte). No entanto, os primeiros seis anos de vida (e especialmente os dois primeiros) têm uma decisiva e duradoura influência sobre a saúde, o bem-estar, as aptidões e as oportunidades de uma criança.*

* Há uma necessidade generalizada aqui de se levar em conta o que Sudhir Anand e seus colegas têm chamado, inspirados por uma abordagem pioneira de Albina du Boisrouvray, de "custo da

O descaso de longa data com os serviços de acolhimento de crianças na Índia se deve, em parte, à suposição de que o atendimento às crianças pequenas é melhor quando deixado sob responsabilidade das famílias. Os pais são de fato mais indicados para cuidar de suas crianças pequenas, e em geral é o que acontece. Muitas vezes, porém, os pais carecem de recursos, energia, capacidade ou tempo para cuidar adequadamente de seus filhos, mesmo quando não faltam o compromisso e o conhecimento do que precisa ser feito. O que eles podem fazer por seus filhos depende, de várias formas, de amparo social, incluindo serviços de saúde, instalações de creches e direitos ligados à maternidade. Além disso, muitos pais têm conhecimento limitado de questões relativas aos cuidados infantis e à nutrição. Em um estudo recente, em Uttar Pradesh, descobriu-se que metade das crianças da amostra estava desnutrida, mas 94% das mães descreveram o estado nutricional de seus filhos como "normal". A sabedoria popular sobre, por exemplo, a amamentação também pode ser bastante limitada e até mesmo completamente equivocada, apesar dos milhares de anos de prática. O início da amamentação é muitas vezes adiado com base na crença errônea de que o primeiro leite materno (colostro) é prejudicial para a criança, quando na verdade é o contrário. No mesmo estado de Uttar Pradesh, a maioria das crianças é mantida sem alimentação por 24 horas após o nascimento, e apenas 15% são amamentadas dentro de uma hora — a prática recomendada pelos médicos.[23] O que os pais fazem para os filhos (por exemplo, se os vacinam, ou como uma mulher grávida é alimentada) também depende muito das normas sociais, que podem ser influenciadas de forma positiva por meio de ações públicas.

Por todos esses motivos, os cuidados infantis não podem ser deixados apenas para a família. O envolvimento social é necessário, tanto a capacitação dos pais para cuidar de seus filhos em casa como a prestação direta de serviços de saúde, nutrição, educação pré-escolar e correlatos em instalações públicas.

Em princípio, não há muito espaço para isso nos Serviços Integrados de Desenvolvimento Infantil (ICDS, na sigla em inglês) — o único programa nacional destinado a crianças com menos de seis anos de idade. O objetivo do

---

inação" (ver Anand et al., 2012). Os custos — ou prejuízos — gerados pela inação podem ser grandes, e muitas vezes bem maiores do que o de realizar as ações que teriam impedido as perdas decorrentes da negligência.

ICDS é fornecer serviços integrados de saúde, nutrição e educação pré-escolar para crianças com menos de seis anos nos *anganwadis* (centros de atendimento infantil) locais. No entanto, o programa em geral é carente de recursos, atenção e apoio político. Foi só nos últimos anos que o programa ganhou vida, em grande parte devido às injunções da Suprema Corte, que obrigaram o governo a reformulá-lo sob uma perspectiva de direitos: todos os serviços estão agora supostamente disponíveis para todas as crianças menores de seis anos como uma questão de direito legal.[24]

O funcionamento dos centros do ICDS existentes tem sido submetido a críticas consideráveis. Alguns críticos até argumentaram que gastar dinheiro com o ICDS é jogá-lo no poço sem fundo de um programa disfuncional. Há certamente inúmeras deficiências no ICDS na sua forma atual. Todavia, uma análise imparcial das evidências disponíveis não apoia essa avaliação derrotista. Os padrões de implementação do ICDS foram de fato muito baixos — até agora — em vários estados, mas não se trata de uma situação generalizada nem imutável. As conclusões do Relatório Focus, baseado em uma pesquisa em duzentos *anganwadis* em seis estados (Chhattisgarh, Himachal Pradesh, Maharashtra, Rajastão, Tamil Nadu e Uttar Pradesh), em 2004, lançam alguma luz proveitosa sobre esse assunto.

Entre esses seis estados foram propositalmente incluídos três (Himachal Pradesh, Maharashtra e Tamil Nadu) que têm trabalhado com interesse na implantação do programa ICDS, e três (Chhattisgarh, Rajastão e Uttar Pradesh) que não têm feito o mesmo — "estados ativos" e "estados dormentes", respectivamente na tabela 6.6, que apresenta um resumo das avaliações feitas pelas mães da amostra. Além de médias para os estados ativos e dormentes, a tabela também apresenta os valores correspondentes para Tamil Nadu e Uttar Pradesh: os estados com os melhores e piores programas ICDS, respectivamente, entre os seis estados da amostra.

O primeiro ponto a ser notado é que em cada estado uma maioria esmagadora (mais de 90%) dos *anganwadis* abre com regularidade e tem um "programa de nutrição suplementar" (SNP, na sigla em inglês) ativo. Tendo em mente que mais de 90% dos vilarejos na Índia hoje dispõem de um *anganwadi*, esses resultados apontam para uma oportunidade muito importante: a Índia já conta, em todo o país, com uma infraestrutura funcional que torna possível, em princípio, atender às crianças menores de seis anos.[25]

TABELA 6.6. PESQUISA FOCUS: PERCEPÇÕES SOBRE OS CENTROS DO ICDS ENTRE MÃES DA AMOSTRA

	Tamil Nadu	"Estados ativos"[a]	"Estados dormentes"[a]	Uttar Pradesh
PERCEPÇÕES GERAIS DAS MÃES DA AMOSTRA (% DE RESPOSTAS AFIRMATIVAS)				
O *anganwadi* local abre regularmente	100	99	90	87
Seu filho o frequenta regularmente[b]	86	75	52	57
Nutrição suplementar é fornecida no *anganwadi*	93	94	93	94
Seu filho é regularmente pesado no *anganwadi*	87	82	47	40
Serviços de imunização estão disponíveis no *anganwadi*[c]	63	72	49	44
Há atividades pré-escolares no *anganwadi*[b]	89	55	41	36
O centro do ICDS é "importante" para o bem-estar do seu filho	95	88	57	59
PERCEPÇÕES SOBRE O PROGRAMA DE NUTRIÇÃO SUPLEMENTAR[d] (% DE RESPOSTAS AFIRMATIVAS)				
A distribuição de alimentos é regular	100	95	72	54
As crianças recebem uma "refeição completa"	100	87	48	32
A quantidade é insuficiente	2	13	54	69
A qualidade da comida é ruim	7	15	35	55

[a] Estados ativos: Himachal Pradesh, Maharashtra e Tamil Nadu. Estados dormentes: Chhattisgarh, Rajastão e Uttar Pradesh.
[b] Entre mães com pelo menos um filho na faixa etária de três a seis anos (a faixa etária relevante para esta pergunta).
[c] Esses números tendem a subestimar a extensão das atividades de imunização em centros do ICDS porque ocorrem frequentemente no centro de saúde local, com o funcionário do *anganwadi* desempenhando um papel de facilitação (por exemplo, trazendo as crianças).
[d] Entre mães que relataram que a nutrição suplementar foi fornecida no *anganwadi*.

FONTE: Relatório Focus ("Cidadãos pelas crianças de menos de seis anos", 2006), pp. 42 e 59. Os números são baseados em uma amostra aleatória de mulheres com pelo menos um filho com idade inferior a seis anos e inscrito no *anganwadi* local.

Os padrões de funcionalidade, no entanto, variam bastante, conforme ilustra a tabela 6.6. A situação é razoavelmente encorajadora para os estados ativos, em especial para Tamil Nadu, onde o ICDS alcançou padrões exemplares (trataremos mais disso em seguida). Nos estados dormentes, porém, diversos *anganwadis* foram reduzidos a centros de alimentação, e até o programa de nutrição suplementar com frequência funciona muito mal. Contudo, uma mensagem importante do mesmo relatório é que, em diversos casos, as falhas não são particularmente difíceis de diagnosticar ou até sanar.

Considere-se, por exemplo, o programa de nutrição suplementar. Há muitas evidências de que a melhor abordagem aqui é aliar alimentos cozidos nutritivos para crianças de três a seis anos e "porções para levar para casa" (além de aconselhamento nutricional) para as crianças mais novas. No entanto, no momento da pesquisa, vários estados nem sequer tentaram dar esses passos simples para melhorar a componente de nutrição do programa ICDS. Por exemplo, no Rajastão e em Uttar Pradesh, as crianças com idade de três a seis anos estavam recebendo o mesmo insosso alimento "pronto para comer" (por exemplo, *panjiri* ou *murmura*) dia após dia, e as crianças com menos de três anos não estavam recebendo nada. Não é à toa que as mães da amostra nesses estados demonstravam uma frequente insatisfação com o programa de nutrição suplementar.

Também é interessante notar que a resistência à substituição de alimentos prontos por refeições cozidas no local em alguns estados está ligada à poderosa influência da indústria alimentícia, cujos interesses estão diretamente envolvidos. Como será discutido no capítulo 8, os últimos dez anos foram um período de prolongada batalha contra a invasão de interesses comerciais em programas de nutrição infantil.

O Relatório Focus apontava outro papel muito importante dos alimentos cozidos para crianças de três a seis anos: é de grande ajuda para garantir uma frequência regular. A esse respeito também, a provisão de alimentos cozidos (ao contrário de misturas prontas para comer) é um excelente exemplo de um passo simples, mas eficaz, para melhorar o ICDS. Outros aspectos interessantes também surgiram do mesmo estudo. Por exemplo, descobriu-se que a regularidade das visitas dos profissionais de saúde ao *anganwadi* era muito maior quando esses trabalhadores (entre eles, as "parteiras-enfermeiras auxiliares", conhecidas como ANM, na sigla em inglês) tinham uma agenda clara e fixa de visitas a diferentes *anganwadis* do que quando eram autorizados a "dar um pulo" por lá conforme sua conveniência.

Uma análise recente de dados da Pesquisa Nacional de Saúde da Família sobre o ICDS corrobora a eficácia potencial (e real, em alguns estados) do programa. A autora, Monica Jain, descobriu que os suplementos nutricionais diários para crianças com idade inferior a dois anos tinham um efeito substancial em sua estatura, sobretudo entre as meninas. Essa influência era especialmente grande (um ganho de cerca de dois centímetros para as meninas) nos estados onde a alimentação diária de crianças pequenas pelo ICDS é uma prática generalizada, incluindo os três "estados ativos" já mencionados. Jain também concluiu, com base em cálculos provisórios de custo-benefício, que a alimentação diária de crianças menores de dois anos tinha uma eficácia bastante alta, mesmo em termos puramente econômicos — tendo em conta as relações entre nutrição, produtividade e salários.[26] Trata-se de um lembrete útil do fato de que, embora cuidar de crianças seja imperativo do ponto de vista dos seus próprios direitos e bem-estar, também é sadio em termos econômicos.[27]

Diante de tudo isso, é lamentável que apenas uma pequena minoria (cerca de 6%) das crianças com menos de dois anos na amostra com abrangência nacional da NFHS parece ter se beneficiado da alimentação diária provida pelo ICDS, a maior parte delas concentrada nos poucos estados que têm utilizado o programa de forma extensiva. Trata-se de um reflexo da tendência geral do programa a favor das crianças mais velhas (mesmo dentro da faixa etária de zero a seis anos). Alguns dos estados ativos mencionados antes têm demonstrado a possibilidade de corrigir essa polarização não apenas no programa de alimentação, mas também em outros aspectos do ICDS.[28] A necessidade de mais atenção às crianças menores é especialmente urgente à luz da crescente evidência científica de que grande parte do seu futuro nutricional e de sua saúde é determinada na idade de dois ou três anos.* Além de suplementos nutricionais, isso

---

* A importância de priorizar a intervenção desde muito cedo é uma das mensagens centrais de trabalhos recentes de James Heckman e seus colegas sobre os determinantes precoces das capacidades humanas, bem como da crescente literatura sobre a economia do desenvolvimento infantil; ver, por exemplo, Heckman (2008), Conti e Heckman (2012), e trabalhos anteriores ali citados.

também exige outras intervenções, tanto na esfera do ICDS como fora dele, relacionadas, por exemplo, a aconselhamento nutricional, água potável, saneamento, imunização, direitos trabalhistas das mães e instalações de creches, entre outras necessidades.

Quanto ao ICDS, o principal desafio é quebrar o círculo vicioso da pouca conscientização, das baixas expectativas, da demanda fraca e da implementação letárgica. Em uma recente avaliação do ICDS pela Comissão de Planejamento, contrastes surpreendentes foram encontrados em termos da conscientização das mulheres sobre os direitos alimentares das crianças no âmbito do programa, que vão de 96% em Kerala e 88% em Tamil Nadu até menos de 20% na maioria dos estados mais pobres, onde o programa é urgentemente necessário (por exemplo, 16% em Bihar e 12% em Uttar Pradesh).[29] Mesmo assim, por mais curioso que seja, trabalhadores dos *anganwadis* relatam que uma de suas principais dificuldades é "estar à altura das expectativas das comunidades que necessitam de serviços de melhor qualidade". Se os profissionais dos *anganwadis* responderem às expectativas da comunidade, e se a conscientização dos direitos subir de menos de 20% para 80% ou mais nos "estados dormentes", talvez haja esperança para o ICDS. Uma série de experiências recentes em todo o país justifica essa esperança — Tamil Nadu é um importante exemplo.[30]

LIÇÕES DOS SERVIÇOS PÚBLICOS EM TAMIL NADU

Diferentemente da maioria dos outros estados indianos, Tamil Nadu tem um compromisso claro com os cuidados de saúde universais e gratuitos — que não abrange todos os aspectos da saúde, mas cobre uma vasta gama de instalações e serviços. Como discutido em nosso livro anterior, esse compromisso se manifesta em serviços de saúde razoavelmente bons e se traduz em números melhores do que os da maioria dos outros estados.[31] Estudos recentes sugerem não só que Tamil Nadu fez mais rápido progresso nesse campo durante os últimos dez anos, mas também que essas realizações se encaixam em um padrão mais amplo de políticas sociais relativamente ativas, criativas e inclusivas.

Em nosso trabalho anterior, a vantagem de Tamil Nadu era revelada em uma comparação de suas estatísticas de saúde com as de outros estados (por

TABELA 6.7. INDICADORES RELACIONADOS À SAÚDE PARA ESTADOS SELECIONADOS

	Kerala	Tamil Nadu	Gujarat	Haryana	Índia
Despesa de consumo per capita, 2009-10 (rupias por mês)					
Rural	1835	1160	1110	1510	1054
Urbana	2413	1948	1909	2321	1984
Taxa de mortalidade infantil, 2011 (por mil nascidos vivos)	12	22	41	44	44
Taxa de mortalidade materna, 2007-9 (por 100 mil nascidos vivos)	81	97	148	153	212
Expectativa de vida ao nascer, 2006-10 (anos)					
Mulheres	76,9	70,9	69,0	69,5	67,7
Homens	71,5	67,1	64,9	67,0	64,6
Proporção (%) de crianças desnutridas abaixo dos 5 anos, 2005-6					
Baixo peso para a idade	22,9	29,8	44,6	39,6	42,5
Baixa estatura para a idade	24,5	30,9	51,7	45,7	48,0
Proporção (%) de partos assistidos por pessoal qualificado, 2005-6	99	91	63	49	47
Proporção (%) de mulheres que deram à luz acompanhadas por cuidados pré-natais, 2005-6					
Pelo menos uma consulta pré-natal	94	99	87	88	76
Controle pós-natal	87	91	61	58	41

Proporção (%) de crianças de 12 a 23 meses, 2005-6, com					
Vacinação completa	75,3	80,9	45,2	65,3	43,5
Sem vacinação	1,8	0,0	4,5	7,8	5,1
Proporção (%) de crianças de 12 a 35 meses que receberam pelo menos uma dose de vitamina A nos últimos 6 meses, 2005-6	46,5	44,8	20,6	15,9	24,8
Proporção (%) de crianças menores de três anos, 2007-8, que começaram a amamentação					
Até uma hora após o nascimento	64,6	76,1	48,0	16,5	40,5
Mais de 24 horas após o nascimento	3,2	6,6	22,2	44,6	29,1

FONTE: "Apêndice estatístico", tabela A.3.

exemplo, dos "grandes estados indianos do norte")* com níveis semelhantes de renda per capita ou gasto per capita naquela época.³² Tamil Nadu está agora em situação econômica significativamente melhor do que a maioria dos estados por causa de sua alta taxa de crescimento econômico nos últimos anos. Em termos de despesa per capita, Tamil Nadu hoje se encontra no mesmo grupo de estados como Gujarat, embora ainda seja bem mais pobre do que, digamos, Haryana. No entanto, como a tabela 6.7 mostra, os indicadores de saúde de Tamil Nadu são muito melhores do que os de Gujarat e Haryana (por exemplo, suas taxas de mortalidade materna e de mortalidade infantil são cerca de metade dos valores correspondentes nesses estados). Na verdade, os indicadores de saúde de Gujarat e Haryana não são muito diferentes das médias da Índia como um todo, na maioria dos casos, ao passo que Tamil Nadu está muito mais perto de Kerala a esse respeito — e se aproxima mais e mais a cada ano.

O fundamento do sistema de saúde de Tamil Nadu é uma extensa rede de centros de saúde básica, rotineiramente visitados por pacientes de diversas origens sociais. Uma série de estudos de campo recentes indica que esses centros dispõem de uma organização razoável, são bem cuidados e bem providos de medicamentos básicos.³³ Um relato bastante típico é o seguinte, feito por Dipa Sinha:

> Os Centros de Saúde Básica [PHCs, na sigla em inglês] em Tamil Nadu eram muito ativos e atuantes. Alguém sempre estava presente quando eu os visitava. Nas manhãs, os PHCs eram movimentados, e havia uma rotina bem estabelecida de pessoas fazendo fila para pegar suas fichas, em seguida ir ao médico e de lá passar à farmácia ou à "sala de injeção". Enquanto essa atividade se desenvolve, é impossível capturar a atenção de qualquer um dos funcionários do PHC. Todo mundo está ocupado, todo mundo leva seu trabalho a sério, e visitantes curiosos como eu são instruídos a esperar [...]. Perguntei a todas as pessoas na fila se elas tinham que pagar pelos medicamentos, pela consulta ou por qualquer outro serviço e, invariavelmente, a resposta foi negativa.**

---

* Bihar, Madhya Pradesh, Rajastão e Uttar Pradesh. Cf. Drèze e Sen, *India: Development and Participation*, tabela 6.3.
** O autor tentou pesquisas semelhantes em PHCs de Uttar Pradesh, mas os centros estavam fechados na maior parte do tempo, e "nos vilarejos da amostra, os entrevistados não sabiam onde era o PHC mais próximo" (Dipa Sinha, 2013).

Essas impressões são confirmadas não só por outros relatos independentes, mas também, em alguns aspectos pelo menos, por dados secundários. Por exemplo, dados da Pesquisa Nacional por Amostragem indicam que os custos privados dos cuidados de saúde em instituições públicas são muito mais baixos em Tamil Nadu (até zero, no caso de atendimento ambulatorial em áreas rurais) do que em outros estados.[34] A densidade geográfica dos centros de saúde, a proporção de médicos e enfermeiros em relação à população e a participação das mulheres nas equipes de saúde (incluindo médicos) também são muito superiores em Tamil Nadu do que na maioria dos demais estados, entre outros indicadores do compromisso público com cuidados de saúde.[35]

Tamil Nadu também foi capaz de se concentrar em muitos dos aspectos "básicos" da saúde que costumam ser negligenciados em grande parte da Índia, conforme discutido no capítulo 3 (e também neste). É o caso do foco permanente na "saúde pública", no sentido técnico de atividades públicas que visam prevenir as doenças em vez de apenas curá-las.[36] Entre outros resultados dessa atenção no que é básico estão as altas taxas de vacinação infantil — a mais alta entre todos os principais estados da Índia, com mais de 80% das crianças totalmente imunizadas em 2005-6.[37] Da mesma forma, para garantir que o fornecimento de medicamentos gratuitos nos centros de saúde administrados pelo governo ocorra conforme planejado, o estado criou uma empresa farmacêutica e desenvolveu uma sofisticada cadeia de fornecimento com registros informatizados. Isso, mais uma vez, está em nítido contraste com a situação prevalecente em vários outros estados, onde os pacientes de centros de saúde do governo em geral recebem uma receita e a indicação para comprar os seus próprios medicamentos no mercado — muitas vezes de um farmacêutico nas proximidades (a acusação de que esses farmacêuticos repartem seus lucros com os médicos prescritores é, infelizmente, muito comum). Nos centros de saúde de Tamil Nadu, o fornecimento de medicamentos gratuitos é obrigatório, e os médicos não estão autorizados a deixar os pacientes ir embora com receitas prescritas em papel.

Evidências adicionais sobre o desempenho dos centros do programa ICDS em Tamil Nadu são apresentadas na tabela 6.8, com base na pesquisa Focus, já discutida. Se examinarmos a infraestrutura do ICDS, as taxas de atendimento às crianças, a qualidade da educação pré-escolar, as taxas de vacinação ou a opinião das mães, Tamil Nadu brilha em comparação com outros estados, especialmente os do norte. Talvez o melhor sinal do avanço real seja o fato de que 96% das mães da amostra em Tamil Nadu consideraram os serviços prestados pelo ICDS "importantes" para o bem-estar de seus filhos, e metade os considerou "muito importantes".[38]

As características centrais da experiência de Tamil Nadu com o ICDS são iniciativa e inovação. Ao contrário de muitos outros estados que implementaram passivamente as orientações centrais, Tamil Nadu "apropriou-se" do ICDS e investiu grandes recursos financeiros, humanos e políticos no programa. Por exemplo, os *anganwadis* em Tamil Nadu ficam abertos mais de seis horas por dia, em comparação com uma média de apenas três horas diárias nos estados do norte. Da mesma forma, altas taxas de frequência de crianças na faixa etária de zero a três anos (ver tabela 6.8) mostram que inúmeros *anganwadis* em Tamil Nadu incluem instalações de creche para os pequenos. Tamil Nadu também desenvolveu programas de capacitação sofisticados, envolvendo a formação de equipes ativas no nível dos subdistritos, treinamentos conjuntos de pessoal do ICDS e do Departamento de Saúde, cursos de atualização para trabalhadores dos *anganwadis*, intercâmbios interdistritais para funcionários do ICDS e muito mais. A propósito, todo o serviço do ICDS em Tamil Nadu, de cima a baixo, é gerido por mulheres.[39]

Curiosamente, esse ativismo criativo também é encontrado em vários outros programas sociais em Tamil Nadu. O estado foi o primeiro a introduzir uma refeição gratuita e universal ao meio-dia nas escolas de ensino primário. Essa iniciativa, ridicularizada na época como um programa "populista", mais tarde se tornou um modelo para toda a Índia. Hoje as crianças em Tamil Nadu (mais precisamente, aquelas matriculadas em escolas públicas) recebem não só refeições, mas também uniformes, livros didáticos, artigos de papelaria e checkups de saúde gratuitos. Também foram observadas criatividade e iniciativa, mais recentemente, em outros grandes programas sociais, tais como o Sistema Público de Distribuição (PDS, na sigla em inglês) e a Lei Nacional de Garantia de Emprego Rural (ambos são discutidos em mais detalhes no capítulo seguinte).[40] O PDS de Tamil Nadu, como seu programa de refeições gratuitas e seus *anganwadis*, tornou-se um modelo para o país, com distribuição regular, relativamente pouca corrupção e um grande impacto sobre a pobreza rural.[41] As normas de implementação da Lei Nacional de Garantia de Emprego Rural em Tamil Nadu também estão entre as melhores da Índia.[42]

TABELA 6.8. *ANGANWADIS* EM TAMIL NADU

	Tamil Nadu	Estados do Norte[a]
Proporção (%) de *anganwadis* com		
prédio próprio	88	18
cozinha	85	30
despensa	88	58
equipe médica	81	22
banheiro	44	17
Média de horas diárias de funcionamento do *anganwadi* (segundo as mães)	6 horas e meia	3 horas e meia
Proporção (%) de crianças que frequentam "regularmente"[b]		
Idade de 0-3 anos	59	20
Idade de 3-6 anos	87	56
Proporção (%) de mães que relatam que		
ocorrem atividades pré-escolares	89	48
a motivação dos funcionários é "alta"	67	39
os funcionários visitam o domicílio	58	22
Proporção (%) de mulheres que tiveram pelo menos um checkup pré-natal antes de sua última gravidez[c]	100	55
Proporção (%) de crianças "totalmente imunizadas"[d]	71	41
Número médio de meses que se passaram desde que um funcionário participou de um programa de treinamento	6	30
Proporção (%) de funcionários que não foram pagos durante os últimos três meses	0	22

[a] Chhattisgarh, Himachal Pradesh, Rajastão e Uttar Pradesh.
[b] Entre as inscritas no *anganwadi* local; respostas das mães.
[c] Entre as que tiveram um bebê durante os últimos doze meses.
[d] Com base na avaliação de pesquisadores treinados.

FONTE: Pesquisa Focus, 2004; ver Drèze (2006a), tabela 6, e "Cidadãos pelas crianças de menos de seis anos" (2006).

A capacidade de Tamil Nadu para a inovação e o pensamento criativo em matéria de administração pública é um importante exemplo para todo o país. Algumas das iniciativas que têm sido tomadas para melhorar o funcionamento dos *anganwadis*, para estancar desperdícios no Sistema Público de Distribuição ou para garantir o fornecimento de medicamentos em centros de saúde são verdadeiramente impressionantes. Não é uma casualidade que Tamil Nadu tenha ficado em primeiro lugar entre os principais estados da Índia em termos de qualidade global dos serviços públicos.[43]

Outra característica notável da experiência de Tamil Nadu, já mencionada no capítulo 3, é o compromisso com políticas sociais integrais e universalistas. O exemplo mais marcante é o PDS de Tamil Nadu: cada família tem direito a uma cota mínima (atualmente vinte quilos) de arroz subsidiado a cada mês, além de outros produtos essenciais. Quando foi feita uma tentativa de "focalização" do PDS, em 1997, em conformidade com a política nacional, o processo teve de ser revertido em uma semana "depois de uma onda de protestos".[44] O princípio do universalismo em Tamil Nadu também se aplica à saúde pública, às refeições servidas nas escolas (e outros incentivos escolares), aos cuidados infantis, à garantia de emprego, aos transportes coletivos, e ainda à infraestrutura básica, como água e eletricidade. O resultado é que a incidência de privação de algumas das necessidades básicas da vida é extremamente baixa em Tamil Nadu, como a tabela 6.9 elucida.

Surge a pergunta de como e quando Tamil Nadu desenvolveu esse compromisso com os serviços públicos universais e eficientes. Várias interpretações têm sido propostas, com foco, por exemplo, nas reformas sociais adiantadas (incluindo o "movimento de autorrespeito" fundado por Periyar na década de 1920), o empoderamento político das castas desfavorecidas, a influência da política voltada para as classes populares e a ação construtiva das mulheres na sociedade. Esses e outros aspectos da história social de Tamil Nadu, e sua relevância para conquistas recentes do estado, continuam a ser um rico objeto de pesquisa. O mais interessante é que essas diferentes interpretações apontam, de uma forma ou de outra, para o poder da ação democrática.

Isso inclui o poder da argumentação pública e da ação social na elevação da visibilidade das questões de saúde e na abertura de novos horizontes. Figuras visionárias como o dr. K. S. Sanjivi, defensor pioneiro da seguridade social em Tamil Nadu, lutaram por um sistema público de saúde muito tempo antes

TABELA 6.9. ACESSO AOS SERVIÇOS PÚBLICOS
EM TAMIL NADU, 2005-6

	TAMIL NADU	ÍNDIA
Proporção (%) de domicílios		
com acesso à eletricidade	89	68
com água potável	94	88
com cartão de provisionamento[a]	94	83
que considera o PDS "confiável" (2001)	73	23
Proporção (%) de mulheres adultas		
com cuidado pré-natal	99	76
vacinadas contra o tétano durante a gravidez	96	76
com assistência especializada no parto	91	47
com controle pós-natal	91	41
Proporção (%) de crianças		
com vacinação completa	81	44
sem vacinação	0	5
vivendo em área coberta por *anganwadi*	97	81
Proporção (%) de escolas públicas com[b]		
água potável	100	92
eletricidade	92	31
refeições gratuitas	98	88
exame médico	94	55
Proporção (%) dos Centros de Atenção Primária à Saúde com[c]		
medicamentos básicos	98	70
médico	85	76
farmacêutico	94	69
eletricidade	87	36
centro cirúrgico	90	61
refrigeração	95	67

[a] 2004-5.
[b] 2009-10.
[c] 2007-8.

FONTES: Instituto Internacional de Ciências da População (2007a), tabela 8.22 (p. 220) para o cuidado pós-natal, e tabela 9.19 (p. 254) para a cobertura dos *anganwadis*; Desai et al. (2010), tabela A.13.1.b (p. 206), para cartões de provisionamento; Paul et al. (2006), p. 87, para a confiabilidade do PDS; para outros indicadores, ver "Apêndice estatístico", tabela A.3. Salvo indicação em contrário, o ano de referência é 2005-6.

que isso se tornasse uma questão mais discutida no país.* Tamil Nadu tem tido um papel importante, em geral, para iniciar a discussão pública de questões sociais. Programas relacionados à saúde, tais como o fornecimento de refeições nas escolas, tornaram-se objeto de animada discussão pública desde muito cedo, e com frequência foram implementados pela primeira vez em Tamil Nadu. Esses problemas têm desempenhado um papel importante nas campanhas eleitorais no estado, em um contraste bastante acentuado com o resto do país, especialmente o norte da Índia, onde a saúde (ou outras necessidades básicas, tais como a educação primária e a nutrição infantil) parece não figurar tanto na agenda política.

O papel da ação democrática nas realizações da saúde em Tamil Nadu (em todos os níveis, desde as pequenas aldeias dos *dalit* até os movimentos sociais e políticos abrangendo todo o estado) surge de forma particularmente clara no estudo recente dos serviços públicos oferecidos pelo estado feito por Nadu Vivek Srinivasan (2010). Como observa o autor, "uma cultura de protesto por serviços públicos em Tamil Nadu [...] desenvolveu-se ao longo dos últimos trinta anos".** Além disso, esse desenvolvimento está intimamente ligado a lutas de libertação das opressões de casta, classe e gênero. A prestação de serviços públicos tornou-se politizadíssima, assim como já havia acontecido em Kerala. A possibilidade de levar a ação democrática a apoiar as preocupações das pessoas comuns e vincular demandas coletivas por melhores serviços públicos às grandes lutas pela igualdade social é, talvez, a lição mais importante da experiência de Tamil Nadu.

---

* A iniciativa do dr. Sanjivi na construção de uma instituição notável como os Serviços de Saúde Voluntários, estabelecidos em 1958, demonstrou o quanto pode ser alcançado através da cooperação social no campo da saúde (incluindo o seguro de saúde baseado na renda com progressividade imbutida), em vez de deixar as coisas nas mãos de médicos que atendem apenas os clientes com recursos para pagar pelos serviços — o que muitas vezes os torna inacessíveis. Ver "The Great 'Little' Man", *The Hindu*, 23 dez. 2003.
** Srinivasan (2010), p. 156. O caso de uma aldeia *dalit*, analisado nesse mesmo estudo, ilustra vividamente o surgimento e a influência dessa cultura de protesto: "Uma série de petições, manifestações, protestos e negociações marcam como cada bomba de água, luz de rua, estrada e outros serviços foram assegurados" (p. 177).

SUPERANDO A CRISE DA SAÚDE

Qual é o caminho, então, para superar a crise de saúde, que talvez seja a maior adversidade que a Índia enfrenta hoje? Os problemas são grandes, mas, em vez de nos deixarmos oprimir por sua enormidade, devemos identificar as formas e os meios de superar essa adversidade, baseando-nos tanto em análises, como as que apresentamos, dos fatores que contribuíram para a crise, como também (em estreita relação com essa investigação) nas lições que surgiram das experiências de outros países em desenvolvimento que têm lidado com tais problemas muito melhor do que a Índia. Há também bastante a aprender com o desempenho dos estados indianos (Kerala e Tamil Nadu, em particular) que deram mais atenção à saúde da população do que os demais. No que diz respeito ao resto do mundo, os países que oferecem lições imediatas para a Índia incluem sobretudo a China, mas também Brasil, México e Tailândia, entre outros.

Talvez a primeira coisa — e a mais significativa — a valorizar seja a importância do compromisso com a cobertura universal dentro de uma visão abrangente de cuidados de saúde para o país como um todo. A Tailândia, o Brasil e o México chegaram lá nos últimos anos e transformaram o alcance do atendimento de saúde para os seus povos. A experiência da China é particularmente interessante, uma vez que o país tentou, primeiro, negar a necessidade desse compromisso quando as reformas econômicas ocorreram pela primeira vez, em 1979 — e por reverter o universalismo inicial a China pagou um alto preço em termos de progresso da longevidade e saúde em geral (como se discutiu no capítulo 1). A China por fim percebeu o erro dessa negação e, a partir de 2004, voltou a perseguir rapidamente o compromisso universal (já o alcançou em 95%), colhendo e semeando ao mesmo tempo. E, ao contrário do que tantas vezes ouvimos de supostos admiradores da China que querem que a Índia a siga sem ter muita certeza do que estão dizendo, os chineses não deixaram a cobertura de saúde nas mãos de seguros privados — o Estado é o principal garantidor desses serviços.[45] Tais experiências estão, como já discutimos, totalmente alinhadas com o que seria de esperar da lógica econômica, em particular por causa (1) do caráter de "bens públicos" da saúde da população, (2) do papel da informação assimétrica e (3) do impacto da desigualdade na conquista de melhorias na saúde de uma comunidade e de uma nação.

O compromisso com a cobertura universal exigiria uma grande transformação no setor de saúde da Índia em pelo menos dois aspectos. O primeiro é parar de acreditar, contra todas as evidências empíricas, que a transição da Índia da má para a boa saúde pode ser facilmente conseguida através de serviços e seguros de saúde privados. É óbvio que esse reconhecimento não implica que não exista nenhum papel para o setor privado de assistência à saúde. A maioria dos sistemas de saúde no mundo deixa espaço para a iniciativa privada de uma forma ou de outra, e não há razão convincente para a Índia dispensá-la. Nem pode a planificação da saúde na Índia ignorar as questões de *accountability* e outros desafios (discutidos no capítulo 4) que afetam o funcionamento do setor público — incluindo a prestação pública de serviços de saúde. No entanto, o objetivo primordial de assegurar o acesso ao atendimento médico e a outros requisitos de boa saúde "para todos os membros da comunidade, independentemente de sua capacidade de pagamento" (conforme o Comitê Bhore enunciou de maneira apropriada, muitos anos atrás, como o princípio fundamental da cobertura universal de saúde), é intrinsecamente uma responsabilidade pública.[46] Além disso, tendo em conta as limitações de arranjos de mercado e de seguros privados na área de saúde, a participação pública tem um papel fundamental a desempenhar na obtenção da cobertura universal.

O segundo aspecto em que a abordagem proposta exige uma mudança na Índia reside na necessidade de "voltar ao básico" quanto à prestação pública de serviços de saúde, tanto preventivos como curativos, com um foco renovado em centros de atenção primária, profissionais de saúde nos vilarejos, medidas profiláticas e outros meios de assegurar cuidados de forma oportuna e regular. Ainda que o RSBY (o regime recém-criado de seguro de saúde subsidiado para as famílias pobres, discutido anteriormente) seja um programa humanitário e muito mais benéfico do que deixar que os pobres morram ou sofram por falta de cuidados de saúde e intervenções inacessíveis do ponto de vista financeiro, melhores resultados podem ser alcançados a um custo bem menor através de cuidados básicos e regulares para todos (suplementados pela provisão de intervenções caras se e quando elas forem necessárias, após o atendimento médico básico e sistemático para todos).[47]

A necessidade de envolvimento do setor público é particularmente forte em toda uma variedade de atividades destinadas a prevenir em vez de curar doenças, tais como vacinação, saneamento, higiene pública, coleta de lixo, monitoramento de doenças, controle de vetores, educação para a saúde, regulamentação da segurança alimentar e assim por diante (o que é tecnicamente conhecido, conforme mencionado, como "saúde pública"). Em geral, a prevenção das doenças em vez da cura tende a ser identificada como responsabilidade específica da sociedade e do Estado.* A ação coletiva ampliada nessas áreas é de extrema urgência, sobretudo em razão das cifras alarmantes da Índia em áreas como vacinação e saneamento, como também já foi discutido.[48]

Houve tentativas limitadas mas valiosas de renovar a prestação pública de serviços de saúde na Índia (incluindo alguns aspectos da saúde pública) nos últimos anos, em especial no âmbito da Missão Nacional de Saúde Rural (NRHM). E algumas delas, ao que parece, já tiveram resultados positivos. É o caso do envolvimento de "ativistas credenciados de saúde social" (ASHAs, na sigla em inglês) em campanhas de vacinação, que parece ter levado a um aumento significativo das taxas de vacinação infantil, pondo fim a um longo período de quase estagnação.[49] Da mesma forma, a campanha do Janani Suraksha Yojana (programa de segurança materna) tem levado a um forte aumento na proporção de partos assistidos por pessoal de saúde qualificado.[50] Há de fato certa evidência experimental de um renascimento mais amplo das instalações de saúde pública, e pode não ser coincidência que a taxa de mortalidade infantil da Índia tenha diminuído em cerca de três pontos percentuais anuais nos cinco anos que se seguiram ao lançamento da NRHM, em comparação com apenas um ponto percentual durante os cinco anos anteriores.[51]

---

* A necessidade fundamental da ação coletiva nesses domínios surge, em parte, do fato de que os incentivos privados para promover a saúde pública tendem a ser muito fracos. A saúde pública desempenhou um papel importante no desenvolvimento histórico da longevidade na Europa, no Japão e nos Estados Unidos, bem como em experiências mais recentes de rápido aumento da expectativa de vida no Leste da Ásia (incluindo a China), ou, mais perto de casa, no Sri Lanka. Na Índia, entretanto, a saúde coletiva é um dos aspectos mais negligenciados das políticas de saúde. Na verdade, durante os últimos cinquenta anos, os serviços de saúde pública têm sido, como foi justamente observado, "pouco a pouco eclipsados pelos serviços médicos, que atraem muito mais atenção dos políticos e da opinião pública" (Das Gupta et al., 2010, p. 48). Sobre a negligência geral da saúde pública na Índia, ver também Das Gupta (2005).

A mensagem principal não é que a Missão Nacional de Saúde Rural seja a solução para a crise do sistema de saúde da Índia. Na verdade, a Missão é pequena demais para esse objetivo (foi planejada como um programa de curto prazo, e a ideia era que fosse encerrada em 2012, embora tenha sido estendida). Em vez disso, a lição, tanto aqui como no domínio da educação e dos cuidados infantis, é que os esforços bem planejados para melhorar as instalações públicas — inclusive as que vêm funcionando mal há longo tempo — podem levar a resultados significativos. Nessas conquistas, existe ainda uma importante confirmação da possibilidade (também evidente em uma grande experiência internacional) de promover a "boa saúde a baixo custo", uma lição importantíssima para os países pobres em geral e para a Índia em particular.[52]

O próximo desafio é consolidar essas iniciativas e aprender com os casos bem-sucedidos do restante do mundo, bem como de dentro da Índia. Há necessidade não só de uma melhor prestação de serviços por meio da mudança institucional, mas também de dedicar muito mais recursos, como proporção do PIB, para a despesa pública com a saúde (como todos os países mencionados anteriormente nesta seção fizeram).[53] Isso precisa andar de mãos dadas com o cultivo de maior eficiência e *accountability* nos serviços públicos em geral — um assunto sobre o qual há muitas lições nas experiências de alguns estados da Índia (incluindo Tamil Nadu, Kerala e Himachal Pradesh).

Por último, mas não menos importante, as questões de saúde devem estar no centro das atenções na política democrática. Como vimos, se por um lado esse tema tem tido pouco espaço no debate público na Índia como um todo, o compromisso democrático com problemas de saúde tem desempenhado um papel muito importante na transformação das políticas do setor em países como Tailândia, Brasil e México, e dentro da própria Índia, em Tamil Nadu e Kerala.* Até mesmo as enormes lições do compromisso estatal na área da saú-

---

* Entre outras experiências inspiradoras a esse respeito, há muito a aprender com a "Assembleia da Saúde" na Tailândia (estabelecida nos termos da Lei Nacional de Saúde de 2007), que realiza reuniões regulares nas quais reclamações, bem como amplas avaliações, sobre o funcionamento das políticas públicas na área são levantadas pelos cidadãos. A Tailândia tem alcançado progressos enormes e rápidos na cobertura universal de cuidados de saúde através de iniciativas radicais, auxiliadas por comentários sobre problemas encontrados pelos próprios cidadãos e também pelos profissionais da área a respeito da qualidade dos serviços prestados.

de no regime de viés mais autoritário da China só podem ser replicadas na democracia pluripartidária da Índia, tornando-as parte do diálogo democrático. A democracia dá à Índia a liberdade de aprender com qualquer país no mundo, e há excelentes razões para fazermos um uso muito maior da argumentação esclarecida na prática da democracia, em vez de ficarmos presos no buraco em que nos pusemos, na ausência de um debate sistemático sobre a necessidade mais importante das pessoas.

7. Pobreza e amparo social

Hamaree baat koi naheen manega — ham log lathi chalane wale naheen hai: "Ninguém vai nos ouvir — não somos o tipo de gente que empunha paus". Assim disse uma mulher tribal de Jhapar, um vilarejo remoto do distrito de Sarguja, em Chhattisgarh. Isso foi em outubro de 2001. Seu rancor era contra o mau funcionamento do Sistema Público de Distribuição (PDS) na sua região. O centro de distribuição local estava a três horas de distância a pé, e esse era somente o primeiro de uma série de obstáculos que a população precisava superar a fim de obter sua cota mensal de arroz subsidiado. Apenas alguns conseguiam, e grande parte do arroz do PDS acabava no mercado negro.

Uma nova visita a Jhapar em junho de 2012 revelou uma imagem completamente diferente. O centro de distribuição ficava bem no meio do vilarejo e era gerido por moradores locais. A maioria das famílias tinha um cartão de provisionamento, e recebia sua cota integral de 35 quilos de arroz quase de graça e com regularidade, no primeiro dia de cada mês. Essa garantia de que haveria alimentos em casa era sem dúvida um grande alívio para todos. A poucos quilômetros de distância, porém, do outro lado da fronteira entre Chhattisgarh e Uttar Pradesh, a situação ainda era a mesma de Jhapar uma década antes.

O bom funcionamento dos serviços públicos pode fazer uma grande diferença para a vida da população. Nos capítulos anteriores, nos concentramos na educação e na saúde em virtude de seu papel central na formação das capacidades humanas e na expansão da liberdade real das pessoas: em última análise, é disso que se trata quando o assunto é desenvolvimento. Essas são também as áreas da vida pessoal e das relações sociais em que as limitações dos incentivos de mercado e a necessidade de ação do setor público podem ser mais fortes, como tem se reconhecido na literatura econômica convencional (mesmo que, em debates mais ideologizados, muitos analistas ofereçam resistência à necessidade de instituições estatais). Considerações semelhantes também se aplicam a vários outros aspectos das condições de vida, relacionados, por exemplo, à preservação do meio ambiente, expansão do emprego, segurança alimentar e a diversas áreas em que a eficiência e a equidade do mecanismo descontrolado de mercado podem ser bastante limitadas. De fato, em um país como a Índia, é difícil pensar em qualquer aspecto importante da vida dos pobres que não dependa, de uma maneira ou outra, de políticas públicas e, especialmente, do que é com frequência chamado de "política social", apesar de muitas das atividades envolvidas — como a formação de habilidades, os cuidados de saúde e o apoio ao emprego — também levarem em conta fatores econômicos. Uma iniciativa pode ser chamada de "social" porque se baseia em instituições sociais — e não apenas no mecanismo de mercado. A política social nesse sentido amplo é o assunto deste capítulo.

PROVISÃO PÚBLICA E RESPONSABILIDADE SOCIAL

De acordo com as inclinações políticas, tanto a "fobia de mercado" como a "mania de mercado" têm arrebanhado partidários nos debates indianos — na verdade, em todo o mundo. Reações instintivas ao mercado — a favor ou contra — não são, no entanto, particularmente úteis em um mundo que requer muitas instituições das quais os mercados devem ser uma parte, mas de forma nenhuma o único componente.* Nos últimos anos, a fobia de mercado tem diminuído bastante na Índia e, embora isso seja útil, é importante não se

---

* Para uma discussão mais ampla sobre a necessidade de instituições de mercado e "não mercado", bem como das armadilhas da mania de mercado e da fobia de mercado, ver Sen (1999) e Drèze e Sen (2002).

deixar atrair pela mania de querer privatizar tudo o que pode ser entregue ao mercado. A China passou por uma fase semelhante por volta de 1979, quando as reformas econômicas não só derrubaram a exclusão do mercado nas áreas em que poderia gerar bons êxitos (em especial na agricultura e na indústria) — o que continuou sendo feito no período pós-reforma —, mas acabaram privatizando áreas em que o mercado é um instrumento muito limitado (tais como o serviço de saúde), com resultados terríveis. A China saiu dessa fase através de um reajuste de políticas: por exemplo, seguros de saúde operados pelo Estado voltaram a ser bastante abrangentes na última década, com excelentes ganhos (ver capítulo 1). Existe uma necessidade real de pragmatismo aqui, para evitar tanto a ineficiência esmagadora da negação do mercado (bem ilustrada, por exemplo, pela fraqueza da economia soviética) como a patologia da mercantilização ideológica (ilustrada pela catástrofe econômica e social que afetou a Rússia depois da fase soviética, com uma incansável privatização de tudo).

Basear-se exclusivamente no mercado tornou-se uma ideia bastante defendida na Índia, partindo-se de expectativas pouco realistas, muitas vezes ancoradas em uma leitura errada das correntes econômicas dominantes e seu inegável ceticismo sobre o desempenho dos mercados na presença de externalidades, interesses públicos, informação assimétrica e disparidades distributivas.[1] Não temos de procurar nenhum "paradigma econômico alternativo" para ver o que o mercado pode ou não fazer — e com eficiência.*

Alguns exemplos da extensão indiscriminada dos princípios de mercado à política social já foram discutidos em partes anteriores deste livro, incluindo a decepcionante experiência da privatização abrupta do sistema de saúde na China no início dos anos 1980 (reduzindo substancialmente o direito da população ao atendimento de saúde). Na Índia, as instituições democráticas fornecem algumas salvaguardas contra esse tipo de subtração de direitos (quando eles exis-

---

* Neste trabalho não abordamos uma questão mais moral, que também pode ser vista como importante, sobre a mercantilização de determinados tipos de relações interpessoais, mesmo quando os mercados funcionam bem. A questão foi celebremente levantada por John Stuart Mill ao negar a aceitabilidade moral da escravidão, ainda que as pessoas vendidas como escravas se dispusessem a colaborar na transação (ver Mill, 1859, capítulo v). Ver também as questões importantes levantadas em Sandel (2012) e Skidelsky e Skidelsky (2012).

tem), mas há, no entanto, tendências poderosas em direção à transformação da saúde e da educação em comércio, como vimos nos capítulos anteriores.

Há também uma influente visão segundo a qual, como o suporte público é indispensável para serviços básicos, é melhor que seja direcionado a habilitar as pessoas a comprar esses serviços no mercado do que a fornecê-los através de sistemas coletivos. O argumento é que a oferta privada é mais eficiente do que a provisão pública, já que a concorrência cria uma forte pressão para cortar custos e melhorar a qualidade. Muitas vezes isso é válido, mas tal abordagem também tem sérias limitações, como já discutido anteriormente — em especial no capítulo 5, no contexto da utilização de um esquema de "bolsas de estudo". Não avaliaremos aqui essa utilização, porém vale a pena reconsiderar o argumento a favor de facilitar a compra privada de serviços básicos em vez de fornecê-los através de instituições públicas.

Um exemplo de situação em que há um forte argumento favorável à ativação do mercado — estimulando o poder aquisitivo e habilitando as pessoas a comprar o que precisam em vez de recorrer à provisão pública direta — é a do combate à fome. Em escritos anteriores, defendemos que o "auxílio em dinheiro" (por exemplo, através de obras públicas locais, com salários sendo pagos em dinheiro) é um método mais eficaz de combate à fome, em muitas circunstâncias, do que a provisão direta ou a distribuição de alimentos.[2] O argumento decisivo aqui é que, em um contexto de epidemia de fome iminente ou já em andamento, a velocidade é importantíssima. Gerar renda em dinheiro torna possível ativar os recursos logísticos do comércio e da distribuição privada, em vez de se valer exclusivamente do setor público, cujas medidas podem exigir certo tempo de implantação e enfrentar problemas organizacionais.

Não se trata de uma abordagem à prova de falhas, uma vez que o próprio comércio privado pode ser interrompido ou se tornar insuficiente numa situação de epidemia de fome (em especial se houver um conflito armado na área, como tem sido o caso com a maioria dos episódios mais recentes), e sempre há o perigo de os comerciantes lucrarem com o estabelecimento de uma espécie de monopólio. No entanto, o argumento geral nessa direção é relevante, e de fato se aplica relativamente bem em muitas ocasiões, incluindo a maior parte da própria história de prevenção da fome na Índia desde a independência. O pagamento de salários em dinheiro também tem um papel positivo a desempenhar na criação de empregos e no estímulo ao poder de compra por meio de projetos de obras públicas (por exemplo, de acordo com a Lei Nacional de Garantia de Emprego Rural, discutida mais adiante neste capítulo). A intermediação por meio do dinheiro com frequência é bem mais simples e menos dispendiosa, além de mais fácil de controlar — desde que haja uma supervisão governamental apropriada.

Ao refletir sobre essa questão, contudo, também devem ser levados em conta vários outros fatores que tornam o uso da provisão baseada no mercado algo longe de ser universalmente útil; por exemplo, na oferta de educação elementar, cuidados de saúde, abastecimento de água, saneamento, imunização e uma série de serviços que atendem a outras "necessidades básicas". Várias dessas dificuldades são reconhecidas pelo pensamento econômico dominante (ao contrário do que muitos dos fundamentalistas de mercado parecem acreditar), e já foram discutidas, em diferentes contextos, no início deste livro. Elas incluem a insuficiência da solução mercadológica quando existem assimetrias significativas de informação, como ocorre na comparação entre os pacientes, que podem saber pouco sobre o tratamento de que necessitam ou que recebem, e os médicos, que têm como dever saber muito mais.[3] Outro problema é a grande divergência entre os custos e benefícios privados e os custos e benefícios sociais na presença de externalidades (por exemplo, as associadas a doenças transmissíveis e à saúde pública). Há também a questão da "distribuição", uma vez que o poder de compra e a riqueza estão distribuídos de forma desigual, e existe ampla discussão na literatura relativa à economia do bem-estar sobre a natureza frequentemente desigual do mercado, que exclui os pobres. Além disso, há por vezes um argumento a favor da promoção pública de mudanças nas práticas e normas de comportamento tradicionais.

Esta última questão merece elaboração, uma vez que ganhou (ou melhor, recuperou) um reconhecimento relativamente lento na economia. Em setores do pensamento econômico dominante, muitas vezes enfatiza-se com um pouco de exagero a chamada "soberania do consumidor", isto é, a ideia de que os cidadãos são os melhores juízes de seus próprios interesses (um argumento utilitarista, em sentido amplo) e que suas escolhas devem, seja qual for o caso, ser aceitas como são (um argumento libertário, também em sentido amplo). Há, portanto, duas ideias distintas fundidas na noção de "soberania do consumidor". Contudo, um século de literatura econômica, enriquecida recentemente pela pesquisa em economia experimental e comportamental, chamou a atenção para uma série de maneiras pelas quais as pessoas podem deixar de se comportar de acordo com seu melhor interesse ou o de suas famílias. Por exemplo, os pais podem adiar a decisão de vacinar uma criança até que seja tarde demais, e se arrepender mais tarde; uma mulher pode negligenciar sua própria nutrição ou saúde para o bem de outros membros da família; muitas decisões podem ser influenciadas por conformismo, comportamento de manada, otimismo equivocado, procrastinação e outros fatores psicológicos. E, claro, até mesmo um tomador de decisão inteligente e bem informado, como Robert Aumann observou, "pode estar cansado ou com fome, triste ou irritado, bêbado ou drogado, incapaz de pensar sob pressão, capaz de pensar apenas sob pressão, ou guiado mais por suas emoções do que por sua sabedoria".[4] Portanto, as pessoas muitas vezes podem se beneficiar de ajuda para fazer as escolhas que promovem seus próprios objetivos e também para reexaminar seus objetivos por meio de uma análise esclarecida. Os processos de mercado podem não ser particularmente eficazes para esse fim, uma vez que são impulsionados por escolhas, com frequência feitas sem a devida reflexão. Na verdade, alguns processos baseados no mercado, nomeadamente a alta exposição à publicidade, podem interferir na tomada de decisão esclarecida em vez de promovê-la.

Na Índia, essas questões vieram à tona de forma bastante vívida no contexto da alimentação infantil. Como discutido no capítulo anterior, o fornecimento de uma alimentação adequada para as crianças depende de diversas formas de suporte social, incluindo o aconselhamento materno e a educação nutricional. As empresas que vendem — e empurram — substitutos do leite para lactentes e produtos afins muitas vezes têm atentado contra o bem-estar nutricional de bebês e crianças, tanto que os poderes públicos tiveram de coibir essa promoção prejudicial de interesses comerciais por meio de leis, como a Lei dos Substitutos do Leite Materno, Mamadeiras e Alimentos Infantis (Regulamentação da Produção, do Abastecimento e da Distribuição), mais conhecida como "Lei IMS", em referência ao termo em inglês "infant milk substitutes". A ideia de que a "soberania do consumidor" é a melhor aposta em todos os campos tem de ser firmemente questionada, mesmo quando a violação do bem-estar humano é menos evidente do que no presente caso.

A essas ponderações bastante comuns devem ser adicionados outras considerações menos óbvias. Por exemplo, as operações mercadológicas poderão implicar uma recusa à introdução de resultados sociais que a argumentação pública pode exigir, mas que não podem ser facilmente acomodados nos moldes individualistas das transações comerciais. Algumas atividades promovidas pelo setor público em áreas como saúde e educação também apresentam várias vantagens processuais que podem ser muito difíceis de replicar através de processos de mercado. Sob esse prisma, consideremos a provisão de refeições quentes nas escolas primárias, iniciada em resposta a uma contínua campanha popular que incluiu até um litígio de interesse público na Suprema Corte. Quando essa atividade é organizada do ponto de vista da finalidade pública, pode servir a muitos objetivos úteis simultaneamente: promover a frequência escolar, melhorar a nutrição das crianças, ajudar a aumentar a capacidade de concentração nas aulas (o que é difícil de obter com o estômago vazio), gerar emprego para mulheres das classes desfavorecidas na zona rural, melhorar as atividades em sala de aula, prover educação nutricional e reduzir os preconceitos de casta entre escolares através da alimentação compartilhada.[5] Caso se tratasse apenas de uma questão de distribuição de alimentos, todo o exercício poderia possivelmente ser terceirizado para agentes privados. No entanto, a promoção dos demais objetivos relacionados poderia ser difícil de organizar como uma atividade comercial, de forma a obter um equilíbrio de força entre as diferentes razões por trás de um programa desse tipo. Observações semelhantes aplicam-se a muitas outras políticas relacionadas a saúde (particularmente a saúde pública), nutrição, educação e questões afins.

A ideia de que a saúde ou a educação funcionam melhor habilitando-se as pessoas a comprá-las de prestadores privados é totalmente contrária à experiência histórica na Europa, América do Norte, Japão e Ásia Oriental em suas respectivas transformações dos padrões de vida. Sem precisar ir muito longe, essa também não foi a forma como Kerala e Sri Lanka conseguiram grandes avanços nesses campos em um estágio inicial de desenvolvimento, nem como Tamil Nadu e Himachal Pradesh estão rapidamente se aproximando de Kerala nos últimos tempos. Como discutido no capítulo 3, essas experiências não foram impulsionadas pela prestação privada de serviços de saúde e de educação, nem por parcerias público-privadas (PPPs), bolsas de estudos, seguros de saúde ou outros acordos baseados no mercado. Mecanismos mais tradicionais, como escolas públicas, postos de saúde, assistentes sociais, inspetores de saúde pública, postos de vacinação e campanhas de saneamento foram muito mais importantes.

É igualmente importante não interpretar de forma equivocada a história recente das transferências condicionais de renda no Brasil ou no México ou outros casos atuais de sucesso. Na América Latina, as transferências condicionais de renda em geral agem como um complemento, e não um substituto, para a provisão pública de saúde, educação e outros serviços básicos. Como discutido mais adiante neste capítulo, uma transferência condicional de renda é basicamente um incentivo, mas nesses países programas como esses só podem ter finalidade suplementar porque, em primeiro lugar, os serviços públicos básicos estão bem estabelecidos. No Brasil, por exemplo, serviços básicos de saúde, tais como vacinação, acompanhamento pré-natal e atendimento qualificado no parto são quase universalizados. O Estado tem feito sua lição de casa, como vimos no capítulo 3, e estabelecido instalações públicas de cuidados de saúde que são funcionais e amplamente usadas. Nesse contexto, proporcionar incentivos monetários para complementar a universalização dos cuidados de saúde pode ser muito sensato. Na Índia, entretanto, esses serviços básicos ainda estão majoritariamente ausentes, e transferências condicionais de renda (por mais úteis que possam ser para fins de incentivo) não são capazes de preencher esse vazio.

Nada disso significa contestar o fato de que a prestação direta de serviços básicos por parte do Estado pode ser muito ineficiente e até abusiva. O argumento a favor da provisão pública exige uma garantia razoável de funcionalidade. Um centro público de saúde em bom funcionamento pode ser um avanço enorme para o bem-estar das pessoas em relação ao serviço prestado por maternidades ou médicos particulares que visam ao lucro, mas um centro de saúde que está sempre fechado pode não ser melhor do que um charlatão de vilarejo. Isso reforça a urgência, discutida no capítulo 4, de promover a *accountability* no setor público. A privatização é um atalho sedutor, mas pode ter o efeito de mera substituição de um problema sério por outro não menos grave.

SOBRE A LINHA DE POBREZA

A "linha de pobreza" oficial da Índia foi recentemente objeto de vigorosos debates. A polêmica começou com uma declaração submetida à Suprema Corte pela Comissão de Planejamento em setembro de 2011, em resposta a uma consulta (da Corte) sobre o método usado para determinar a linha oficial de pobreza, bem como a viabilidade do cumprimento das normas nutricionais mínimas nesse nível de despesa per capita.

A declaração da Comissão de Planejamento esclareceu a metodologia oficial de estimativa da pobreza, com base no Relatório da Comissão Tendulkar (2009). Foi incluída também a estranha declaração de que as linhas oficiais de pobreza (32 rupias diárias por pessoa em áreas urbanas e 26 rupias diárias por pessoa em áreas rurais, a preços de junho de 2011) "asseguram a adequação da despesa privada real per capita próxima das linhas de pobreza para a alimentação, educação e saúde". Essa infeliz observação causou um imediato alvoroço, com um analista após o outro apontando que a linha oficial de pobreza é na verdade uma "linha de indigência", que não garante coisa nenhuma além da subsistência. O argumento não era difícil de ilustrar. Por exemplo, o orçamento de referência associado à linha de pobreza urbana inclui somas principescas de cerca de dez rupias mensais para "calçados" e quarenta rupias mensais para os cuidados de saúde. A primeira soma quase tornaria possível o conserto de uma tira de sandália uma vez ao mês, e a última poderia comprar algo equivalente a uma aspirina por dia. Da mesma forma, a quantia mensal de trinta rupias para "aluguel e transporte" não garantiria mais do que um bilhete de ida de ônibus para uma curta distância todos os dias, sem contar a viagem de volta, muito menos o pagamento de qualquer tipo de aluguel.

Esses parâmetros miseráveis refletem o fato de que as linhas padrão de pobreza foram criadas décadas atrás, numa época em que mesmo a mera subsistência estava longe de ser garantida para a grande maioria da população indiana. A linha de pobreza é por certo atualizada regularmente para acompanhar os aumentos de preços, mas não são acrescidas as exigências de uma vida digna. Como esperado, a linha de pobreza hoje parece muito fora de sintonia com o mínimo que se desejaria que todos tivessem.

À medida que o debate se desenrolava, uma série de questões foi se tornando confusa. Por exemplo, desenvolveu-se a impressão de que a linha oficial de pobreza era baixa porque a Comissão de Planejamento a tinha abaixado recentemente. Na verdade, nada disso havia acontecido: o Relatório da Comissão Tendulkar levou a uma revisão para cima — e não para baixo — da linha de pobreza rural. Por mais incrível que possa parecer, a linha de pobreza era ainda mais baixa antes. Muita confusão também se deu em torno de outras questões, como o objetivo das linhas oficiais de pobreza e a relação entre as estimativas de pobreza e os direitos alimentares nos termos do Sistema Público de Distribuição.

Afora essas confusões, o debate acabou deixando de lado o principal ponto. O que realmente surpreende não é tanto que a linha oficial de pobreza seja tão baixa, mas que, *mesmo com esse baixo padrão de referência*, tanta gente esteja abaixo dela — um total de 30% da população em 2009-10, ou mais de 350 milhões de indianos. Como essas pessoas vivem? A descoberta chocante de que é impossível ter qualquer coisa parecida com uma vida digna na linha oficial de pobreza ou abaixo dela alerta para as terríveis condições de vida dos pobres na Índia, que recebem tão pouca atenção na discussão pública e passam despercebidos (nos círculos mais privilegiados). Isso resulta, pelo menos em parte, do fato de os pobres terem aprendido a viver, ainda que de forma precária, com tais privações, e manter, de modo bastante fatalista, um relativo silêncio a respeito. Essa mensagem elementar sobre a terrível e ainda oculta natureza da pobreza em massa — sua enorme dimensão — tem se perdido em grande parte no burburinho do debate recente.

Ao se reconhecer esse aspecto, torna-se ainda mais importante explorar possíveis maneiras de estender o auxílio financeiro direto para as famílias pobres, sem esperar passivamente que o crescimento econômico eleve seus salários e rendimentos. Há cada vez mais provas de que as várias formas de auxílio financeiro, redistribuição econômica e seguridade social podem fazer uma diferença substancial, e sem demora, para os padrões de vida das pessoas, mesmo com os limitados recursos administrativos e financeiros disponíveis na Índia atualmente. Isso não é menos relevante do que as políticas de saúde e educação discutidas nos capítulos anteriores. Com efeito, essas intervenções se complementam em aspectos essenciais — reduzindo o intenso sofrimento humano e ajudando a desenvolver as capacidades básicas das pessoas, o que na verdade tende a contribuir até para o crescimento econômico.

FOCALIZAÇÃO VERSUS SOLIDARIEDADE

Não muito tempo atrás, a "focalização" era um princípio de política social com ampla aceitação na Índia. A ideia é enganosamente simples: concentrar os recursos públicos nos pobres. Em teoria, parece uma maneira sensata de garantir que recursos limitados sejam bem utilizados do ponto de vista da redução da pobreza. Na prática, porém, um sistema de suporte social baseado na focalização implica sérios problemas.

É claro que a focalização não é por si só uma má ideia, e pode ser bastante útil em inúmeras circunstâncias. Por exemplo, como discutido no capítulo 2, programas focalizados de suporte social, como o Bolsa Família, deram uma contribuição importante para a redução da pobreza no Brasil. Uma razão para o Bolsa Família funcionar relativamente bem é que há um público-alvo definido: os pobres do setor informal que não são integrados ao sistema de seguridade social padrão. Convém lembrar que o Brasil tem uma taxa de urbanização de cerca de 85%, com uma grande proporção da população no setor formal, coberta por extensos programas de seguridade social. Além disso, uma estrutura administrativa relativamente sofisticada e um amplo contingente de recursos humanos estão disponíveis para "filtrar" os candidatos do setor informal e determinar o tipo de apoio de que necessitam. Nesse contexto, a focalização é possivelmente eficiente, além de justa.

A experiência da Índia com a focalização, no entanto, está longe de ser animadora. A noção de famílias "abaixo da linha de pobreza" (ALP), de início introduzida no contexto do Programa de Desenvolvimento Rural Integrado, foi utilizada a partir de 1997 para orientar o PDS. Ou seja, o PDS foi efetivamente restrito a famílias ALP, na maioria dos estados (famílias acima da linha de pobreza foram de fato retiradas do PDS em 2001 com uma elevação dos valores de referência). No entanto, essa decisão resultou bastante problemática por duas razões.

Em primeiro lugar, a identificação de famílias ALP é extremamente difícil, e em geral envolve graves erros de exclusão (atribuindo status "acima da linha de pobreza" para famílias pobres), bem como de inclusão (atribuindo status ALP para famílias com um padrão de vida melhor). O processo de identificação é baseado num "Censo ALP", que classifica as famílias com base em um sistema de pontuação. Por exemplo, o Censo ALP de 2002 tinha um sistema de pontuação envolvendo treze indicadores (relacionados a ocupação, habitação, educação etc.), com uma escala de zero a quatro para cada um, de modo que a pontuação somada variava entre zero e 52. Isso produziu um ranking das famílias em termos de sua pontuação, e "cortes" por estado foram em seguida aplicados a esse ranking, de tal forma que o número de famílias pobres em cada estado correspondesse a estimativas oficiais de pobreza da Comissão de Planejamento. Por exemplo, se a estimativa oficial de pobreza para Bihar é de 55%, calcula-se uma pontuação de corte para Bihar de modo que 55% das famílias estejam abaixo da linha de corte. As estimativas de pobreza, por sua vez, baseiam-se na aplicação da linha de pobreza oficial (discutida anteriormente) a dados da Pesquisa Nacional por Amostragem sobre a despesa domiciliar per capita. Esse processo como um todo é um pouco incoerente: a Comissão de Planejamento usa um sistema para contar os pobres, e o Censo ALP usa um método diferente para identificá-los. A confusão conceitual é agravada por grandes problemas de implementação, em especial quando os indicadores relevantes não são precisos ou verificáveis, criando brechas para fraudes, erros e favorecimentos. Além disso, como mencionado no capítulo 6, a pobreza não é uma condição estática: alguém que não é pobre hoje pode se tornar no próximo ano (em virtude de doença, quebra de safra, desemprego, extorsão ou outras razões) e vice-versa. A lista de famílias ALP, por sua vez, muitas vezes permanece sem alterações por até dez anos. A questão principal é que o processo de identificação das famílias ALP tende a ser uma operação aleatória, com abundância de erros de inclusão e exclusão. Pelo menos três pesquisas nacionais independentes (a Pesquisa Nacional de Saúde da Família, a Pesquisa Nacional por Amostragem e a Pesquisa de Desenvolvimento Humano na Índia) mostram que cerca de metade de todas as famílias pobres da Índia não tinham um cartão ALP em 2005.[6]

Em segundo lugar, a focalização (e sobretudo a focalização por tentativa e erro) é muito desagregante. Uma vez que a abrangência da lista de lares ALP supostamente coincide com as estimativas de pobreza da Comissão de Planejamento, as famílias ALP são, na maioria dos casos, uma minoria (embora alguns estados já tenham se afastado dessa abordagem, como será discutido a seguir); e, considerada como um todo, apesar dos "erros de inclusão" através dos quais famílias relativamente bem de vida são por vezes inseridas na lista, trata-se de uma minoria desfavorecida. Portanto, o poder de barganha das famílias ALP tende a ser bastante fraco sem o apoio da população acima da linha de pobreza. Na verdade, as famílias ALP podem facilmente tornar-se um alvo de exploração por parte de pessoas com interesses escusos. Essa falta de influência política, incluindo o poder de protestar de forma eficaz, é uma das razões por que os programas sociais e serviços públicos com base na focalização das famílias ALP tendem a não funcionar muito bem — o Sistema Público de Distribuição é um excelente exemplo disso.

Ambos os problemas (tanto o de exclusão como o de desagregação) são exacerbados pelo fato de as linhas de pobreza oficiais serem baixíssimas, como discutido na seção anterior. É difícil justificar a exclusão sumária da rede de amparo social de qualquer família que gaste mais de 26 rupias por dia (em áreas rurais). Isso sem contar que a identificação dessas famílias é uma tarefa dificílima e que o processo de focalização acaba minando a solidariedade pública, o que torna esse princípio ainda mais problemático. Isso não quer dizer que a focalização seja uma política errada em todo e qualquer caso — mas as circunstâncias nas quais seria apropriada necessitam de uma avaliação cuidadosa e, à luz da experiência recente, parecem ser mais limitadas do que frequentemente se supõe.

Enquanto isso, muitas iniciativas públicas fundamentadas em princípios alternativos de universalismo com "autosseleção" têm se saído comparativamente bem. Um caso interessante, e já mencionado, é o programa de alimentação escolar da Índia, por meio do qual todas as crianças que estudam em escola pública — ou apoiada pelo governo — têm direito (sob determinação da Suprema Corte, mais tarde incorporada à política governamental) a uma refeição nutritiva sem nenhum custo. Esse programa, que atinge mais de 120 milhões de crianças, provavelmente parecerá mal "focalizado" a alguém que insistir em restringir os benefícios sociais às famílias abaixo da linha de pobreza. No entanto, essas crianças vêm de um grupo autosselecionado de famílias que recorreram às escolas públicas em vez das privadas e tendem a pertencer a camadas da população relativamente carentes. A maioria dessas crianças precisa de suporte nutricional, bem como de melhores incentivos para frequentar a escola, quer suas famílias se encontrem ou não "abaixo da linha de pobreza". Além disso, o caráter inclusivo do programa de alimentação escolar tem ajudado muito a torná-lo um sucesso. É extremamente improvável que um programa focalizado de merenda escolar tivesse um resultado tão bom.[7]

Outro exemplo é a Lei Nacional de Garantia de Emprego Rural (NREGA), também baseada no princípio da autosseleção — qualquer um tem o direito de requisitar um emprego, com o pressuposto de que as famílias com melhor condição de vida vão manter-se, de maneira voluntária, longe dos postos de trabalho criados pela NREGA. Curiosamente, quando a lei estava sendo elaborada e discutida, o governo tentou limitá-la a famílias ALP.[8] No entanto, essa tentativa equivocada de impor a focalização onde ela não se enquadra foi abandonada, e na versão definitiva da lei todo residente rural com mais de dezoito anos é elegível para o emprego. Como será discutido mais adiante neste capítulo, o princípio de autosseleção parece funcionar muito bem: trabalhadores contemplados pela NREGA normalmente pertencem de fato a camadas mais desfavorecidas da população.

Algumas iniciativas, porém, não se prestam à autosseleção com tanta facilidade. Para ilustrar, basta observar que são poucas as famílias que "abrem mão" do Sistema Público de Distribuição quando se trata do fornecimento de arroz ou trigo a uma fração do preço de mercado. Várias sugestões têm sido feitas para induzir uma maior autofocalização no PDS (por exemplo, distribuindo painço ou farinha enriquecida em vez de arroz e trigo), mas, qualquer que seja seu mérito, ainda não convenceram as autoridades envolvidas. Por outro lado, a focalização com base na linha de pobreza também não tem mostrado bom desempenho. É à luz dessa experiência sóbria, e (em alguns casos) do ressentimento popular contra a focalização, que muitos estados recentemente migraram para um PDS mais inclusivo, ou mesmo "univers — Andhra Pradesh, Chhattisgarh, Himachal Pradesh, Odisha, Rajastão e Tamil Nadu, entre outros. Essa nova abordagem, combinada com outras reformas do PDS, parece ter ajudado consideravelmente a fazer o Sistema Público de Distribuição funcionar melhor do que antes (voltaremos a esse ponto mais adiante).[9]

Como discutido nos capítulos 3 e 6, as conquistas sociais dos estados progressistas da Índia (como Himachal Pradesh, Kerala e Tamil Nadu) também se alicerçam, em considerável medida, em políticas sociais universalistas ou inclusivas, com uma linha de ação muito diferente da abordagem fortemente focalizada. A cobertura universal pode ser dispendiosa, claro, em especial nos campos em que é inviável empregar a autosseleção. Não se trata de uma fórmula geral para uso incondicional, nem de um princípio aplicável a todos os domínios, principalmente em um estágio inicial do desenvolvimento. Mas as experiências regionais indicam que pode funcionar bem em muitos casos, mesmo em um país pobre como a Índia — e esse entendimento exige mais reconhecimento do que por ora parece receber. A importância do universalismo como princípio é complementada por sua exequibilidade mais fácil — e com frequência mais eficiente. Os debates indianos sobre o tema precisam levar mais em conta tanto a evidência em favor da cobertura universal na Índia atual como a literatura mundial sobre essa questão política central.*

TRANSFERÊNCIAS E INCENTIVOS

O argumento a favor do envolvimento público na prestação de serviços básicos e da seguridade social, discutido em momento anterior, não diminui o papel que as transferências de renda podem desempenhar em algumas circunstâncias — na verdade, elas podem ser uma parte construtiva desse processo. Por exemplo, muitos estados indianos criaram sistemas de seguridade social razoavelmente eficazes (embora limitados), que pagam pensões para viúvas, pessoas com deficiência e idosos.[10] Da mesma forma, incentivos financeiros para crianças desfavorecidas podem ser de grande ajuda ao permitir que prossigam com seus estudos. Esses sistemas de transferência de renda têm muito a contribuir dentro de seu domínio limitado.

Temos de nos resguardar contra o entusiasmo prematuro com base em expectativas insuficientemente examinadas. Como as transferências condicionais de renda (TCRs) têm sido objeto de interesse crescente nos últimos anos, e ainda são vistas às vezes como a "onda do futuro" para os programas sociais da Índia, é útil colocar seu papel em perspectiva. A ideia das TCRs é relativamente simples: dar dinheiro às pessoas em troca de um comportamento construtivo, como mandar as crianças à escola ou mantê-las vacinadas. Isso ajuda a marcar dois gols com uma única jogada: as pessoas pobres obtêm certa complementa-

---

* Isso inclui a literatura sobre o Estado do bem-estar social na Europa, onde o universalismo tem representado um princípio muito influente de política social. Como Tony Judt apontou, esse princípio também tem sido fundamental para garantir o apoio político das classes médias ao Estado de bem-estar social: "Na maioria dos casos [isso] foi alcançado pela magia do 'universalismo'. Em vez de ter seus benefícios atrelados à renda — caso em que os profissionais bem pagos ou comerciantes prósperos poderiam se queixar amargamente por terem sido tributados por serviços sociais dos quais não tiram muita vantagem —, ao "cidadão médio" esclarecido foram oferecidos a mesma assistência social e os mesmos serviços públicos que à população trabalhadora e aos pobres: educação gratuita, tratamento médico mais barato ou gratuito, previdência pública e seguro-desemprego". Ver Tony Judt (2010), p. 52.

ção de renda e, ao mesmo tempo, dão passos — como mandar as crianças para a escola — que as ajudam (e ajudam suas famílias) a sair da pobreza.

Uma transferência condicional de renda é basicamente um incentivo, e com frequência funciona muito bem: se as pessoas são pagas para fazer algo que as beneficia de alguma forma, elas tendem a fazê-lo. Conforme mencionado, no entanto, os serviços (como escolas e centros de saúde) que permitem às pessoas atender a tais condições já devem estar disponíveis (ou devem melhorar muito depressa) e funcionar razoavelmente bem para que essa iniciativa faça sentido. As TCRs não são um *substituto* para o estabelecimento ou desenvolvimento desses serviços. Segundo um estudo recente, na Índia as TCRs "representam uma mudança da abordagem governamental focalizada no lado da oferta para uma abordagem guiada pela demanda".[11] Essa declaração, caso esteja correta em termos de leitura da perspectiva governamental, reflete uma dicotomia exagerada entre a abordagem do "lado da oferta" e a "guiada pela demanda", como se fosse possível ter sucesso numa sem a outra. Além disso, mesmo quando a demanda pode ser atendida, em princípio, através de instituições do mercado (apesar de suas limitações em muitas áreas das políticas sociais tradicionais, incluindo a educação escolar e os cuidados básicos de saúde), a criação dessas instituições pode não ser um exercício fácil. Deveríamos evitar a armadilha, que fez tanto mal à Rússia na década de 1990, de assumir que as instituições do mercado iriam materializar-se instantaneamente assim que os incentivos à iniciativa privada entrassem em ação. Essa dificuldade se soma inclusive às limitações das instituições de mercado já discutidas.

O papel de incentivo das transferências condicionais de renda pode, é claro, também ser desempenhado por transferências condicionais na forma de benefícios. O programa de refeições gratuitas nas escolas é um exemplo: as crianças só ganham a refeição se forem à escola e, como já mencionado, aparentemente isso tem contribuído bastante para a frequência escolar, além de proporcionar diversos outros efeitos positivos (entre os quais os ganhos nutricionais e os aspectos de socialização de uma refeição coletiva).[12] Outro caso interessante de experiência bastante animadora com transferências condicionadas na forma de benefícios é a política introduzida em vários estados de doar bicicletas a meninas que atingem determinado estágio (digamos, a oitava série) no sistema de ensino. Esses programas são muito populares e, embora a evidência formal de seus impactos de incentivo ainda seja limitada, seus efeitos são provavelmente substanciais.[13] As bicicletas também ajudam as meninas a continuar indo à escola *depois* de completarem a oitava série (as escolas de ensino médio na maioria das vezes são bem mais distantes do que as de ensino fundamental), e dão a elas mobilidade e liberdade valiosas. É duvidoso que uma transferência em dinheiro para os pais das meninas (condicionada à sua frequência escolar) consiga benefícios sociais similares.

Assim, embora as transferências condicionais de renda possam ser úteis em inúmeros casos, existem também sistemas similares, incluindo transferências incondicionais de renda (pensões da seguridade social, por exemplo, para as viúvas e os idosos), bem como transferências na forma de benefícios, tanto condicionais (por exemplo, as refeições nas escolas) como incondicionais (por exemplo, o Sistema Público de Distribuição). A Índia certamente pode aprender algo sobre o valor de incentivo das TCRs a partir de experiências recentes em outros lugares, em especial na América Latina. Mas essas lições (positivas e negativas) devem ser integradas às de outras experiências de diferentes tipos de transferências, dentro e fora da Índia.

As lições recentes sobre o poder dos incentivos monetários bem projetados também têm de ser integradas a seus "contrários" — os efeitos negativos de encargos inadequados. Ilustrando esse argumento, é muito bem reconhecido atualmente que a cobrança de taxas nas escolas primárias tende a ser uma má ideia. Além de violar o direito à livre educação, isso equivaleria a gerar pequenas somas de dinheiro com o risco de um dano muito maior, que se concretizaria na forma de menor frequência escolar. Pesquisas recentes sugerem que muitas vezes isso também se aplica ao campo da saúde: mesmo minúsculas "tarifas para o usuário" podem ter efeitos negativos drásticos sobre a demanda por serviços ou produtos de saúde, como desparasitação, mosquiteiros com inseticida ou purificação de água.[14] Essa importante descoberta, aliás, pode ser vista como mais um exemplo das dificuldades que as pessoas com frequência têm para realizar seus objetivos, mesmo quando estão bem definidos, o que reforça os argumentos discutidos anteriormente a favor do amparo social. Se pequenas tarifas para o usuário tiverem grandes efeitos de desincentivo, e se subsidiar a iniciativa privada for difícil (como muitas vezes é), então o setor público pode ser a melhor opção, ainda que apenas na falta de outra.

Por fim, também é importante tomar nota do possível papel *contraproducente* dos incentivos monetários em determinadas circunstâncias. Recompensas financeiras dependem da motivação das pessoas em obter dinheiro (para si ou para compartilhar com outros), e essa é, naturalmente, uma importante razão para muitas escolhas. Em várias situações, porém, as pessoas têm diversas motivações, e as tentativas de recorrer a alguma delas — e reforçá-la — podem entrar em conflito sério com outros valores. A maioria das pessoas tem tanto motivações egoístas como altruístas, e apelar exclusivamente para os motivos egoístas das pessoas pode por vezes levar a conflitos com seus padrões comportamentais mais amplos.[15] Há, por exemplo, casos de pessoas que *perdem* a motivação para fazer determinada coisa uma vez que passam a ser pagas para isso, porque simplesmente a faziam por outras razões. Como Richard Titmuss observou, com base em estudos empíricos na Grã-Bretanha, recompensas em dinheiro para doações de sangue podem ser contraproducentes: pessoas que ficariam felizes em doar sangue por espírito público podem não gostar da ideia de "vendê-lo" (enquanto outras só fazem isso para ganhar algum dinheiro).[16] Da mesma forma, em algumas circunstâncias, sistemas de incentivos em dinheiro como pagamento por desempenho para funcionários do governo pode minar o que é conhecido como "motivação pelo serviço público". Como Samuel Bowles observou, com base em uma generalização dos resultados de vários experimentos econômicos, "evidências experimentais indicam que os incentivos que apelam para o autointeresse podem reduzir a importância da motivação intrínseca, reciprocidade e outros motivos cívicos".[17] Esse impacto potencialmente contraproducente de incentivos em dinheiro pode ou não ser um problema sério, dependendo do contexto. Mas é importante não perder de vista a sofisticada literatura econômica e social sobre os incentivos, sob o risco de assumir uma visão crua e simplista de como os seres humanos são motivados a fazer suas escolhas.

Consideremos, por exemplo, a introdução recente, em muitos estados indianos, de esquemas de incentivo em dinheiro para conter o aborto seletivo por sexo.[18] Esses programas costumam envolver recompensas em dinheiro para o registro de nascimento de uma criança do sexo feminino, e mais incentivos se a menina for vacinada, enviada para a escola e assim por diante, à medida que fica mais velha. Esses esquemas podem, sem dúvida, inclinar a balança econômica a favor das meninas. Mas uma recompensa em dinheiro para o nascimento de uma menina pode reforçar a tendência das pessoas a pensar sobre o planejamento familiar em termos econômicos, e também a percepção, no cálculo econômico do planejamento familiar, de que as meninas são um fardo (que as recompensas em dinheiro supostamente compensam). Além disso, é provável que as recompensas em dinheiro afetem ainda as razões não econômicas das pessoas. Por exemplo, elas poderiam reduzir o estigma social ligado ao aborto seletivo por sexo, fazendo com que pareça uma espécie de "acordo justo" — nenhuma menina, nada de dinheiro. O fato de que os incentivos em dinheiro são em geral mais baixos para uma *segunda* menina, e tendem a ser nulos para as filhas seguintes, também emite sinais confusos. Em suma, não é muito claro que tipo de mensagem esses incentivos em dinheiro devem transmitir sobre o status e o valor das meninas, e como devem afetar as atitudes sociais em relação ao aborto seletivo por sexo. Como mencionado, o funcionamento das normas sociais é muito importante nesse tipo de espaço de valores e ações, e é essencial pensar sobre os possíveis efeitos das transferências em dinheiro sobre as normas sociais e seu papel, e não apenas sobre o autointeresse econômico.

Tudo isso tende a reforçar os argumentos já apresentados contra a mania de mercado na política social. Os mercados costumam ser elogiados pela geração de incentivos, e de fato muitas vezes fazem exatamente isso. Mas há considerações contrárias relacionadas com a eficácia e o impacto dos incentivos em dinheiro (sobre os quais há uma extensa literatura mundial, bem como uma considerável experiência local na Índia). O que é necessário acima de tudo é fazer um exame objetivo dos argumentos e contra-argumentos em cada caso, em vez de nos deixarmos guiar por uma visão grosseiramente simplista da motivação humana e das consequências sociais de diferentes sistemas de incentivos. Seria triste sermos libertados de uma quase ausência de pensamento sobre transferência de renda no planejamento indiano só para acabarmos sendo capturados pelo modelo mais cru de incentivos que a mente humana pode gerar.

EMPREGO E EMPODERAMENTO

A promulgação da Lei Nacional de Garantia de Emprego Rural (NREGA), em meados de 2005, foi um momento inebriante. Entre os dias 22 e 23 de agosto, o projeto de lei foi objeto de agitados discursos no Parlamento indiano, estendendo-se até bem depois da meia-noite no primeiro dia. Após esse longo debate, houve uma votação aberta e, quando chegou a hora de os opositores dizerem "não", houve silêncio total.

Enquanto isso, no entanto, os alarmes estavam disparados em outros territórios. "Trem da alegria", "devorador de dinheiro", "piada caríssima" e "ideia estapafúrdia" são apenas uma pequena amostra das coloridas descrições usadas para menosprezar a NREGA nos jornais financeiros e editoriais conservadores. Um ministro, normalmente tratado de forma elogiosa como o "garoto-propaganda das reformas econômicas", foi chamado de "vira-casaca" por apoiar a NREGA — "O que ele anda fumando?", perguntou um consternado colunista.[19]

Em retrospecto, a comoção talvez tenha sido exagerada em ambos os lados. As grandes esperanças de mudança radical nas relações de poder, ou de drástica redução da pobreza, não se materializaram inteiramente; nem as previsões apocalípticas de falência financeira ou caos econômico. Em certa medida, isso aconteceu porque a implementação da lei ficou aquém de sua letra e de seu espírito, o que era bastante previsível. Mesmo assim, a promulgação da NREGA foi um desdobramento muito significativo em diversos sentidos.

O fundamento econômico dessa lei não era particularmente novo. As obras públicas têm sido usadas por um longo tempo como um meio de suporte social na Índia, sobretudo em épocas de seca. Essa estratégia baseia-se no princípio de autosseleção: qualquer um que se junta às frentes de trabalho é reconhecido como necessitado de amparo social. É também uma oportunidade para construir ativos úteis em áreas rurais. Embora essa abordagem tenha sido utilizada principalmente no contexto de epidemias de fome, ela também pode ser vista, em muitas circunstâncias, como uma estratégia de desenvolvimento. Por exemplo, Sukhamoy Chakravarty, distinto economista e planejador indiano, era um ferrenho defensor das obras públicas rurais (aliada à reforma agrária) como uma forma de combinar redistribuição econômica e desenvolvimento rural.

A NREGA, entretanto, de fato significou uma mudança radical ao reformular as obras públicas no âmbito dos direitos judiciáveis — não só o direito ao trabalho mediante demanda, mas também o direito ao salário mínimo, ao pagamento no prazo de quinze dias, a instalações essenciais no local de trabalho e assim por diante.[20] Mesmo isso não era completamente novo, uma vez que o estado de Maharashtra, no oeste da Índia, já havia implementado um "regime de garantia de emprego" formal desde o início dos anos 1970.[21] Mas a NREGA levou a ideia bem mais longe, aproveitando o exemplo de Maharashtra, entre outras experiências.

A lei também foi baseada numa visão ampla dos objetivos sociais da garantia de emprego, que vai muito além dos objetivos tradicionais de proporcionar emprego e construir ativos rurais. Por exemplo, serviria também como uma oportunidade para reduzir a desigualdade de gênero e empoderar as mulheres das áreas rurais, habilitando-as a trabalhar fora de casa, ganhar sua própria renda, ter sua própria conta bancária, aprender a defender seus direitos, participar de *gram sabhas* (plenárias de assembleias de vilarejos) etc. Da mesma forma, esperava-se que a lei revigorasse as instituições de governança local, dando-lhes, pela primeira vez, recursos substanciais e um propósito claro. Como o sistema de garantia de emprego de Maharashtra, a NREGA também foi vista como uma grande oportunidade de organização para os trabalhadores rurais, cuja maioria pertence ao "setor informal".[22]

Por último, mas não menos importante, a lei procurou conferir novos princípios e padrões de governança a regimes de desenvolvimento rural legalmente previstos: participação, transparência e *accountability*, entre outros. As obras da NREGA deveriam ser planejadas por *gram sabhas* e implementadas sobretudo por *gram panchayats* (conselhos eleitos de vilarejos). Todos os registros da NREGA deveriam ser abertos ao escrutínio público e divulgados de forma acessível.[23] As disposições sobre a *accountability* incluem o dever do governo estadual de pagar um subsídio de desemprego quando o trabalho não for fornecido, o direito de compensação quando os salários não são pagos em dia, e uma cláusula penal segundo a qual qualquer funcionário que deixa de cumprir seu dever perante a lei é sujeito a uma multa.

Para os trabalhadores rurais, a NREGA foi a chance de dar um pontapé inicial. Como vimos no capítulo 2, durante o período de 1990 a 2005, os trabalhadores rurais foram em grande parte deixados de lado. A produção agrícola pouco aumentou em termos per capita, o crescimento dos salários reais no campo gradualmente se estagnou e o emprego rural deixou de ser uma prioridade política. A promulgação da NREGA em 2005 levou a uma reorientação de prioridades governamentais rumo à criação de empregos e, nesse processo, também reforçou o poder de negociação dos trabalhadores rurais.

De fato, a primeira conquista da NREGA, logo após sua entrada em vigor, em fevereiro de 2006, foi uma expansão maciça dos programas de obras públicas rurais.²⁴ Segundo dados oficiais, cerca de 50 milhões de famílias têm participado todos os anos desde 2008-9 (quando a lei foi estendida a todo o país), com um nível médio de emprego de cerca de quarenta dias por representante de cada família participante por ano. Mesmo depois de levar em conta uma margem substancial de exagero nos números oficiais, não se trata de um feito qualquer.²⁵

Uma segunda realização, ligada à primeira, foi uma série de impressionantes mudanças nas relações salariais, particularmente do trabalho temporário, em áreas rurais, incluindo o pagamento efetivo dos salários mínimos legais em obras públicas, uma maior conscientização da população sobre os pisos salariais, e aumentos substanciais nos rendimentos agrícolas (em particular para as mulheres), encerrando o longo período de estagnação que precedeu a NREGA (ver tabela 7.1).²⁶ Esses desdobramentos, em especial o terceiro, beneficiam *todos* os trabalhadores rurais — e não apenas aqueles de fato empregados conforme a NREGA — e ampliam significativamente os efeitos de geração de renda do programa.²⁷

Os trabalhadores contemplados pela NREGA, por sua vez, pertencem sobretudo aos segmentos necessitados da população rural.²⁸ Isso é o que seria de esperar, mas vale a pena notar ainda que o princípio de autosseleção tem funcionado razoavelmente bem (em contraste com a "focalização em famílias ALP", já discutida), reforçando o papel redistributivo da NREGA. Um aspecto interessante desse processo de autosseleção é que a maioria dos trabalhadores da NREGA pertence a famílias relativamente pobres, mas outro, não menos importante, é que as mulheres são aproximadamente metade dessa força de trabalho, e que metade desse grupo de trabalhadores pertence a famílias de castas ou tribos catalogadas.²⁹

A dimensão de gênero da NREGA merece destaque especial. A participação das mulheres no total de empregos criados pela lei tem sido, de forma consistente, de cerca de 50% nos últimos anos e, o que talvez seja mais importante, vem aumentando na maior parte dos estados onde costumava ser muito baixa — Bihar, Himachal Pradesh, Uttarakhand, Bengala Ocidental, entre outros.³⁰ Esses são estados onde as mulheres do campo têm pouquíssimas oportunidades de obter uma renda independente e, nesse aspecto, entre outros, a

TABELA 7.1. TAXAS DE CRESCIMENTO DOS SALÁRIOS REAIS EM ÁREAS RURAIS NA DÉCADA DE 2000 (% POR ANO)

	2000-1 a 2005-6 (antes da NREGA)		2005-6 a 2010-1 (depois da NREGA)	
	Homens	Mulheres	Homens	Mulheres
Trabalho rural como um todo	0,01	– 0,05	1,82	3,83
Trabalho agrícola	0,10	– 0,05	2,67	3,67
Trabalho não agrícola	– 0,04	– 0,04	1,21	4,34
Trabalho não qualificado	– 0,01	– 0,04	3,98	4,34

FONTE: Calculado a partir de Usami (2012), com base em dados compilados pelo Labour Bureau (Shimla), também publicados em *Wage Rates in Rural India*. Para mais detalhes, ver a nota explicativa no "Apêndice estatístico".

NREGA representa um grande avanço. Um estudo recente sobre os empregos criados pela NREGA em seis estados do norte, por exemplo, descobriu que apenas 30% das trabalhadoras dispunham de alguma outra renda que não fossem os salários previstos pela NREGA nos três meses anteriores.[31] Vários outros estudos revelam a contribuição especial da NREGA para as mulheres do campo, especialmente no norte da Índia.[32]

Essas são algumas das contribuições da NREGA — pelo menos até agora — para a redução da pobreza e para a equidade social. Há também outras realizações, de força variável, tais como a criação de ativos produtivos em áreas rurais (falaremos mais sobre isso em seguida) e o renascimento das Instituições do Panchayati Raj, incluindo as *gram sabhas*. Todas essas conquistas, naturalmente, têm variado muito entre os estados, com alguns (entre os quais Andhra Pradesh, Himachal Pradesh, Rajastão, Tamil Nadu, Sikkim) obtendo resultados de fato impressionantes, enquanto outros (por exemplo, Bihar, Karnataka e Maharashtra) ainda estão por implementar a NREGA em uma escala significativa.

Do lado negativo, duas grandes objeções têm sido levantadas contra a NREGA. Uma delas é que a maior parte do dinheiro supostamente "vai para o ralo" por causa da corrupção endêmica. A outra é que os ativos que estão sendo criados sob a NREGA são de pouco valor.

A primeira objeção pode ser invertida: na verdade, a NREGA é uma arma em potencial contra a corrupção. Houve por certo um grande desfalque nos primeiros anos do programa, e o problema não desapareceu totalmente — longe disso. No entanto, a NREGA também tem sido um laboratório vivo para os esforços anticorrupção, envolvendo uma série de inovações que estão agora sendo pouco a pouco ampliadas para outras iniciativas também: a utilização da internet para que os registros essenciais (incluindo todos os pagamentos de salários, por trabalhador e por local de trabalho) sejam de domínio público, o pagamento de salários através de contas bancárias, bem como a prática de auditorias sociais regulares, além de várias outras. Há alguma evidência de uma redução substancial da extensão do desvio de fundos destinados pela NREGA ao longo do tempo (pelo menos na componente salarial do programa, o que representa a maior parte do total das despesas), um passo importante num momento em que há uma enorme percepção pública da corrupção crescente em todo o país.[33] Alguns estados (nomeadamente Andhra Pradesh e Tamil Nadu) mostraram a possibilidade de pôr em prática salvaguardas bastante eficazes contra a corrupção na aplicação da NREGA, e há experiências suficientes para confiar, em certa medida, na chance de estender essas conquistas para outros estados.

A segunda objeção fundamenta-se no mito de que a maioria das obras da NREGA não tem utilidade (limitam-se apenas a "brincar com lama", como um crítico expressou). Esse mito adquiriu certa influência por pura repetição, mas tem pouca base factual. Além disso, essa não é a percepção de trabalhadores ou comunidades rurais beneficiados pela lei: vários estudos indicam que a maior parte deles tem uma visão positiva do valor das obras da NREGA.[34] Isso não quer dizer que todas essas obras sejam produtivas, ou de qualidade adequada. Com efeito, avaliações independentes sugerem um resultado irregular, com inúmeros exemplos de criação razoavelmente exitosa de ativos (envolvendo, por exemplo, desassoreamento de canais, escavação de tanques, terraplanagem, plantio de árvores à beira de estradas, conservação do solo e construção de poços), bem como muitos casos de obras insatisfatórias ou mesmo inúteis.[35] Esse é um parecer que requer grande quantidade de novas provas. Enquanto isso, a evidência disponível não justifica nenhuma condenação categórica das obras da NREGA como inúteis — aliás, longe disso. Se ela sugere alguma coisa, é que a NREGA tem um enorme potencial produtivo, desde que as estruturas adequadas, incluindo suporte técnico, estejam presentes.

Embora tais objeções ao princípio da NREGA não sejam convincentes, abundam críticas válidas a essa lei e à maneira como está sendo posta em prática.³⁶ A NREGA é um programa complexo implementado por um sistema frágil e letárgico, e os resultados inevitavelmente ficam aquém do que poderia ser alcançado em outras circunstâncias. Para os trabalhadores contemplados, essas barreiras se traduzem em violações rotineiras de seus direitos legais, a começar por seu direito de solicitar e obter emprego. Atrasos prolongados no pagamento de salários também fizeram estragos no programa nos últimos anos, causando enorme sofrimento para os trabalhadores.

Por trás de vários desses problemas existe um fracasso parcial em assegurar a *accountability* na implementação da NREGA. Uma razão importante para a colocação de obras públicas em um quadro jurídico é criar *accountability*; e, como mencionado, a lei inclui disposições específicas para essa finalidade, como a cláusula do seguro-desemprego, a cláusula de compensação e a cláusula penal. Essas disposições, entretanto, têm permanecido quase sem uso, em parte porque devem ser supostamente executadas por uma máquina administrativa que, antes de mais nada, está implementando o programa e não tem interesse em sujeitar-se à *accountability* perante a população.³⁷ O futuro da NREGA depende muito da ativação dessas disposições de *accountability* e da criação de mecanismos eficazes de indenização em queixas trabalhistas.³⁸ Falhando nesse aspecto, a NREGA provavelmente será reduzida aos poucos a um coxo sistema autoritário, em vez de um programa direcionado pela demanda e baseado em direitos, tal como foi previsto.

No momento da escrita deste livro, o futuro da NREGA mostra-se um pouco incerto. Um preocupante "fator fadiga" parece ter se manifestado, mas há também inúmeras oportunidades para um maior crescimento (tanto quantitativo como qualitativo) do programa: inovações operacionais, ativação de disposições de *accountability* e melhor organização coletiva dos trabalhadores contemplados pela NREGA, entre outras. Existem vastas possibilidades para o trabalho construtivo no que é hoje um campo promissor e bem identificado.

O SISTEMA PÚBLICO DE DISTRIBUIÇÃO: UMA NOVA IMAGEM?³⁹

Além da Lei Nacional de Garantia de Emprego Rural, o maior programa de apoio econômico na Índia é hoje o Sistema Público de Distribuição (PDS). Pelo PDS, as famílias têm o direito a mercadorias subsidiadas de acordo com o tipo de cartão de provisionamento que possuem. Essas mercadorias consistem principalmente de arroz e trigo, embora alguns estados já tenham começado a incluir no PDS outros alimentos (como grãos e óleo comestível).[40]

O governo central fornece trigo e arroz para as administrações estaduais distribuírem pelo PDS. As alocações para os estados são baseadas em estimativas oficiais de pobreza; alguns governos estaduais as complementam com recursos próprios.[41] É sua prerrogativa atribuir às famílias diferentes tipos de cartão de provisionamento — sobretudo segundo a divisão "acima e abaixo" da linha de pobreza, embora alguns estados contemplem também outras categorias.[42] Em alguns, o PDS é universal ou quase universal, no sentido de que todas as famílias, ou a maioria delas, têm direitos substanciais previstos pelo programa (não necessariamente os mesmos para cada categoria). Em outros, o PDS é de fato restrito às famílias ALP — famílias acima da linha de pobreza têm direitos irrisórios, quando têm algum.

Correndo o risco de simplificação, pode ser feita uma distinção entre o PDS no "velho estilo", cujos defeitos se tornaram mais claros ao longo dos anos, e o PDS no "novo estilo", que parece estar em uma fase de formação. As características básicas do PDS no velho estilo incluem a cobertura restrita (em geral a focalização nas famílias ALP), grandes erros de exclusão (devido à falta de fiabilidade da lista da população ALP, discutida anteriormente), abastecimento irregular de alimentos (muitas vezes refletindo a falta de voz ativa do público-alvo) e corrupção em larga escala. O PDS no novo estilo baseia-se em um esforço concentrado para enfrentar esses problemas inter-relacionados e conseguir ampla cobertura, poucos erros de exclusão, fornecimento regular e perdas econômicas relativamente pequenas. Subjacente a essas diferenças, há um contraste político nas distintas abordagens do PDS. Correndo agora o risco de exagerar um pouco, pode-se dizer que o PDS no velho estilo tende a estar sob o controle de intermediários corruptos, mas no novo estilo os destinatários finais importam muito mais do que antes. Na prática, diferentes estados estão alicerçados em diferentes bases e, em certa medida, situados em diferentes fases de transição entre um PDS no velho estilo e outro no novo.

O PDS no velho estilo costumava ser o padrão dominante na maioria dos estados até alguns anos atrás. Ele associou uma má reputação ao PDS, que passou a ser visto (em especial entre os economistas) como uma iniciativa muito cara e ineficaz — uma operação cronicamente disfuncional, a qual seria melhor desmantelar pouco a pouco, ou talvez substituir por transferências de renda.[43]

Ao contrário desse veredito, no entanto, tem havido um significativo renascimento do PDS em muitos estados nos últimos anos.[44] Um dos pioneiros, nesse e em muitos outros campos (como já observado), foi Tamil Nadu, onde o PDS é universal, regular e relativamente livre de corrupção. Outros estados do sul da Índia também deram os primeiros passos rumo a um PDS no novo estilo. Mas o grande avanço ocorreu em Chhattisgarh, onde o PDS costumava ter todos os defeitos do velho estilo (incluindo a corrupção generalizada), sendo amplamente visto como incorrigível, e contudo passou por uma "reviravolta" em poucos anos — de meados da década de 2000 em diante —, com base em uma decisão política firme para fazê-lo funcionar. Hoje, a grande maioria (cerca de 75%) das famílias rurais em Chhattisgarh recebe 35 quilos de arroz do PDS por mês a um preço simbólico (uma ou duas rupias o quilo, a depender do tipo de cartão de provisionamento).[45] Diversos relatórios recentes indicam que a distribuição de alimentos em Chhattisgarh é agora bastante regular, com a maioria dos portadores de cartão recebendo a cota prescrita todo mês ao preço correto.[46] Trinta e cinco quilos de arroz por mês (cerca de dois terços das exigências de grãos para uma família de cinco pessoas) não significa o fim da pobreza de forma nenhuma, mas, para pessoas que estão constantemente lutando para sobreviver, fazem a diferença. Em 2011, o valor dessa cota mensal de arroz equivalia ao salário de uma semana em uma obra da NREGA — sem ter de trabalhar.

A reviravolta do PDS em Chhattisgarh é particularmente importante porque ocorreu no "coração do norte" (área conhecida pelo mau governo, como discutido no capítulo 3) e em um estado onde o sistema de distribuição tinha a reputação de ser extremamente corrupto e "quase disfuncional".[47] Esse é o tipo de situação que ainda prevalece em muitos estados, incluindo Bihar, que está passando por uma série de reformas significativas, mas onde o PDS ainda continua, em grande parte, sem reforma. Esse contraste entre o PDS no velho estilo de Bihar e o PDS no novo estilo de Chhattisgarh está ilustrado na tabela 7.2. Talvez não seja por acaso que, nesse levantamento das famílias ALP, realizado em maio-junho de 2011, a proporção dos entrevistados que relataram ter deixado de fazer refeições nos três meses anteriores chegava a 70% em Bihar e apenas 17% em Chhattisgarh — apesar de ambos os estados terem quase os mesmos níveis de pobreza rural com base em medidas padrão de despesas per capita.

A decisão de ajustar o PDS não foi um ato de caridade por parte do governo de Chhattisgarh, mas — muito explicitamente — uma tentativa de ganhar votos (o que não precisa ser visto como um ato vergonhoso numa democracia, porque faz parte do seu funcionamento). Essa decisão foi seguida por um período de dois anos de batalha (finalmente resolvida no tribunal) para transferir a gestão dos centros de distribuição das mãos de negociantes privados para instituições comunitárias, como os *gram panchayats* e grupos de apoio. Uma ampla série de outras reformas do PDS se seguiu, com o objetivo de restaurar a transparência e a *accountability* no sistema. Quando o governo de Raman Singh (que iniciou as reformas) foi reempossado em Chhattisgarh, em 2008, acreditava-se, com ou sem razão, que a reviravolta do PDS desempenhara um papel importante nessa vitória eleitoral, que mais tarde inspirou alguns outros estados a reformar seus Sistemas Públicos de Distribuição.

Somando-se a isso, a demanda popular por um PDS eficiente tem crescido enormemente em todo o país por causa dos aumentos acentuados no preço de mercado do arroz e do trigo (os valores praticados pelo PDS, por sua vez, mantiveram-se os mesmos e até foram reduzidos em alguns estados). A inflação sobre o preço dos alimentos elevou consideravelmente a importância dos direitos alimentares proporcionados pelo PDS, fazendo com que a participação da população no sistema crescesse. Além disso, o aumento de preços criou uma pressão para ampliar a cobertura do PDS em muitos estados, e essa cobertura mais ampla também ajudou a promover a *accountability*. Como Chhattisgarh, vários outros estados (Andhra Pradesh, Himachal Pradesh, Rajastão e Odisha, por exemplo) iniciaram grandes reformas no PDS para aprimorar o sistema e prevenir a corrupção.

Alguns sinais iniciais da ampla melhoria no PDS emergiram da Rodada 66 da Pesquisa Nacional por Amostragem (NSS), de 2009-10. Entre 2004-5 (a "varredura densa" anterior da NSS) e 2009-10, as compras de trigo e arroz do PDS subiram 50% em termos de volume. A proporção de famílias que adquiriram pelo menos um pouco de arroz ou trigo do PDS aumentou de 27% em 2004-5 para 45% em 2009-10. Dados da NSS também sugerem que, pela primeira vez, o PDS está fazendo uma contribuição significativa para a redução da pobreza na Índia rural, especialmente — mas não apenas — nos estados com "PDS no novo estilo", como Tamil Nadu e Chhattisgarh.[48]

TABELA 7.2. SISTEMA PÚBLICO DE DISTRIBUIÇÃO:
ANTIGO E NOVO

	BIHAR	CHHATTISGARH
Proporção de domicílios ALP que não conseguiram obter nenhum tipo de grãos alimentícios do PDS nos últimos três meses (%)	35	0
Compras médias de grãos alimentícios pelas famílias ALP no PDS nos últimos três meses		
em termos absolutos (kg/mês)	11	33
em termos de proporção da cota mensal[a] (%)	45	95
Proporção de entrevistados APL que disseram "normalmente" adquirir sua cota integral no PDS (%)	18	97
Proporção de entrevistados ALP que confirmam os valores marcados em seu cartão de provisionamento (%)	25	94
Proporção de domicílios ALP que deixaram de fazer refeições nos últimos três meses (%)	70	17
Proporção de domicílios ALP que apoiariam a substituição do PDS por transferências em dinheiro (%)	54	2

[a] Cotas: 25 e 35 quilos mensais por família em Bihar e Chhattisgarh, respectivamente (para o arroz e o trigo somados).

FONTE: Pesquisa PDS 2011 (ver Khera, 2011c), com base em uma amostra aleatória de 264 famílias em 24 vilarejos de Bihar e Chhattisgarh (seis vilarejos por distrito em dois distritos de cada estado).

Uma pesquisa realizada em nove estados em maio e junho de 2011 (com base numa amostra aleatória de cerca de 1200 famílias ALP) também indica que iniciativas recentes têm levado a resultados significativos: as famílias da amostra haviam recebido 84% de seus direitos plenos do PDS durante os três meses anteriores. A maior parte do déficit estava concentrada em Bihar, Jharkhand e Uttar Pradesh — nos demais estados (Andhra Pradesh, Chhattisgarh, Himachal Pradesh, Odisha, Rajastão e Tamil Nadu), as famílias ALP rotineiramente recebiam seus direitos plenos. Mesmo em Bihar e Jharkhand, havia sinais claros de significativa melhoria, considerando que são estados onde mais de 80% das alocações centrais de alimentos em grãos para o PDS foram dadas como "desviadas" para o mercado negro não muito tempo antes, em 2004-5.[49]

Isso não quer dizer que tudo vai bem no PDS — muito pelo contrário. Mesmo uma falha de cobertura de 16% na entrega das cotas para famílias ALP é inaceitável e gera enormes perdas em toda a Índia. Outro fato preocupante é que aparentemente ainda existe uma corrupção imensa nas cotas destinadas a famílias acima da linha de pobreza, que carecem de transparência.[50] E é claro que, ainda que se minimizem as perdas, trata-se de um sistema dispendioso, com grandes custos de transação associados à aquisição, ao transporte e ao armazenamento de grãos. Essa é uma das razões pelas quais o argumento a favor da substituição do PDS por um sistema de transferência de renda continua a ser vigorosamente defendido por tantos economistas.

Há, no entanto, motivos para certa apreensão quanto à perspectiva de uma substituição completa do PDS por transferências de dinheiro. Em primeiro lugar, o PDS é — ou pelo menos pode ser — mais do que apenas um complemento de renda. Vários estados já começaram a entregar produtos nutritivos, como leguminosas, óleo comestível e sal fortificado através do PDS. Isso poderia funcionar como um importante suplemento nutricional para as famílias pobres, de forma mais eficaz que as transferências de dinheiro (já que as cotas do PDS agem como um "empurrãozinho" ao consumo de alimentos nutritivos).[51] Um PDS em bom funcionamento poderia representar uma vantagem nutricional em todo o país.

Em segundo lugar, nem o papel de complemento de renda do PDS precisa funcionar do mesmo modo que as transferências de dinheiro, uma vez que a renda em forma de benefícios é muitas vezes empregada de maneira diferente da renda em dinheiro. A comida tende a ser consumida com moderação, dia após dia, e toda a família recebe uma porção (mesmo que não exatamente a mesma). O dinheiro pode, é claro, em princípio ser usado com cuidados semelhantes, mas há um risco de ser mal utilizado, desperdiçado, ou compartilhado de modo injusto. Além disso, é mais fácil de desviar para a obtenção de bens que são consumidos principalmente por membros adultos da família, em especial os homens, em detrimento das meninas e de outras crianças desnutridas. Embora seja verdade que mesmo o alimento dado a uma família pode ser desviado para comerciantes com tanta facilidade quanto o dinheiro nas mãos dos adultos, tende a haver uma barreira psicológica para o mau uso da comida gratuita ou subsidiada.

Em terceiro lugar, a adequação das transferências monetárias como um substituto para as cotas de alimentos depende da eficácia dos mercados locais de alimentos, que varia muito em toda a Índia, com sérios problemas de distância e preços abusivos nas regiões mais remotas (como as áreas tribais da Índia central), onde a insegurança alimentar também tende a ser generalizada. Mesmo em outras regiões, o desmantelamento do PDS poderia ter um efeito desestabilizador sobre os mercados locais de alimentos.

Em quarto lugar, há uma questão de preparação. Quase todos os vilarejos indianos já têm um centro do PDS (ou "loja do preço justo") em funcionamento. As transferências monetárias requerem uma infraestrutura própria, como um sistema bancário eficaz, ainda inexistente em grande parte da Índia. O transtorno prolongado que se seguiu à apressada decisão de usar os bancos (e agências dos correios) como canais de pagamento de salários da NREGA em meados de 2008, sem que a infraestrutura necessária estivesse disponível, foi uma experiência preocupante nesse aspecto.

Em quinto lugar, o valor real das transferências monetárias pode ser corroído pela inflação. Em princípio, é claro, existe um remédio simples: indexar as transferências ao nível de preços. Porém, tal simplicidade é enganadora. As transferências de dinheiro podem ser indexadas ao nível geral de preços, mas isso não eliminaria a possibilidade de seu valor ser minado pelo aumento dos preços locais. Há também uma questão de garantia política para que os reajustes periódicos de preços realmente ocorram, mesmo quando — digamos — o ministro das Finanças estiver sob pressão para cortar despesas. O reiterado fracasso do governo central em reajustar os salários da NREGA de acordo com o nível de preços, mesmo depois de prometer fazê-lo, é outra experiência que vale a pena lembrar neste contexto.

Essas e outras preocupações surgiram de forma intensa na pesquisa de campo mencionada anteriormente, quando os entrevistados foram perguntados sobre a substituição do PDS por transferências monetárias. Ainda que alguns deles tivessem a mente aberta a respeito das transferências ou até mesmo as preferissem, o padrão geral foi uma forte predileção pelo PDS onde quer que o sistema funcionasse relativamente bem.[52] Apenas em Bihar, onde o funcionamento do PDS era muito deficiente, a maioria (54%) dos entrevistados apoiou as transferências como alternativa para os alimentos subsidiados (ver tabela 7.2).

Essas respostas, é claro, precisam ser interpretadas com cautela, e não como uma solução definitiva para o debate. No entanto, as inquietações da população merecem mais reconhecimento e análise. Uma das premissas do argumento a favor das transferências monetárias é que as pessoas sabem melhor que ninguém o que é bom para elas (de modo que não há necessidade de "ampará-las" dando-lhes mercadorias específicas em vez de dinheiro). Mas, se é esse o caso, então certamente seus pontos de vista sobre esse tema precisam ter algum peso.

Por último, mas não menos importante, se o PDS fosse substituído por transferências de dinheiro, o governo teria de inventar boas formas de usar todo o arroz e o trigo que adquire a cada ano. O sistema de compras tem uma dinâmica própria, e é improvável que seja desmantelado a qualquer momento em um futuro próximo. As estimativas otimistas de enormes economias em "subsídios alimentares", no caso de transição para a transferência de renda, supõem efetivamente uma interrupção (ou pelo menos uma forte redução) dos contratos de alimentos em grãos, mas essa suposição raras vezes é discutida. Tampouco a viabilidade política ou a conveniência da interrupção da aquisição de alimentos são levadas em conta.

Em suma, o argumento a favor de substituir o PDS por um sistema de transferências monetárias não é tão convincente como muitas vezes se fez crer. Em algumas circunstâncias, naturalmente, as transferências de renda podem ser bastante eficazes, como já se discutiu. Mas a substituição apressada de um PDS funcional, que se tornou importante fonte de amparo para milhões de pessoas pobres, por um sistema de transferência de renda que pode ou não responder às expectativas poderia ser um erro custoso. Há um argumento a favor da consolidação do que já está em vigor, em vez de correr às pressas para as transferências de renda, ainda que tal mudança possa se tornar mais plausível no longo prazo.

O que realmente importa, contudo, não é contrapor "dinheiro versus benefícios", e sim pôr em prática um sistema eficaz de complemento de renda e segurança econômica, seja baseado em transferências monetárias, seja no Sistema Público de Distribuição (ou em uma combinação dos dois). Deixar os pobres à própria sorte não é socialmente justo nem constitui uma política pública inteligente.

8. O predomínio da desigualdade

Todos os países do mundo apresentam desigualdades de diversos tipos. Na Índia, entretanto, há uma mistura peculiar de divisões e disparidades. Poucas nações enfrentam desigualdades tão extremas em tantos aspectos, que se estendem desde os desequilíbrios econômicos até enormes disparidades de casta, classe e gênero. As castas desempenham um papel especial na distinção da Índia em relação ao resto do mundo. Muitos países foram divididos no passado (e em certa medida continuam sendo ainda hoje) por instituições que segregam a população em categorias confinadas. A Índia, porém, parece ser um caso único, tanto pela centralidade das hierarquias de casta como por sua presença marcante na sociedade moderna (ainda que vários dispositivos da legislação criminalizem as práticas discriminatórias quanto às castas). A estratificação por castas com frequência reforça a desigualdade entre as classes, conferindo-lhe uma resiliência difícil de ser combatida. A desigualdade de gênero também é altíssima na Índia, em especial na maior parte das regiões norte e oeste, onde subjugar as mulheres é uma prática bastante disseminada. Esse reforço mútuo de diversas desigualdades cria um sistema social excepcionalmente opressivo, no qual os indivíduos das camadas inferiores vivem em condições de extrema impotência.

O legado histórico de múltiplas desigualdades na Índia é ilustrado na tabela 8.1, que compara as taxas de alfabetização entre os brâmanes e os *dalit* (outro-

TABELA 8.1. CASTAS, GÊNERO E ALFABETIZAÇÃO EM 1901

Região (província ou estado)	Taxas de alfabetização, 1901 (%) Brâmanes[a]		Taxas de alfabetização, 1901 (%) "Castas catalogadas"[b]	
	Homens	Mulheres	Homens	Mulheres
Estado de Boroda	73,0	5,6	1,2	0
Estado de Mysore	68,1	6,4	0,9	0,1
Província de Bombaim	58,0	5,4	0,7	0
Província de Madras	57,8	4,4	1,0	0
Províncias Unidas	55,3	4,6	0,2	0
Províncias Centrais	36,5	0,9	0,4	0

[a] Kayashta, nas Províncias Unidas.
[b] População *chamar* nas Províncias Unidas e nas Províncias Centrais; Dhed e Mahar no estado de Baroda; Paraiyan na Província de Madras; Holaya em Mysore; Dhed, Mahar e Vankar (agrupadas) em Bombaim. Devido às mudanças nas classificações de castas com o passar do tempo, não foi possível estimar as taxas gerais de alfabetização de todas as "castas catalogadas" (como elas vieram a ser denominadas posteriormente) em 1901; foi desenvolvido um esforço para identificar as principais castas em cada região, dentre as castas mencionadas no censo de 1901.

FONTE: Censo da Índia de 1901, Tabelas Suplementares, tabela VI (ver Risley e Gait, 1903).

ra chamados de "intocáveis" e hoje denominados membros das "castas catalogadas", com certas garantias asseguradas por lei) no início do século XX em diferentes regiões da então colônia britânica. Em muitas áreas, os homens brâmanes em sua maioria (até 73% no estado de Baroda) eram alfabetizados. No outro extremo, os índices de alfabetização entre as mulheres *dalit* era zero em muitas regiões. Isso reflete tanto um abismo entre os gêneros (com os homens sendo detentores de um virtual monopólio da educação dentro dos grupos), como imensas disparidades baseadas no sistema de castas, já que mesmo entre os homens *dalit* a taxa de alfabetização era de aproximadamente 1% naquela época — cerca de 1% do índice de alfabetização dos brâmanes do sexo masculino.

Tal reforço mútuo de diferentes desigualdades (nesse caso, de casta e gênero) cria enormes disparidades na sociedade indiana, que se tornam ainda piores quando introduzimos as questões de classe no cenário. E, assim como as desigualdades de casta e gênero se reforçam mutuamente, o mesmo ocorre entre, digamos, as disparidades de casta e classe. Por exemplo, as divisões de castas tornam muito difícil para as pessoas economicamente desfavorecidas se organizar para reivindicar melhores condições. Conforme observou B. R. Ambedkar, "o sistema de castas não é apenas uma divisão de *trabalho*. É uma divisão de *trabalhadores*".*

Os números apresentados na tabela 8.1 seriam um pouco diferentes hoje em dia, em especial entre os mais jovens.[1] Na realidade, à medida que o país se aproxima da universalização da alfabetização dos mais jovens, as diferenças de gênero e casta tendem a encolher. Em uma perspectiva histórica, o fim do "monopólio masculino de castas superiores" sobre as oportunidades educacionais representa uma ruptura importante — e um útil lembrete de que, verdade seja dita, há algumas mudanças sociais significativas ocorrendo na Índia. No entanto, seria um erro enorme pensar que essas desigualdades históricas foram superadas. Por exemplo, como pudemos observar no capítulo 3, grande parte das crianças indianas (em sua maioria de famílias desfavorecidas) aprende pouquíssimo na escola e, quando levamos em conta um desempenho escolar mais avançado do que a mera alfabetização, ainda vemos disparidades marcantes de classe, casta e gênero. Além disso, as normas sociais e os sistemas de valores que sustentam essas desigualdades históricas sobreviveram, mesmo que suas manifestações sejam moderadas por leis, normas e instituições modernas.

Devemos acrescentar a esse quadro o fato de que as desigualdades educacionais também são importantes por si sós. As desigualdades educacionais são em parte, mas não completamente, um reflexo das desigualdades de classe, casta e gênero. Existem também outros fatores de influência que contribuem para essas desigualdades, como as diferenças no acesso à escolarização, a capacidade de aprendizado, o nível de escolaridade dos pais etc. Muitas vezes, há diferenças significativas entre o desempenho escolar de irmãos, até mesmo do mesmo sexo, e obviamente (como pertencem à mesma família) da mesma casta e da mesma classe. E aqui, mais uma vez, a Índia aparece mal posicionada nas comparações internacionais de desigualdades educacionais — tanto em termos gerais como entre irmãos.[2] É o que ocorre no caso da diferença de anos

---

* Ambedkar (1936), p. 47; grifo nosso. Ele foi além: "O sistema de castas não é apenas uma divisão de trabalhadores, o que é bem diferente de uma divisão de trabalho — é uma hierarquia na qual as divisões de trabalhadores são graduadas uma acima da outra". Essa característica da hierarquia de castas, como um sistema de "desigualdade graduada" (conforme mencionado por Ambedkar), torna o sistema ainda mais danoso como divisão de trabalhadores e ainda mais resistente a mudanças.

de escolaridade em uma faixa etária específica, que tende a ser muito alta na Índia, especialmente entre as mulheres.³

Há também outras divisões sociais relevantes na Índia, que em geral reforçam aquelas já discutidas. Por exemplo, existe uma divisão entre aqueles que sabem falar inglês e os que não sabem, enfatizada, entre outros, pelo pensador socialista Rammanohar Lohia, segundo o qual "casta elevada, riqueza e domínio do inglês são os três requisitos, e qualquer um que possua duas dessas três coisas pertence à classe dominante".⁴ De fato, saber inglês abre todos os tipos de porta na Índia, mesmo para quem não se qualifica nos outros dois requisitos. O inglês é o idioma dos tribunais (das altas cortes para cima), da educação superior, das empresas modernas, dos documentos oficiais de alto nível e em grande parte, até o momento, da internet. Essa divisão é cada vez mais refletida no sistema educacional, cindido entre as escolas para os privilegiados, nas quais as aulas são ministradas em inglês, e o resto. Essa é uma enorme barreira que impede a integração das crianças em um sistema comum de aprendizado. Mais uma vez, uma forma de desigualdade atrapalha o enfrentamento de outra forma de desigualdade.⁵

O reforço mútuo de desigualdades de classe, casta e gênero, entre outras, é especialmente intenso no interior da região norte, e pode ser uma evidência relevante da tendência de atraso dessa região em relação ao restante do país em muitos aspectos.⁶ Em outros lugares, experiências recentes de progresso amplo e rápido envolveram o combate, de um modo ou de outro, da carga histórica de desigualdades que reforçam umas às outras. Isso foi discutido no capítulo 3, quanto às recentes experiências de desenvolvimento em Kerala, Himachal Pradesh e Tamil Nadu. Para a Índia como um todo, esse trabalho de integração permanece em grande parte incompleto.

DESIGUALDADE DE RENDA E DIVISÕES ECONÔMICAS

Qual é o nível de desigualdade na Índia quanto à distribuição de renda? A avaliação econômica tradicional diria que nesse aspecto a desigualdade na Índia não é muito alta em relação a outros países. Essa impressão é amplamente baseada na comparação do Coeficiente de Gini de *despesas* per capita na Índia com o de *renda* per capita em outros países (devido à ausência de dados confiáveis sobre renda na Índia). Trata-se uma comparação tendenciosa, pois a distribuição de despesas per capita pelo mundo tende a ser menos desigual que a de renda per capita. Entretanto, a Pesquisa de Desenvolvimento Humano na Índia, datada de 2004-5, inclui dados de renda e permite a estimativa do Coeficiente de Gini de renda per capita para o país, calculado em 0,54 (bem acima dos valores de 0,35, ou algo em torno disso, que surgem dos dados de despesas per capita). Isso sugere, conforme concluiu um estudo do Banco Mundial, que "a desigualdade na Índia está no mesmo nível encontrado no Brasil e na África do Sul, ambos com altos níveis de desigualdade".[7] Essa conclusão baseia-se em apenas uma pesquisa e demanda mais investigações, mas o que fica claro é que a crença geral de que a distribuição de renda na Índia é menos desigual que em muitos outros países em desenvolvimento é altamente questionável. Há também inúmeras evidências de um crescimento da desigualdade de renda na Índia nas últimas décadas. Por exemplo, as informações de despesas per capita sugerem um crescimento nas disparidades entre áreas rurais e urbanas, assim como uma desigualdade crescente dentro das áreas urbanas. As áreas urbanas são proporcionalmente mais ricas por serem as principais beneficiárias do rápido crescimento econômico indiano dos últimos anos. Da mesma forma, os dados de renda per capita indicam uma crescente concentração de renda no topo, e os dados sobre riqueza, apesar de incompletos, também sinalizam um crescimento das desigualdades no período pós-reforma.[8]

Caso a distribuição de renda e despesas tivesse permanecido inalterada (ou tivesse melhorado) em vez de se tornar ainda mais desigual, a população pobre teria se beneficiado muito mais do rápido crescimento econômico da Índia. Em vez disso, a redução da pobreza seguiu em ritmo lento, mais ou menos em consonância com as tendências anteriores, apesar do crescimento acelerado.[9] Além desse padrão desanimador, há outras razões a serem consideradas quanto ao crescimento da desigualdade econômica na Índia, ainda que caminhe lado a lado com o contínuo declínio da pobreza. Estudos globais recentes apontaram muitas consequências sociais adversas causadas pelas desigualdades, sobretudo a econômica. Por exemplo, a desigualdade econômica tende a ser associada a realizações menos expressivas na área da saúde — não apenas para os pobres, mas também para toda a população.[10] Há também evidências de que ela interfere negativamente sobre os índices de criminalidade.

Disparidades econômicas também tendem a minimizar a solidariedade social e a cooperação cívica. Além disso, uma concentração de renda mais acentuada oferece poder político desproporcional a uma minoria privilegiada, fator que costuma reforçar tendências elitistas por parte do poder público e nas práticas democráticas.[11] Por fim, a continuidade das desigualdades de casta e de outros tipos depende bastante da propensão a disparidades econômicas, reforçando-se mutuamente. Por essas e outras razões, deve haver mais — muito mais — esforços para evitar o crescimento da desigualdade de renda na Índia no futuro e, indo mais além, para reverter esse quadro. Experiências recentes de distribuição de renda na América Latina (onde nos últimos anos a desigualdade vem diminuindo, em vez de aumentar), e mesmo os programas indianos de amparo social (discutidos no capítulo anterior), sugerem que muito pode ser feito nessa área.

Dito isto, entretanto, pode-se afirmar que o principal problema não é a recente intensificação da desigualdade econômica, e sim a profundidade e a natureza das desigualdades herdadas de outros tempos — não apenas a desigualdade de classe como também de outros tipos (relacionadas a castas e gênero, por exemplo). Conforme se discutirá a seguir, desigualdades que se reforçam mutuamente criaram uma divisão persistente entre os privilegiados e o restante da sociedade indiana.

Em termos econômicos, a pior violação aos princípios de igualdade na Índia não é a riqueza dos ricos ou super-ricos, e sim o fato de que tantas pessoas ainda não conseguem ter o mínimo para garantir uma vida digna — alimentação, habitação, vestuário, saneamento, saúde e educação. Quando comparada com esse cenário de privações, a opulência dos ricos parece especialmente grotesca. Na verdade, a desigualdade econômica na China não é menor do que a existente na Índia, mas mesmo assim há uma diferença significativa, já que em geral não faltam à população chinesa mais pobre os requisitos básicos para sobrevivência, como ocorre com os indianos mais pobres (retornaremos a esse assunto no último capítulo). O primeiro passo rumo à justiça social na Índia é sem dúvida assegurar que todos tenham o básico, em vez de permitir que um imenso número de pessoas enfrente privações constantes no dia a dia.

A CONTINUIDADE DA PREVALÊNCIA DAS CASTAS

Muitas vezes se argumenta que a discriminação por casta tenha diminuído muito no século XX.[12] Em virtude da intensidade da discriminação por casta no passado, essa afirmação até pode ser considerada verdadeira, mas isso não significa que a situação atual seja de igualdade. Antigamente, em grande parte da Índia os *dalit* não eram autorizados a calçar sandálias, andar de bicicleta, entrar em templos ou sentar-se em cadeiras na presença de castas superiores — apenas para citar alguns exemplos do abuso e da humilhação envolvidos no sistema de castas.[13] Muitas dessas práticas discriminatórias foram amenizadas ou desapareceram, graças a fatores como a popularização da educação, os movimentos de reforma social, as garantias constitucionais, o desenvolvimento econômico e também, evidentemente, a crescente resistência política por parte das vítimas de discriminação.

Essa tendência está longe de ser uniforme. Alguns preconceitos de casta, como a proibição de casamentos inter-raciais, permanecem em vigor nos dias atuais em vários grupos sociais. Apesar da diminuição das divisões por castas em diversas regiões do país e na sociedade em geral, elas começam a florescer onde antes não existiam, como em diversas comunidades *adivasi*, muçulmanas, *sikh* e cristãs. O mais notável, entretanto, é que essas divisões continuam sendo um importante instrumento de poder na sociedade indiana, mesmo que o sistema de castas tenha perdido parte de sua barbárie e brutalidade anterior.

A predominância das castas superiores em instituições públicas é ilustrada na tabela 8.2, baseada em dados de pesquisa coletados em Allahabad — uma cidade relativamente grande no norte da Índia. Os valores presentes na tabela indicam a parcela de pessoas de castas superiores em posição de poder e influência — na imprensa, no professorado universitário, na Ordem dos Advogados, nos altos escalões da polícia e nos postos de comando em sindicatos, ONGs, empresas de comunicação, entre outras instituições públicas. Como podemos observar, essa parcela é de cerca de 75%, e os membros das castas superiores correspondem a apenas 20% da população de Uttar Pradesh como um todo. Os brâmanes e os *kayashta* (as duas castas consideradas mais elevadas em Allahabad) dominam quase metade dos postos — mais de quatro vezes acima de sua proporção na população do estado.[14] Esses valores são aproximados, em parte baseados em estimativas de castas a partir de sobrenomes, mas o padrão é suficientemente claro: as castas superiores continuam dominando as instituições públicas. Isso não significa que as outras castas (ou comunidades) não sejam representadas, mas, com uma maioria como essa, não é de surpreender que os membros das castas superiores sejam detentores de um poder tão desproporcional. Não houve nenhuma evidência de presença significativa de membros da população *dalit* em nenhuma instituição das amostras, com exceção do corpo docente das universidades, em parte devido às cotas obrigatórias.

Vale ressaltar que a predominância de castas superiores parece ser, de certa forma, ainda mais forte nas instituições da "sociedade civil" do que nas do governo. Em Allahabad, por exemplo, a parcela de castas superiores é de aproximadamente 80% entre representantes de ONGs e líderes da associação de comerciantes, 90% no comitê executivo da ordem dos advogados e 100% entre os dirigentes do Clube de Imprensa, que é, na verdade, composto quase todo de brâmanes e *kayashta*. Até mesmo os sindicatos de trabalhadores que pertencem principalmente a castas inferiores são muitas vezes controlados por líderes de castas superiores. É curioso pensar que até os movimentos anti-establishment na Índia tendem a espelhar, dentro de suas próprias atividades políticas, as velhas divisões de sempre.

Talvez Allahabad seja particularmente conservadora a esse respeito. É evidente que se trata de apenas uma cidade entre várias, apesar de ser importante mencionar que Allahabad é um notável centro de poder. Por exemplo, muitos ex-alunos da Universidade de Allahabad, uma das maiores e mais antigas da Índia, ocupam cargos de peso como funcionários do governo e de outras instituições públicas por toda a Índia.[15] Ainda assim, a intenção não é destacar Allahabad apenas por apresentar mais dados disponíveis. O objetivo é ilustrar um padrão geral que também se aplica, em graus variáveis, a muitas outras partes da Índia, especialmente no norte do país.

De maneira similar, diversos estudos recentes apontaram para o domínio constante das castas superiores e a ausência quase total de *dalit*, *adivasi* e outras comunidades desfavorecidas na imprensa, em cargos de chefia, em instituições judiciais e até mesmo em times de críquete e polo.[16] Por exemplo, uma pesquisa recente com 315 editores e outros membros importantes das mídias impressas e eletrônicas em Delhi, conduzida pelo Centro para o Estudo das Sociedades em Desenvolvimento, descobriu que nenhum deles pertence a uma

TABELA 8.2. PORCENTAGEM DE CASTAS SUPERIORES EM GRUPOS SELECIONADOS, ALLAHABAD (%)

GRUPO DE REFERÊNCIA[a]	CASTAS SUPERIORES		BRÂMANES E kayashta	
	Em todo o grupo	Entre os "identificados"	Em todo o grupo	Entre os "identificados"
Dirigentes do Clube da Imprensa de Allahabad (16)	100	100	75	75
Líderes de sindicatos de professores (17)	100	100	76	76
Donos de agência de publicidade (11)	91	91	55	55
Médicos formados (99)	89	94	37	39
Comitê executivo da Ordem dos Advogados (28)	86	96	68	76
Editores proeminentes (12)	83	100	42	50
Membros do Instituto de Ciências Sociais Govind Ballabh Pant (15)	80	80	60	67
Comitê executivo da associação de advogados (14)	79	100	57	73
Representantes de ONGs (30)	77	88	47	54
Líderes dos sindicatos de comerciários, trabalhadores administrativos e manuais (49)	76	88	55	64
Funcionários da Universidade de Allahabad* (112)	76	77	54	55
Funcionários públicos graduados (20)	75	88	40	53
Residentes de Ashok Nagar (62)	74	82	32	36
Repórteres de empresas de mídia (62)	74	85	53	61

(continua)

TABELA 8.2. (*continuação*)

GRUPO DE REFERÊNCIA[a]	CASTAS SUPERIORES		BRÂMANES E *kayashta*	
	Em todo o grupo	Entre os "identificados"	Em todo o grupo	Entre os "identificados"
Ex-presidentes do centro acadêmico da Universidade de Allahabad (79)	73	89	44	54
Artistas proeminentes (55)	71	89	47	59
Membros do Clube da Imprensa de Allahabad (104)	71	80	56	63
Policiais (do distrito e da região) (28)	68	100	39	58
Funcionários do IITI (47)	68	100	36	56
Juízes da Suprema Corte (75)	68	81	32	38
Advogados da Suprema Corte* (100)	67	88	44	58
Associação de comerciantes (6)	67	80	0	0
Diretores de universidades (16)	56	69	19	23
Engenheiros da prefeitura de Allahabad (20)	55	79	30	43
Total (1077)	**75**	**87**	**46**	**54**

IITI: Instituto Indiano de Tecnologia da Informação.

[a] Entre parênteses está mencionado o tamanho do grupo (ou da amostra, em casos em que foi feita amostragem, marcados com um asterisco).

NOTA: A primeira coluna indica a proporção de pessoas identificadas (com alguma certeza) como sendo de castas superiores em todo o grupo. A segunda indica a proporção no subgrupo de todos aqueles (no grupo em questão) cuja casta pode ser identificada. Esses números podem ser interpretados como valores de referência mínimo e máximo, respectivamente, para a proporção real de pessoas de casta superior no grupo em questão. O mesmo vale para a proporção de brâmanes e *kayashta* na terceira e quarta colunas.

FONTE: Dados de pesquisa coletados em agosto de 2012 por Ankita Aggarwal, Jean Drèze e Aashish Gupta (ver Aggarwal et al., 2013).

casta ou tribo catalogada. Na verdade, em torno de 85% são de um pequeno círculo de castas superiores (que constituem apenas 16% da população da Índia), e cerca de metade é composta de brâmanes.[17] Sem dúvida, isso não contribui para garantir que os interesses e pontos de vista de *dalit* e *adivasi* estejam representados de maneira adequada no debate público, especialmente, mas não apenas, nas discussões sobre políticas de cotas em cargos públicos. Padrões bastante similares foram obtidos em um estudo recente entre ocupantes de cargos de chefia em empresas na Índia: mais de 90% deles são de castas superiores, e quase metade (45%, para sermos mais precisos) é brâmane. É curioso notar que, nesse caso, os brâmanes foram ligeiramente excedidos pelos *vaishya* (uma casta tradicional de negócios e comércio, também conhecida como *baniya*), que ocupavam 46% das cadeiras nas diretorias corporativas.[18] Castas e tribos catalogadas, por sua vez, estão em apenas 3,5% das cadeiras, uma pequena fração de sua parcela da população (aproximadamente 24%). Na maior parte (70%) das diretorias, não havia diversidade nenhuma, *todos* os membros pertenciam à mesma casta.

Uma das barreiras para combater a discriminação com base em castas é que se tornou quase impossível mencioná-las nos círculos instruídos da Índia, não apenas porque qualquer prática com base em castas pode ser contestada nas esferas legais, mas também porque qualquer tipo de consciência de casta é vista como retrógrada e reacionária. Tal atitude é superficialmente justificada como uma contribuição para a erradicação do sistema de castas, mas não nos ajuda em nada a compreender o mundo, e muito menos a mudá-lo.

Um problema similar se dá com os muçulmanos mais pobres da Índia. Vários muçulmanos compõem, obviamente, boa parte do estrato superior da sociedade indiana, incluindo grandes empresários, líderes políticos e profissionais liberais, como se poderia esperar do contexto político majoritariamente secular da Índia e do fato histórico de que as classes superiores na Índia pré-britânica tinham uma grande proporção de muçulmanos, e muitos deles não emigraram para o Paquistão quando o país foi dividido, em 1947. No entanto, os muçulmanos pobres, com frequência descendentes de hindus de castas inferiores que se converteram ao islã (às vezes para escapar da discriminação por casta), podem ter desvantagens sociais e econômicas comparáveis às dos hindus de castas inferiores.[19] Nas disposições legais afirmativas da Índia independente que deram a castas e tribos catalogadas tratamento preferencial em diversas esferas (incluindo cotas em cargos públicos e em instituições de educação superior), os muçulmanos pobres não foram incluídos como categoria. Essa injustiça flagrante, que resultou do tratamento da discriminação por castas como um problema exclusivo dos hindus, está sendo parcialmente retificada, mas é preciso mais rapidez, bem como uma reavaliação da estrutura das ações afirmativas, sem nunca deixar de levar em conta que a desigualdade entre castas, assim como a desigualdade entre muçulmanos pobres e indianos menos pobres (muçulmanos ou não), baseia-se na sobreposição da estratificação social à situação econômica.

DESIGUALDADE DE GÊNERO: CONTINUIDADE E MUDANÇA

A desigualdade de gênero está entre as disparidades sociais que mais colaboram para a marginalização de um grande número de pessoas na "nova Índia" — não apenas mulheres, mas também homens e crianças que se beneficiariam de uma participação mais ativa, informada e igualitária das mulheres na vida pública e social. Assim como as relações de casta, as de gênero também mudaram em tempos recentes, e em alguns aspectos a disparidade de gênero diminuiu de forma significativa. Por exemplo, como já mencionado, as meninas (até mesmo as das castas superiores) eram praticamente excluídas do sistema educacional há cem anos, mas hoje frequentam em peso as escolas de todo o país. Como consequência, o preconceito de gênero na escolarização hoje é relativamente pequeno no nível primário, e está diminuindo depressa nos demais.

Por esse ângulo, pode parecer que a Índia está a caminho de acabar com as disparidades tradicionais de gênero. Além disso, as mulheres ocupam posições de destaque em diversos âmbitos, incluindo o acadêmico e o profissional, além de ter participação ativa na política, na literatura, na música e nas artes. Levando tudo isso em consideração, a tese de que há uma grande diferença de tratamento para as mulheres muitas vezes parece implausível a quem está de fora da sociedade indiana. Mesmo assim, a desigualdade de gênero é uma parte significativa da realidade social da Índia.

Um dos mais antigos problemas da desigualdade de gênero na Índia é a maior incidência de mortalidade de mulheres durante a infância do que de homens. Esse fenômeno não se deve ao infanticídio feminino, nem a nenhuma outra forma de matança deliberada, mas em grande parte ao discreto, e com frequência despercebido, descaso em relação ao bem-estar das meninas em termos de saúde e nutrição. Há enormes diferenças regionais no tratamento das meninas na Índia, mas a média que surge dos números nacionais é chocante.[20] As taxas de mortalidade entre as meninas indianas é substancialmente maior, em média, do que a dos meninos, e com uma diferença superior à da maioria dos outros países para os quais há estimativas disponíveis.[21] Entre os contrastes regionais dentro da Índia a esse respeito, há maior mortalidade feminina no noroeste e um índice muito menor, se houver, em vários dos estados do leste e do sul. Considerando as diferenças regionais, os números indicam condições terrivelmente adversas para as meninas em comparação com os meninos em estados com maior preconceito de gênero, sobretudo no norte e oeste da Índia. Os estados do norte e oeste também mostram uma incidência lamentavelmente alta de "discriminação de natalidade" contra meninas — voltaremos a esse assunto em breve.

Há inúmeras outras instâncias nas quais a desigualdade de gênero permanece forte. Por exemplo, a participação da mulher na força de trabalho (definida convencionalmente, isto é, excluindo o trabalho doméstico na própria casa) continua baixíssima para os padrões internacionais e não mostra sinais de aumento.[22] Trata-se de um tremendo contraste com o que ocorreu em outros países asiáticos — inclusive Bangladesh, como mostrado no capítulo 3 — em suas fases de crescimento rápido, que em geral foram acompanhadas de um aumento de oportunidades de emprego para mulheres.* Esse contraste é parcialmente um reflexo do problema geral da Índia de "crescimento sem emprego", discutido no capítulo 2, mas também de comportamentos sociais negativos no que se refere à atuação das mulheres fora de suas casas em grande parte da sociedade. Na realidade, o crescimento de renda ou de nível de educação na Índia é muitas vezes associado a uma *diminuição* da participação das mulheres na força de trabalho.

---

* Apenas dezessete dos 184 países para os quais há dados sobre participação de mulheres na força de trabalho nos "Indicadores do desenvolvimento mundial" têm uma taxa de participação de mulheres acima de quinze anos de idade na força de trabalho mais baixa do que os terríveis 29% da Índia. A maior parte está localizada no norte da África e na Ásia Ocidental.

Conforme discutido no capítulo 3, e também nos capítulos 5 e 6, Bangladesh não apenas progrediu bem mais do que a Índia em muitas áreas do desenvolvimento humano, como seu progresso foi conduzido prioritariamente pela agência das mulheres, em especial nos serviços públicos e no setor social, desde o planejamento familiar e a saúde pública até o ensino nas escolas. A Índia tem de se preocupar não apenas com o que pode ser feito pelas mulheres, por mais importante que seja, mas também com o que as mulheres podem fazer pelo país, já que sua atuação continua a ser um recurso pouquíssimo explorado, mas capaz de transformar a Índia em um lugar muito diferente.

Outro exemplo de disparidade continuada de gênero pode ser visto na representação política das mulheres, apesar de os registros oficiais oferecerem interpretações ambíguas. Por um lado, hoje as mulheres têm direito a uma parcela mínima de 33% (até 50% em alguns estados) dos cargos elegíveis nas Instituições do Panchayat Raj (PRIs, na sigla em inglês), um desdobramento bastante positivo.[23] Isso permitiu que milhares de mulheres participassem ativamente da política local, e há evidências de que gerou mudanças significativas nas prioridades, atividades e percepções das PRIs.[24] Por outro lado, o Parlamento indiano e as assembleias estaduais continuam sendo bastiões masculinos. A participação feminina na Lok Sabha* nunca foi maior do que aproximadamente 10% (a maior até hoje foi de 10,9%, em 2009). A participação das mulheres em assembleias estaduais também fica abaixo de 10% na maioria dos casos, e nunca acima de 15% nos estados mais importantes para os quais há dados disponíveis.[25]

Há inúmeras outras manifestações de patriarcado nas relações sociais e culturais indianas: a herança de propriedades é totalmente patrilinear, a residência pós-marital continua prioritariamente patrilocal, a liberdade de circulação das mulheres permanece restrita e a violência contra a mulher (incluindo a violência doméstica) ainda é bastante disseminada em grandes parcelas da sociedade. Na realidade, algumas dessas normas patriarcais estão se reforçando em vez de desaparecer. Por exemplo, a prática do dote (que contribui para diversos problemas relacionados a gênero, incluindo o famoso fenômeno de preferência por filhos homens e a humilhação de mulheres casadas por não

---

* Lok Sabha, literalmente Casa do Povo, a câmara baixa do Parlamento indiano. (N. T.)

terem trazido um dote adequado) se expandiu continuamente no século XX, chegando a comunidades onde não existia. Uma possível razão para isso é que muitas dessas normas patriarcais — incluindo o dote, que costuma ser restrito a grupos de castas superiores — são vistas como marcas de status e mobilidade social.[26] Sem dúvida, ainda temos bastante a fazer para alcançar algo minimamente próximo à igualdade de gêneros em aspectos cruciais da vida econômica, social e política na Índia.

ESTUPRO, VIOLÊNCIA E PROTESTO

O aspecto da desigualdade de gênero que vem recebendo maior atenção no presente é a violência contra a mulher, especialmente a alta incidência de estupros, tema que de forma súbita alcançou uma relevância gigantesca antes inexistente. O ponto decisivo para isso foi a ocorrência de um brutal estupro coletivo em um ônibus em Delhi, em 16 de dezembro de 2012, que acabou ocasionando a morte da vítima. Grandes protestos contra a violência perpetrada contra as mulheres aconteceram durante vários dias em Delhi e em muitas outras cidades, com massas de manifestantes incomparavelmente mais numerosas do que em qualquer outra demonstração contra a desigualdade de gênero. Também houve confrontos intensos com a polícia. Entre as reclamações contra a polícia estão a falta de proteção adequada às mulheres, e, nesse caso específico, a falta de um atendimento mais imediato, mesmo depois que a vítima e seu amigo foram encontrados jogados no meio da rua. A ausência de segurança e a grande vulnerabilidade da mulher ao estupro e ao assédio se tornaram, da noite para o dia, um problema nacional como nunca fora antes.

Resta saber se esse se tornará um ponto de inflexão no longo prazo no sentido de uma maior segurança para as mulheres. Previsivelmente, houve também manifestações de machismo e sexismo entre os que puseram a culpa pelo crime na vítima, chegando ao absurdo de insinuarem que as mulheres devem se vestir de maneira mais discreta, não devem representar uma tentação a homens mais volúveis e não podem sair à noite. O fato de essa apologia ter sido refutada de forma imediata e generalizada no debate público indica que, ao menos por ora, o movimento não perdeu sua base racional. Houve sugestões também de que esse tipo de estupro ocorre apenas na Índia moderna (vez por outra chamada de "Índia, e não Bharat") e não é tão frequente, se existir, em áreas rurais, o que obviamente é um disparate, pois temos dados tanto de molestações sexuais e estupros de mulheres *dalit* por homens de castas superiores (muitas vezes senhorios) como de estupro marital de esposas indispostas a fazer as vontades dos maridos. Uma das consequências positivas desse incidente trágico e bárbaro é chamar a atenção para a alta disseminação da brutalidade sexual e do estupro, e também para o fato de que até mesmo o conhecido fenômeno da molestação sexual das mulheres não recebia atenção suficiente no passado. Uma vez que os jornais acabaram se reinventando como veículos de divulgação de estupros, muitos deles por todo o país têm dedicado um grande espaço, com frequência várias páginas por dia, a reportagens sobre esse tipo de crime com uma abrangência nunca vista.

Qual é a frequência do crime de estupro na Índia? Se há páginas e páginas sobre estupros em jornais por todo o país, a incidência deve ser alta. E, ainda assim, essa não era a imagem que tínhamos até pouco tempo. Uma das razões para essa percepção não muito clara deve-se aos estupros não relatados, prática bastante comum, pois a polícia costuma ser hostil com as vítimas, a justiça é morosa e é difícil conseguir uma condenação. Com frequência se especula que a maioria dos estupros não é relatada, e a incidência real desse crime pode ser cinco ou dez vezes maior do que apontam os registros da polícia. Isso provavelmente é verdade, e é correto concluir, assim como muitos observadores já o fizeram, que a questão dos estupros na Índia é gravíssima.

No entanto, mesmo que a incidência não seja tão alta quanto se especula, existe o problema inegável da falta de apoio às vítimas por parte da polícia ou da justiça. Com base nos registros da polícia, o Escritório das Nações Unidas sobre Drogas e Crime indica uma taxa de estupros de 1,8 por 100 mil pessoas na Índia em 2010, uma das mais baixas do mundo. Para efeitos de comparação, os valores para Estados Unidos, Reino Unido, Suécia e África do Sul são, respectivamente, 27,3, 28,8, 63,5 e 120.[27] O valor registrado para a Índia é sem dúvida nenhuma enormemente subestimado, e mesmo que o multiplicássemos por dez o número corrigido ainda seria menor na Índia do que em qualquer dos países citados (presumindo que não haja casos não registrados nesses países). É possível que o fator de multiplicação para corrigir os casos não notificados na Índia seja muito maior do que dez (nós de fato não sabemos). Não se pode ter certeza de que a incidência de estupros na Índia seja mais elevada que em qualquer outro lugar, mas todas as evidências sugerem que há um problema em transformar o estupro em um crime devidamente notificado e monitorado, e tudo o que isso implica na falta de um planejamento preventivo. O maior problema da Índia pode ser, até onde sabemos, não uma frequência anormal de estupros, mas uma polícia leniente, uma estrutura de segurança ineficiente, um sistema judiciário não funcional e, por fim, uma sociedade indiferente. A Índia não precisa ser a "capital mundial do estupro" para ser acusada de tudo isso.

O que também é evidente é que a situação em Delhi se distingue do que ocorre nas outras megacidades da Índia. A taxa de estupros registrados em Delhi para cada 100 mil pessoas é de 2,8, em comparação com 1,2 em Bombaim, 1,1 em Bangalore, 0,9 em Xenai e 0,3 em Calcutá. Como não há indícios de que a notificação de estupros seja mais eficiente em Delhi do que nas demais cidades, é notável que Delhi tenha um número mais de nove vezes pior que o de Calcutá. Não importa quão hostil seja a sociedade indiana com as mulheres, não há motivos para Delhi não ser pelo menos tão segura quanto as outras cidades da Índia. Os problemas de administração, policiamento, justiça e indiferença social continuam sérios em toda a Índia, mas há regiões em que o problema da violência contra a mulher é mais grave. Heterogeneidades dentro de um país da dimensão da Índia também podem ser vistas em outras áreas de desigualdade de gênero, como será discutido a seguir.

CONFLITO COOPERATIVO E AGÊNCIA DAS MULHERES

A força e a eficácia da agência das mulheres dependem de um grande número de componentes sociais, entre os quais a configuração familiar é um fator importante. Uma família é um sistema de cooperação que possui interesses congruentes e também prioridades divergentes. As divisões internas da família podem ser vistas como uma combinação de cooperação (todos se beneficiam de viver juntos) e conflito (os benefícios e as obrigações geradas por viverem juntos podem ser divididos de diversas maneiras, e por isso homem e mulher podem ter interesses conflitantes, e não convergentes). Modelos de "conflitos cooperativos" podem ser utilizados proveitosamente para explicar as divisões intrafamiliares.[28]

Em arranjos tradicionais, as mulheres tendem a ter uma parcela menor dos benefícios (por exemplo, assistência médica e formação educacional) e uma parcela muito maior das obrigações (especialmente as tarefas domésticas, quase nunca divididas, e o cuidado de crianças e idosos). Há, no entanto, evidências empíricas de que a divisão dos benefícios e das obrigações pode ser mais igualitária quando as mulheres, em especial as jovens, têm mais acesso, por exemplo, à escolarização e ao trabalho remunerado, e não ao trabalho doméstico não remunerado e não reconhecido.[29]

A percepção de quem está realizando mais trabalho "produtivo", quem está "contribuindo" mais para a prosperidade da família pode ser bem influente nesse contexto, apesar de a "teoria" subjacente a respeito de como avaliar contribuições e produtividade raras vezes ser discutida às claras.[30] Tais interpretações de contribuições individuais e direitos adquiridos de homens e mulheres têm um papel importante na divisão interna dos benefícios da vida em família; e as circunstâncias que influenciam essas percepções de contribuição e direitos (como o fato de a mulher ter renda independente, trabalhar fora de casa, ser escolarizada, ter propriedades) muitas vezes têm resultado crucial nessas divisões. O impacto de um maior empoderamento das mulheres e da ampliação de sua agência, portanto, inclui a correção de iniquidades que contaminam a vida e o bem-estar das mulheres em comparação aos homens. Por exemplo, Bina Agarwal mostrou em seu muito bem argumentado livro *A Field of One's Own* [Um campo para si] como a assimetria na posse de terras, com um desfavorecimento tremendo das mulheres, pode fazer grande diferença para desigualdades de gênero de diversos tipos.[31] Do mesmo modo, o impacto positivo da educação feminina como forma de resistência à desigualdade de gêneros também provou ser grande.[32]

As consequências da assimetria de gênero podem se estender para além do domínio da desigualdade em si, uma vez que a vida de terceiros também está envolvida. Nesse contexto, é particularmente importante examinar o papel da atuação das mulheres na redução da mortalidade infantil e na queda das taxas de fecundidade. Ambas estão relacionadas a preocupações centrais ao processo de desenvolvimento e, apesar de claramente influenciarem o bem-estar da mulher, sua abrangência é sem dúvida muito maior.

Os efeitos adversos das altas taxas de natalidade incluem a negação da liberdade da mulher de realizar outras atividades — em virtude das gestações consecutivas e dos cuidados exigidos pelas crianças —, que com frequência é imposta a mulheres asiáticas e africanas. Não é de surpreender, portanto, que as reduções nas taxas de natalidade tenham muitas vezes sido seguidas pelo aumento do status e poder das mulheres. As vidas mais afetadas pelas gestações consecutivas são as das jovens, e qualquer mudança social que eleve sua voz ativa e influencie decisões relacionadas à fecundidade acaba tendo como efeito a redução da natalidade.

Um trabalho demográfico recente também demonstrou a influência da atuação das mulheres e de seu empoderamento na redução de mortalidade infantil.[33] Essa influência se dá através de diversas formas, mas talvez as de maior importância sejam a preocupação natural das mães com o bem-estar dos filhos e a oportunidade de, quando sua atuação é respeitada e estimulada, influenciar nas decisões familiares que dizem respeito aos cuidados infantis, em vez de se submeterem ao estilo de vida imposto pelos homens.

O impacto positivo da atuação das mulheres pode se estender muito além da ligação entre o aumento do poder feminino e a mudança demográfica. Conforme discutido no capítulo 3, sua atuação parece ter tido um papel crucial no recente progresso do padrão de vida em Bangladesh, e também em experiências recentes de progresso social relativamente rápido na Índia, em especial em Himachal Pradesh, Kerala e Tamil Nadu. Muitos aspectos dessa vasta influência estão se fazendo cada vez mais evidentes.

ABORTO SELETIVO, SOCIEDADE E CONSCIENTIZAÇÃO

Apesar da amplitude do impacto causado pela atuação das mulheres, é necessário entender como o alcance dessa atuação é também condicionado — e às vezes restrito — por uma compreensão inadequada das desigualdades sociais e pela relutância em reavaliar os valores tradicionais (por exemplo, a preferência por filhos homens). Essa falta de esclarecimento e confiança pode ser influenciada por uma falta de consciência sobre a injustiça inerente ao fato de enxergar as garotas como inferiores aos garotos (inclusive informações equivocadas sobre como funcionam muitos países e regiões em que esse tipo de desigualdade de gênero não existe). Apesar do conhecimento cada vez mais disseminado, o alcance da agência feminina pode estar limitado também pela coragem e audácia necessárias para pensar de forma diferente — sem as quais não será possível vencer as práticas injustas enraizadas e os arranjos sociais geralmente aceitos como parte integrante de uma suposta "ordem natural".

O alcance restrito da agência das mulheres pode ser visto, por exemplo, na China ou na Coreia do Sul, onde as formas mais comuns de empoderamento feminino, como escolarização e independência econômica, já alcançaram grandes conquistas. Esse progresso certamente contribuiu com vários outros avanços sociais nesses países e foi muito importante para eliminar os padrões de desigualdade de gênero, tais como assimetria de sobrevivência (o índice de mortalidade infantil feminina artificialmente elevado em comparação com o masculino foi eliminado tanto na Coreia do Sul como na China). No entanto, a agência das mulheres por si só não é capaz de eliminar a tendência de realização de abortos seletivos que definem como alvo específico os fetos do sexo feminino (um comportamento que pode ser descrito como "discriminação de natalidade"). Com o avanço das técnicas científicas para determinação do sexo dos fetos durante a década de 1980, a discriminação de natalidade por meio de abortos seletivos tornou-se estranhamente popular na Coreia e na China. Essa prática levou a iniciativas em ambos os países para conscientizar a população sobre a importância de ter filhas, e não apenas filhos. Há uma questão complexa de esclarecimento da agência envolvida nesse caso, o que extrapola a questão para muito além do empoderamento da agência das mulheres.

Também na Índia, a tendência a utilizar as novas tecnologias para realização de abortos de fetos do sexo feminino cresceu em muitas partes do país (especialmente em estados do norte e do oeste), e a escolarização das mulheres por si só não será capaz de atuar como uma barreira eficaz contra esse movimento retrógrado.[34] Na verdade, há evidências de que os abortos seletivos costumam ser decididos pelas mães. O mais importante nesse contexto é derrotar o que a juíza Leila Seth, presidente da Suprema Corte, denominou apropriadamente como "mentalidade patriarcal".[35]

Esse cenário suscita questionamentos sobre como interpretamos a agência das mulheres e sua influência social. É fundamental observarmos o conceito de agência como algo que vai além do "controle" imediato sobre as decisões.

O sentido mais amplo da ideia crucial de "agência"* deve, entre outras coisas, envolver a liberdade de desafiar os valores estabelecidos e as prioridades tradicionais.[36] A liberdade de atuação deve incluir a liberdade para pensar livremente, sem as severas restrições do conformismo por pressão social ou ainda do desconhecimento do fato de que as práticas adotadas no resto do mundo são diferentes daquelas observadas no âmbito local. Especialmente importante na reversão dessas terríveis tendências de discriminação de natalidade é a atuação informada e esclarecida das mulheres, incluindo o poder para contestar valores e comportamentos herdados sem maiores questionamentos. O que pode de fato fazer a diferença no combate a essa nova e altamente tecnológica face da disparidade de gêneros são o desejo, a capacidade e a coragem de desafiar o domínio das normas recebidas e entranhadas. Quando as ações de discriminação contra as mulheres refletem valores patriarcais contra os quais as próprias mães podem não estar imunes, é fundamental não apenas ter liberdade de *ação*, mas também liberdade de *pensamento e comportamento*. A atuação crítica e informada é importante no combate a desigualdades de todos os tipos, e a desigualdade de gênero não é uma exceção.

Os padrões regionais de aborto seletivo na Índia são condizentes com essa compreensão da influência de valores patriarcais (e da liberdade das mulheres — ou a falta dela — para resistir). Olhando primeiramente para o quadro da Índia como um todo, a situação parece alarmante. Como se sabe, a proporção entre meninas e meninos na faixa etária de zero a seis anos (de agora em diante denominada "proporção de gênero entre crianças") vem caindo com o tempo, e na última década passou de 927 meninas para cada mil garotos em 2001 para 914 meninas para cada mil garotos em 2011. Além disso, há evidências de que esse declínio tenha sido causado principalmente pela propagação da prática de aborto seletivo. A mais recente análise demográfica do recenseamento, assim como os dados da Pesquisa Nacional de Saúde da Família de 1990, sugere que o número de abortos seletivos entre 1980 e 2010 tenha sido de 4 milhões a 12 milhões, e que o número anual de abortos de fetos do sexo feminino esteja hoje entre 300 mil e 600 mil (ou entre 2% e 4% de todas as gestações).[37] Nos distritos mais afetados (como Jhajjar, Mahendragarh e

---

* Ver nota de tradução na p. 11. (N. T.)

Rewari, em Haryana), a proporção de gênero entre crianças está abaixo de oitocentas meninas para cada mil garotos.[38]

Não há estatísticas de natalidade confiáveis na Índia a partir das quais possa ser estabelecida uma proporção entre nascimentos de meninas e meninos. Entretanto, podemos em vez disso observar a proporção de gênero na faixa etária de zero a seis anos, para a qual há dados mais confiáveis e a qual tende a ser muito similar à proporção de nascimentos, embora possa ser um tanto distorcida devido à mortalidade infantil.[39] A proporção entre meninas e meninos de zero a seis anos pode ser obtida a partir dos dados do recenseamento, e as estimativas de proporção de nascimentos de meninas e meninos pode ser obtida por meio da "correção" da proporção de gênero infantil baseada no recenseamento, usando-se os índices de mortalidade infantil por gênero, também disponíveis a partir de um estudo demográfico recente (Kumar e Sathyanarayana, 2012). Podemos utilizar esses dois conjuntos de estimativas — a proporção entre meninas e meninos de zero a seis anos e a estimativa de proporção de nascimentos após a correção dos índices de mortalidade infantil.

Porém, qual seria o parâmetro apropriado para a proporção entre meninas e meninos? Para obtermos uma estimativa razoável, podemos utilizar as estatísticas demográficas europeias. Porém, também existem variações entre diferentes países europeus. É necessário compreender as variações demográficas globais quanto ao número de garotas nascidas para cada mil garotos a fim estabelecermos uma linha de corte como parâmetro para o diagnóstico da provável presença do aborto seletivo em um estado indiano.

No mundo todo nascem mais meninos do que meninas, e considerando a fase de gestação, essa tendência é ainda mais acentuada (a proporção mais comum é geralmente de 910 fetos femininos para cada mil masculinos). No entanto, as garotas apresentam mais chances de sobrevivência em caso de cuidados semelhantes (que costumam receber no útero); no momento do nascimento essa proporção passa a ser entre 940 a 950 meninas para cada mil meninos em países europeus. Entre 2005 e 2010, a proporção média de gênero no momento do nascimento para a Europa como um todo foi de 943 meninas para cada mil meninos. Há variações, conforme observado, mas que não podem ser atribuídas aos efeitos de uma prática presumida de aborto seletivo. Para obtermos um quadro relativamente confiável dos indícios de uma prevalência significativa de aborto seletivo em um estado indiano específico, temos de identificar um parâmetro consistente com as estatísticas mais baixas do panorama europeu.

Entre os principais países europeus com números mais baixos, a proporção de meninas a cada mil meninos é de 941 na Itália, 940 na Espanha, 939 na Grécia e 935 na Irlanda. Há alguns países com proporções ainda menores, como Macedônia (926), Montenegro (926) e outros, mas em alguns desses casos os dados e suas influências causais podem ser questionados. Existe, portanto, um bom motivo para a escolha das médias de Itália, Espanha e Grécia, e para estabelecer a linha de corte em 940.

Utilizando esse parâmetro proporcional e aplicando-o aos valores do recenseamento indiano de 2011 para a proporção de gênero entre crianças de zero a seis anos de idade, todos os estados do norte e do oeste da Índia aparentam demonstrar claras evidências de incidência de aborto seletivo de uma forma em geral não observada nos estados do leste e do sul (ver tabela 8.3). O primeiro fator a ser observado é que podemos demarcar uma linha divisória para cortar a Índia em duas metades, com os estados do oeste e do norte (com claras evidências de aborto seletivo de meninas) sendo separados dos estados do leste e do sul (nos quais não se encontram tais evidências, com exceção de Odisha).[40] O primeiro grupo — com proporção entre meninas e meninos abaixo de 940 para cada mil em 2011 — inclui Punjab, Haryana, Gujarat, Himachal Pradesh, Uttarkhand, Rajastão, Uttar Pradesh, Maharashtra, Madhya Pradesh, Jammu e Caxemira e Bihar, e os estados nos quais a proporção é superior a 940 para cada mil são Assam, Bengala Ocidental, Kerala, Jharkhand, Chhattisgarh, Andhra Pradesh, Tamil Nadu e Karnataka. O estado de Odisha por pouco não se qualifica para a última lista, com a proporção de 934 meninas para cada mil meninos, mas ainda assim — como os outros estados do leste e do sul — possui uma proporção entre meninas e meninos superior a qualquer estado do norte e do oeste.

Se em vez disso utilizarmos as estimativas diretas de proporção de nascimento, obteremos valores muito semelhantes (ver tabela 8.3, última coluna e também o mapa a seguir). Uma pequena exceção, entretanto, pode ser observada em Bihar, que já chegou a ser o primeiro na lista de proporções mais baixas de meninas entre as crianças com idade entre zero e seis anos, e que hoje, com uma proporção de 941, consegue cruzar a linha de corte de 940 (portanto, se posiciona no grupo de "estados do leste e do sul"), ao passo que

TABELA 8.3. PROPORÇÃO DE GÊNERO ENTRE CRIANÇAS E PROPORÇÃO DE GÊNERO EM PARTOS

Estado	Proporção meninas/meninos, faixa etária 0-6 anos, 2001	Proporção meninas/meninos, faixa etária 0-6 anos, 2011	Estimativas indiretas de proporção de nascimentos de meninas/meninos, 2011[a]
Haryana	819	830	842
Punjab	798	846	854
Jammu e Caxemira	941	859	870
Rajastão	909	883	889
Maharashtra	913	883	902
Gujarat	883	886	891
Uttarakhand	908	886	890
Uttar Pradesh	916	899	911
Himachal Pradesh	896	906	916
Madhya Pradesh	932	912	917
Bihar	942	933	941
Odisha	953	934	936
Andhra Pradesh	961	943	942
Jharkhand	965	943	953
Karnataka	946	943	944
Tamil Nadu	942	946	946
Bengala Ocidental	960	950	947
Assam	965	957	952
Kerala	960	959	959
Chhattisgarh	975	964	963
Índia	**927**	**914**	**919**

[a] Dados estimados a partir do agrupamento dos dados do recenseamento sobre proporção entre meninos e meninas com as estimativas de mortalidade infantil específicas por idade e sexo do Sistema de Registro por Amostragem (SRS, na sigla em inglês).

FONTES: Governo da Índia (2011b), Declaração 13. As estimativas indiretas de proporção de sexos no nascimento foram obtidas a partir de Kumar e Sathyanarayana (2012). Os estados estão classificados em ordem crescente de proporção entre meninas e meninos na faixa etária de 0 a 6 anos em 2011 (segunda coluna).

Odisha permanece abaixo da linha de corte, com uma proporção de 936. Essas poucas exceções ao quadro geral não alteram significativamente o contraste entre sul e leste de um lado e norte e oeste de outro, em especial se considerarmos que todos os principais estados no leste e no sul possuem proporção mais alta de meninas do que os principais estados do norte e do oeste, de acordo com dados consolidados a respeito do número de crianças com idades entre zero e seis anos.

Esse contraste já era visível nos dados do recenseamento de 2001.[41] De fato, como podemos observar na tabela 8.3, naquele momento todos os estados mais importantes do norte e do oeste apresentavam uma proporção de gênero infantil mais desequilibrada que a dos estados de maior destaque do sul e do leste. No entanto, ocorreram algumas mudanças importantes entre os dois recenseamentos em termos absolutos de proporção de gênero entre crianças. Além de outras mudanças, há um significativo declínio da proporção de meninas entre 2001 e 2011 em muitos estados, incluindo alguns do sul e do oeste. Por exemplo, a proporção entre meninas e meninos em Odisha caiu de 953 em 2001 para 934 em 2011, com uma queda especialmente grande (de 933 para 909) em áreas urbanas, nas quais há mais probabilidade de concentração de abortos seletivos. Na área urbana de Jharkhand, também a proporção caiu de 930 em 2001 para 904 em 2011. Essas são algumas indicações de que os abortos seletivos de meninas podem estar se disseminando para além do norte e do oeste.[42] Há um alerta importante aqui quanto ao possível risco de propagação da prática de aborto seletivo na Índia. Esse alerta deve ser considerado com seriedade, mesmo que o quadro esteja longe de ser uniforme (por exemplo, a proporção de gêneros entre crianças aumentou, em vez de diminuir, no estado sulista de Tamil Nadu).

Parece provável que em todos os estados — mesmo no sul e no leste — será encontrado um princípio de tendência ao aborto seletivo, já que a preferência de algumas famílias por meninos pode se concretizar usando-se as novas e cada vez mais acessíveis técnicas de descoberta precoce do sexo dos fetos. Embora isso possa explicar pequenas alterações negativas na proporção de gênero entre crianças, o verdadeiro problema é determinar se esse fenômeno permanecerá sendo uma aberração no sul e no leste ou se esse princípio será traduzido em um emprego mais abrangente do aborto seletivo nessas regiões (como parece ter ocorrido nas áreas urbanas de Jharkhand e Odisha). A expli-

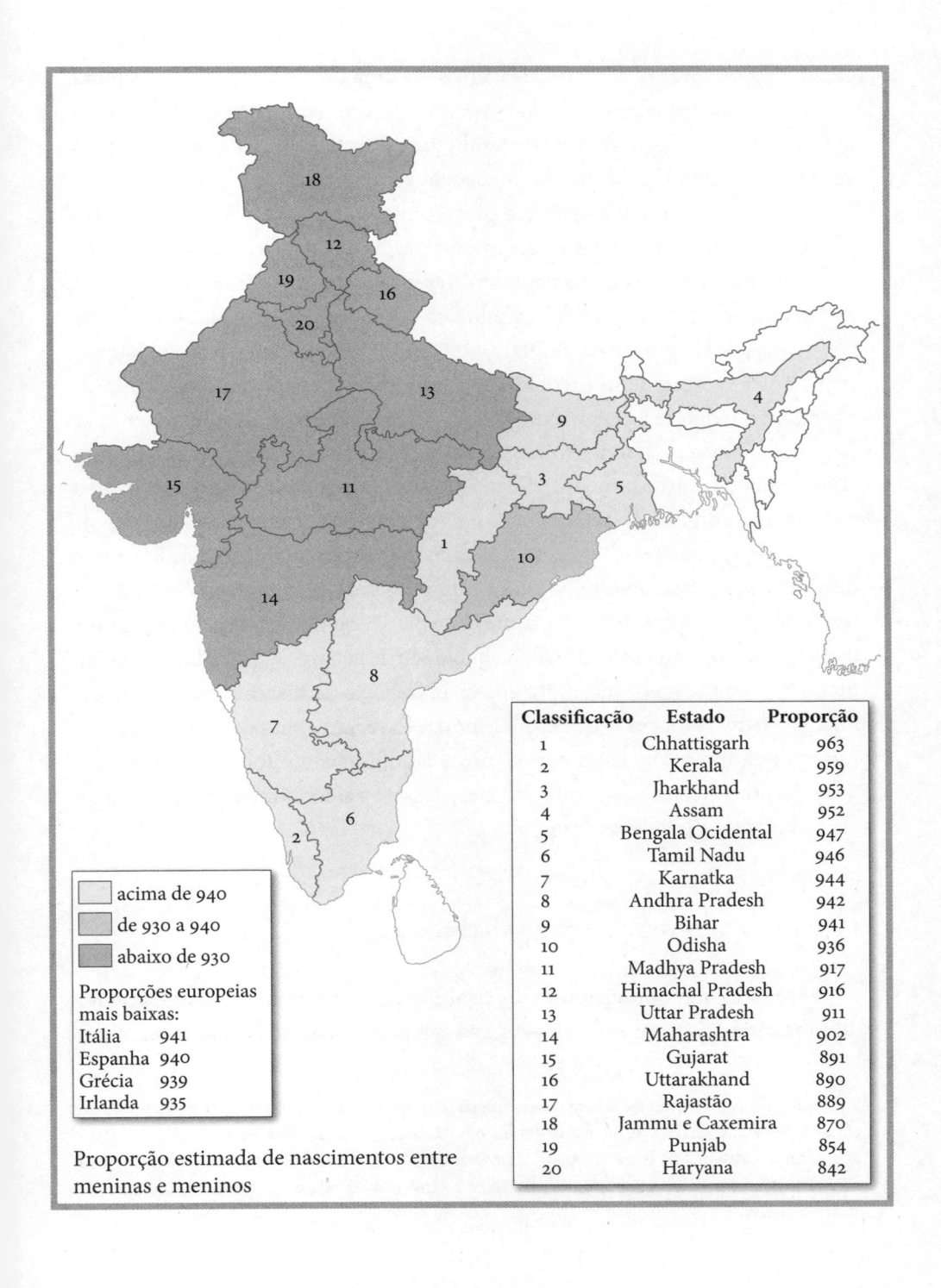

Classificação	Estado	Proporção
1	Chhattisgarh	963
2	Kerala	959
3	Jharkhand	953
4	Assam	952
5	Bengala Ocidental	947
6	Tamil Nadu	946
7	Karnatka	944
8	Andhra Pradesh	942
9	Bihar	941
10	Odisha	936
11	Madhya Pradesh	917
12	Himachal Pradesh	916
13	Uttar Pradesh	911
14	Maharashtra	902
15	Gujarat	891
16	Uttarakhand	890
17	Rajastão	889
18	Jammu e Caxemira	870
19	Punjab	854
20	Haryana	842

acima de 940
de 930 a 940
abaixo de 930

Proporções europeias mais baixas:
Itália 941
Espanha 940
Grécia 939
Irlanda 935

Proporção estimada de nascimentos entre meninas e meninos

cação para os contrastes regionais é por si só uma questão muito desafiadora, em especial se considerarmos que, mesmo no recenseamento de 2011, todos os estados do sul e do leste apresentaram uma proporção mais alta de meninas em relação a meninos do que os estados do norte e do oeste.

Por que há uma diferença tão grande, um contraste tão marcante, entre as regiões? Essa é apenas uma das muitas perguntas para as quais não temos respostas prontas, mas a questão das diferenças culturais certamente merece ser investigada. Existem trabalhos sobre os diferentes aspectos das relações de gênero nos quais contrastes similares, incluindo outros tipos de discrepâncias entre norte e oeste de um lado e sul e leste de outro, foram investigados.[43] Entretanto, o que surge aqui é um contraste especialmente acentuado entre as duas metades do país, sem explicação óbvia. Por sinal, os dados de Bangladesh (lá a proporção correspondente é de 972, para a faixa etária entre zero a quatro anos) correspondem ao padrão regional "oriental" da Índia — e é até melhor.

Qualquer que seja o recorte utilizado, há um problema generalizado de desvalorização das meninas na Índia como um todo, e evidências contundentes dessa prática no norte e no oeste do país.* É especialmente desanimador perceber que o aliado tradicional da igualdade de gênero — a escolarização das meninas — não parece ser muito eficaz na redução da discriminação de natalidade sofrida pelos fetos de sexo feminino. Esse fato chama a atenção sobretudo para a importância da conscientização do debate público, que deve ser livre de preconceitos de todos os tipos. E isso, evidentemente, é uma parte central da tese geral deste livro.

DESEQUILÍBRIOS DE PODER, ANTIGOS E NOVOS

Até este ponto do capítulo nos concentramos sobretudo em desigualdades tradicionais, como as de classe, casta e gênero. Essas desigualdades antigas

---

* Uma luz no fim do túnel, mesmo que pequena, é que a proporção entre meninas e meninos com idades entre zero e seis anos ficou mais equilibrada em quatro dos estados com menores proporções entre 2001 e 2011 (Punjab, Haryana, Gujarat e Jammu e Caxemira), ainda que os números desses estados sigam demonstrando evidências claras de continuidade da prática de aborto seletivo.

e enraizadas continuam amplamente influentes na sociedade e na política da Índia. Algumas delas, conforme observamos, estão sendo combatidas de forma significativa. No entanto, há novas e crescentes desigualdades reforçando o círculo vicioso de impotência e privações. Por exemplo, durante os últimos vinte anos foi observado um grande crescimento do poder das empresas privadas na Índia, uma força motivada principalmente — com algumas honrosas exceções — pela busca desenfreada do lucro. A influência cada vez maior dos interesses corporativos sobre políticas públicas e instituições democráticas não facilita em nada a reorientação das prioridades políticas para as necessidades da população menos favorecida.*

É importante reconhecer a influência de elementos da iniciativa privada sobre o equilíbrio das políticas públicas, mas seria um erro encarar sua existência como uma força natural inevitável. O sistema democrático indiano oferece formas de resistência a novas inclinações que possam emanar da pressão corporativa. Exemplo didático tanto de uma tentativa gritante de desmantelamento de um serviço público estabelecido como de uma possibilidade de derrotar tal tendência é a grande saga de alguns fabricantes de biscoitos no intento de tomar o controle do programa de merenda escolar na Índia.[44] O programa indiano de refeições quentes ao meio-dia, que fornece refeições preparadas por mulheres locais para cerca de 120 milhões de crianças, com um impacto substancial sobre a nutrição e a frequência escolar, foi cobiçado durante muitos anos pela indústria alimentícia, especialmente por fabricantes de biscoitos. Há alguns anos, a Associação de Fabricantes de Biscoitos (BMA, na sigla em inglês) lançou uma campanha em grande escala em favor da substituição das refeições quentes por pacotes de biscoitos de suas marcas. A BMA escreveu para todos os membros do Parlamento, solicitando que levassem a causa dos biscoitos até o ministro responsável, e para isso forneceu um relatório puramente pseudocien-

---

* Já em 1776, muito antes que as empresas privadas conquistassem algo parecido com o poder de influência que possuem hoje, Adam Smith alertou sobre a interferência de interesses comerciais em políticas públicas: "O interesse dos empresários em qualquer ramo de comércio ou indústria, entretanto, sempre será diferente ou mesmo oposto ao interesse público […]. O objetivo de qualquer nova legislação ou regulamentação do comércio que surgir a partir desse raciocínio deve sempre ser ouvido com grande precaução e jamais ser adotado antes de examinado de maneira minuciosa, não somente com atenção escrupulosa, mas também com suspeita" (Adam Smith, 1776, p. 292).

tífico sobre as maravilhas dos biscoitos industrializados. Dezenas de membros do Parlamento, das mais variadas posições políticas (com a notável exceção dos partidos comunistas), obedeceram de pronto e escreveram para o ministro, em geral apenas repetindo as falsas alegações da BMA. Conforme relato de um funcionário público graduado, o Ministério foi "inundado" por cartas, 29 delas obtidas num momento posterior por meio da Lei do Direito à Informação. Felizmente a proposta foi recusada de forma sumária pelo ministro após consultas aos governos estaduais e especialistas em nutrição, e após a vigilância pública expor o que estava ocorrendo. O ministro chegou a escrever ao ministro-chefe de um estado que participou do lobby dos biscoitos: "Estamos realmente consternados com os crescentes pedidos de introdução de alimentos pré-cozidos, proveniente em grande parte de fornecedores/distribuidores de alimentos embalados, os quais visam, na prática, introduzir e aprofundar o mercado para esses alimentos".

A grande batalha continua sendo travada. A BMA não desistiu após ter sido rechaçada pelo ministro do Desenvolvimento de Recursos Humanos, mas mudou de foco, recorrendo ao ministro da Mulher e do Desenvolvimento Infantil com uma proposta similar para o fornecimento de biscoitos para crianças com menos de seis anos sob os cuidados do ICDS. Outros fabricantes de alimentos também estão nessa missão e, apesar da vigilância e da resistência por parte de ativistas (e da Suprema Corte), as empresas já conseguiram bastante espaço no âmbito dos programas de alimentação infantil em diversos estados.

Preocupações semelhantes aplicam-se a outras áreas das políticas sociais. Por exemplo, a perspectiva de criação de um sistema eficiente de saúde pública na Índia dificilmente será ajudada pela influência cada vez maior das empresas de seguro, que atuam em larga escala no segmento da saúde. Conforme discutido no capítulo 6, o sistema de saúde da Índia já é um dos mais privatizados do mundo, com consequências previsíveis — altos gastos, baixa eficiência e enormes desigualdades. Ainda assim, há muita pressão para adotar o sistema de saúde no modelo americano, baseado em seguros privados, apesar do amplo reconhecimento internacional de sua ineficiência e de seu alto custo.

Por outro lado, eventos recentes também trouxeram à luz a possibilidade não apenas de ganhar batalhas isoladas contra a influência corporativa inapropriada, como ocorreu com o lobby dos biscoitos, mas também de criar mecanismos institucionais contra o abuso corporativo de poder. A Lei do Direito à

Informação, por exemplo, apesar de não ser diretamente aplicável a empresas privadas, é um meio poderoso de monitorar e disciplinar as relações entre governos e corporações, conforme ilustrado pela história dos biscoitos. Regulações e legislações relativas a financiamento privado de partidos políticos, lobby corporativo, transparência financeira, padrões ambientais e direitos trabalhistas também têm um papel importante em submeter o setor corporativo às normas básicas da justiça social.

OS PRIVILEGIADOS E OS OUTROS

Conforme discutido e bastante ilustrado, a Índia está cheia de desigualdades de diversos tipos. Alguns indianos são relativamente ricos; a maioria não. Alguns são muito bem-educados/escolarizados; outros são analfabetos. Alguns levam uma vida fácil; outros trabalham arduamente por pouquíssima recompensa. Alguns têm amplo poder político; outros não conseguem influenciar nada além da sua esfera imediata. Alguns têm diversas oportunidades de avançar na vida; outros não têm nenhuma. Alguns são tratados com respeito pela polícia, não importa o que façam; outros são tratados como lixo à menor suspeita de transgressão. Os vários contrastes refletem diversos tipos de desigualdades, e todos requerem muita atenção.

Mas, levando essa observação ainda além — e essa é a questão central para entender a natureza da desigualdade na Índia —, nota-se que as pessoas com baixa renda e pouco acesso à saúde, que sofrem com o analfabetismo e a má educação, que trabalham arduamente por pouca remuneração, que têm pouca influência sobre a administração do país, que não dispõem de oportunidades sociais e econômicas para avançar e são tratadas com brutalidade pela polícia classista, quase sempre são as mesmas. A linha divisória entre "ter" e "não ter" na Índia não é apenas um clichê retórico, mas uma parte importante na análise diagnóstica, indicando uma divisão notória e fundamental para entendermos a sociedade indiana. A congruência de privações apenas aumenta as disparidades entre os privilegiados e os outros nas diversas esferas, e posiciona as pessoas em compartimentos distintos. A busca pela igualdade na Índia é um desafio real.

9. Democracia, desigualdade e argumentação pública

A democracia, da maneira como a conhecemos hoje, desenvolveu-se ao longo de um extenso período de tempo, com base em diferentes tipos de experiências e experimentos. Havia formas relevantes de prática política democrática na Grécia antiga, em torno do século VI a.C., embora envolvesse apenas uma minoria de cidadãos adultos do sexo masculino (mulheres e escravos, entre outros, eram excluídos). Tentativas fragmentadas sucederam-se em outros lugares, bem como governos democráticos em uma série de localidades, inclusive na Índia, Pérsia e Báctria, mais de 2 mil anos atrás. A "Constituição de dezessete artigos" promulgada no Japão no ano 604 pelo príncipe budista Shotoku insistia na necessidade de uma ampla consulta para as decisões tomadas pelo Estado. Vários métodos democráticos, como a decisão por consenso, também foram utilizados com as devidas limitações em todo o mundo no decorrer dos séculos.

No entanto, a democracia na sua forma atual levou muito mais tempo para surgir, amparada por inúmeros avanços — da Magna Carta inglesa em 1215, passando pela Revolução Francesa e pela Independência dos Estados Unidos no século XVIII, à disseminação do direito de votar dos adultos, inicialmente dos homens, e por fim também das mulheres, na Europa e na América do Norte no século XIX e começo do XX. Mas foi na segunda metade do século xx que a ideia de democracia se estabeleceu como uma forma de governo à qual qualquer nação tem direito — seja na Europa, seja na América, Ásia ou África.[1] O florescimento da prática democrática e a extensão de seu alcance, porém, são um processo contínuo.

Os senhores coloniais da Europa eram bastante céticos em relação à possibilidade de que a Índia pudesse florescer como uma democracia caso se tornasse independente. Mas a Índia independente partiu sem escalas para um sólido sistema democrático a uma velocidade notável quando os britânicos se retiraram, em 1947. É natural perguntar: a democracia tem funcionado a contento na Índia? Claramente, as normas básicas da democracia vêm sendo, em geral, seguidas com muito sucesso, e as tentativas de suspensão dos direitos democráticos — como aconteceu durante o estado de emergência declarado na década de 1970 — receberam imediata rejeição no âmbito eleitoral, com a reabilitação de todos os direitos que haviam sido suspensos. A princípio, é difícil não encarar essa história política como uma grande conquista, já que a Índia foi o primeiro país não ocidental — e também o primeiro país pobre do mundo — a comprometer-se com uma forma de governo resolutamente democrática, com eleições multipartidárias sistemáticas, subordinação dos militares ao governo civil, independência do Poder Judiciário, proteção dos direitos das minorias e liberdade de expressão. Isso com certeza não é pouco.

Considerando que ter um sistema de governo democrático é um fim em si mesmo, há muito a comemorar. Mas é como instrumento para o aprimoramento da sociedade — e, em particular, para a extinção de injustiças e desigualdades sociais — que as conquistas da democracia indiana podem ser seriamente contestadas. A continuidade — e, às vezes, até o aumento — de diferentes tipos de desigualdade na Índia, discutidos em capítulos anteriores, fornece provas bastante incriminatórias contra a visão da democracia indiana como uma experiência bem-sucedida em termos de suas consequências.

Esse grande fracasso é uma parte importante do foco deste livro, e um exercício fundamental deste trabalho é abordar a seguinte questão: como podemos obter mais — sobretudo na redução da injustiça e das enormes disparidades na vida dos cidadãos — do que a democracia indiana tem sido capaz de proporcionar até agora? Mas, antes de abordar esse assunto, devemos comentar brevemente as falhas da democracia indiana, mesmo quando julgada só em termos de cumprimento das normas institucionais da prática democrática.

VIOLAÇÕES DA PRÁTICA DEMOCRÁTICA

Em seu interessantíssimo livro *India after Gandhi: The History of the World's Largest Democracy*, Ramachandra Guha divide essa história em vários períodos distintos. Ele vê as duas primeiras décadas após a independência da Índia como um período de democracia constitucional, seguido por duas décadas de variações e uma transição da democracia constitucional para o presente período de democracia "populista" — com a pressão política impactando o governo o tempo todo.[2]

É certo que houve diferentes graus de tensão sobre a democracia indiana ao longo do tempo. Os imperativos da Constituição democrática foram seguidos um pouco mais à risca nos dias de Nehru (e logo depois), mas as violações — e a tentação de tomar atalhos — tornaram-se bastante fortes na década de 1970, particularmente com a declaração do estado de emergência pelo governo liderado por Indira Gandhi. É também verdade que, nas últimas duas décadas, o governo, bem como os representantes eleitos do Parlamento indiano, tem sido submetido à pressão feita por demandas fortemente articuladas de setores políticos organizados. O aumento da influência da pressão política é uma característica importante da Índia contemporânea, embora possamos questionar se o atendimento dessas reivindicações pode realmente ser visto como "populismo", já que as demandas orquestradas muitas vezes não correspondem nem de longe aos interesses e às preocupações da população em geral, em especial dos de baixo (teremos mais a dizer sobre isso em seguida).

O que também precisa ser enfatizado — indo além da divisão de Guha em períodos — é que as falhas na prática da democracia constitucional na Índia estiveram, de fato, presentes durante todo o período pós-independência, sem excluir a época de Nehru. Mesmo naqueles dias mais "estáveis" do primeiro-ministro Nehru, o xeque Abdullah, principal líder popular da Caxemira (e que acreditava firmemente em uma Caxemira secular), foi preso em 1953 e assim ficou por uma década ou mais. Houve também uma brutal repressão ao movimento de independência em Nagaland, com base em uma estratégia contrainsurgente (chamada de "agrupamentos", em que as pessoas eram amontoadas em acampamentos e aquelas que não aderiam eram perseguidas), aparentemente inspirada em operações similares no Vietnã.[3] Não menos importante, um governo eleito pelo povo de um estado, Kerala, liderado pelo

Partido Comunista, que fazia diversas reformas sociais havia muito necessárias sem violar as normas democráticas, foi de repente deposto em nome da lei e da ordem, apesar de existirem evidências consideráveis de que o partido de centro no poder, ou seja, o Congresso Nacional indiano, havia tido um papel ativo — e talvez até mesmo instigador — no desequilíbrio da lei e da ordem.

A investigação da prática — e das violações — das normas democráticas na Índia merece um tratamento bem mais completo do que podemos oferecer neste livro. No entanto, devemos discutir brevemente alguns casos de lapsos democráticos, ao menos para observar que as conquistas da Índia, por mais significativas que sejam (sobretudo em contraste com a prevalência do autoritarismo em várias partes do mundo, incluindo a Ásia, a África e a América Latina), não são perfeitas. Um dos problemas persistentes tem sido uma grave insuficiência no reconhecimento e questionamento das violações dos direitos civis e políticos na Caxemira e em outras áreas onde há preocupações — ou alegadas preocupações — com a segurança nacional, tais como em partes do nordeste.*

Há um problema real aqui. Os meios de comunicação podem definir como "autodisciplina" a não interferência na segurança nacional, mas seu resultante silêncio sobre questões de direitos civis em algumas áreas críticas é um enorme descompasso com o vigor geral do processo democrático na Índia. A natureza submissa da cobertura da mídia tem uma variedade de causas. No caso específico da Caxemira, a situação política pode ser vista como um assunto genuinamente complexo, em especial porque também está inserido em tensões maiores entre a Índia e o Paquistão. Contudo, as questões subjacentes demandam discussão aberta e participação democrática, em vez de silêncio.

A complexidade das questões não diminui a importância fundamental de relatar amplamente e denunciar com firmeza as violações dos direitos individuais e civis na Caxemira ou em qualquer outro lugar. Exigir mais respeito pelos direitos humanos não significa atravessar-se no caminho de uma solução política pacífica para a Caxemira, e pode muito bem facilitá-la, pois o tratamento violento gera mais alienação na população. Os deveres da mídia envol-

---

* O nordeste da Índia é composto dos estados de Assam, Sikkim, Nagaland, Meghalaya, Manipur, Mizoram, Tripura e Arunachal Pradesh. Esses sete estados estão ligados ao restante da Índia por uma estreita faixa de terra conhecida como Corredor de Siliguri (fronteira entre Sikkim e Bengala Ocidental). (N. T.)

vem submeter essas questões extremamente importantes da prática democrática a um exame mais crítico, incluindo relatórios sobre os horrores que são cometidos não apenas por alguns grupos extremistas, mas também pela polícia e pelas forças armadas indianas. Ainda que Nova Delhi tenha feito alguns esforços nos últimos anos para reduzir essas violações e dado mais autonomia para o governo eleito daquele estado, muitos passos mais ousados são necessários, e os meios de comunicação indianos podem ajudar bastante nesse sentido, dando mais destaque às questões de governança e dos direitos humanos na Caxemira na arena pública.

Embora a Caxemira seja o caso mais proeminente de violação de normas democráticas na Índia, não é único. Outras insurgências e movimentos separatistas (especialmente no nordeste do país) têm sido muitas vezes enfrentados com o uso da força militar. Os impedimentos à paz abrangem não apenas a natureza política dessas insurgências, o que merece uma investigação mais séria a respeito de suas causas do que tende a receber, mas a natureza brutal e com frequência contraproducente da violência organizada pelo Estado, incluída em medidas vistas como preventivas. A estratégia de repressão violenta não só resulta na violação de vários direitos humanos básicos como muitas vezes acaba agravando a situação.

Um bom exemplo é o uso generalizado, na Caxemira e nas conturbadas regiões do nordeste, dos poderes draconianos dados às Forças Armadas pela Lei (de Poderes Especiais) das Forças Armadas de 1958, ou AFSPA (na sigla em inglês), que é uma espécie de recriação da antiga "Portaria (de Poderes Especiais) das Forças Armadas", estipulada pelos britânicos em 1942, nos tempos autoritários do governo colonial. Suas disposições incluem amplo poder discricionário para abrir fogo contra alvos específicos e executar prisões sem mandado, bem como uma virtual garantia de imunidade contra processos por abusos contra os direitos humanos. Esses poderes têm sido utilizados com frequência de forma extremamente violenta e tendem a agravar os conflitos em vez de resolvê-los. Como R. N. Ravi, ex-diretor especial do Bureau de Inteligência, afirmou: "Com uma visão interna e próxima do cenário há mais de duas décadas, estou cada vez mais convencido de que, entre os vários motivos que sustentam a militância no nordeste, o mais importante é a injustificada aplicação da Lei (de Poderes Especiais) das Forças Armadas de 1958".[4] Apesar dessa e de outras críticas (incluindo as exigências de revogação da AFSPA por parte da Organização das Nações Unidas, bem como de uma comissão nomeada pelo governo), a resposta do governo não foi além de promessas ocasionais de alterações discretas na lei. Comentários similares aplicam-se a outras leis antidemocráticas, como a de sedição, outra relíquia da era colonial descrita como "altamente censurável e detestável" por Jawaharlal Nehru já em 1951, mas ainda em vigor e aplicada com frequência pelas autoridades.[5]

O problema não é menos grave no centro do país, onde há um atuante movimento maoista, que se baseia no fervilhante descontentamento dos pobres das zonas rurais e às vezes usa meios muito violentos, não poupando os civis quando são suspeitos de estar no "lado errado". O governo, por sua vez, quase sempre revida com uma violência sem a menor sintonia com as normas da Índia democrática em regiões agora oficialmente chamadas de "distritos afetados pelo extremismo de esquerda".

A rebelião maoista é o extremo mais violento do descontentamento social — que se estende também às classes políticas dominantes e é mais abrangente do que a insatisfação civil generalizada com os governos estaduais e nacional. As preocupações que tudo isso levanta sobre o futuro da democracia indiana foram bem captadas por Pankaj Mishra:

> A China é tremulamente autoritária, enquanto a Índia é uma democracia estável — de fato a maior do mundo. Assim diz o clichê, e é uma verdade até certo ponto [...]. [Mas] a raiva do público contra a classe política da Índia aparece de maneira mais intensa, e o mal-estar assume formas mais desafiadoras, como na guerra civil no centro do país, onde militantes maoistas nativos estão combatendo as forças de segurança nas florestas ricas em produtos primários. A Índia, onde as dinastias políticas têm sido a regra por décadas, também dispõe de muitos mais "príncipes" do que a China — quase 30% dos membros do Parlamento vêm de famílias de políticos. À medida que o país intensifica sua repressão aos dissidentes intelectuais e se atrasa em termos de objetivos de saúde global, vai imitando as tendências autoritárias e a corrupção da China sem fazer progressos comparáveis em aliviar as dificuldades enfrentadas por seus cidadãos. A "Nova Índia" corre o risco de se tornar uma réplica da China.[6]

Essas observações levantam questões bem mais amplas do que somos capazes de abordar neste livro; contudo, aquelas que investigamos não podem ser adequadamente compreendidas sem levar em conta a fundamentada ansiedade sobre o futuro da democracia indiana que Mishra — entre outros — articula.

A Índia é, em geral, um sucesso democrático pelos padrões contemporâneos, e os indianos podem justificadamente saborear o fato de que seu país é muitas vezes descrito como "a maior democracia do mundo", mas as violações da prática democrática em contextos específicos, sob alegadas razões de segurança nacional e outras considerações, também são parte do cenário. Esse é, em última análise, um assunto importantíssimo para o compromisso e exame democrático. O futuro da democracia indiana depende em grande medida da intrépida defesa pública dos direitos democráticos sempre e onde quer que estejam ameaçados.

AS INSTITUIÇÕES DEMOCRÁTICAS E SEU FUNCIONAMENTO

Voltando-nos para outro aspecto das normas democráticas, discutiremos brevemente o funcionamento das instituições que compõem a democracia indiana. Ao dividir a estrutura institucional em três componentes — o Legislativo, o Executivo e o Judiciário —, podemos começar com os legislativos central (o Parlamento indiano) e estaduais (as assembleias estaduais). Ao contrário dos Estados Unidos, onde os principais executivos — o presidente e os governadores dos estados — são eleitos, assim como muitas camadas de juízes, na Índia as eleições que envolvem os cidadãos (o eleitorado) referem-se sobretudo à escolha dos membros do Parlamento e das assembleias estaduais.

A democracia não envolve apenas as eleições, mas o processo eleitoral é obviamente uma parte importante dela. Isso poderia, em princípio, ser uma força poderosa para a mudança, porém os resultados estão longe de ser automáticos. No que diz respeito às instituições eleitorais, a Índia se sai razoavelmente bem em análises históricas e internacionais. Em comparação com os Estados Unidos (aspirante a porta-bandeira da democracia no mundo contemporâneo), a Índia se sai melhor em diversos aspectos. Por exemplo, a Índia apresenta taxas de comparecimento de eleitores muito mais elevadas (os Estados Unidos estão perto da base da média internacional nesse quesito), tem provisões mais amplas para a representação política de grupos socialmente desfavorecidos e é menos vulnerável à influência do "grande capital" na política eleitoral. Há menos conflitos sobre o resultado das eleições na Índia do que nos Estados Unidos (o drama dos *hanging chads*,* como nas contestadas eleições americanas de 2000 e em outras batalhas envolvendo contagens, parece ser um bom exemplo das diferenças no processo eleitoral nos Estados Unidos e na Índia). Há também pluralismo bem maior na política indiana do que na americana. Dezenas de partidos políticos, da extrema esquerda à extrema direita, estão representados no Parlamento indiano, em contraste com apenas dois (com posições muito semelhantes sobre inúmeras questões) no Congresso dos Estados Unidos.** A comparação não é de todo favorável à Índia (por exemplo, há maior democracia interna partidária na política dos Estados Unidos); no entanto, as instituições eleitorais da Índia aparecem sob uma perspectiva razoavelmente boa para os padrões mundiais contemporâneos.

Há, é claro, muito espaço para melhorias. Por exemplo, a cultura de trabalho entre os representantes eleitos na Índia deixa a desejar. Para começar, eles passam pouquíssimo tempo "na casa": entre 2000 e 2010, o número médio anual de dias de sessões das assembleias legislativas variou de catorze (em Haryana) a 48 (em Bengala Ocidental) entre os nove estados para os quais se dispõe de dados relevantes fornecidos pelos Serviços de Pesquisa Parlamentar.[7] E, obviamente, nem todos os representantes estão presentes quando a assembleia está em sessão. Mesmo nas ocasiões em que estão "na casa", o comportamento dos representantes eleitos nem sempre é exemplar: "Assembleia suspensa em meio a pandemônio" é uma manchete comum de jornal (só em 2011 foi usada em Andhra Pradesh, Jammu e Caxemira, Odisha, Rajastão, Uttar Pradesh e Tripura), geralmente referindo-se a feitos como arremesso ou quebra de cadeiras, ventiladores, microfones e outros itens. A negligência foi levada a novos patamares no recente escândalo do "porngate", quando alguns

---

* Os *hanging chads* (fragmentos de papel pendurados, que deveriam ter se soltado da cédula eleitoral perfurada pelo eleitor para indicar sua preferência) se tornaram célebres na eleição presidencial americana de 2000, quando os resultados na Flórida exigiram uma recontagem dos votos, e os funcionários eleitorais foram obrigados a examinar manualmente as cédulas para determinar as intenções dos eleitores. Estes haviam perfurado o cartão, mas em alguns casos os pedacinhos de papel não estavam totalmente separados da cédula. Em outros, o papel havia sido pressionado, mas não se destacou em parte nenhuma. (N. T.)
** Entre 1989 e 2009, o número médio de partidos políticos contestando as eleições para a Lok Sabha chegou a 199 (Kaushik e Pal, 2012, p. 78).

membros da Assembleia Legislativa em Karnataka foram pegos vendo pornografia em seus telefones móveis na primeira fileira de uma sessão. Seria sem dúvida injusto medir todos os representantes eleitos por essa mesma régua depreciativa. Muitos deles também são movidos pelo espírito público, trabalham duro e são competentes. Mas certamente há alguma margem para melhorias nas normas parlamentares como um todo.

Ainda mais relevantes são as expressões frequentes de frustração e ceticismo sobre quem são os "representantes eleitos" e quais interesses representam — desde divertidos cartuns até um pé de sapato arremessado sobre eles. A ideia básica da representação eleitoral é dar às pessoas a chance de eleger aqueles que farão algo por elas e representarão seus interesses. Mas, na competição por votos, o que os candidatos têm feito (ou farão) para o público é apenas um fator a levar em consideração, e nem sempre conta muito. O primeiro passo é conseguir se candidatar, o que significa cair nas graças da liderança do partido (não dos membros do partido, já que a democracia interna partidária costuma ser bastante limitada na Índia). A *accountability*, portanto, diz respeito à cúpula, e não à base. Outro passo importante é ganhar dinheiro. Para um candidato à reeleição, a maneira mais fácil de fazer isso é apadrinhar empreiteiros locais e outros beneficiários de contratos em troca de apoio financeiro. Os empreiteiros fazem silenciosamente o trabalho sujo de desviar recursos públicos, e seus padrinhos políticos ficam com uma parcela. A partir daí, pode-se afirmar, é apenas um pequeno passo para a atividade criminosa sistemática. Em 2009, 30% dos membros da Lok Sabha respondiam a processos criminais, número que chegava a 45% em Bihar e 57% em Jharkhand, de acordo com a Associação para Reformas Democráticas. Curiosamente, a suspeita de participação em crimes era muito *mais elevada* (30%) entre os membros eleitos do Parlamento do que entre os candidatos às eleições para a Lok Sabha em 2009 (15%), indicando — estranhamente — que os acusados de condutas criminosas na verdade se saíram melhor do que os outros na votação, por alguma razão.[8]

Nada disso, porém, depõe contra a democracia em si. Mesmo entre aqueles que encaram com ceticismo os representantes eleitos, o respeito pelos princípios democráticos é bastante elevado na Índia. Por exemplo, no recente Estudo Nacional Eleitoral de 2009, realizado pelo Centro para o Estudo das Sociedades em Desenvolvimento, 70% dos pesquisados opinaram que "a democracia é melhor do que outras formas de governo", subindo para 88% se ignorados os que não tinham opinião formada sobre o tema. Também é interessante que a grande maioria (cerca de 60%, subindo para 78% entre aqueles com um ponto de vista definido) opinou que seu próprio voto tinha "[um] efeito sobre a forma como as coisas são conduzidas neste país". Esse ponto de vista pode ou não ser objetivamente plausível, mas sem dúvida nenhuma é uma indicação interessante da percepção positiva dos entrevistados quanto à sua participação no sistema eleitoral.

Também vale a pena observar que a ressonância dos princípios democráticos — em alguns aspectos, pelo menos — parece ser particularmente elevada entre os mais desfavorecidos. Por exemplo, as taxas de participação nas eleições para a Lok Sabha têm sido consistentemente maior entre os *dalit* do que entre os membros de castas superiores.[9] Como um intelectual *dalit* declara (Chandra Bhan Prasad, 2011): "Apesar de o sistema político ser corrupto e ineficiente, os *dalit* o aceitam — eles costumam fazer questão de votar. Jovens *dalit* sabem bem que as instituições de fora do Estado são apenas uma coleção de *khap panchayats*".* Essa declaração é, estritamente falando, um pouco exagerada (as taxas de comparecimento às urnas de *dalit* são apenas um pouco maiores do que as da população como um todo, e a última frase desconsidera a diversidade de "instituições fora do Estado"), mas sentimentos semelhantes foram expressos por muitos pensadores *dalit*, do dr. Ambedkar em diante.

A principal lição, talvez, a ser tirada das limitações da política eleitoral na Índia é que a construção de instituições democráticas — e de uma cultura democrática — é um processo contínuo. Felizmente, as reformas democrática e eleitoral são temas cada vez mais abordados no campo do debate público e do ativismo na Índia. Já houve grandes avanços, como a Lei do Direito à Informação (2005), que abriu vastas possibilidades para conferir transparência à vida pública e incentivar a participação informada nos processos democráticos. Muitos outros aspectos significativos da reforma democrática também se tornaram objeto de animados debates: a representação política das mulheres,

---

* *Khap panchayat* é a união peculiar de alguns vilarejos, principalmente no norte da Índia, embora exista de formas semelhantes no resto do país. *Khap* refere-se ao sistema administrativo baseado em linhagens, tradições e costumes da comunidade ou povo de Haryana, Rajastão e Uttar Pradesh. É um conceito da sociedade patriarcal e se baseia em princípios de *bhaichara* (fraternidade) e *hukka paani* (comunidade de vida e comensal). (N. T.)

o financiamento das campanhas, a democracia partidária, a *accountability* judicial, o direito à cassação de representantes por iniciativa pública e a necessidade de "processos de consulta pré-legislativos", para citar apenas alguns exemplos. Em diversos casos, essas iniciativas ainda estão se traduzindo em mudanças concretas, mas com o tempo poderiam estender significativamente o alcance e a eficácia das instituições democráticas na Índia.

Passando agora para o braço executivo do governo, os ministérios indianos (seja no governo central, seja nos estados) não têm o tipo de autonomia conferida aos presidentes, governadores ou prefeitos nos Estados Unidos. A escolha para cargos executivos é feita pelas legislaturas, por exemplo, o primeiro-ministro (como chefe do governo indiano) e o gabinete são escolhidos e só podem sobreviver através do apoio que têm no Parlamento. Quaisquer irregularidades no Parlamento (por exemplo, fraudes eleitorais) também teriam impacto sobre o Executivo, que pode ser deposto quando perde influência sobre o Legislativo. Se um governo perde sua maioria, outra pode ser construída através de novas parcerias (que podem ou não envolver negócios obscuros), e essas alianças nem sempre estáveis tornaram-se particularmente importantes na política de coalizão da Índia. Um dos resultados dessa mudança é que interesses velados podem exercer maior influência sobre o que pode ser chamado de "política do Executivo".

Conquistar o tipo de reorientação política a favor da qual argumentamos neste livro exigiria, portanto, ir muito além do convencimento do Executivo. O Legislativo precisaria ser persuadido da necessidade de uma mudança, não só porque tem o poder de elaborar uma nova legislação, mas também porque o Executivo mantém seus cargos somente através do seu apoio. Convencer apenas a liderança do Executivo — como o primeiro-ministro — não será suficiente para pôr em prática e sustentar uma mudança em políticas essenciais. É importante compreender esse ponto, pois as falhas políticas atribuídas ao governo em exercício podem ou não refletir sua intenção, uma vez que um ocupante do Executivo pode estar disposto a iniciar uma política de mudança, mas não ter poder para isso. Por exemplo, quando as manifestações realizadas por joalheiros e outros poderosos interesses no início de 2012 obrigaram o governo a abandonar uma breve tentativa de introduzir um pequeno imposto sobre a importação de ouro e diamantes, que teria levantado uma boa quantidade de proveitosas receitas públicas (um caso que vamos discutir em seguida), o principal problema não era a falta de vontade do Executivo para tributar as importações de ouro, mas sua incapacidade de implementar e sustentar a mudança pretendida. Assim, as mudanças políticas que defendemos demandam um apoio maior que o do governo em exercício. Isso torna o debate público ainda mais importante, por ir muito além de simplesmente proporcionar assessoria técnica ao Executivo, mesmo em casos que envolvam o próprio primeiro-ministro. Essa é uma das razões, entre outras, por que este livro pretende ser mais uma contribuição para a argumentação pública, incluindo a discussão nos meios de comunicação, do que uma assessoria profissional ao governo em exercício.

O Judiciário indiano é, ao contrário do Executivo, relativamente independente. Não há contradição aqui entre essa independência e a prática da democracia. De fato, a eleição direta de juízes em partes do sistema americano tende a politizar funções judiciais de uma forma que poderia ser um tanto conflituosa com a necessidade de objetividade e imparcialidade, que igualmente fazem parte dos objetivos da democracia. Além disso, a independência do Poder Judiciário também permitiu que os tribunais, em especial a Suprema Corte da Índia, assumissem posições independentes — e poderosas — em relação a várias das questões centrais de equidade e justiça nos seus julgamentos, incluindo a proteção dos direitos fundamentais, bem como de inúmeros direitos econômicos e sociais definidos nos Princípios Diretivos da Constituição, como o direito à educação e à alimentação.

Tivemos a ocasião, no início do livro, de comentar as intervenções da Suprema Corte em busca dos objetivos amplos da Constituição (o que inclui os Princípios Diretivos), especialmente seu interesse na justiça econômica e na equidade política e social. Às vezes, as iniciativas dos tribunais tiveram de ser seguidas por uma nova legislação no Parlamento, mas seria um erro não dar crédito apropriado ao papel de liderança que o Judiciário tem sido capaz de desempenhar. Isso se aplica mesmo nos casos em que essas iniciativas só se tornaram mais plenamente eficazes através do apoio do Parlamento às decisões dos tribunais, sobretudo da Suprema Corte.*

---

* Note-se aqui que esse papel da Suprema Corte indiana apresenta-se num espírito bem diferente da condenação, nos Estados Unidos, do chamado "ativismo judicial". O contexto da Índia envolve uma abordagem completamente distinta, por parte da Suprema Corte, da

Embora várias dessas intervenções tenham aprimorado a justiça, com frequência os tribunais indianos têm desempenhado um papel retrógrado, por meio de demonstrações de lentidão e inflexibilidade. Discutimos no capítulo anterior como a dificuldade em obter condenações em casos de estupro dentro de um prazo razoável, e sem constrangimentos ou obstáculos degradantes, impede muitas vítimas desse crime de levar seus casos ao tribunal, o que amplia ainda mais o fracasso administrativo do qual as deficiências de policiamento são apenas uma parte. Em geral, o trabalho moroso dos tribunais e sua pauta superlotada fazem o processo de busca de reparação legal bastante difícil, e essa é certamente uma enorme limitação da legalidade democrática na Índia.

DESIGUALDADE E COMPROMISSO DEMOCRÁTICO

Ao longo deste livro identificamos várias falhas significativas no alcance e no impacto do desenvolvimento econômico e social da Índia, e a persistência da desigualdade de diversos tipos é sem dúvida um dos fatores que mais contribuem para esses insucessos. O fracasso em eliminar a acentuada divisão entre os privilegiados e os demais é uma grande parte dessa história. Ao analisar a prática da democracia, temos de perguntar: em que medida a democracia indiana tem sido capaz de enfrentar os desafios que essas falhas representam? O sistema democrático certamente deu ao país enormes oportunidades para enfrentar os insucessos em termos de desenvolvimento, mas suas realizações na eliminação da desigualdade e injustiça, porém, têm sido bastante limitadas. Embora em alguns casos as possibilidades tenham sido bem utilizadas para enquadrar as políticas e práticas da Índia na direção apropriada (por exemplo, concedendo direitos legais judiciáveis a pessoas de castas desfavorecidas e criando um sistema extensivo de ações afirmativas), muitas das lacunas (entre

---

disciplina da Constituição em relação ao que ocorre muitas vezes — mas nem sempre — nos Estados Unidos, em particular na chamada interpretação "originalista". Algumas tensões internas da abordagem "originalista" americana (defendida pelo juiz Scalia e vários outros magistrados da Suprema Corte dos Estados Unidos) são discutidas na Conferência Herbert Hart, proferida por um de nós e publicada no *Oxford Journal of Legal Studies* (Sen, 2011).

as quais a manutenção da desigualdade de oportunidades de educação e cuidados de saúde e do tratamento desigual por parte da polícia e dos funcionários públicos) não foram adequadamente tratadas pelos meios de retificação que a democracia pode proporcionar.

A Constituição da República da Índia, em vigor há mais de seis décadas, provê sólidas garantias legais para uma série de "direitos fundamentais" a todo cidadão indiano, incluindo a liberdade de expressão, o direito de associação, a igualdade perante a lei e o direito contra a discriminação. Esses direitos são aplicáveis nos tribunais e, aliás, o último direito fundamental (nos termos do artigo 32) é o de buscar reparação na Suprema Corte em caso de violação dos direitos fundamentais: "O direito de requerer à Suprema Corte a aplicação dos procedimentos adequados para fazer cumprir os direitos conferidos por esta Parte é garantido".

Embora os autores da Constituição democrática da Índia tenham em parte depositado suas esperanças de eliminação das inaceitáveis desigualdades no sistema legal (incluindo a operação dos tribunais), os esforços não se encerram por aí. Os autores também invocaram o papel dos meios democráticos, incluindo o processo eleitoral, na busca desses objetivos. Além dos direitos fundamentais, uma série de direitos econômicos e sociais foi listada nos "Princípios Diretivos" da Constituição. Estes compreendem, por exemplo, nos termos do artigo 41, o "direito ao trabalho, à educação e à assistência pública". Esses direitos não são aplicáveis no tribunal e não foram concebidos como judiciáveis no sentido legal usual. Na verdade, o artigo 37, que precede os Princípios Diretivos, afirma explicitamente que "nenhum tribunal poderá fazer cumprir as disposições contidas nesta Parte".

Logo depois, no entanto, a Constituição afirma (no próprio artigo 37) que os Princípios Diretivos "são, contudo, fundamentais na governança do país e será dever do Estado aplicar esses princípios na elaboração das leis". E se o governo não conseguir fazer isso? O principal arquiteto da Constituição, B. R. Ambedkar, esclareceu durante um debate sobre o assunto na Assembleia Constituinte que a esperança era de que o sistema eleitoral da Índia democrática fornecesse o remédio necessário. Ele argumentou que, mesmo que o governo "não precise responder por sua violação em um tribunal", ainda assim "certamente terá de responder por eles perante o eleitorado no momento da eleição".[10]

A questão que precisamos examinar é se o sistema democrático da Índia de fato forneceu o remédio necessário para combater a continuidade das gritantes desigualdades e iniquidades econômicas e sociais, à altura da confiança que nele foi depositada pela Constituição — e por aqueles que lutaram pela independência e por uma Índia democrática. A resposta parece ser, em parte, sim, mas — infelizmente — não na maior parte. É certo que a Índia evitou, como foi discutido no primeiro capítulo, falhas administrativas do tipo que gerou grandes epidemias de fome na China na época do colapso do Grande Salto Adiante (com uma mortalidade estimada em cerca de 30 milhões de pessoas). O fato de o governo indiano estar sob constante escrutínio pela mídia, e também ter de responder aos questionamentos dos partidos de oposição, tem impedido os líderes políticos e os partidos do governo de manter-se afastados das necessidades da população da maneira que ocorreu na China durante as epidemias de fome no contexto do Grande Salto Adiante e também, mais tarde, durante a Revolução Cultural.

Quando se trata de calamidades catastróficas — com os problemas na ribalta para que todos vejam —, a democracia tende a gerar uma *accountability* básica que tem sido importante para a prevenção de desastres como as epidemias de fome. Da mesma forma, tem impedido o movimento forçado das pessoas de uma região para outra, com o correspondente terror social, como aconteceu na China durante a Revolução Cultural. Esse reconhecimento afirmativo, porém, leva a uma investigação mais exigente: até que ponto o alcance da *accountability* foi ampliado para outros tipos de problemas de privação e desigualdade, que podem não ser tão dramáticos quanto a fome, mas que ainda são de extrema importância na vida dos indianos comuns?

Em um nível imediato, a resposta parece ser clara e profundamente decepcionante. O tipo de insucesso que estamos discutindo desde os capítulos anteriores, como na oferta de educação escolar, ou na prestação de cuidados básicos de saúde para todos, ou na instalação de um sistema de serviços públicos eficaz e responsável, não foi solucionado através da prática democrática. E, por outro lado, mesmo que a compreensão do governo chinês do que é essencial para o bem-estar da população tenha variado muito ao longo do tempo (como foi discutido no capítulo 1), a liderança chinesa tem sido capaz de obter maiores realizações nas últimas décadas em vários desses campos, por meio de seu manejo mais focado e construtivo das necessidades e privações sociais, do que foi possível através do clamor da política indiana.

Como já tratamos em capítulos anteriores, é difícil evitar a conclusão de que a prática democrática indiana falhou, em muitos aspectos, em enfrentar os desafios com que se deparou nos campos econômico e social — em particular no combate às persistentes desigualdades básicas e na falta de *accountability* que a população indiana enfrenta regularmente. Isso exige uma análise mais aprofundada das razões desse fracasso, bem como dos meios que podem ser usados para estender o alcance da democracia indiana.

ARGUMENTAÇÃO PÚBLICA E DEMOCRACIA

Ao analisar essas questões, precisamos fazer uma pergunta elementar, mas de fundamental importância: o que é exatamente a democracia? Há uma visão antiga — e estritamente institucional — da democracia que a caracteriza sobretudo em termos de eleições e votações. Essa perspectiva foi defendida por muitos autores, incluindo Samuel Huntington: "Eleições abertas, livres e justas são a essência da democracia, o inescapável sine qua non".[11] No entanto, na filosofia política contemporânea, a compreensão da democracia foi vastamente ampliada, de forma que tal sistema já não é visto apenas em termos das demandas por votação pública (por mais importantes que possam ser em seu contexto limitado), mas de modo bem mais abrangente, em termos do que John Rawls chama de "o exercício da razão pública".[12] Em seu *Teoria da justiça*, Rawls faz disso seu foco e argumenta a favor de vermos a democracia como um conceito vinculado à deliberação pública:

> A ideia definitiva para a democracia deliberativa é a ideia de deliberação em si mesma. Quando os cidadãos deliberam, trocam pontos de vista relativos a questões políticas públicas e debatem as razões que os fundamentam.[13]

Jürgen Habermas, que enriqueceu significativamente essa maneira de enxergar a democracia, chamou a atenção para o fato importante de que o alcance da argumentação pública tem de incluir tanto as "questões morais da justiça" como "as questões instrumentais de poder e coerção".[14]

Curiosamente, a importância do debate público recebeu um prematuro reconhecimento histórico na Índia, de uma forma muito destacada, o que permanece relevante para a análise da democracia e da justiça na Índia de hoje.* Os chamados Conselhos Budistas, que assumiram a forma de discussão organizada de diferentes pontos de vista representados pelos participantes, oriundos de diversas regiões da Índia (e mesmo de fora dela), estavam entre as primeiras tentativas sociais de argumentação pública — que começaram no século VI a.C. A defesa da discussão pública na Índia no século III a.C. pelo imperador Ashoka — que também acolheu o maior Conselho Budista que já existiu — é um bom exemplo.

Ashoka tentou até mesmo codificar as boas regras de discussão pública em um dos seus éditos de pedra, que tratavam tanto da conduta individual como da governança pública.[15] A iniciativa do imperador Akbar, no século XVI, de organizar o debate público sobre as diferenças religiosas no país multicultural que governava também pode ser contada como parte da rica história de discussão pública organizada na Índia. No entanto, nem Ashoka nem Akbar propuseram a governança democrática no que concerne às instituições do Estado. E, mesmo que a Índia tenha razão para lembrar com algum orgulho a longa tradição de discussões públicas, uma democracia moderna tem de exigir muito mais da argumentação pública como parte da prática democrática do que foi defendido por Ashoka ou Akbar.

Um exame mais minucioso das nossas perguntas vem da abordagem que vê a democracia como "governo por meio do debate", uma perspectiva que John Stuart Mill explorou com muito cuidado e perspicácia (embora a expressão "governo por meio do debate" tenha sido formulada apenas mais tarde, por Walter Bagehot). Uma limitação de encarar a democracia exclusivamente — ou mesmo principalmente — como um sistema de eleições e votações livres se relaciona com o óbvio fato de que a forma como as pessoas votam depende de sua compreensão dos problemas a serem resolvidos e também da sua percepção do que os outros — assim como eles mesmos — devem buscar. Problemas sociais e econômicos nem sempre são fáceis de detectar e entender, e um vigoroso exercício de argumentação pública pode desempenhar um papel importante tanto para expandir a compreensão da população como para ampliar a prática política esclarecida.

* A relação entre democracia e justiça é discutida em Amartya Sen, *A ideia de justiça* (2009), capítulos 15 e 16.

Isso não significa dizer que o "governo por meio do debate" (ainda que amplamente interpretado) seja o princípio e o fim da democracia. As exigências da democracia podem ser estendidas ainda mais, por exemplo, de forma a incluir — pelo menos como um ideal — a exigência de igualdade de participação. Essa foi, por exemplo, uma preocupação central do dr. Ambedkar, que defendeu uma visão de longo alcance da democracia, em última análise vista não apenas como um método de governo, mas como um "modo de vida em associação". Mas mesmo o dr. Ambedkar considerou positivamente a ideia da democracia como governo por meio do debate, e a argumentação pública com certeza foi fundamental para sua compreensão desse sistema político. A maior parte de sua vida pública foi dedicada à argumentação na esfera pública, de uma forma ou de outra.

É nesse quadro amplo, envolvendo a epistemologia e a ética social, que temos de ver o papel da argumentação pública e examinar as maneiras pelas quais as políticas democráticas indianas tenderam a deixar lacunas criticamente importantes na compreensão social do que é necessário para a sociedade e do que os eleitores — individual e coletivamente — devem buscar.

ARGUMENTAÇÃO, DISPUTAS E AGITAÇÕES

Um esclarecimento é necessário aqui sobre os meios que podem ser utilizados na busca da argumentação pública. Debater e dialogar envolvem apresentar o próprio ponto de vista e prestar séria atenção nos argumentos do outro. Isso pode ser feito através da mídia ou de reuniões públicas, além de debates sobre temas relevantes, mas, quando é difícil obter uma boa audiência, formas mais assertivas de comunicação podem também ser necessárias. Agitações, protestos e campanhas podem ser partes importantes da argumentação pública, conectando as pessoas umas às outras através da fala — mesmo que seja uma fala ruidosa.

A publicação de *A sujeição das mulheres*, de John Stuart Mill, em 1869 foi uma contribuição importante para a argumentação pública sobre os direitos das mulheres, da mesma forma como os ativos movimentos sufragistas que os conservadores sociais consideravam tão desagradáveis nas primeiras décadas do século XX na Inglaterra. A própria experiência da Índia em influenciar a opinião pública — não só através de debates, mas também de manifestações, greves, litígios de interesse público e outros meios de ação democrática — pode ser vista como parte integrante da argumentação pública sobre temas muito importantes.

O papel da argumentação pública não depende de nenhuma suposição crédula de que o que dizemos uns aos outros deve ser sempre bem fundamentado e convincente. Pelo contrário, é a argumentação pública que nos ajuda a entender os problemas de cada um e enxergar as perspectivas de cada um — e isso é absolutamente fundamental para o funcionamento de uma democracia eleitoral.

Consideremos, por exemplo, a generalização hoje amplamente aceita de que uma democracia que funciona tende a prevenir a ocorrência de epidemias de fome.* Como isso se dá? É importante lembrar que o número de vítimas da fome como proporção da população costuma ser muito pequeno (em geral não mais do que 5% e quase nunca maior do que 10% da população total), portanto, se a população afetada ou ameaçada fosse a única preocupada com a importância e a urgência da prevenção da fome (em virtude de seu autointeresse), os resultados eleitorais não seriam muito sensíveis a essa prioridade. É através do debate público que as pessoas em geral — e não apenas a minoria ameaçada pela fome — vêm a compreender a urgência de prevenir essa situação, e também a entender que a fome pode ser contida por uma rápida intervenção pública. É por causa da argumentação pública, combinada com eleições regulares e livres, que a inação no que diz respeito à fome torna-se um pesadelo eleitoral para qualquer governo em uma democracia funcional, induzindo-o a tomar medidas preventivas rapidamente sempre que surge o problema.

A prevenção da fome é apenas um exemplo do que a combinação de argumentação pública e eleições livres pode fazer. A contribuição da democracia à seguridade social pode, é claro, ir muito além da prevenção da fome. A Coreia do Sul ou a Indonésia talvez não tenham dado muita atenção à democracia quando a situação econômica de todos parecia melhorar ao mesmo tempo

---

* O papel de uma democracia na prevenção da fome foi discutido em Sen (1983) e Drèze e Sen (1989). Embora tenha havido questionamentos sobre a veracidade e o alcance dessa conexão, a proposição tem resistido razoavelmente bem à evidência empírica em todo o mundo. Ver o editorial "Meanwhile, People Starve" [Enquanto isso, as pessoas estão famintas], *The New York Times*, 14 ago. 2005.

nos períodos de bonança da década de 1980 e início dos anos 1990. Ainda que os governos, bem como os movimentos populares no país, estivessem preocupados com o crescimento equitativo quando as rendas de todos cresciam, houve muito pouco reconhecimento de que isso por si só não garante a seguridade social na ausência de redes públicas de proteção social, e que um sistema autoritário poderia deixar de gerar uma argumentação pública suficientemente ampla para proteger os cidadãos quando as coisas piorassem, em vez de apenas melhorar. No entanto, quando vieram as crises econômicas em 1997 (e as desigualdades surgiram com toda a força), a ausência da democracia e dos direitos políticos e civis foi desesperadamente sentida pela população em geral, em especial por aqueles cujos meios econômicos e estilos de vida foram duramente atingidos pela chamada "crise asiática". A democracia tornou-se, então, uma questão central nesses países, e foi em grande parte com uma plataforma de democracia e seguridade social que Kim Dae Jung concorreu à eleição coreana e se tornou presidente logo após a crise.

Esse modo de entender a democracia nos leva a perguntar: o que tem limitado a discussão adequada dos problemas criticamente importantes de privações e desigualdades que continuam a ser negligenciados na Índia? Para responder a essa questão, temos de olhar não apenas para a natureza da política indiana, mas também para sua forma de comunicação com a população, o que inclui o alcance e os preconceitos da mídia. Conforme já discutido, a limitação da argumentação pública pode restringir o alcance da democracia tanto prejudicando uma compreensão adequada da natureza e extensão das desigualdades e privações no país como confinando a ação pública a um domínio desnecessariamente estreito. A política tende então a ser dominada por um foco excessivo em uma parcela relativamente pequena da população, cujas vidas e demandas são discutidas e retratadas com muito mais frequência nos meios de comunicação públicos.

É, portanto, crucial examinar, entre outros fatores, o papel dos meios de comunicação, que são ativos e poderosos na Índia, além de especialistas em atrair a atenção do público. O vigor da mídia indiana não está em xeque, mas suas deficiências são grandes em termos de alcance, cobertura e foco de notícias, opiniões, perspectivas — além de entretenimento.

A FORÇA E OS LIMITES DA MÍDIA INDIANA

Estima-se que a Índia tenha cerca de 86 mil jornais e revistas, com uma circulação de mais de 370 milhões de exemplares — bem mais do que qualquer outro país do mundo. É também um país em que os jornais estão crescendo em número e em circulação, em contraste com a tendência mundial de contração no setor.[16] E eles refletem uma enorme variedade de pontos de vista que muitas vezes diferem acentuadamente entre si.

A mídia impressa é complementada pela enorme presença dos meios audiovisuais na Índia. Além de canais governamentais (Door Darshan, Lok Sabha TV, Rajya Sabha TV e outros), há um grande número de canais privados de televisão via satélite, oferecendo informações, análise e entretenimento. Havia 831 desses canais no primeiro semestre de 2012, e há muitos outros inaugurados desde então, em um setor em rápido crescimento na economia indiana. Mais de quatrocentos canais oferecem notícias de forma regular.

Os jornais e canais de televisão não precisam seguir a linha do governo (e, normalmente, não o fazem), e refletem uma boa dose de diversidade de abordagem e de pluralismo na sua avaliação da vida na Índia, bem como no exterior. A liberdade de expressão é, em geral, muito respeitada. É improvável que muitos governos do mundo aceitassem sem objeções a publicação, em uma revista de grande circulação e amplamente lida, de um inflamado relato favorável à insurgência armada destinada a derrubar o Estado indiano, tal como Arundhati Roy retratou o movimento clandestino maoísta.[17] É evidente que contribui nesse caso o fato de que a autora seja uma das figuras literárias mais importantes da Índia, com um forte histórico de chamar a atenção para problemas negligenciados na sociedade indiana. Do mesmo modo, as publicações de direita, variando de moderadas a extremistas, com frequência clamando por um tipo diferente de revoltas, também são em larga medida toleradas. Portanto, não é na intervenção governamental que podemos encontrar a principal pista para o alcance sistematicamente limitado da mídia indiana.

Além disso, a liberdade de expressão é aceita não apenas como um direito legal, mas também como um princípio básico da vida pública. O compromisso generalizado com a liberdade de expressão na Índia é notório e consolidado, e o país se sai muito bem nesse quesito em comparações internacionais.

Mas com certeza existem alguns lapsos nessa perspectiva de tolerância. Há uma persistente mancha no registro da liberdade de expressão na Índia na forma de proibição e censura em duas questões em particular. A primeira é uma tendência excessiva a ver as ameaças à segurança — reais ou presumidas — como uma razão suficiente para limitar a fala e a expressão no país em geral, e em particular nas zonas de tensão, tais como a Caxemira, onde a repressão tende a ser usada com bem mais frequência. Já discutimos anteriormente as limitações e desvantagens dessa maneira de lidar com problemas de segurança e suas consequências lamentáveis sobre a prática democrática indiana. Em segundo lugar, a natureza multirreligiosa da sociedade indiana tem sido vista em muitas ocasiões como um motivo para a proibição de qualquer coisa que possa enraivecer — ou parecer enraivecer — qualquer um dos diversos grupos religiosos do país. Sem dúvida nenhuma, é importantíssimo defender os interesses e as liberdades dos grupos de minorias ou das comunidades marginalizadas, mas essa busca requer o debate público dos problemas reais de tais grupos e comunidades, o que por sua vez demanda a liberdade de expressão. Se, em vez de se concentrar nas verdadeiras razões para as queixas (e sua ampla discussão, sem interferências), as regras governamentais se concentrarem em proibir qualquer coisa que ofenda alguém, torna-se muito difícil alcançar a prática da democracia através da argumentação pública e da governança por meio do debate.

A liberdade de discurso e expressão às vezes pode ser restringida por razões sociais legítimas, por exemplo quando incita a violência ou cria pânico. No entanto, a presunção de um "direito de não ser ofendido" não pode ser considerada legítima se o que se busca é uma prática democrática por meio do livre debate público. Mas é justamente essa presunção de direito, com uma ou outra variação, que tem servido — de modo explícito ou implícito — como base para uma série de ordens de proibição de discursos, escritos e publicações. O fato de a Índia ter sido o primeiro país a banir *Os versos satânicos*, de Salman Rushdie, em 1988, é um exemplo evidente de um grave desvio do direito de livre publicação. O governo foi claramente movido pelo medo de protestos de um setor da minoria muçulmana na Índia. Tem havido também, em alguns casos, uma proteção insuficiente por parte do governo dos direitos dos indivíduos que se tornam alvos da maioria: por exemplo, não conseguiu evitar o ataque implacável a M. F. Husain, um dos maiores pintores contemporâneos da Índia, por extremistas políticos da direita hindu. A perseguição forçou Husain a emigrar de seu próprio país e a morrer longe de casa. Mais recentemente, a polícia indiana prendeu duas jovens por causa de um post no Facebook no qual questionavam a decisão das autoridades de paralisar Bombaim por luto pela morte do líder extremista hindu Bal Thackeray, em vez de correr o risco de ofender seus seguidores. Seria difícil justificar qualquer uma dessas proibições — para "não ofender" determinado grupo religioso ou político-religioso — em um contexto de valorização e proteção da livre argumentação pública. Esses casos são anomalias no compromisso da Índia democrática em proteger as liberdades civis básicas.

Dito isto, a principal explicação para as limitações na cobertura da mídia tem que ser buscada em outro lugar. A fraqueza — e muitas vezes, o fracasso — da mídia para enfrentar o desafio dos problemas do país, entre os quais as disparidades e desigualdades que caracterizam a sociedade indiana, surge principalmente do próprio preconceito da mídia e do seu foco seletivo — enfatizando algumas questões e eventos enquanto ignora outros, incluindo assuntos muito importantes e negligenciados. Como argumentaremos a seguir, uma grande parte desse viés diz respeito, em última análise, à natureza desigual da sociedade indiana, que determina o que é fácil de vender. Em vez de enfrentar essa situação, a mídia tende a um caminho mais fácil — sendo até mesmo subserviente ao que vende mais.

AS DESIGUALDADES E A MÍDIA

Talvez a maior barreira para o livre funcionamento dos meios de comunicação na Índia democrática esteja em sua parcialidade em favor dos ricos e poderosos, disseminada na cobertura de notícias e análises de todo o país. Existem inúmeros preconceitos complexos que podem ser detectados, mas o que é extremamente óbvio é uma grave falta de interesse na vida dos pobres, a julgar pelo equilíbrio entre a seleção de notícias e análises políticas na mídia indiana.[18] Mesmo que esse viés raras vezes seja discutido e contestado (e sua dimensão tende a ser bastante subestimada), ele é facilmente percebido por quem se preocupa em questioná-lo.

Comentaristas sociais diversos como Harsh Mander e Shobhaa Dé têm apontado a profunda — e normalmente implícita — alienação da elite indiana em relação aos desfavorecidos do país. Mander, escrevendo pela perspectiva dos marginalizados, chamou a atenção para o "exílio dos pobres da nossa consciência e até mesmo da nossa percepção", o que só fez crescer ao longo dos últimos vinte anos. Shobhaa Dé, examinando o mesmo fenômeno a partir da outra extremidade do espectro social, escreve em seu livro *Superstar India*: "A Índia que estamos louvando é apenas um microcosmo deste vasto território. É a Índia da elite, dos privilegiados, dos ricos. A única Índia que queremos que o resto do mundo veja e reconheça, porque estamos tremendamente envergonhados da outra. Envergonhados e ignorantes".[19]

Por que esse viés? Tem havido alguma discussão pública sobre o fato de que a maioria das empresas de mídia na Índia é de propriedade dos ricos. Embora haja algo aí para ser observado, esse fato não é incomum em outros países do mundo. Além disso, há uma diversidade suficiente de políticas editoriais para que a questão da propriedade não seja uma grande explicação da inclinação da cobertura de notícias ou da seção de opinião.

Uma explicação provavelmente melhor está no fato de que os meios de comunicação são negócios guiados pelo mercado publicitário.[20] A dependência econômica dos anúncios cria um foco especial em potenciais consumidores — por conseguinte, os ricos contam mais do que os pobres. A dependência de algo que na prática é um patrocínio corporativo também cria uma tendência geral para cedermos à cultura e aos valores empresariais. Também há fortes pressões sobre os jornalistas e editores para que sejam seletivos no que dizem ou escrevem. Por exemplo, de acordo com um dos editores de uma destacada revista da Índia (que preferiu não ser identificado), "a grande mídia está relutante em investigar empresas devido a seu potencial de publicidade. A relutância é o resultado direto da pressão administrativa acatada pelos editores".[21] A recente proliferação de "notícias pagas" — o fenômeno de pagar jornais ou canais de TV para denunciar certos fatos (e não outros) — também revelou alguns aspectos profundamente perturbadores da cobertura noticiosa na Índia, incluindo o enfoque escolhido na comunicação supostamente objetiva dos fatos e ocultando a separação entre publicidade e notícia.[22]

Essas pressões não só levam à desinformação e dão pistas enganadoras para a leitura dos fatos, mas também tendem a reduzir o espaço, o tempo e os recursos disponíveis para o debate público de assuntos menos laudatórios, mas de grande importância para as pessoas comuns, como educação, saúde, nutrição e saneamento. O preconceito é reforçado ainda pelo fato, discutido no capítulo anterior, de que os profissionais de mídia tendem a vir em grande parte de um grupo privilegiado em termos de casta e de classe.

O DOMÍNIO DOS PRIVILEGIADOS

Existe uma explicação suficiente para o persistente viés pró-dinheiro na cobertura da mídia indiana? Mesmo que alguma parte da tendência de cobertura da mídia possa estar ligada, direta ou indiretamente, à influência da publicidade e do patrocínio, até pela base de classe e casta dos profissionais e proprietários das empresas de mídia, continua a existir um enorme fator residual a ser explicado pelo caráter profundamente desigual da sociedade indiana, que tende a moldar a natureza dos meios de comunicação. Esse é um grande problema, pois a mídia não só é moldada pela sociedade desigual, como seu papel potencialmente corretivo no pensamento social e político é dificultado pela sociedade que a moldou. Ilusões sistemáticas sobre a natureza do país e a nitidez das disparidades na Índia tendem a sobreviver — e por vezes são fortalecidas — pelas limitações da mídia.

Algumas das tendências são fáceis de detectar e discutir. Por exemplo, há pouquíssima cobertura de questões rurais na grande mídia: um estudo recente descobriu que os assuntos do campo ocupam apenas 2% do total da cobertura de notícias em jornais nacionais (apesar de os jornais nacionais serem lidos em áreas rurais).[23] Os interesses do que se descreve como a "classe média" indiana (embora a maioria dos membros dessa classe esteja em uma condição financeira bem superior à da média dos indianos como um todo) recebem muito mais atenção do que as preocupações dos mais desfavorecidos, com um viés que inclina os jornais e canais de televisão para temas como moda, gastronomia, Bollywood e críquete. Como um destacado editor expressou a um grupo de defensores dos direitos das crianças em uma recente reunião em Nova Delhi: "Não se iludam, vocês nunca vão receber mais atenção do que a nudez acidental de uma modelo na passarela".[24]

A Índia não é um caso isolado quanto à existência de vieses desse tipo. Os comentários sobre os figurinos das modelos e curiosidades semelhantes obtêm ampla cobertura da mídia em muitos outros países. O fato a se destacar na Índia, porém, é que a esmagadora maioria do povo do país mal sabe o que é um desfile de moda, e sabe menos ainda sobre os acidentes de figurino que podem levar à exposição excessiva do corpo das modelos. Se alguém se informa apenas pelos jornais e pelos canais sensacionalistas de TV, a tendência é ter uma noção equivocadíssima de como a maioria dos indianos vive e pensa. Essa pessoa teria apenas uma vaga consciência do fato de que a Índia apresenta a maior população de pessoas gravemente desnutridas no mundo — e não apenas em números absolutos, mas em termos de critérios padrão e até mesmo de proporção populacional. Dificilmente se poderia saber que metade dos indianos vive em acomodações sem banheiro — forçando as pessoas a recorrer à natureza para realizar uma das atividades mais privadas da vida. Existe, é claro, alguma cobertura das privações e lutas dos menos favorecidos em jornais e canais de TV (em alguns meios de comunicação mais do que em outros), mas a cobertura da vida dos necessitados é incrivelmente limitada na mídia como um todo.

A mídia em si sem dúvida compartilha uma enorme responsabilidade pelo viés na cobertura de notícias e análises, uma vez que pode desempenhar um grande papel de liderança, e não apenas seguir tendências, no que diz respeito à curiosidade e à preocupação do público. Mas o problema é também reflexo da falta de interesse e compromisso dos segmentos privilegiados da sociedade com relação aos problemas de desigualdade social e privações, já que a mídia tende a ser moldada substancialmente pela necessidade de satisfazer tais segmentos. Os assinantes, leitores, patrocinadores e defensores da mídia costumam vir desse grupo relativamente pequeno, mas, em termos absolutos, grande e poderoso.

A GRANDE DIVISÃO E O DESVIO POLÍTICO

Particularmente notável nesse viés da mídia é a forma como o profundo desequilíbrio conseguiu tornar-se quase invisível para as classes cujas vozes são ouvidas e cujas preocupações dominam a discussão pública. Um caso particularíssimo da Índia é o fato de que o grupo relativamente pequeno dos privilegiados parece ter criado um universo social próprio.

O grupo privilegiado na Índia compreende não apenas os empresários e os profissionais liberais, mas também a maior parte dos relativamente bem de vida, incluindo as classes instruídas. Em um ensaio perspicaz chamado "Emergence of the Intelligentsia as a Ruling Class in India" [Ascensão da intelligentsia como classe dominante na Índia], Ashok Rudra argumentou, mais de duas décadas atrás, que a população instruída da Índia, movida por um interesse comum nos benefícios a serem obtidos a partir da desigualdade social, tornou-se parte da "coalizão de governo" que domina discussões políticas e, como consequência, também determina o que acontece no país.[25] Existem, claro, diversos conflitos de interesse dentro do grupo amplo que Rudra chamou de intelligentsia indiana, mas há interesses comuns e preocupações que tendem a limitar a concentração da discussão pública à vida dos privilegiados.

É evidente que, entre os relativamente bem de vida, alguns são mais ricos e outros bem menos. E, por vezes, muito se discute sobre as divisões internas entre os ricos — na retórica política, as "pessoas comuns" são com frequência os mais pobres entre os privilegiados em geral. No entanto, todo o grupo dos relativamente privilegiados, inclusive a intelligentsia citada por Rudra, está em uma condição bem melhor que a da maioria necessitada de indianos — entre os quais, da mesma forma, alguns são muito mais carentes do que outros.

Os "relativamente privilegiados" nesse sentido mais amplo, que podem não ser mais de um quarto ou um quinto do total da população, compreendem diferentes estratos — variando de magnatas, numa extremidade, a pessoas comuns e instruídas, na outra, que não são particularmente ricas, mas desfrutam de padrões de vida que as separam das massas menos favorecidas da sociedade. Como discutido no capítulo 4, várias das demandas chamadas de "populistas", como tabelas salariais mais elevadas para os trabalhadores do setor público ou baixos preços de combustível, são, na verdade, reivindicações dos relativamente privilegiados, com benefícios limitados — se houver — para os mais desfavorecidos, sobretudo em comparação com outros direitos e serviços que com os mesmos recursos poderiam ser estendidos a essa camada da população. Tais demandas são muitas vezes defendidas por partidos políticos de direita e esquerda como "reivindicações das pessoas comuns", mesmo quando na prática desviam os recursos que poderiam ser utilizados para reduzir as espantosas privações dos realmente necessitados. Os maiores beneficiados dessas demandas "populistas" costumam vir dos setores mais prósperos e afluentes — os ricos que circulam em carros de luxo e SUVs, que consomem o diesel subvencionado pelo Estado, os grandes proprietários de terras que usam energia elétrica gratuita para utilizar as águas subterrâneas sem pagar, e as empresas de fertilizantes, que vêm buscando enormes subsídios por muitos anos em nome da segurança alimentar para as pessoas comuns.

Enquanto isso, grupos menos influentes, porém mais comprometidos, de pessoas de fato solidárias com os menos favorecidos tendem a ser ignorados ou deixados de lado. É bastante comum, por exemplo, milhares de pessoas pobres reunirem-se em Nova Delhi, vindas de todo o país, para expressar reivindicações relacionadas aos salários mínimos, à desapropriação forçada, aos direitos fundiários ou à discriminação por castas, sem receberem tanta atenção por parte da mídia ou dos partidos políticos.

Se tudo isso não é uma falha da argumentação pública, é difícil imaginar o que poderia ser. É para essa divisão profunda entre os privilegiados e os outros que temos de olhar para compreender o contraste entre as pessoas cujas vidas recebem muita atenção na mídia e no debate público e os demais, cujas privações e cujo desespero são invisíveis ou opacos nessa esfera comunicativa. A grande disparidade entre os privilegiados e os demais — não obstante suas próprias divisões internas — fortalece a desigualdade em geral por meio de uma desigualdade de articulação e atenção, o que torna o abismo entre as camadas da população tanto menos visível como, por consequência, mais resistente e estável.

POLÍTICAS PÚBLICAS E PRIORIDADES DE GASTOS

Entre outras consequências graves dessa assimetria de voz e influência de diferentes grupos estão os correspondentes vieses na alocação da receita pública, que são, é claro, influenciados por interesses de determinados grupos. Um dos benefícios do rápido crescimento econômico é que ele tende a gerar maior arrecadação, a qual pode ser usada para diversos propósitos — variando da redução das privações dos menos privilegiados ao serviço dos interesses dos relativamente privilegiados. Na verdade, a receita pública na Índia tendeu a crescer com a mesma intensidade — por vezes até mais — do crescimento do PIB nos últimos anos. Como resultado, a receita tributária bruta do governo central é cerca de quatro vezes maior hoje, a preços constantes, do que há apenas vinte anos.[26]

Além de aproveitar os recursos gerados pela expansão econômica acelerada, é possível expandir ainda mais a contribuição do crescimento do PIB para a receita pública de várias maneiras diferentes, desde a prevenção da evasão fiscal, que é imensa na Índia, até a remoção de isenções arbitrárias e o alargamento da base tributária. Muitas recomendações construtivas para aumentar a proporção de impostos em relação ao PIB da Índia (que é bastante baixa para os padrões internacionais), sem sufocar a eficiência econômica, foram feitas por sucessivas comissões de especialistas.[27] Mas, mesmo no estado de coisas atual, com a receita pública crescendo mais ou menos em paridade com o PIB, os recursos disponíveis para os gastos públicos estão se expandindo rapidamente na Índia. Trata-se de uma valiosa oportunidade de fazer bom uso das receitas públicas para melhorar as condições de vida da população, por meio de serviços públicos e amparo social. Por outro lado, isso tem também permitido a continuidade — e por vezes a expansão — de padrões de gastos que não são particularmente fáceis de justificar.

Somente os subsídios do governo central para as indústrias do petróleo e fertilizantes devem custar mais de 1,65 trilhão de rupias em 2012-3 (cerca de 1,7% do PIB da Índia), no momento em que escrevemos.[28] Isso é cerca de *quatro vezes* o que o governo central gasta em cuidados de saúde.* Existe um incompreensível desequilíbrio aqui, mas que de alguma forma segue quase incontestado e até mesmo ignorado. Há desequilíbrios semelhantes no nível estadual. Em muitos estados, por exemplo, a despesa pública com saúde e educação consiste majoritariamente do pagamento de salários (com frequência baseados em tabelas salariais bastante generosas, como discutido no capítulo 5), restando muito pouco para outros itens essenciais, tais como livros didáticos ou medicamentos. Em alguns estados, o pagamento dos salários e pensões do setor público atualmente absorve a maior parte da receita do governo, impossibilitando outros usos das receitas públicas e causando uma séria ameaça de falência financeira.

---

* De acordo com a Constituição indiana, a saúde está na "lista concomitante" de responsabilidades sociais conjuntas dos governos central e estaduais, de modo que uma parte importante das despesas públicas com saúde é provida pelos governos estaduais. Mas mesmo as despesas somadas dos governos estaduais e central na saúde são de apenas cerca de 1,2% do PIB, como vimos no capítulo 6 — ainda menos do que os subsídios para petróleo e fertilizantes juntos. Além disso, como a maioria das despesas dos governos estaduais com a saúde vai para os salários, o governo central tem de desempenhar um papel cada vez mais relevante no setor.

Para dar outro exemplo, consideremos o intenso debate sobre o projeto de lei nacional de segurança alimentar apresentado pelo governo no Parlamento indiano em dezembro de 2011, que de imediato foi descrito, e atacado por críticos influentes, como "financeiramente irresponsável". Os recursos adicionais necessários para a implementação do projeto foram estimados, na época, em 270 bilhões de rupias por ano (cerca de 0,3% do PIB da Índia). Trata-se, sem dúvida nenhuma, de uma vultosa soma, e por essa razão pode não ser difícil entender por que comentaristas com grande poder de influência protestaram fortemente, em razão de sua suposta inviabilidade, mesmo considerando o propósito louvável de fornecer alimentos subsidiados aos pobres.

Na realidade, o projeto de lei nacional de segurança alimentar tem muitos problemas além do alto custo, e ainda está sendo amplamente debatido enquanto terminamos de escrever este livro. Mas, concentrando-nos no momento apenas no lado dos custos, precisamos avaliar se é mesmo inviável ou "irresponsável" um compromisso de gastar mais 270 bilhões de rupias. O fato de a Índia ter o maior número de crianças desnutridas no mundo faz valer a pena considerar um programa desse tipo — desde que seja bem formulado e adequadamente examinado para ser eficaz. A urgência da situação nutricional não elimina a necessidade de avaliação crítica da solidez do projeto de lei e das medidas propostas para resolver o problema. No entanto, seu descarte sumário como "fiscalmente irresponsável" é difícil de justificar quando somas tão maiores são gastas em subsídios regressivos, aumentos salariais desproporcionais no setor público e outros fins menos exemplares.

Existem diversas outras instâncias em que a receita pública é sacrificada para atender a demandas específicas — muitas vezes vindas de grupos influentes. Por exemplo, como mencionado no capítulo 4, a isenção de direitos aduaneiros sobre as importações de diamante e de ouro custa ao erário público mais de 570 bilhões de rupias por ano, de acordo com a declaração oficial de "receita renunciada" do Ministério das Finanças. Isso é mais que o dobro do custo estimado do projeto de lei nacional de segurança alimentar, mas houve pouco clamor sobre sua inviabilidade financeira em discussões públicas.

É provável que a estimativa de "receita renunciada" pela isenção de direitos aduaneiros sobre ouro e diamantes seja exagerada, uma vez que as importações provavelmente cairiam um pouco se o imposto fosse cobrado, e também porque uma parte do material pode ser reexportada depois de ser trabalhada e transformada em joias. Ainda assim, mesmo após fazer concessões para essa superestimativa, é difícil argumentar que as propostas de segurança alimentar seriam financeiramente inacessíveis, mas não as isenções de direitos aduaneiros para as importações de ouro e diamantes.

Quando, em uma reunião da Associação Econômica Indiana realizada em dezembro 2011, um de nós evocou explicitamente essa comparação entre a suposta inviabilidade de 270 bilhões de rupias para alimentar os famintos e a aceitação — sem qualquer murmúrio — do sacrifício de 570 bilhões de rupias para manter as importações de ouro e diamantes fora da malha tributária, a maioria dos debatedores mostrou ter pouca consciência da existência de tais isenções e de outras instâncias em que as receitas públicas são substancialmente renunciadas. A declaração do Ministério das Finanças fornece uma estimativa bastante abrangente da renúncia fiscal através de vários canais, como os 570 bilhões de rupias em receita perdida por não cobrar impostos sobre a importação de ouro e diamantes. Somando todas essas "receitas renunciadas", o Ministério situou a perda total de receita pública em torno de 4,8 trilhões de rupias para 2010-1 e 5,3 trilhões de rupias para 2011-2 (mais de 5% do PIB da Índia).[29] Há exageros aqui, e a perda líquida pode ser muito menor; no entanto, mesmo após tais ajustes, a renúncia fiscal líquida seria gigantesca. A ideia de que a Índia não pode dar-se ao luxo de fornecer assistência social às pessoas mais necessitadas de alimentos do mundo porque o país é muito pobre e sua receita pública é pequena demais é difícil de ser sustentada com base nesses — e em outros — dados disponíveis.*

---

* Como foi mencionado no capítulo 4, algumas das "isenções" que compõem as cifras da receita renunciada não são fáceis de se converter em receita nova (a cifra total das "receitas renunciadas" é uma mistura de realidade e irrealidade), mas há de fato muitas isenções que poderiam proporcionar boas fontes de arrecadação. As anomalias mais graves não estão, de forma nenhuma, restritas ao ouro e aos diamantes. Por exemplo, uma quantidade similar de arrecadação (cerca de 6 trilhões de rupias) é renunciada por conta de isenções de direitos aduaneiros para "óleo cru e óleos minerais", além de outros subsídios regressivos para combustíveis discutidos anteriormente. Quantidades ainda maiores de receita são perdidas através de isenções de direitos aduaneiros para "máquinas" e descontos para "depreciação acelerada", entre outros "incentivos tributários ridículos dados a empresas indianas para investir em bens de capital", como Jaithirth Rao (2012), líder empresarial e distinto comentarista público, apropriadamente os descreveu. Muitos relatórios de especialistas pediram a abolição das isenções arbitrárias, mas não foram capazes de curar o "câncer dos privilégios" (M. Govinda Rao, 2011). A questão não é só que

Curiosamente, em suas propostas de orçamento apresentadas em fevereiro de 2012, o ministro das Finanças propôs a introdução de um pequeno imposto indireto sobre o ouro e os metais preciosos usados em joias. Isso imediatamente desencadeou grandes protestos de joalheiros e outras pessoas influentes, cujos interesses foram afetados, e, apesar da base bastante estreita desse grupo de pressão, a oposição foi tão intensa que o governo teve de retirar a taxa proposta em menos de um mês. Essa política branda para ourives e joalheiros continuou mesmo quando as excessivas importações de ouro se tornaram uma enorme preocupação para o governo no final de 2012, com o Ministério da Fazenda alertando que "o dilúvio de importações de ouro estava forçando o déficit em conta-corrente" e lamentando que "não é fácil conseguir que as donas de casa desistam das compras [de ouro] da noite para o dia".[30] Embora a queixa de perdularismo contra o governo por apoiar um caro projeto de lei de segurança alimentar tenha se mantido bastante viva na memória do público, não houve nenhum protesto significativo contra a continuidade da isenção para importações de ouro e diamantes. Os vieses no direcionamento das atenções e dos protestos públicos têm claramente sérias consequências.

MUDANDO O ALCANCE DA DEMOCRACIA INDIANA

Se a Índia precisa de uma nova política democrática, essa exigência está intimamente ligada à necessidade de dar muito mais atenção aos interesses, às demandas e aos direitos dos mais necessitados (em oposição aos "menos favorecidos entre os privilegiados"). Os partidos políticos terão um interesse natural em mudar de rumo se e somente se as privações forem mais claramente reconhecidas, trazidas à tona de forma mais ampla, mais comentadas e transformadas em manifestações concretas, bem como em debates importantes.

Tornar isso realidade está longe de ser fácil, dada a proeminência de outras questões — bastante distintas — que movem os partidos políticos atualmente, as quais podem variar do apoio da *Hindutva* à política sectária

---

existam diversas fontes extras de receita, mas que sua existência é pouco reconhecida pelos "falcões do déficit" que evocam a ideia da "responsabilidade fiscal" sempre que se propõe o uso da despesa pública para o benefício do bem-estar e da liberdade dos indianos mais pobres.

de castas,* da defesa da iniciativa privada ao apoio cego aos sindicatos do setor público, e podem desviar o foco do tipo de mudança política que é realmente necessário. Seja como for, já existe uma abundância de identidades políticas no cenário atual, e disputar a atenção do público com todas elas pode não ser simples. Os mais desfavorecidos da sociedade de fato têm muitos interesses e preocupações em comum, mas moldá-los em uma identidade política definida requer uma organização que não é nada fácil de pôr em prática, apesar de sua necessidade ser visível.

A despeito disso, há lugar para a esperança, graças ao vigor da prática democrática e dos movimentos sociais na Índia. Além dos célebres exemplos dos movimentos populares antes e logo após a independência, uma ampla gama de iniciativas e agitações recentes tem contribuído para trazer mais justiça e mais pensamento crítico para a política indiana. Algumas delas também conseguiram, muitas vezes contra considerável oposição, concretizar uma mudança construtiva. Só na última década vimos a promulgação de uma série de legislações sociais introduzidas em resposta a movimentos e demandas populares: não só as conhecidíssimas Lei do Direito à Informação e Lei Nacional de Garantia de Emprego Rural, mas também leis relacionadas com o direito à educação, a seguridade social para trabalhadores não organizados, a violência doméstica e os direitos de propriedade dos habitantes tradicionais da floresta, entre outras questões que fazem uma grande diferença para os desfavorecidos.[31] A eficácia dessas legislações varia bastante, gerando desde impactos muito positivos (por exemplo, a Lei do Direito à Informação) até efeitos solidamente decepcionantes (como no caso da Lei de Seguridade Social para Trabalhadores Não Organizados), mas, mesmo assim, há um significativo desenvolvimento político nesse sentido, e um sinal importante da possibilidade de atacar questões sociais fundamentais por meio da prática democrática. Também tem havido valiosos esforços nos últimos anos, com base em mobilizações públicas, campanhas de mídia, intervenções judiciais, lobby parlamentar e outros meios democráticos, para

---

* *Hindutva* é a ideologia do nacionalismo hindu, segundo a qual a ampla maioria dos indianos (cerca de 80%) está unida pela identidade hindu. Essa identidade, sustenta a *Hindutva*, deve sobrepor-se a todas as outras diferenças ligadas a religiões, etnias, linguagens ou castas. É uma ideologia do tipo religiosa, porém mais abrangente que a noção de "hinduísmo", que diz respeito apenas a crenças, cosmologias etc. (N. T.)

obter mudanças concretas em vários domínios, tais como normas ambientais, *accountability* pública, segurança alimentar, direitos das crianças, igualdade de gênero, entre tantos outros — com resultados em inúmeros casos. A noção de que as políticas públicas na Índia são totalmente indiferentes à ação democrática bem organizada seria difícil de comprovar à luz da experiência recente.

Outro motivo para esperança é a possibilidade de uma participação muito mais ativa dos mais desfavorecidos na liderança desses movimentos, e na política democrática como um todo, em um futuro relativamente próximo. Por exemplo, o aumento da escolarização durante os últimos vinte anos (apesar de todas as falhas do sistema de ensino, discutidas no capítulo 5) pode facilitar o envolvimento das mulheres, de castas desfavorecidas e de outros grupos desamparados na vida pública e na ação democrática — não apenas como seguidores, mas, cada vez mais, como os principais defensores de seus próprios direitos e interesses. Como vimos no capítulo 3, a crescente participação política dos menos favorecidos tem desempenhado um papel bem importante em alguns dos estados mais progressistas da Índia, incluindo Kerala e Tamil Nadu, e contribuiu de forma decisiva para suas conquistas sociais. Desdobramentos similares em outros estados, sobretudo no norte da Índia, podem gerar uma grande quantidade de energia política e mudança social, e também alterar positivamente — ao longo do tempo — as perspectivas e prioridades dos partidos políticos.

Também é importante reconhecer que as mudanças no debate e nas ações públicas que estamos defendendo não são do tipo "tudo ou nada". Dada a natureza da prática democrática na Índia, é provável que a mudança ocorra como um progresso sequencial, e não como uma avalanche inclusiva. O mais urgente no momento é reconhecer a necessidade de medidas para superar carências sistêmicas que condenam a maior parte da população indiana a vidas atrofiadas e que militam contra o bem-estar das pessoas, especialmente os menos favorecidos, além do bom funcionamento da economia.

O que a Constituição da República da Índia definiu como "fundamental na governança do país" pode vir a ter o impulso da força democrática quando equívocos empíricos e prioridades políticas delirantes, como os que discutimos em capítulos anteriores, derem lugar à argumentação pública mais bem informada e mais assertiva. Sujeitar esses vieses e mal-entendidos ao exame crítico e arrazoado terá grandes implicações para a natureza e a prática da democracia na Índia.

10. A necessidade de impaciência

A mídia indiana está bem ocupada ultimamente com a difícil situação do país. Isso é compreensível e desejável, e há muito para se alegrar com o fato de que questões negligenciadas como a corrupção generalizada e a ineficiente prestação de serviços públicos estão recebendo imensa atenção — mesmo que um pouco aleatória. No entanto, o equilíbrio de foco na mídia reflete um viés preocupante, que necessita de análise crítica.

Há certamente bastante discussão, e não apenas na mídia de negócios, sobre a necessidade de elevar a taxa de crescimento da economia indiana, que recuou de seu pico de 9% ao ano, registrado não tanto tempo atrás, para cerca de 6% no início de 2013, e pode muito bem cair para 5% enquanto concluímos este livro. A Europa e os Estados Unidos na certa vibrariam se conseguissem até mesmo metade da taxa reduzida de crescimento atual da Índia, mas a profunda preocupação com o aumento do crescimento econômico é perfeitamente compreensível. O crescimento faz aumentar os rendimentos das famílias e ajuda a eliminar a pobreza, em especial se a saúde, a educação e outras capacidades básicas que permitem a participação da população nesse processo forem amplamente compartilhadas. Ele também gera receita pública, que pode ser usada para expandir a infraestrutura física e social, bem como para outros fins construtivos. No entanto, a elevação do crescimento econômico em geral é apenas uma das várias preocupações que precisam ser levadas em conta para reverter as privações da grande maioria dos indianos e reduzir as espantosas desigualdades que caracterizam a Índia atualmente.

Conforme já discutimos, esses desafios exigem amplas mudanças nas políticas públicas e uma reorientação do diálogo democrático na Índia. Há um forte argumento em defesa da contundente demanda por maiores alocações para os serviços públicos básicos (como educação escolar, cuidados de saúde, apoio nutricional e proteção ambiental), e de programas mais abrangentes de equidade econômica e seguridade social, bem como de desenvolvimento da infraestrutura física e social. Há necessidade também de uma reforma radical da organização dos serviços públicos para torná-los mais sujeitos à *accountability* e mais eficientes.

A imagem contrastante de rápido crescimento econômico e lento progresso na elevação dos padrões de vida (que discutimos particularmente nos capítulos 2 e 3) aponta para a necessidade de uma compreensão inteligente da importância da expansão do PIB. Para corrigir esse enorme desequilíbrio, é essencial que a exigência de um maior crescimento seja acompanhada pela exigência de um crescimento mais participativo, e também por um compromisso de fazer com que a utilização produtiva de recursos gerados remedie a deplorável falta de serviços públicos e de serviços básicos que tanto está atrasando a Índia nos dias atuais.

Há uma enorme parcela da população indiana — uma minoria relativamente pequena, mas ainda bastante grande em números absolutos — para a qual só o crescimento já faz muito bem, uma vez que são pessoas relativamente privilegiadas e que não necessitam de assistência social para tirar proveito do crescimento econômico. Essas pessoas estão em uma boa posição para obter benefícios substanciais a partir da expansão do PIB, como de fato têm feito — às vezes desfrutando também de vantagens amplificadas pela intervenção governamental a seu favor (através, por exemplo, de subsídios para os combustíveis, dos quais se beneficiam de maneira desproporcional), como foi discutido nos capítulos anteriores, o que só amplia suas já privilegiadas oportunidades econômicas e sociais.

Algumas melhorias na vida dos desfavorecidos realmente tendem a ocorrer com o crescimento econômico, conforme se expandem o emprego e as oportunidades para o empreendedorismo, sobretudo para aqueles que não estão impedidos de aproveitá-las por falta de saúde e escolaridade, ou por barreiras sociais e outras desvantagens. Mas nem por isso o apoio público para os mais desfavorecidos deixa de ser importantíssimo, em geral no sentido de ajudá-los a superar essas desvantagens e garantir que os frutos do crescimento econômico sejam amplamente partilhados. Sem ele, um grande número de pessoas continuará a ser atormentado pela fome, pobreza, por doenças e outras privações, apesar dos surtos de crescimento econômico agregado (como, aliás, tem acontecido no passado recente).

O uso construtivo dos recursos públicos gerados pela expansão econômica para melhorar as capacidades humanas contribui não apenas para a qualidade de vida, mas também para uma maior produtividade e maior crescimento. A chamada "experiência asiática", iniciada no Japão no final do século XIX, e em seguida estendida para Coreia do Sul, Taiwan, Cingapura e, por fim, toda a China, foi baseada em um uso habilidoso da complementaridade entre expansão econômica e progresso humano através da educação, dos cuidados de saúde, da melhor nutrição e de outros determinantes da capacidade humana. Trata-se de uma via de mão dupla, da qual a Índia fez relativamente pouco uso, não só deixando o país para trás em termos de qualidade de vida e indicadores sociais de padrões de vida, mas também tornando seu processo de crescimento de longo prazo mais frágil e menos participativo do que teria sido de outra forma.

Há alguma ironia trágica aqui. Reflexões profundas sobre as íntimas conexões entre saúde, educação e produtividade não estavam, de maneira nenhuma, ausentes nas visões dos pioneiros do desenvolvimento econômico e industrial na Índia, como Jamshetji Tata. Nas palavras de F. R. Harris sobre a concepção de Jamshedpur em sua biografia de Jamshetji:* "desde o momento da colocação da primeira estaca, a Iron and Steel Company assume a função de um município", com foco em cuidados de saúde gratuitos, escolarização decente, fornecimento de água potável e saneamento básico, entre outras iniciativas industriais e sociais.[1] Uma compreensão ampla da complementaridade entre produção e produtividade, por um lado, e a promoção do bem-estar e da

---

* Jamshedpur é a primeira cidade industrial planejada da Índia, fundada por Jamshetji Nusserwanji Tata. É também conhecida como a Cidade do Aço, Tatanagar ou simplesmente Tata. (N. T.)

capacidade humana, por outro, foi também fortemente articulada no famoso relatório da Comissão Bhore para a política de saúde em 1946: "Se fosse possível avaliar a perda que este país sofre a cada ano devido ao evitável desperdício de valioso material humano e à redução da eficiência humana por causa da desnutrição e da morbidade, achamos que o resultado seria tão surpreendente que o país inteiro despertaria e não descansaria até que uma mudança radical tivesse sido realizada".[2] Infelizmente, o país ainda não foi "despertado" pela negligência da saúde e educação e de outros serviços públicos; pelo contrário, essa negligência e suas consequências de longo alcance têm recebido pouca atenção no debate público durante as mais de seis décadas de funcionamento da Índia independente e democrática.

O país deixou de absorver grande parte das lições de desenvolvimento econômico da Ásia, que com rapidez tem reforçado o bem-estar e a capacidade humana juntamente com a busca — na verdade, como parte dela — do crescimento econômico acelerado. A parte mais fundamental da "estratégia do Leste Asiático" tem sido o uso da receita pública, expandida pelo crescimento econômico, para eliminar enormes deficiências nos serviços sociais, educacionais e de saúde e atender às demandas crescentes de infraestrutura física e social, ao mesmo tempo tornando os serviços públicos mais sujeitos à *accountability* e eficientemente organizados. A experiência da China também mostra que dedicar uma receita pública bem maior que a da Índia à educação, aos cuidados de saúde e à nutrição é compatível com um crescimento econômico elevado e sustentado — e pode ser muito útil a ele. Comparando a miserável alocação indiana de 1,2% do PIB para as despesas públicas em saúde com a cifra chinesa bem superior de 2,7%, o que surpreende não é apenas a falta de sensibilidade às demandas de saúde pública na Índia (um dos principais fatores por trás do desempenho deficiente do país nesse quesito, como discutimos no capítulo 6), mas a limitada compreensão dos numerosos defensores da economia a respeito das exigências reais de crescimento econômico rápido e sustentado. Somos bombardeados pela ensurdecedora retórica sobre "a prioridade do crescimento econômico", enquanto pouca atenção é dada à saúde, à educação e a outros aspectos da formação das capacidades humanas — o que reflete um entendimento nebuloso de como o desenvolvimento de longo prazo e de caráter participativo pode realmente ser alcançado e sustentado.

A NATUREZA DA DESIGUALDADE INDIANA

Ao avaliar a natureza da Índia contemporânea, é essencial considerar não só a disseminação generalizada da desigualdade, mas também seu caráter bastante peculiar. Ainda que as desigualdades de renda sejam grandes na Índia, esse não é o único — talvez nem mesmo o principal — elemento das disparidades que caracterizam o país. Na realidade, julgada pelas medidas padrão de desigualdade econômica (como o Coeficiente de Gini da distribuição de renda), a Índia não parece significativamente diferente, digamos, da China ou do Brasil. No entanto, essa comparação deixa de lado duas grandes questões.

Primeiro, quando os níveis de renda dos pobres são tão baixos que eles não podem garantir nem mesmo suas necessidades mais básicas, o abismo entre a vida deles e a dos mais prósperos ganha uma intensidade — na verdade, um caráter ultrajante — que os indicadores de desigualdade agregada não podem capturar.[3] Segundo, os números relativos à renda individual não levam em conta o papel dos serviços públicos em áreas como educação, saúde, amparo social e proteção ambiental, que podem fazer uma grande diferença na proteção das pessoas contra a privação e na expansão de suas liberdades. Por essas duas razões, a desigualdade na Índia tem a forma terrível de uma enorme disparidade entre os privilegiados e os demais, com uma gigantesca deficiência em atender aos requisitos básicos para uma vida minimamente aceitável para os mais desfavorecidos. Coisas básicas, como uma escola decente, um hospital acessível, um banheiro em casa, ou duas refeições por dia são inacessíveis para uma proporção bem maior da população indiana do que ocorre, digamos, na China. Isso torna as comparações em termos de indicadores de desigualdade agregada baseados na distribuição de renda (como o Coeficiente de Gini) menos relevantes e reveladoras.

A divisão entre ricos e pobres é imensa também na China, que tem um número de bilionários ainda superior ao da Índia. Na China, a diferença entre as maiores e menores rendas não é inferior à da Índia, mas o traço extraordinário da falta de serviços básicos para grandes parcelas da população é uma característica da desigualdade indiana que contrasta com o caráter da desigualdade chinesa (que também é grande). A ausência de cuidados de saúde, escolas razoavelmente boas e outros elementos básicos para o bem-estar e as liberdades fundamentais mantém a maioria dos indianos acorrentados às suas privações de uma maneira raríssimas vezes encontrada em outros países com respeito próprio que estão tentando prosperar no mundo.

Para ilustrar com uma lacuna extraordinária que pode não ser considerada aceitável em uma sociedade civilizada, não está claro quantos leitores de jornais indianos estão cientes do fato de que a prática da defecação a céu aberto é mais difundida na Índia do que em praticamente qualquer outro país para o qual existem dados disponíveis. Em 2011, metade das famílias indianas não tinha acesso a banheiros, o que as obrigava a recorrer todos os dias à defecação a céu aberto, em comparação com menos de 10% de famílias sem essa comodidade em Bangladesh e apenas cerca de 1% na China. Quando as cifras indianas surgiram no recenseamento decenal, em 2011, houve na mídia e no debate público uma breve centelha de interesse, com duração de um ou dois dias, talvez um pouco mais, e com quase nenhum impacto prático sobre as políticas públicas, ou mesmo qualquer mudança de longo prazo na atenção dada a esse tema. A possibilidade de missões espaciais parece capturar a imaginação dos privilegiados muito mais do que os vasos sanitários, que poderiam libertar metade dos cidadãos da Índia moderna dessa forma peculiarmente desagradável de desigualdade.

A divisão arraigada da Índia entre os privilegiados e o resto reflete, em parte, o reforço mútuo dos diferentes tipos de disparidade — de classe, casta, comunidade e gênero (como foi discutido no capítulo 8). Esse é outro aspecto do caráter peculiar da desigualdade na Índia, que é de suma importância para compreender a situação do país e de suas perspectivas de mudança. É, por exemplo, uma pista importante para o progresso limitado da Índia no campo da educação básica (sobretudo na educação de qualidade), que tem sido prejudicada pela natureza socialmente compartimentada de oportunidades, aspirações e expectativas educacionais. Uma menina *dalit* de família pobre que sonha em se tornar médica ou engenheira pode ter de superar não só a falta de instalações escolares adequadas no bairro e a penúria econômica em casa, mas também, muito possivelmente, atitudes sociais de indiferença para com sua educação, bem como com a discriminação de gênero na família e na sociedade. Dada a amplitude dos papéis pessoais e sociais da educação básica (em especial a escolarização das mulheres) no desenvolvimento, essas múltiplas barreiras e divisões sociais têm cobrado um elevado preço.

A natureza única da desigualdade indiana tem uma influência considerável sobre as prioridades da luta pela justiça social. Resistir à concentração de riqueza e poder é obviamente uma parte importante dessas lutas na Índia — assim como em outros lugares. No entanto, levando em conta que uma das piores características da injustiça social na Índia é a exclusão continuada, que afeta uma grande parcela da população, de instalações e oportunidades básicas que devem estar disponíveis para todos, a luta contra a injustiça tem de ser claramente relacionada com as exigências construtivas de serviços públicos essenciais e direitos elementares.

Como vimos no capítulo 3, esse vínculo teve um papel importante na história social de alguns dos estados mais progressistas da Índia, incluindo Kerala e Tamil Nadu. As demandas por acesso à educação, cuidados de saúde, seguridade social e outros direitos eram parte integrante das lutas dos grupos desfavorecidos (particularmente os *dalit*) para a eliminação de indignidades e desigualdades relacionadas à casta. No entanto, a íntima conexão entre uma maior justiça social e melhores serviços públicos para os mais desfavorecidos, que motivou com sucesso muitas agitações no passado, tende a receber relativamente pouca atenção na política democrática dominante na Índia de hoje.

SERVIÇOS PÚBLICOS E DIVISÃO SOCIAL

Na perpetuação do desequilíbrio das prioridades de desenvolvimento na Índia, um grande papel é desempenhado pela falta de clareza — e de debate público — sobre como a população indiana está realmente vivendo. A concentração exagerada na vida dos privilegiados, que é uma característica endêmica da opinião pública indiana (a qual costuma ser amplificada pela mídia), proporciona uma imagem irreal da situação dos indianos em geral.

Já comentamos neste livro inúmeros exemplos de pontos cegos — falhas sociais que são de enorme importância para o desenvolvimento e que, contudo, têm recebido surpreendentemente pouca atenção nos debates públicos. A falta de consciência do público sobre a defecação a céu aberto (sua extensão, os riscos à saúde envolvidos, ou como a Índia se compara com outros países a esse respeito), mencionada anteriormente, é um impressionante exemplo disso. De modo mais geral, como vimos no capítulo 6, o estado do sistema de saúde da Índia quase nunca é discutido na grande mídia, e muito menos reconhecido pelo que é — um antiquado "sistema de desembolso" no qual a maioria dos pacientes paga pelo atendimento de saúde a prestadores privados, em forte contraste com as tendências mundiais em relação à cobertura universal com base em financiamento e planejamento público (normalmente complementada, em vez de conduzida, por seguros privados). Vários outros pontos cegos também foram discutidos neste livro: a quase estagnação dos salários reais nos últimos vinte anos, o que contrasta de forma particularmente marcante com o boom dos salários reais na China (capítulo 2); a posição de declínio da Índia no sul da Ásia em termos de indicadores sociais padrão (capítulo 3); os níveis abissais de desempenho dos alunos nas escolas indianas (capítulo 5); o histórico deplorável da Índia na vacinação infantil (capítulo 6); e os desequilíbrios extraordinários de gastos públicos, envolvendo concessões perdulárias a lobbies poderosos e um descaso crucial com investimentos que poderiam melhorar os padrões de vida e as capacidades humanas dos menos favorecidos (capítulo 9). Nenhuma dessas questões tem sido debatida em público de forma satisfatória nos últimos anos.

Essa compreensão incompleta e distorcida da difícil situação do país está associada a uma visão excepcionalmente estreita do desenvolvimento econômico por parte da nova elite indiana. Rammanohar Reddy, editor da distinta publicação *Economic and Political Weekly*, descreveu de forma sucinta um dos problemas enfrentados no estabelecimento de uma agenda para a Índia:

> A elite de hoje está mais preocupada consigo mesma. É impaciente com qualquer coisa que retenha a expansão de sua força econômica. Daí a conversa atual sobre a "paralisia de políticas" e o investimento político em algo tão trivial como o investimento estrangeiro direto no varejo. A "autoconfiança" a respeito da Índia, que faz parte da narrativa dominante, é ao mesmo tempo intolerante em relação a qualquer questionamento de dentro ou de fora do país.[4]

Essa intolerância em relação a uma agenda mais ampla não teria sido tão prejudicial caso a "autoconfiança" que Reddy identifica não fosse muitas vezes completamente equivocada: ela desconsidera não só conexões causais importantes na geração e sustentação do crescimento econômico (apoiado por uma população mais saudável, mais bem-educada e menos exposta a privações), mas também as exigências básicas de uma sociedade democrática que respeita o ser humano.

Por outro lado, a democracia indiana oferece diversas oportunidades para remover pontos cegos e transformá-los em questões sociais vivas, que é o primeiro passo para remediá-los. Quando essas oportunidades foram apreendidas, o alcance do debate público muitas vezes expandiu-se radicalmente com certa velocidade, e mencionamos tais desdobramentos no início do livro. Um exemplo recente é o impacto da onda de cobertura da violência contra as mulheres na Índia por parte da mídia em dezembro de 2012, seguindo — e sustentando — o ultraje geral do público quanto ao terrível estupro coletivo de uma jovem estudante de medicina em Nova Delhi (discutido no capítulo 8). Os termos do discurso público sobre questões como corrupção, desnutrição, remoção forçada, direito à educação, e *accountability* do setor público também mudaram significativamente na Índia, de uma maneira que teria sido difícil de prever apenas alguns anos atrás. Há alguns sinais de mudança, mas a grande necessidade de uma transformação da agenda ainda recebe bem menos atenção do que merece.

A necessidade de uma compreensão mais ampla e clara da situação da Índia também se aplica aos *resultados positivos* de iniciativas construtivas para melhorar a vida das pessoas, que com frequência são subestimados ou relativamente desconhecidos. Por exemplo, o enorme progresso da educação elementar em Himachal Pradesh a partir do início da década de 1970 — fruto de um processo político que ampliou a perspectiva do governo estadual — passou mais ou menos despercebido por muito tempo no país como um todo, embora os resultados obtidos fossem bastante notáveis. Da mesma forma, os avanços impressionantes de Tamil Nadu no atendimento de saúde na primeira infância não foram amplamente reconhecidos até bem pouco tempo. Como discutido nos capítulos 3 e 6, essas conquistas inserem-se em um padrão mais amplo de políticas sociais razoavelmente ativas e eficazes em alguns estados — incluindo Himachal Pradesh, Tamil Nadu e, é claro, Kerala (desde cedo). Outros estados, como discutimos no capítulo 3, têm muito a aprender com essas experiências de sucesso — tanto sobre o valor de ampliar o debate público como sobre os resultados alcançados através de mais serviços públicos prestados, e com maior eficiência.

Mesmo em outros estados, e na Índia como um todo, existem significativos exemplos de iniciativas construtivas que muito têm feito para melhorar a vida da população, nem sempre recebendo o reconhecimento que merecem.

Se fôssemos nos guiar por vários dos relatos da mídia, teríamos a impressão de que programas como a Lei Nacional de Garantia de Emprego Rural (NREGA), o Sistema de Público de Distribuição (PDS) e os Serviços de Integrados de Desenvolvimento Infantil (ICDS) não passam de focos de corrupção e desperdício. Naturalmente, é uma coisa boa que a mídia seja ativa na exposição das falhas de governança, uma vez que isso pode contribuir para sua melhoria. Mas há evidências consideráveis de que esses programas estejam na verdade fazendo uma significativa diferença para a vida das pessoas em muitos estados, e que há uma enorme oportunidade para estender tais conquistas para outros lugares também.

Certamente não há razão para complacência aqui, mas as tendências recentes confirmam evidências anteriores de possibilidade real de mudança através da ação construtiva. Essa é uma importante lição a ser tirada de experiências recentes — tanto na Índia como no exterior (por exemplo, da introdução da cobertura universal da saúde no México e de uma enorme expansão dos serviços públicos no Brasil). Valorizar possibilidades construtivas é tão importante como perceber mais plenamente a gravidade e a severidade das privações a que a população indiana é submetida.

IMPACIÊNCIA E DEMOCRACIA

A paciência, escreveu Ambrose Bierce em *O dicionário do diabo* (1906), é "uma forma menor de desespero, disfarçada de virtude". Ao longo dos séculos, a Índia tem visto muito dessa suposta virtude. Houve uma extraordinária tolerância em relação às desigualdades, à estratificação e às divisões de casta — aceitas como partes aparentemente inevitáveis da ordem social. Houve tolerância também em relação às graves iniquidades do Raj colonial, assumidas como necessárias para que a Índia pusesse a casa em ordem. Houve uma debilitante paciência com a estagnação econômica, aceita como a única opção viável para um país onde tudo acontecia devagar. Houve a resignação silenciosa das mulheres indianas com a falta de liberdade imposta a elas por supostas razões de necessidade biológica ou social. Houve uma resistência paciente à falta de *accountability* e à proliferação da corrupção — tidas como consequências incontornáveis da cupidez da natureza humana. E — é claro — houve uma submissão adaptativa dos mais necessitados da sociedade à miséria, exploração e indignidade contínuas, vistas como acompanhamentos inescapáveis de uma ordem econômica estável.

A paciência não tem ajudado a corrigir nenhuma dessas desigualdades e injustiças; nem tem provado ser gratificante de nenhuma outra forma facilmente detectável. Por outro lado, muitas vezes mudanças positivas ocorreram e produziram certa libertação quando a reparação dos males foi procurada ativamente e perseguida com vigor. Mesmo a opressão do colonialismo britânico só terminou quando a impaciência política indiana gerou movimentos populares que tornaram o Raj ingovernável.

A Índia contemporânea não sofre de falta de reivindicações e protestos. O que é fundamental avaliar, no entanto, é se os protestos mais ruidosos e politicamente poderosos refletem de maneira adequada as privações e as injustiças que os indianos carentes sofrem de modo contínuo. A importância e o poder político dos indianos relativamente privilegiados — mesmo aqueles que não são de fato ricos, mas cuja renda e cujos padrões de vida os situam bem acima da média da Índia — tendem a servir como uma barreira para a atenção que as vozes dos pobres podem com efeito obter. O resultado, com suficiente frequência, é uma quase exclusão, em muitas questões políticas, da maioria das pessoas que sofrem privações imensas na Índia.

Essa exclusão, por sua vez, leva a um desprezo generalizado pelos interesses dos mais desfavorecidos nas políticas públicas. A negligência da educação escolar, saúde, segurança social e de assuntos afins no planejamento indiano é um aspecto desse padrão geral. Mas os vieses da política pública em favor dos interesses privilegiados também assumem diversas outras formas, entre as quais a negligência da agricultura e do desenvolvimento rural, a tolerância em relação à pilhagem ambiental para ganhos privados e a chuva de subsídios públicos (implícitos ou explícitos) para grupos privilegiados.

A desigualdade multidimensional tende a gerar, como já discutido, os meios para sua própria perpetuação, nomeadamente através da distorção de debates públicos e da cobertura da mídia. A enorme divisão social carrega consigo grandes desigualdades na voz e poder de diferentes grupos e, além disso, ajuda a minimizar a visibilidade da privação dos mais necessitados da sociedade, o que parece atender em especial aos interesses e compromissos de uma imensa — e ruidosa — população de pessoas não tão necessitadas. Nesse e em outros aspectos, a enormidade da divisão social entre os relativamente privilegiados e os demais torna muito mais difícil usar as ferramentas convencionais da democracia, incluindo o uso da reivindicação direta, para enfrentar as desigualdades envolvidas.

A névoa de obscuridade tem sido tão forte sobre a incidência e intensidade da privação extrema que a própria ideia de povo — o objeto de suporte imediato de líderes políticos influentes — sofreu uma grande redefinição. Os relativamente bem de vida, que de fato não têm tanto dinheiro quanto os ricos, muitas vezes tendem a se ver como "pessoas comuns" — "*aam aadmi*", em hindi —, situando a si mesmos como os mais necessitados da sociedade, o que pode ser uma descrição apropriada somente se os compararmos com a camada superior da elite econômica do país.

Em uma observação perspicaz, George Lindsay Johnstone, um dos primeiros funcionários da East India Company, disse no Parlamento de Londres em 1801 que o império indiano da Grã-Bretanha era "um império de opinião", fundado na relutância dos "nativos em refletir sobre sua própria força".[5] A relutância dos indianos em geral em refletir sobre sua própria força foi um importante fator para a contínua submissão da Índia à Grã-Bretanha na época de Johnstone, mas essa falha em particular desapareceu há muito tempo. O que continua a ser verdade, em parte por causa das circunstâncias políticas, é que os indianos carentes relutam em se erguer e exigir uma eliminação rápida e definitiva de sua extraordinária privação. As queixas dos "relativamente privilegiados, mas não os mais privilegiados", que constituem a categoria das assim chamadas "pessoas comuns", recebem uma atenção tremenda, e as perspectivas desse grupo facilmente mobilizável são predominantes nos principais partidos políticos. Isso está em nítido contraste com a relativa falta de atenção para as enormes — e duradouras — privações dos mais desfavorecidos da sociedade indiana.

No entanto, a política democrática da Índia oferece oportunidades concretas para os mais necessitados "refletirem sobre sua própria força" e exigirem que as desigualdades fundamentais que arruínam a vida de tanta gente no país sejam rapidamente sanadas. Isso, claro, é em parte uma questão de organização política, mas há também um importante papel para uma lúcida compreensão do amplo alcance e da natureza peculiar da privação e da desigualdade na Índia. Esse é sem dúvida nenhuma um dos principais desafios enfrentados pelo país hoje.

Apêndice estatístico

NOTA EXPLICATIVA

Os dados estatísticos socioeconômicos apresentados neste livro foram extraídos principalmente dos "Indicadores do desenvolvimento mundial" para as comparações internacionais e de fontes nacionais oficiais para informações específicas da Índia, como os recenseamentos decenais, a Organização Central de Estatística da Índia, a *Pesquisa Econômica* anual do Ministério da Fazenda, o Banco Central da Índia, a Pesquisa Nacional por Amostragem, as Pesquisas Nacionais da Saúde da Família, o Sistema de Registro por Amostragem (SRS) e a Pesquisa de Desenvolvimento Humano na Índia. Evitamos fontes não confiáveis ou potencialmente não confiáveis.

Para os "Indicadores do desenvolvimento mundial" (WDI, na sigla em inglês), utilizamos os valores apresentados on-line no site <data.worldbank.org>, acessado em 1º de janeiro de 2013. A maioria desses valores também está disponível na versão impressa dos indicadores (Banco Mundial, 2012). Por motivos de comparação internacional, não contabilizamos países com população inferior a 2 milhões de habitantes.

Em alguns casos houve pequenas diferenças nos dados relacionados à Índia apresentados pelos WDI e pelas fontes nacionais, uma vez que as últimas estão atualizadas. Por exemplo, o índice de mortalidade infantil na Índia em 2011 é de 47 por mil nascidos vivos de acordo com o WDI, porém dados mais recentes do Sistema de Registro por Amostragem indicam que são 44 a cada mil.* Para realizar comparações internacionais, utilizamos as informações do WDI para a Índia, sem tentar atualizá-las com base nas fontes nacionais, pois é provável que haja diferenças similares também no caso dos outros países. De qualquer modo, tais diferenças são muito pequenas.

Alguns números das estatísticas indianas, sobretudo as sociais, estavam desatualizados durante a compilação. Os resultados do Censo de 2011 foram parcialmente publicados, mas inúmeros indicadores críticos (por exemplo, as taxas de alfabetização por idade e participação feminina no mercado de trabalho) permanecem não divulgados ao público. Mais importante ainda, a última pesquisa nacional com dados detalhados sobre saúde e nutrição foi a terceira Pesquisa Nacional de Saúde da Família, conduzida em 2005-6. Não há dados confiáveis, especialmente para nutrição infantil, para anos mais recentes. Esperamos que esse hiato seja em parte remediado pela publicação da segunda Pesquisa de Desenvolvimento Humano na Índia, assim como da quarta Pesquisa Nacional de Saúde da Família. Enquanto isso não ocorre, utilizamos os dados mais recentes disponíveis de fontes nacionais oficiais.

Este apêndice traz informações estatísticas adicionais sobre o desenvolvimento social e econômico da Índia. A tabela A.1 apresenta comparações internacionais de indicadores do desenvolvimento de alguns países asiáticos. A tabela A.2 busca integrar algumas dessas comparações a evidências de contrastes internos na Índia. Foram incluídos seis estados indianos na tabela: três deles (Himachal Pradesh, Kerala e Tamil Nadu) com indicadores sociais relativamente favoráveis, e três outros (Bihar, Madhya Pradesh e Uttar Pradesh) do comparativamente desprovido "coração do norte". A tabela A.3 apresenta uma variada gama de indicadores para os mais importantes estados da Índia (aqueles com a população de ao menos 5 milhões de habitantes em 2011), e a tabela A.4 se concentra nos estados menores da região nordeste. Por fim, a tabela A.5 fornece informações sobre as variações ao longo do tempo em toda a Índia. As fontes utilizadas na tabela A.3, a partir da qual muitas outras tabe-

---

* Os valores do WDI são atualizados regularmente a partir da publicação de novos dados; essas e outras diferenças podem diminuir ou desaparecer com o tempo.

las neste livro foram criadas, estão listadas no fim deste apêndice, acompanhadas de curtas explicações.

Em toda a tabela A.3, exceto nos dados baseados no Índice de Desenvolvimento Humano da Índia (IHDI, na sigla em inglês) de 2004-5, os valores para o nordeste são médias ponderadas por população de dados específicos dos estados de Arunachal Pradesh, Manipur, Meghalaya, Mizoram, Nagaland, Sikkim e Tripura. Em casos de ausência de dados para determinado estado do nordeste (por exemplo a Pesquisa de Domicílios por Distrito de 2007-8 para Nagaland), a média foi feita a partir de outros estados do nordeste para onde há dados disponíveis. Também na tabela A.3, todos os valores do IHDI de 2004-5 para Maharashtra se aplicam a Maharashtra e Goa combinados (ver Desai et al., 2010).

Por fim, a tabela A.5 apresenta duas séries de estimativas de salários reais de trabalhadores rurais: uma delas terminando em 1999-2000, baseada em "Salários agrícolas na Índia" (ver Drèze e Sen, 2002) e uma nova série que começa em 1998-9, obtida a partir da base de dados de salários na Índia rural do Ministério do Trabalho, analisada por Yoshifumi Usami (2011, 2012). Ambas as séries utilizam o Índice de Preços ao Consumidor para Trabalhadores Rurais para converter salários nominais em salários reais. Os valores da tabela A.5 são baseados na categoria "trabalhador não qualificado" (homem adulto) para ambas as séries. Nas tabelas 2.2 e 7.1 (capítulos 2 e 7, respectivamente), os valores de salários após 2000 também foram baseados na série de Usami. Os índices de salários para trabalho agrícola, trabalho não agrícola e trabalho rural se referem a médias não ponderadas de índices de salários específicos para as atividades relevantes (por exemplo, lavrar, semear, transplantar e colher, no caso de trabalho agrícola masculino). Como as tendências de índices de salários reais são similares para diferentes atividades, o método específico utilizado para ponderar atividades distintas não é relevante para nossos objetivos. Também criamos nossa própria série de índices de salários reais por atividade a partir da base de dados do Ministério do Trabalho e obtivemos resultados similares aos de Yoshifumi Usami.

TABELA A.1. INDICADORES SOCIAIS E ECONÔMICOS DA ÍNDIA E DE DETERMINADOS PAÍSES ASIÁTICOS, 2011

	Índia	Bangladesh	Nepal	Paquistão	Sri Lanka	China	Coreia do Sul	Indonésia	Tailândia
População, em milhões	1241	150	30	177	21	1344	50	242	70
Renda per capita e indicadores relacionados									
PIB per capita (em dólares americanos, a preços constantes de 2000)	838	588	275	672	1402	2640	16684	1207	2699
Estimativa PPC do PIB per capita (dólares internacionais de 2005)	3203	1569	1106	2424	4929	7418	27541	4094	7635
Média da taxa de crescimento anual do PIB per capita, 1961-2011 (%)	3,1	1,7	1,4	2,6	3,3	6,8	5,4	3,7	4,3
Média da taxa de crescimento anual do PIB per capita[h] (%)									
1961-70	1,8	1,1	0,5	4,5	2,2	2,4	5,7	1,6	5,0
1970-80	0,9	−0,5	−0,2	2,2	2,6	5,4	5,5	5,3	4,6
1980-90	3,3	0,7	1,7	3,2	2,8	7,6	6,5	4,5	5,7
1990-2000	3,6	2,7	2,4	1,3	4,1	8,6	5,5	3,3	4,1
2000-11	5,5	4,4	2,0	2,5	4,7	9,6	3,9	4,1	3,1
Parcela estimada da população abaixo da linha internacional de pobreza de 2 dólares por dia PPC, 2010 (%)	68,7	76,5	57,3	60,2[b]	29,1[c]	29,8[b]	n/d	46,1	4,6[a]

Longevidade, mortalidade e fecundidade									
Expectativa de vida no nascimento (anos)									
Mulher	67	70	70	66[f]	78[f]	75[f]	84[f]	71	77
Homem	64	68	68	64[f]	72[f]	72[f]	77[f]	67	71
Ambos os sexos	65	69	68	65[f]	75[f]	73[f]	81[f]	69	74
Taxa de mortalidade infantil (por mil nascidos vivos)	47	37	39	59[f]	11[f]	13[f]	4[f]	25	11
Parcela de recém-nascidos abaixo do peso, 2010 (%)	28[d]	22[d]	21[d]	32[c]	17[c]	3[b]	–	11	7[a]
Taxa de mortalidade materna, 2010 (por 100 mil nascidos vivos)	200	240	170	260	35	37	16	220	48
Taxa de fecundidade total	2,6	2,2	2,7	3,4[f]	2,3[f]	1,6[f]	1,2[f]	2,1	1,6
Alfabetização e educação									
Taxa de alfabetização entre adultos (acima de 15 anos), 2010 (%)									
Mulher	51[d]	52	48	40	90	91	–	90[a]	92[e]
Homem	75[d]	61	73	69	93	97	–	96[a]	96[e]

(*continua*)

TABELA A.1. (continuação)

	Índia	Bangladesh	Nepal	Paquistão	Sri Lanka	China	Coreia do Sul	Indonésia	Tailândia
Taxa de alfabetização entre jovens (idade de 15 a 24 anos), 2010 (%)									
Mulher	74[d]	78	78	61	99	99	–	99[a]	98[e]
Homem	88[d]	75	88	79	98	99	–	100[a]	98[e]
Parcela de crianças que chegam à 5ª série, 2009 (%)	69[d]	66	62[c]	62	99[d]	–	99	92	–
Média de anos de estudo (acima de 25 anos)	4,4	4,8	3,2	4,9	9,3	7,5	11,6	5,8	6,6
Proporção alunos-professor no nível primário (alunos por professor), 2010	40[g]	43	32	41	24	17	21	16	16[b]
Outros indicadores relacionados a gênero									
Proporção da população feminina-masculina (mulheres por mil homens)	937	976	1016	968	1027	926	1006	1006	1035
Taxa de participação feminina no mercado de trabalho, acima de 15 anos (%)	29	57	80	22	35	68	49	51	64
Poupança, investimento e comércio									
Poupança doméstica bruta, em relação ao PIB (%)	31	16	9	8	15	53	31	34	31

Formação bruta de capital fixo em proporção ao PIB (%)	30	25	21	11	27	46	27	32	26
Investimento estrangeiro direto, fluxo líquido de entrada em relação ao PIB (%)	1,7	0,7	0,5	0,6	1,6	3,0	0,4	2,1	2,3
Exportação de bens e serviços em relação ao PIB (%)	25	23	9	14	23	31	56	26	77
Taxa de crescimento anual médio do valor das exportações[h] (%)									
1961-90	6,1	6,3	n/d	6,8	3,2	n/d	20,6	5,1	11,5
1990-2011	13,6	12,0	n/d	6,0	5,7	16,5	12,0	7,4	8,4

[a] 2009.
[b] 2008.
[c] 2007.
[d] 2006.
[e] 2005.
[f] 2010.
[g] 2004.
[h] Média não ponderada das taxas anuais de crescimento.

FONTES: "Relatório do desenvolvimento humano 2013" para média de anos de estudo; todos os outros indicadores foram retirados dos "Indicadores do desenvolvimento mundial" (on-line, acesso em 1º de janeiro de 2013). A menos que expresso em contrário, todos os valores são referentes a 2011.

TABELA A.2. A ÍNDIA EM PERSPECTIVA COMPARADA, 2011

País ou estado	População (milhões)	Taxa de crescimento do PIB ou PIE[a] per capita (% por ano)			Taxa de alfabetização entre jovens, de 15 a 24 anos, 2010[b]		Expectativa de vida ao nascer[c] (anos)		Taxa de mortalidade abaixo dos 5 anos (por mil nascidos vivos)	Taxa total de fecundidade[d]	Prevalência de desnutrição, até 5 anos[e] (%)	
		1980-1 a 1990-1	1990-1 a 2000-1	2000-1 a 2010-1	Mulher	Homem	Mulher	Homem			Altura para idade	Peso para idade
Bangladesh	150	0,9	2,6	4,4	78	75	70	68	46	2,2	43	41
Nepal	30	2,1	2,3	1,7	78	88	70	68	48	2,7	49	39
Sri Lanka	21	2,4	3,9	4,5	99	98	78	72	12	2,3	17	21
Kerala	33	1,7	4,6	7,0	99	99	77	72	13	1,8	25	23
Himachal Pradesh	7	2,9	4,5	5,4	95	99	72	68	46	1,8	39	37
Tamil Nadu	72	3,7	5,1	7,5	93	97	71	67	25	1,7	31	30
Bihar	104	2,5	0,4	5,0	52	81	66	66	59	3,6	56	56
Madhya Pradesh	73	1,7	2,9	4,5	68	88	64	61	77	3,1	50	60
Uttar Pradesh	200	2,5	1,3	3,9	65	85	64	62	73	3,4	57	42
ÍNDIA	1241	3,1	3,9	5,9	74	88	67	64	61	2,6	48	43
China	1344	8,3	9,0	9,7	99	99	75	72	15	1,6	10	4
Coreia do Sul	50	7,5	4,7	3,5	–	–	84	77	5	1,2	–	–
Tailândia	70	5,4	3,1	3,5	98	98	78	71	12	1,6	16	7

ᵃ Produto Interno Bruto (PIB) para países; Produto Interno Estadual (PIE) para estados indianos; estimativas baseadas por regressão semilogarítmica.

ᵇ 2005 para Tailândia; 2005-6 para Índia e estados indianos.

ᶜ 2010 para China, Coreia do Sul e Sri Lanka; 2006-10 para estados indianos.

ᵈ 2010 para China e Coreia do Sul.

ᵉ 2006-10 (ano mais recente com dados disponíveis para o período) para países; 2005-6 para Índia e estados indianos.

NOTA: Os valores são referentes ao ano de 2011, ou ao ano mais próximo com dados disponíveis (conforme indicado). Os seis estados indianos listados aqui pertencem a dois grupos, com indicadores de desenvolvimento relativamente bons (Kerala, Himachal Pradesh e Tamil Nadu) e relativamente ruins (Bihar, Madhya Pradesh e Uttar Pradesh).

FONTES: Valores específicos para cada país (incluindo a Índia) foram retirados dos "Indicadores do desenvolvimento mundial" (on-line, acesso em 1º de janeiro de 2013) e Unicef (2012), tabela 2. Para valores específicos de cada estado indiano, ver tabela A.3 (a taxa de alfabetização entre jovens foi retirada da Pesquisa Nacional de Saúde da Família, 2005-6). Há pequenas diferenças entre os valores para a Índia utilizados aqui e os valores correspondentes nas fontes nacionais oficiais, devido a diferenças nos períodos de referência. Para mais detalhes sobre as estatísticas dos estados indianos, ver tabela A.3.

TABELA A.3. INDICADORES SELECIONADOS PARA OS PRINCIPAIS ESTADOS INDIANOS

Parte 1: Indicadores relacionados à renda

	População, 2011 (em milhões)	Despesa média domiciliar per capita, 2009-10 (rupias/mês)		Taxa de crescimento do PIB per capita, 2000-1 a 2010-1 (% por ano)	Índice de Pobreza Humana, 2009-10			Porcentagem da população dentro dos 20% mais pobres da Índia, 2005-6	Porcentagem da população "multidimensionalmente pobre", 2005-6
		Rural	Urbana		Rural	Urbana	Total		
Andhra Pradesh	84,7	1234	2238	6,9	22,8	17,7	21,1	10,8	44,5
Assam	31,2	1003	1755	3,4	39,9	26,1	37,9	19,8	60,1
Bihar	103,8	780	1238	5,0	55,3	39,4	53,5	28,2	79,3
Chhattisgarh	25,5	784	1647	6,3	56,1	23,8	48,7	39,6	69,7
Gujarat	60,4	1110	1909	8,2	26,7	17,9	23,0	7,2	41,0
Haryana	25,4	1510	2321	6,8	18,6	23,0	20,1	4,1	39,3
Himachal Pradesh	6,9	1536	2654	5,4	9,1	12,6	9,5	1,2	29,9
Jammu e Caxemira	12,5	1344	1759	3,7	8,1	12,8	9,4	2,8	41,0
Jharkhand	33,0	825	1584	4,6	41,6	31,1	39,1	49,6	74,8
Karnataka	61,1	1020	2053	5,8	26,1	19,6	23,6	10,8	43,2
Kerala	33,4	1835	2413	7,0	12,0	12,1	12,0	1,0	12,7
Madhya Pradesh	72,6	903	1666	4,5	42,0	22,9	36,7	36,9	68,1
Maharashtra	112,4	1153	2437	7,5	29,5	18,3	24,5	10,9	37,9
"Nordeste"[a]	14,4	1224	1700	5,5	25,3	23,2	24,3	8,9	48,4
Odisha	41,9	818	1548	6,9	39,2	25,9	37,0	39,5	63,2

Punjab	27,7	1649	2109	4,2	14,6	18,1	15,9	1,4	24,6
Rajastão	68,6	1179	1663	5,0	26,4	19,9	24,8	24,2	62,8
Tamil Nadu	72,1	1160	1948	7,5	21,2	12,8	17,1	10,6	30,5
Uttar Pradesh	199,6	899	1574	3,9	39,4	31,7	37,7	25,3	68,1
Uttarakhand	10,1	1747	1745	10,0	14,9	25,2	18,0	6,0	39,5
Bengala Ocidental	91,3	952	1965	5,1	28,8	22,0	26,7	25,2	57,4
Índia	**1210,2**	**1054**	**1984**	**6,0**[b]	**33,8**	**20,9**	**29,8**	**20,0**	**53,7**

[a] Na tabela A.3, os valores para o "nordeste" são médias indicativas ponderadas por população dos valores específicos dos estados (ver "Nota explicativa").
[b] Taxa de crescimento do Produto Nacional Líquido per capita.

Parte 2: Mortalidade e fecundidade

	Expectativa de vida, 2006-10[a] (anos)		Taxa de mortalidade infantil, 2011 (por mil nascidos vivos)	Taxa de mortalidade abaixo dos 5 anos, 2011 (por mil nascidos vivos)	Taxa de mortalidade materna, 2007-9[a] (por 100 mil nascidos vivos)	Taxa de mortalidade bruta (por mil habitantes)	Taxa de natalidade, 2011 (por mil habitantes)	Taxa de fecundidade total, 2011 (nascimentos por mulher)
	Mulher	Homem						
Andhra Pradesh	68,2	63,5	43	45	134	7,5	17,5	1,8
Assam	63,2	61,0	55	78	390	8,0	22,8	2,4
Bihar	66,2	65,5	44	59	261	6,7	27,7	3,6
Chhattisgarh	n/d	n/d	48	57	n/d	7,9	24,9	2,7
Gujarat	69,0	64,9	41	52	148	6,7	21,3	2,4
Haryana	69,5	67,0	44	51	153	6,5	21,8	2,3
Himachal Pradesh	72,4	67,7	38	46	n/d	6,7	16,5	1,8
Jammu e Caxemira	71,1	69,2	41	45	n/d	5,5	17,8	1,9
Jharkhand	n/d	n/d	39	54	n/d	6,9	25,0	2,9
Karnataka	69,7	64,9	35	40	178	7,1	18,8	1,9
Kerala	76,9	71,5	12	13	81	7,0	15,2	1,8
Madhya Pradesh	63,8	61,1	59	77	269	8,2	26,9	3,1
Maharashtra	71,9	67,9	25	28	104	6,3	16,7	1,8
"Nordeste"	n/d	n/d	30	n/d	n/d	5,2	17,4	2,1[b]
Odisha	63,9	62,2	57	72	258	8,5	20,1	2,2
Punjab	71,6	67,4	30	38	172	6,8	16,2	1,8

Rajastão	68,3	64,7	52	64	318	6,7	26,2	3,0
Tamil Nadu	70,9	67,1	22	25	97	7,4	15,9	1,7
Uttar Pradesh	63,7	61,8	57	73	359	7,9	27,8	3,4
Uttarakhand	n/d	n/d	36	n/d	n/d	6,2	18,9	2,6[b]
Bengala Ocidental	71,0	67,4	32	38	145	6,2	16,3	1,7
Índia	**67,7**	**64,6**	**44**	**55**	**212**	**7,1**	**21,8**	**2,4**

[a] Os valores para expectativa de vida e mortalidade materna de Bihar, Madhya Pradesh e Uttar Pradesh se aplicam aos estados não divididos (incluindo Jharkhand, Chhattisgarh e Uttarakhand, respectivamente).
[b] 2010.

Parte 3: Alfabetização e educação

	Taxa de alfabetização, acima de 7 anos, 2011 (%)		Porcentagem de não alfabetizados entre 15 e 19 anos, 2007-8		Porcentagem da população entre 15 e 19 anos, 2007-8, que concluiu:			
					5 anos de educação		8 anos de educação	
	Mulher	Homem	Mulher	Homem	Mulher	Homem	Mulher	Homem
Andhra Pradesh	59,7	75,6	19,0	8,7	87,8	90,9	69,6	72,8
Assam	67,3	78,8	10,8	6,9	85,3	83,4	56,5	52,6
Bihar	53,3	73,4	37,3	15,0	69,7	75,5	39,6	45,2
Chhattisgarh	60,6	81,5	16,7	6,7	72,3	80,3	34,0	41,2
Gujarat	70,7	87,2	16,3	7,4	85,9	88,5	52,6	61,2
Haryana	66,8	85,4	11,9	5,1	87,8	90,7	61,4	64,8
Himachal Pradesh	76,6	90,8	1,6	1,2	94,3	96,0	76,9	76,7
Jammu e Caxemira	58,0	78,3	12,4	2,9	92,2	94,4	68,1	68,2
Jharkhand	56,2	78,5	29,6	12,7	76,0	78,7	46,2	46,8
Karnataka	68,1	82,9	10,5	7,2	85,2	90,3	64,9	70,1
Kerala	92,0	96,0	0,9	0,8	99,2	98,8	93,6	87,1
Madhya Pradesh	60,0	80,5	22,9	11,1	78,9	83,9	37,4	43,0
Maharashtra	75,5	89,8	8,8	4,7	92,2	92,9	71,2	72,2
"Nordeste"	76,4	84,9	6,6	5,2	77,9	76,1	40,5	39,7

Odisha	64,4	82,4	20,9	8,9	79,8	83,7	56,4	58,3
Punjab	71,3	81,5	6,8	5,7	89,3	89,8	63,5	59,0
Rajastão	52,7	80,5	27,2	8,4	72,5	86,0	36,6	49,2
Tamil Nadu	73,9	86,8	2,5	1,3	93,8	94,4	74,4	73,6
Uttar Pradesh	59,3	79,2	25,1	10,5	77,7	82,9	47,7	52,4
Uttarakhand	70,7	83,3	4,9	2,3	90,6	93,9	65,4	71,6
Bengala Ocidental	71,2	82,7	15,5	9,0	71,0	71,7	31,6	36,8
Índia	**65,5**	**82,1**	**15,8**	**7,4**	**83,7**	**86,2**	**55,9**	**57,5**

Parte 4: Frequência escolar

	Porcentagem de crianças de 6 a 14 anos matriculadas na escola, 2005-6		Porcentagem de crianças nunca matriculadas na escola, de 6 a 14 anos, 2004-5		Porcentagem de crianças de 6 a 14 anos matriculadas em escolas particulares, 2004-5[a]	Custos anuais de escolas particulares para crianças de 6 a 14 anos, 2004-5 (rupias por criança)	
	Mulher	Homem	Mulher	Homem		Escolas públicas	Escolas particulares
Andhra Pradesh	78,1	84,6	6	4	31	574	3260
Assam	83,6	85,1	12	13	6	371	1636
Bihar	56,2	71,5	31	19	18	704	2466
Chhattisgarh	77,6	84,6	10	8	15	317	2039
Gujarat	78,5	87,0	8	4	22	766	4221
Haryana	81,2	86,5	9	8	47	1043	4372
Himachal Pradesh	95,2	97,1	2	1	19	1709	6273
Jammu e Caxemira	85,7	89,7	7	4	47	1045	3719
Jharkhand	66,1	77,2	22	19	32	502	2932
Karnataka	82,0	85,9	7	6	28	638	3848
Kerala	97,7	97,6	2	4	31	1537	3259
Madhya Pradesh	76,9	80,1	15	11	27	333	1935
Maharashtra	85,5	88,7	5	3	20	599	2370
"Nordeste"	80,1	79,4	4	4	34	1441	4237

Odisha	74,7	80,3	8	5	8	612	2851
Punjab	84,7	85,8	5	6	52	1444	5160
Rajastão	65,9	84,2	23	11	32	676	2612
Tamil Nadu	92,7	95,1	2	1	23	606	3811
Uttar Pradesh	73,8	80,2	13	9	43	427	1733
Uttarakhand	88,1	92,4	6	7	27	972	3422
Bengala Ocidental	80,1	79,4	10	10	10	1136	5045
Índia	**76,4**	**82,6**	**12**	**8**	**28**	**688**	**2920**

[a] Entre crianças matriculadas em qualquer escola.

Parte 5: Instalações escolares

	Porcentagem de escolas públicas com as seguintes instalações, 2009-10:					Porcentagem de escolas públicas que forneçam, 2009-10:		Proporção média alunos--professor em escolas públicas, 2009-10	Proporção média alunos-classe (todas as escolas), 2009-10
	Bebedouro	Banheiros		Eletricidade	Computadores	Refeições durante o dia	Exame médico		
		Mistos	Femininos						
Andhra Pradesh	89,8	71,3	60,7	32,4	13,2	92,0	46,9	20	24
Assam	83,9	42,2	39,4	11,5	4,8	80,5	8,6	25	30
Bihar	92,6	48,3	37,7	3,9	0,9	72,3	19,4	57	89
Chhattisgarh	94,2	36,9	33,9	19,1	5,2	88,6	85,0	27	28
Gujarat	96,2	38,9	54,6	94,0	36,4	92,5	91,2	31	34
Haryana	99,4	53,9	85,1	93,5	16,4	92,3	79,5	29	32
Himachal Pradesh	97,3	36,7	54,2	54,5	6,3	99,0	73,0	16	15
Jammu e Caxemira	83,7	29,3	16,0	7,9	4,4	97,7	16,5	16	17
Jhakhand	85,2	31,3	50,0	5,7	5,0	95,0	17,7	43	47
Karnataka	65,5	87,9	64,9	87,6	12,1	98,9[a]	93,5	25	25
Kerala	99,0	54,1	83,3	88,5	87,4	96,4	68,3	23	27
Madhya Pradesh	93,1	56,1	32,8	8,7	5,1	93,7	75,1	37	30
Maharashtra	91,6	34,7	62,3	65,6	25,1	94,7	93,1	26	31
"Nordeste"	79,9	54,1	40,2	14,8	9,4	90,6	19,2	18	21
Odisha	89,3	83,5	37,3	14,2	6,4	87,7	18,7	34	30
Punjab	98,6	92,9	98,5	87,5	32,3	93,5	62,7	26	23

Rajastão	95,5	50,9	88,8	21,7	9,5	96,6	85,2	27	24
Tamil Nadu	100,0	48,4	61,4	91,7	29,9	97,7	94,2	30	27
Uttar Pradesh	97,7	44,5	70,5	16,7	2,4	82,2	35,4	42	36
Uttarakhand	88,2	59,6	55,7	26,8	16,9	95,1	53,1	22	19
Bengala Ocidental	96,3	80,8	48,0	22,4	5,6	85,7	45,2	43	42
Índia	**91,9**	**54,5**	**55,0**	**31,4**	**10,6**	**87,5**	**55,3**	**33**	**32**

[a] Valores de 2010-1 para escolas públicas e escolas subsidiadas pelo governo, juntas.

NOTA: "Escola" se refere a escolas de ensino fundamental. Colégios particulares não foram contabilizados, exceto no item "refeições durante o dia", em que as instituições privadas subsidiadas pelo governo foram incluídas, e na proporção de alunos por sala, em que escolas particulares, subsidiadas ou não, foram incluídas.

Parte 6: Indicadores relacionados a gênero

	Proporção de gênero, 2011 (mulheres para mil homens)		Razão estimada entre taxas de mortalidade em mulheres e homens, de 1 a 4 anos, 2007-9[a]	Porcentagem de mulheres de 20 a 24 anos, casadas antes dos 18 anos, 2005-6	Taxa de participação feminina no mercado de trabalho, faixa etária de 15 a 59 anos, 2009-10 (%)	Porcentagem de mulheres trabalhando em empregos formais, 2009
	Todas as idades	0 a 6 anos				
Andhra Pradesh	992	943	1,42	54,8	48,9	21,8
Assam	954	957	1,39	38,6	21,1	33,3
Bihar	916	933	1,51	69,0	9,0	5,2
Chhattinsgarh	991	964	(1,59)	55,0	45,4	13,9
Gujarat	918	886	1,44	38,7	35,3	14,7
Haryana	877	830	(1,83)	41,2	28,9	17,1
Himachal Pradesh	974	906	(1,80)	12,3	58,3	15,6
Jammu e Caxemira	883	859	(0,58)	14,4	31,1	10,7
Jharkhand	947	943	1,49	63,2	21,1	7,5
Karnataka	968	943	0,94	41,8	40,2	32,7
Kerala	1084	959	1,04	15,4	33,6	40,1
Madhya Pradesh	930	912	1,23	57,3	35,2	13,8
Maharashtra	925	883	1,24	39,4	38,6	16,8
"Nordeste"	961	953	n/d	27,9	35,8	25,2
Odisha	978	934	1,08	37,2	27,2	15,3
Punjab	893	846	1,72	19,7	28,6	21,3
Rajastão	926	883	2,13	65,2	36,4	17,4

Tamil Nadu	995	946	0,84	22,3	42,3	33,7
Uttar Pradesh	908	899	1,83	58,6	18,2	11,6
Uttarakhand	963	886	n/d	23,0	43,7	14,3
Bengala Ocidental	947	950	0,83	54,0	20,5	12,5
Índia	**940**	**914**	**1,47**	**47,4**	**30,7**	**19,9**

[a] Os valores para alguns estados menores (entre parênteses) podem não ser confiáveis devido ao pequeno tamanho da amostra. Para informações relacionadas à proporção estimada de gêneros, ver tabela 8.3, no capítulo 8.

Parte 7: Saúde reprodutiva e assuntos relacionados

	Prevalência de uso de métodos contraconceptivos, 2005-6 (%)			Porcentagem de partos assistidos por profissionais habilitados, 2005-6	Porcentagem de mulheres grávidas que receberam cuidados pré-natais, 2005-6			
	Qualquer método	Métodos modernos permanentes	Métodos modernos temporários		Ao menos uma consulta pré-natal	Vacina antitetânica (2 doses)	Ácido fólico e ferro por 90 dias	Consulta pós-parto
Andhra Pradesh	67,6	65,8	1,4	74,9	94,3	85,3	41,2	73,3
Assam	56,5	13,2	13,9	31,0	70,7	65,4	16,2	15,9
Bihar	34,1	24,4	4,5	29,3	34,1	73,2	9,7	17,8
Chhattisgarh	53,2	44,0	5,1	41,6	88,5	74,6	20,7	36,5
Gujarat	66,6	43,5	13,0	63,0	86,7	80,4	37,0	61,4
Haryana	63,4	38,9	19,4	48,9	88,3	83,4	26,7	57,6
Himachal Pradesh	72,6	55,3	15,7	47,8	86,4	72,1	37,9	50,6
Jammu e Caxemira	52,6	28,9	15,9	56,5	84,6	81,0	27,6	51,6
Jhakhand	35,7	23,8	7,3	27,8	58,9	67,6	14,2	19,6
Karnataka	63,6	57,6	5,0	69,7	89,3	78,6	39,3	66,9
Kerala	68,6	49,7	8,2	99,4	94,4	88,7	75,1	87,4
Madhya Pradesh	55,9	45,6	7,2	32,7	79,5	70,6	12,4	33,8
Maharashtra	66,9	53,2	11,7	68,7	90,8	85,1	31,4	64,0
"Nordeste"	46,1	32,9	16,1	43,5	72,5	62,8	15,5	35,0
Odisha	50,7	34,1	10,6	44,0	86,9	83,3	33,8	40,9
Punjab	63,3	32,0	24,1	68,2	88,9	83,8	27,9	63,7

Rajastão	47,2	35,0	9,4	41,0	74,9	65,2	13,1	31,8
Tamil Nadu	61,4	55,4	4,6	90,6	98,6	95,9	41,6	91,3
Uttar Pradesh	43,6	17,5	11,9	27,2	66,0	64,5	8,8	14,9
Uttarakhand	59,3	33,9	21,6	38,5	69,4	68,5	26,4	35,8
Bengala Ocidental	71,2	32,9	17,0	47,6	91,9	90,9	25,7	44,3
Índia	**56,3**	**38,3**	**10,1**	**46,6**	**76,4**	**76,3**	**23,1**	**41,2**

Parte 8: Indicadores relacionados à nutrição

	Porcentagem de mulheres de 15 a 49 anos, 2005-6, com		Porcentagem de pessoas com anemia moderada ou severa, 2005-6		Porcentagem de crianças abaixo de 5 anos subnutridas, 2005-6			Porcentagem de domicílios que utilizam sal adequadamente iodado, 2005-6
	Baixo IMC	Anemia de qualquer tipo	Mulheres de 15 a 49 anos	Crianças de 6 a 59 meses	Peso para idade	Altura para idade	Peso para altura	
Andhra Pradesh	33,5	62,9	23,9	47,1	32,5	42,7	12,2	31,0
Assam	36,5	69,5	24,6	40,9	36,4	46,5	13,7	71,8
Bihar	45,1	67,4	16,9	48,4	55,9	55,6	27,1	66,1
Chhattisgarh	43,4	57,5	17,6	47,2	47,1	52,9	19,5	54,9
Gujarat	36,3	55,3	19,1	44,7	44,6	51,7	18,7	55,7
Haryana	31,3	56,1	18,4	46,5	39,6	45,7	19,1	55,3
Himachal Pradesh	29,9	43,3	11,7	29,0	36,5	38,6	19,3	82,5
Jammu e Caxemira	24,6	52,1	14,7	32,8	25,6	35,0	14,8	75,8
Jharkhand	43,0	69,5	19,9	41,0	56,5	49,8	32,3	53,6
Karnataka	35,5	51,5	17,1	41,8	37,6	43,7	17,6	43,3
Kerala	18,0	32,8	7,0	21,0	22,9	24,5	15,9	73,9
Madhya Pradesh	41,7	56,0	15,1	47,0	60,0	50,0	35,0	36,3
Maharashtra	36,2	48,4	15,6	41,4	37,0	46,3	16,5	61,0
"Nordeste"	20,7	50,2	12,7	28,2	33,2	41,2	18,7	83,0
Odisha	41,4	61,2	16,4	36,1	40,7	45,0	19,5	39,6
Punjab	18,9	38,0	11,8	44,7	24,9	36,7	9,2	74,6

Rajastão	36,7	53,1	17,9	46,9	39,9	43,7	20,4	40,8
Tamil Nadu	28,4	53,2	15,8	37,2	29,8	30,9	22,2	41,3
Uttar Pradesh	36,0	49,9	14,8	48,6	42,4	56,8	14,8	36,4
Uttarakhand	30,0	55,2	18,8	32,9	38,0	44,4	18,8	45,9
Bengala Ocidental	39,1	63,2	17,4	30,9	38,7	44,6	16,9	69,1
Índia	**35,6**	**55,3**	**16,8**	**43,1**	**42,5**	**48,0**	**19,8**	**51,1**

IMC: Índice de Massa Corporal.

Parte 9: Saúde infantil

	Porcentagem de crianças de 12 a 23 meses, 2005		Porcentagem de crianças de 12 a 35 meses que tomaram ao menos uma dose de vitamina A nos últimos 6 meses, 2005-6	Porcentagem de crianças de até 3 anos que foram amamentadas, 2007-8		Porcentagem de crianças de 0 a 3 anos que sofrem de diarreia, 2007-8	Porcentagem de crianças afetadas por diarreia tratadas com terapia de reidratação oral, 2005-6
	Totalmente imunizadas	Sem imunização		1 hora após o parto	Mais de 24 horas depois do nascimento		
Andhra Pradesh	46,0	3,8	29,0	47,5	24,4	6,7	43,1
Assam	31,4	15,2	18,7	64,9	7,1	4,1	24,6
Bihar	32,8	7,0	32,6	16,0	43,4	12,1	39,7
Chhattisgarh	48,7	2,5	14,4	49,6	19,4	6,3	46,4
Gujarat	45,2	4,5	20,6	48,0	22,2	11,8	38,8
Haryana	65,3	7,8	15,9	16,5	44,6	16,5	32,3
Himachal Pradesh	74,2	1,9	33,1	56,5	10,2	9,0	69,9
Jammu e Caxemira	66,7	4,5	17,2	54,1	10,5	12,3	44,0
Jharkhand	34,2	4,4	27,5	34,5	18,9	8,2	31,3
Karnataka	55,0	6,9	22,8	46,5	26,8	9,0	46,5
Kerala	75,3	1,8	46,5	64,6	3,2	5,9	80,9
Madhya Pradesh	40,3	5,0	20,1	42,7	27,7	15,0	44,2
Maharashtra	58,8	2,8	37,6	52,5	19,7	19,9	52,1
"Nordeste"	40,3	13,9	25,2	56,2	10,2	8,2	56,5
Odisha	51,8	11,6	29,5	63,2	11,0	13,4	48,6

Punjab	60,1	6,6	20,8	44,1	19,4	13,5	39,3
Rajastão	26,5	5,5	16,4	41,4	20,0	8,4	21,4
Tamil Nadu	80,9	0,0	44,8	76,1	6,6	5,6	54,5
Uttar Pradesh	23,0	2,7	8,7	15,1	66,4	16,2	22,3
Uttarakhand	60,0	9,1	20,4	63,5	13,9	12,7	49,1
Bengala Ocidental	64,3	5,9	46,8	38,5	19,5	6,0	52,3
Índia	**43,5**	**5,1**	**24,8**	**40,5**	**29,1**	**11,7**	**38,5**

Parte 10: Instalações de saúde

	População média por PHC, 2007-8 (em milhares)	Porcentagem de PHC com as seguintes estruturas, 2007-8						
		Médico	Farmacêutico	Fornecimento regular de energia	Equipamentos de cuidado ao recém-nascido	Centro cirúrgico funcional	Equipamento de refrigeração	Medicamentos essenciais
Andhra Pradesh	48,1	79,3	74,1	45,5	48,9	89,0	92,0	94,7
Assam	111,4	91,3	97,4	57,4	43,1	72,3	78,0	71,3
Bihar	158,3	87,6	32,6	9,5	9,9	43,9	59,2	57,3
Chhattisgarh	25,7	53,0	48,2	67,7	31,1	46,6	25,9	62,6
Gujarat	38,2	62,2	62,7	72,3	30,4	74,2	90,6	87,5
Haryana	41,5	76,8	93,5	41,8	24,7	60,5	66,2	84,8
Himachal Pradesh	13,2	75,7	72,9	61,8	14,6	34,7	67,4	75,0
Jammu e Caxemira	25,8	51,8	95,1	6,3	14,0	25,2	39,2	29,3
Jharkhand	127,3	93,5	72,8	44,0	31,5	65,8	89,1	79,4
Karnataka	25,7	61,2	69,1	13,4	37,0	75,5	82,0	96,1
Kerala	29,7	85,0	98,3	96,9	1,1	1,4	97,2	74,0
Madhya Pradesh	43,4	66,0	32,1	20,4	30,0	78,4	49,4	52,7
Maharashtra	45,3	90,8	88,9	13,6	42,2	81,5	88,8	85,7
"Nordeste"	21,7	88,6	82,5	38,6	23,0	64,5	68,0	38,1

Odisha	38,0	80,4	95,1	41,5	14,5	29,2	34,9	30,6
Punjab	29,2	59,0	96,3	7,5	20,9	50,0	53,0	40,3
Rajastão	28,3	62,0	0,7	12,1	20,7	75,1	81,1	65,2
Tamil Nadu	32,1	85,3	93,9	86,5	63,8	90,1	94,8	97,9
Uttar Pradesh	69,0	79,6	79,0	11,6	15,0	44,6	21,4	54,6
Uttarakhand	24,4	67,9	95,2	52,4	17,9	50,0	46,4	73,8
Bengala Ocidental	37,9	80,3	76,9	37,2	7,6	25,2	32,4	43,1
Índia	**49,2**	**75,8**	**69,2**	**35,7**	**27,9**	**61,3**	**67,2**	**69,6**

PHC: Centro de Atenção Primária à Saúde.

Parte 11: Outros serviços públicos

	Porcentagem de vilas, 2007-8, com			Porcentagem de domicílios, 2005-6, com			Porcentagem de crianças de até 6 anos que receberam auxílio em um *anganwadi* no último ano, 2005-6	Porcentagem de domicílios rurais que se enquadram na NREGA, 2009-10
	Escolas de ensino funda-mental	Qualquer instalação governa-mental de saúde	Centros *anganwadi*	Eletrici-dade	Abasteci-mento de água tratada	Banheiros		
Andhra Pradesh	98,7	46,7	80,9	88,4	94,0	68,3	27,5	35,4
Assam	94,3	57,1	92,3	38,1	72,4	69,9	26,8	18,2
Bihar	91,7	36,0	91,7	27,7	96,1	17,0	8,8	9,9
Chhattisgarh	99,1	32,1	95,2	71,4	77,9	17,9	55,2	47,9
Gujarat	98,3	46,9	96,5	89,3	89,8	43,5	40,5	21,5
Haryana	99,2	49,1	98,2	91,5	95,6	56,3	21,2	5,1
Himachal Pradesh	99,1	49,1	97,1	98,4	88,4	55,9	34,7	33,4
Jammu e Caxemira	97,7	62,2	93,7	93,2	80,8	60,2	16,6	9,7
Jharkhand	89,1	30,0	94,2	40,2	57,0	14,5	38,6	19,2
Karnataka	96,3	42,1	95,7	89,3	86,2	37,2	33,5	8,0
Kerala	100,0	99,8	100,0	91,0	69,1	96,7	28,7	11,2
Madhya Pradesh	97,7	28,9	92,3	71,4	74,2	22,9	43,8	40,6
Maharashtra	98,0	42,6	96,5	83,5	92,7	47,4	38,0	4,4
"Nordeste"	92,8	57,5	92,1	78,0	68,7	89,0	28,2	n/d
Odisha	94,6	66,3	70,6	45,4	78,4	16,9	60,5	22,0

Punjab	95,8	43,8	97,6	96,3	99,5	75,9	10,5	5,2
Rajastão	98,6	48,9	94,9	66,1	81,8	25,1	15,9	61,8
Tamil Nadu	95,0	61,8	96,9	88,6	93,5	39,3	41,6	33,5
Uttar Pradesh	92,4	39,7	91,5	42,8	93,7	26,4	18,6	16,2
Uttarakhand	97,9	29,5	83,6	80,0	87,4	53,2	24,5	29,2
Bengala Ocidental	90,2	40,0	95,4	52,5	93,7	56,3	38,0	43,2
Índia	**95,1**	**46,2**	**91,8**	**67,9**	**87,9**	**49,3**	**28,4**	**24,9**

NREGA: Lei Nacional de Garantia de Emprego Rural (ver capítulo 7).

Parte 12: Conforto doméstico

Porcentagem de domicílios, 2011, com

	Fonte de água potável		Luz elétrica	Sanitários			Telefone (fixo ou móvel)	Bens duráveis	
	No local	Distante		Latrina no local	Latrina pública	Defecação a céu aberto		Veículo de duas rodas	Televisão
Andhra Pradesh	43,2	19,5	92,2	49,5	2,5	48,0	63,1	18,6	58,8
Assam	54,8	18,5	37,1	64,9	1,9	33,2	47,9	10,2	27,5
Bihar	50,1	12,0	16,4	23,1	1,1	75,8	55,5	8,1	14,5
Chhattisgarh	19,0	26,5	75,3	24,6	1,4	74,0	30,7	15,6	31,3
Gujarat	64,0	12,4	90,4	57,4	2,3	40,4	69,0	34,1	53,8
Haryana	66,5	12,1	90,5	68,6	1,5	29,8	79,3	33,3	67,9
Himachal Pradesh	55,5	9,5	96,8	69,1	1,2	29,7	82,3	15,5	74,4
Jammu e Caxemira	48,2	23,1	85,1	51,2	2,7	46,1	69,5	12,9	51,0
Jharkhand	23,2	31,9	45,8	22,0	1,0	77,0	48,0	16,1	26,8
Karnataka	44,5	18,2	90,6	51,2	3,8	45,0	71,6	25,6	60,0
Kerala	77,7	8,2	94,4	95,1	1,1	3,8	89,7	24,1	76,8
Madhya Pradesh	23,9	30,5	67,1	28,8	1,2	70,0	46,0	18,8	32,1
Maharashtra	59,4	13,1	83,9	53,1	12,9	34,0	69,1	24,9	56,8
"Nordeste"	30,0	30,5	70,6	78,8	3,0	18,2	52,4	10,3	42,9
Odisha	22,4	35,4	43,0	22,0	1,4	76,6	39,8	14,5	26,7
Punjab	85,9	4,1	96,6	79,3	1,2	19,5	82,1	47,5	82,6

Rajastão	35,0	25,9	67,0	35,0	0,7	64,3	70,6	24,1	37,6
Tamil Nadu	34,9	7,0	93,4	48,3	6,0	45,7	74,9	32,3	87,0
Uttar Pradesh	51,9	12,1	36,8	35,7	1,3	63,0	66,9	19,6	33,2
Uttarakhand	58,3	15,2	87,0	65,8	1,1	33,1	74,6	22,9	62,0
Bengala Ocidental	38,6	26,6	54,5	58,9	2,5	38,6	49,2	8,5	35,3
Índia	**46,6**	**17,6**	**67,3**	**46,9**	**3,2**	**49,8**	**63,2**	**21,0**	**47,2**

Parte 13: Exposição à mídia de massa

	Periódicos em circulação, por 100 pessoas, 2010	Porcentagem de adultos, de 15 a 49 anos, 2005-6, que								
		Leem um jornal ou revista ao menos uma vez por semana		Veem televisão ao menos uma vez por semana		Escutam rádio ao menos uma vez por semana		Vão ao cinema ao menos uma vez ao mês		Não são expostos a nenhuma mídia	
		Mulher	Homem	Mulher	Homem	Mulher	Homem	Mulher	Homem	Mulher	Homem
Andhra Pradesh	6,3	21,6	51,6	74,3	78,4	19,8	21,3	17,7	54,2	18,1	8,4
Assam	3,2	19,8	39,1	44,4	56,6	35,4	44,8	2,2	10,2	38,6	22,1
Bihar	1,2	10,8	40,4	23,1	33,4	27,7	50,7	2,5	19,4	58,2	27,3
Chhattisgarh	3,2	11,7	44,2	44,8	55,6	18,4	30,7	2,2	8,0	47,4	30,2
Gujarat	2,7	31,2	59,0	62,0	69,5	23,4	45,6	6,4	17,6	28,4	15,3
Haryana	5,4	25,0	50,6	62,1	63,1	19,0	30,6	3,0	5,9	32,3	21,8
Himachal Pradesh	5,4	32,5	64,6	72,4	79,9	34,5	48,9	2,4	7,2	21,3	7,0
Jammu e Caxemira	1,1	24,4	45,2	64,5	62,6	58,5	64,3	2,2	3,9	17,6	12,8
Jharkhand	2,5	9,9	33,3	31,8	36,8	12,6	25,7	3,5	16,9	60,0	40,2
Karnataka	7,2	27,2	59,1	69,5	80,4	32,4	57,4	10,4	38,3	22,1	7,8
Kerala	18,5	59,6	87,6	73,0	80,7	41,5	49,1	8,1	35,6	9,5	1,7
Madhya Pradesh	2,8	17,7	40,9	43,0	49,8	24,5	38,2	2,8	10,0	46,9	30,8
Maharashtra	14,2	39,2	68,0	69,4	76,3	33,7	48,8	7,0	23,3	23,6	10,5
"Nordeste"	n/d	29,8	46,7	62,1	67,1	33,7	43,3	5,5	8,7	27,1	19,7
Odisha	7,3	11,5	43,6	52,1	60,8	22,3	38,8	2,8	14,1	38,8	24,8
Punjab	5,8	31,9	55,7	80,4	84,8	19,0	30,5	4,8	7,4	15,7	9,5

Rajastão	3,9	18,2	57,3	40,4	55,0	13,9	32,6	2,2	10,7	53,1	26,4
Tamil Nadu	6,9	27,5	67,8	81,4	83,9	46,8	63,1	7,9	31,1	11,2	5,1
Uttar Pradesh	2,1	14,3	49,7	40,1	50,1	29,7	52,0	1,6	8,3	47,5	23,1
Uttarakhand	4,9	26,1	56,6	66,3	70,4	20,8	29,1	3,7	7,1	26,8	16,6
Bengala Ocidental	5,0	18,5	43,9	51,6	56,9	33,7	43,2	5,7	15,4	36,0	22,3
Índia	**5,6**	**22,9**	**53,0**	**55,0**	**63,2**	**28,8**	**44,3**	**5,6**	**19,5**	**34,6**	**18,3**

Parte 14: Participação eleitoral e resultados

	Participação eleitoral, eleições da Lok Sabha, 2009 (%)		Participação feminina (%)		Cadeiras nas assembleias legislativas		Porcentagem de candidatos/ membros do Parlamento com processos criminais em andamento, Lok Sabha, 2009		Porcentagem de nepotismo entre MPs na Lok Sabha, 2010[a]	Média de sessões anuais na Assembleia ou no Parlamento, 2000-10
	Mulher	Homem	Cadeiras na Lok Sabha, 2009	Cadeiras na Rajya Sabha, 2012	Todas as mulheres	Mulheres de castas e tribos catalogadas	Candidatos	MPs		
Andhra Pradesh	71,4	73,4	11,9	16,7	n/d	n/d	11	26	38	n/d
Assam	66,7	72,1	14,3	14,3	11,9	2,4	8	14	14	26
Bihar	42,6	46,1	10,0	0	14,8	2,1	28	45	23	32
Chhattisgarh	52,2	58,2	18,2	20,0	13,2	5,5	5	18	17	n/d
Gujarat	43,4	52,1	15,4	18,2	8,8	3,3	19	42	19	31
Haryana	65,8	68,8	20,0	0	11,1	2,2	10	20	70	14
Himachal Pradesh	59,1	57,6	0	33,3	4,4	0,0	3	0	25	31
Jammu e Caxemira	33,8	45,0	0	0	3,4	n/d	5	17	33	26
Jharkhand	47,7	53,9	0	0	n/d	n/d	31	57	0	n/d
Karnataka	56,6	60,9	3,6	0	1,5	0,0	11	32	25	42
Kerala	72,6	73,8	0	11,1	5,0	1,4	22	35	19	n/d
Madhya Pradesh	43,9	57,6	20,7	27,3	10,9	6,1	10	14	24	n/d
Maharashtra	47,4	53,7	6,3	10,5	n/d	n/d	18	54	29	42
"Nordeste"	74,9	76,6	n/d	n/d	n/d	n/d	n/d	n/d	15	n/d

Odisha	64,4	66,1	0	10,0	4,7	3,4	21	24	38	n/d
Punjab	69,4	70,1	30,8	14,3	6,0	1,7	9	15	77	n/d
Rajastão	44,8	51,5	12,0	10,0	14,5	7,0	10	8	20	n/d
Tamil Nadu	71,9	74,0	5,1	16,7	3,8	n/d	8	26	23	n/d
Uttar Pradesh	44,2	50,7	15,0	9,7	5,7	2,0	16	39	39	n/d
Uttarakhand	50,6	55,5	0	0	7,1	1,4	14	20	20	n/d
Bengala Ocidental	80,3	82,3	16,7	0	11,2	4,7	13	17	19	48
Índia	**55,8**	**60,2**	**10,9**	**11,0**	—	—	**15**	**30**	**29**	**72**

MP: membro do Parlamento.

[a] Nepotismo entre MPs se refere a membros atuais que são filhos ou filhas de antigos membros do Parlamento, ou que tenham outros laços familiares com políticos.

Parte 15: Outros indicadores

	Renda média de trabalhadores temporários, de 15 a 59 anos, 2009-10ª (rupias/dia)				Porcentagem de idosos recebendo pensão por viuvez ou aposentadoria por idade, 2004-5	Taxa de homicídio, 2010 (a cada 100 mil mortes)	Taxa de suicídio, 2010 (a cada 100 mil mortes)
	Rural		Urbana				
	Homem	Mulher	Homem	Mulher			
Andhra Pradesh	115	76	155	93	16,3	3,0	18,9
Assam	94	75	116	82	1,7	3,9	9,7
Bihar	81	66	94	60	10,2	3,2	1,3
Chhattisgarh	71	65	127	72	10,0	4,2	26,6
Gujarat	87	71	119	66	1,9	1,7	10,7
Haryana	146	99	154	71	60,6	4,0	11,8
Himachal Pradesh	141	110	149	158	19,0	1,9	8,1
Jammu e Caxemira	157	207	152	137	2,2	1,7	1,9
Jharkhand	104	82	109	74	4,7	5,1	4,0
Karnataka	97	63	123	68	8,6	3,0	21,5
Kerala	227	119	237	121	6,9	1,1	24,6
Madhya Pradesh	74	58	89	75	7,9	3,3	12,5
Maharashtra	86	58	122	58	4,2	2,4	14,5
"Nordeste"	127	98	140	100	15,3	3,9	9,8
Odisha	81	59	100	73	24,8	3,1	10,4
Punjab	133	92	143	86	11,8	3,3	3,4
Rajastão	132	94	146	100	8,5	2,1	7,3
Tamil Nadu	132	73	155	76	3,4	2,6	24,5

Uttar Pradesh	97	69	109	72	5,9	2,2	1,8
Uttarakhand	122	96	141	99	5,6	1,7	2,9
Bengala Ocidental	88	66	99	78	3,1	2,6	17,8
Índia	**102**	**69**	**132**	**77**	**9,0**	**2,8**	**11,4**

[a] Exceto em obras públicas.

FONTES: **População, 2011**: Governo da Índia (2011b), dado 3, p. 47, baseado em dados do Censo. **Despesa média domiciliar per capita, 2009-10**: Escritório de Pesquisa Nacional por Amostragem (2011b), tabelas T5C-R e T5C-U, pp. 26-7. **Taxa de crescimento do PIB per capita**: calculado (por regressão semilogarítmica) a partir do PIB apresentado no Banco Central da Índia (2012). O valor para toda a Índia se aplica ao Produto Nacional Líquido per capita, com preços de 2004-5. **Estimativas de pobreza, 2009-10**: estimativas da Comissão de Planejamento com base nos dados da Pesquisa Nacional por Amostragem, disponíveis em Governo da Índia (2012c), p. 29. **Porcentagem da população dentro dos 20% mais pobres da Índia, 2005-6**: Instituto Internacional de Ciências da População (2007a), tabela 2.7, p. 44, com base na terceira Pesquisa Nacional de Saúde da Família (NFHS-3). **Pobreza multidimensional, 2005-6**: Alkire, Roche & Seth (2001). **Expectativa de vida no nascimento, 2006-10**: Governo da Índia (2012j), com base em dados do Sistema de Registro por Amostragem (SRS). **Taxa de mortalidade infantil, 2011**: Governo da Índia (2012i), tabela 1, com base em dados do SRS. **Taxa de mortalidade para menores de 5 anos, 2011**: Governo da Índia (2012i), tabela 1, com base em dados do SRS. **Taxa de mortalidade materna, 2007-9**: Governo da Índia (2011), tabela 1, com base em dados do SRS. **Taxa de mortalidade bruta, 2011**: Governo da Índia (2012g), tabela 1, com base em dados do SRS. **Taxa de natalidade, 2011**: Governo da Índia (2012g), tabela 1, com base em dados do SRS. **Taxa de fecundidade total, 2010**: Governo da Índia (2012i), com base em dados do SRS. **Taxa de alfabetização, acima de 7 anos, 2011**: Governo da Índia (2011b), dado 22(d)2, p. 106, com base em dados do Censo. **Desempenho educacional e taxa de alfabetização, na faixa etária de 15 a 19 anos, 2007-8**: tabela 2.4 dos relatórios estaduais da Pesquisa de Domicílios por Distrito, 2007-8 (Instituto Internacional de Ciências da População, 2010b). **Porcentagem de crianças de 6 a 14 anos matriculadas na escola, 2005-6**: tabela 6 dos relatórios estaduais da NFHS-3 (Instituto Internacional de Ciências da População, 2008). **Porcentagem de crianças nunca matriculadas na escola, de 6 a 14 anos, 2005-6**: dados da Pesquisa de Desenvolvimento Humano na Índia (IHDS, na sigla em inglês), disponíveis em: <icpsr.umich.edu/icpsrweb/DSDR/studies/22626>; ver também Desai et al. (2010). **Porcentagem de crianças de 6 a 14 anos matriculadas em escolas particulares, 2004-5**: Desai et al. (2010), p. 92, com base em dados da IHDS. **Custos com educação**: Desai et al. (2010), p. 84, com base em dados da IHDS. **Água potável e outras instalações em escolas públicas, 2009-10**: Universidade Nacional de Planejamento Educacional e Administração (2011b), tabela 2.1, p. 10. **Porcentagem de escolas públicas e subsidiadas pelo governo que fornecem refeições durante o dia**: Universidade Nacional de Planejamento Educacional e Administração (2011a), tabela 2.12, p. 69. **Porcentagem de escolas públicas que realizam exames médicos, 2009-10**: Universidade Nacional de Planejamento Educacional e Administração

(2011b), tabela 2.1, p. 10. **Proporção alunos-professor e alunos-classe, 2009-10**: Universidade Nacional de Planejamento Educacional e Administração (2011c), pp. 5 e 14. **Proporção de gênero, 2011**: Governo da Índia (2011b), dado 13, p. 88, com base em dados do Censo. **Razão estimada entre taxas de mortalidade em mulheres e homens, de 1 a 4 anos, 2007-9**: média de 3 anos calculada a partir dos dados do SRS (Governo da Índia, diversos anos). **Porcentagem de mulheres de 20 a 24 anos, casadas antes dos 18 anos, 2005-6**: tabela 29 dos relatórios estaduais da NFHS-3 (Instituto Internacional de Ciências da População, 2008). **Taxa de participação feminina no mercado de trabalho, 2009-10**: Escritório de Pesquisa Nacional por Amostragem (2011a), tabela S5, p. 33, com base em medições semanais. **Porcentagem de mulheres trabalhando em empregos formais, 2009**: Governo da Índia (2011f), tabela 2.8, p. 57. **Prevalência de uso de métodos contraceptivos, 2005-6**: Instituto Internacional de Ciências da População (2007a), tabela 5.7, p. 127, com base em dados da NFHS-3. **Porcentagem de nascimentos assistidos por profissionais habilitados, 2005-6**: Instituto Internacional de Ciências da População (2007a), tabela 8.22, p. 210, com base em dados da NFHS-3. Entre os "profissionais habilitados" estão médicos, parteiras, enfermeiras, assistentes sociais para a saúde da mulher e outros trabalhadores da área da saúde. **Cobertura de cuidados pré-natais, 2005-6**: Instituto Internacional de Ciências da População (2007a), tabela 8.10, p. 204, com base em dados da NFHS-3. **Cobertura de cuidados pós-parto, 2005-6**: Instituto Internacional de Ciências da População (2007a), tabela 8.22, p. 220, com base em dados da NFHS-3. Os valores se baseiam em nascidos vivos durante os cinco anos que antecederam a pesquisa; exames médicos pós-parto examinam a saúde da mãe por 42 dias após o nascimento. **Porcentagem de mulheres de 15 a 49 anos com baixo IMC, 2005-6**: Instituto Internacional de Ciências da População (2007a), tabela 10.23.1, p. 308, com base em dados da NFHS-3; "Baixo IMC" significa Índice de Massa Corporal abaixo de 18,5 kg/m². **Porcentagem de mulheres de 15 a 49 anos com anemia de qualquer tipo, 2005-6**: Instituto Internacional de Ciências da População (2007a), tabela 10.25, p. 313, com base em dados da NFHS-3. Mulheres são classificadas como anêmicas se sua contagem de hemoglobinas for menor do que 12,0 g/dL (11,0 g/dL para mulheres grávidas), com ajustes para mulheres fumantes e vivendo em altas altitudes, se conhecidos. **Porcentagem de mulheres adultas com anemia moderada ou severa, 2005-6**: Instituto Internacional de Ciências da População (2007a), tabela 10.25, p. 313, com base em dados da NFHS-3. Mulheres são classificadas moderada ou severamente anêmicas se sua contagem de hemoglobinas for menor do que 9,9 g/dL, com ajustes para mulheres fumantes e vivendo em altas altitudes, se conhecidos. **Porcentagem de crianças de 6 a 59 meses com anemia moderada ou severa, 2005-6**: dados da NFHS-3 apresentados em Instituto Internacional de Ciências da População (2007a), tabela 10.13, p. 290. **Porcentagem de crianças abaixo de 5 anos subnutridas, 2005-6**: Instituto Internacional de Ciências da População (2007a), tabela 10.2, p. 273, com base em dados da NFHS-3 (utilizando a curva de crescimento infantil publicada pela OMS em 2006). **Porcentagem de domicílios que utilizam sal adequadamente iodado, 2005-6**: Instituto Internacional de Ciências da População (2007a), tabela 10.18, p. 298, com base em dados da NFHS-3. "Sal adequadamente iodado" significa um sal de cozinha que contenha mais do que 15 ppm de iodo. **Imunização de crianças de 12 a 23 meses, 2005-6**: Instituto Internacional de Ciências da População (2007a), tabela 9.5, p. 231, com base em dados da NFHS-3. "Imunização total" significa todas as vacinas BCG, sarampo e as três doses de DPT e poliomielite (além da vacina contra pólio aplicada no nascimento). **Cobertura de suplementos de vitamina A em crianças de 12 a 35 meses, 2005-6**: Instituto Internacional de Ciências da População (2007a), tabela 10.16, p. 295, com base em dados da NFHS-3. **Prática de aleitamento, 2007-8**: Instituto Internacional de Ciências da População

(2010a), tabela 5.5, p. 88, com base em dados da Pesquisa Domiciliar por Distrito 2007-8 (DLHS-3, na sigla em inglês). **Porcentagem de crianças de 0 a 3 anos que sofrem de diarreia, 2007-8:** Instituto Internacional de Ciências da População (2010a), tabela 5.13, p. 102, com base em dados da DLHS-3. **Porcentagem de crianças afetadas por diarreia tratadas com terapia de reidratação oral, 2005-6:** Instituto Internacional de Ciências da População (2007a), tabela 9.13, p. 245, com base em dados da NFHS-3. "Terapia de reidratação oral" significa alimentar crianças com diarreia com soluções orais de reidratação ou "mingau". **População média por PHC, 2007-8:** Instituto Internacional de Ciências da População (2010a), tabela 9.1, p. 213, com base em dados da DLHS-3. **Outros indicadores (Parte 10), 2007-8:** Instituto Internacional de Ciências da População (2010a), tabelas 9.6, 9.7 e 9.8, pp. 219-21, com base em dados da DLHS-3. **Porcentagem de vilas com escolas e instalações de saúde ou *anganwadi*, 2007-8:** Instituto Internacional de Ciências da População (2010a), tabela 2.13, p. 29, com base em dados da DLHS-3. **Porcentagem de domicílios com determinados itens de conforto, 2007-8:** Instituto Internacional de Ciências da População (2007a), tabela 2.9, p. 22, com base em dados da DLHS-3. **Cobertura real dos serviços dos *anganwadi*, 2005-6:** Instituto Internacional de Ciências da População (2007a), tabela 9.19, p. 254, com base em dados da NFHS-3. **Porcentagem de domicílios rurais que se enquadram na NREGA, 2009-10:** Dutta et al. (2012), tabela 1, p. 57, com base nos dados da Pesquisa Nacional por Amostragem. **Porcentagem de domicílios com determinados itens de conforto, 2011:** Governo da Índia (2012h), com base nos dados do Censo. **Unidades de periódicos em circulação, por 100 pessoas, 2010:** calculado a partir de Instituto Verificador de Circulação (2010). **Porcentagem de adultos expostos a mídias diversas, 2005-6:** Instituto Internacional de Ciências da População (2007a), tabelas 3.6.1 e 3.6.2, pp. 68-9, com base em dados da NFHS-3. **Participação eleitoral em eleições da Lok Sabha, 2009:** Comissão Eleitoral da Índia (2009), capítulo 3, gráfico 3.1. **Participação feminina em cadeiras na Lok Sabha, 2009:** Comissão Eleitoral da Índia (2009), capítulo 3, gráfico 3.1. **Participação feminina em cadeiras na Rajya Sabha, 2012:** Secretaria da Rajya Sabha (2012). **Participação feminina em cadeiras das assembleias legislativas, 2013:** compilado a partir de websites de governos estaduais e assembleias legislativas. **Porcentagem de candidatos à Lok Sabha e membros do Parlamento com processos criminais em andamento, 2009:** Associação por Reformas Democráticas (2010), p.11. **Porcentagem de nepotismo entre MPs na Lok Sabha, 2010:** "The India Site" (2011). Média de sessões anuais na Assembleia, 2000-10: PRS Legislative Research (2011). **Renda média diária de trabalhadores temporários, 2009-10:** Escritório de Pesquisa Nacional por Amostragem (2011a), tabela S-39, pp. 95-6. **Porcentagem de idosos (acima de 60 anos) recebendo pensão por viuvez ou aposentadoria por idade, 2004-5:** Besai et al. (2010), p. 206, com base nos dados do IHDS. **Taxa de homicídio, 2010:** calculado a partir do Departamento Nacional de Registros de Crimes (2011b), tabela 3.1, e valores populacionais do Censo da Índia de 2011. **Taxa de suicídio, 2010:** Departamento Nacional de Registros de Crimes (2011a), p. viii.

TABELA A.4. INDICADORES SELECIONADOS PARA OS ESTADOS INDIANOS DO NORDESTE (PARTE 1)

	População, 2011 (em milhões)	Proporção de gênero, 2011 (mulheres para mil homens)		Despesa média domiciliar per capita, 2009-10 (rupias/mês)		Porcentagem da população dentro dos 20% mais pobres da Índia, 2005-6	Porcentagem de analfabetos entre 15 e 19 anos, 2007-8		Taxa de alfabetização, acima de 7 anos (%)		Taxa de participação feminina no mercado de trabalho, de 15 a 59 anos, 2009-10 (%)
		0 a 6 anos	Todas as idades	Rural	Urbano		Mulher	Homem	Mulher	Homem	
Arunachal Pradesh	1,4	960	920	1546	1947	21,1	2,5	2,9	59,6	73,7	39,3
Manipur	2,7	934	987	1027	1106	2,4	2,4	3,1	73,2	86,5	27,4
Meghalaya	3,0	970	986	1110	1629	11,3	9,6	10,5	73,8	77,2	48,7
Mizoram	1,1	971	975	1262	1947	2,5	2,7	2,2	89,4	93,7	49,0
Nagaland	2,0	944	931	1476	1862	7,8	n/d	n/d	76,7	83,3	37,0
Sikkim	0,6	944	889	1321	2150	1,9	4,8	3,8	76,4	87,3	42,4
Tripura	3,7	953	961	1176	1871	11,0	10,3	4,3	83,2	92,2	24,7
"Nordeste"[a]	14,4	953	961	1224	1700	8,9	6,6	5,2	76,4	84,9	35,8
Índia	1210,2	914	940	1054	1984	20,0	15,8	7,4	65,5	82,1	30,7

[a] Média ponderada da população para valores específicos por estado (exceto pelo valor de população, na primeira coluna).

TABELA A.4. INDICADORES SELECIONADOS PARA OS ESTADOS DO INDIANOS NORDESTE (PARTE 2)

	Porcentagem de mulheres de 20 a 24 anos, casadas antes dos 18 anos, 2005-6	Taxa de mortalidade infantil, 2011 (por mil nascidos vivos)	Porcentagem de crianças até 5 anos abaixo do peso	Porcentagem de crianças de 6 a 14 anos atualmente matriculadas em escolas, 2005-6		Porcentagem de crianças de 12 a 23 meses, 2005-6		Porcentagem de partos assistidos por profissionais habilitados, 2005-6
				Mulher	Homem	Totalmente imunizadas	Sem imunização	
Arunachal Pradesh	42,0	32	32,5	69,0	75,8	28,4	24,1	30,2
Manipur	12,9	11	22,1	84,2	85,9	46,8	6,5	59,0
Meghalaya	24,6	52	48,8	68,5	64,3	32,9	16,5	31,1
Mizoram	20,6	34	19,9	88,2	91,5	46,5	7,0	65,4
Nagaland	21,4	21	25,2	78,1	74,9	21,0	18,4	24,7
Sikkim	30,1	26	19,7	82,7	81,8	69,6	3,2	53,7
Tripura	41,6	29	39,6	88,7	86,5	49,7	14,7	48,8
"Nordeste"[a]	27,9	30	33,2	80,1	79,4	40,3	13,9	43,5
Índia	**47,4**	**44**	**42,5**	**76,4**	**82,6**	**43,5**	**5,1**	**46,6**

[a] Média ponderada da população para valores específicos por estado.

FONTE: Ver tabela A.3.

TABELA A.5. TENDÊNCIAS TEMPORAIS

	1950-1	1960-1	1970-1	1980-1	1990-1	1993-4	2000-1	2004-5	2010-1
População (em milhões)	361	439	548	683	846	–	1029	–	1210
Produto Interno Bruto a preços constantes (1950-1 = 100)	100	147	211	286	482	544	838	1063	1766
PIB a preços constantes (1950-1 = 100)									
Setor primário	100	136	172	204	296	319	394	433	545
Setor secundário	100	183	315	458	811	890	1421	1855	3113
Setor terciário	100	150	238	364	694	825	1429	1909	3426
Produto Nacional Líquido per capita a preços constantes (1950-1 = 100)	100	125	141	151	201	213	286	339	511
Índice de produção agrícola (triênio terminado 1981-2 = 100)	46,2	68,8	85,9	102,1	148,4	–	165,7	–	215,3
Índice de produção industrial (1993-4 = 100)	7,9	15,6	28,1	43,1	91,6	100	162,6	204,8	–
Disponibilidade líquida per capita de grãos e cereais[b] (gramas/dia, média de três anos)	397	460	463	440	485	477	455	443	447
Formação bruta de capital doméstico (% do PIB)	9,3	14,3	15,1	19,2	26,0	22,2	24,4	32,8	36,8
Indicador de volume de comércio exterior (1978-9 = 100)									
Exportação	–	–	59	108	194	258	576	825	1401
Importação	–	–	67	138	238	329	698	1058	2193
Empregos formais no setor privado (milhões de pessoas)	–	5,0	6,7	7,4	7,7	7,9	8,6	8,5	11,4

Empregos no setor público (milhões de pessoas)	–	7,1	10,7	15,5	19,1	19,4	19,3	18,0	17,5
Salário per capita de funcionários das principais empresas do setor privado (rupias/mês a preços de 2010-1)	–	–	10 542	12 141	17 681	19 365	34 296	38 190	61 000
Salário real de trabalhadores rurais (homens)									
rupias/dia a preços de 1960	–	–	1,52	1,65	2,48	2,59	2,95[a]	–	–
rupias/dia a preços de 1986-7	–	–	–	–	–	–	17,8	17,6	20,3
Porcentagem da população abaixo da linha de pobreza									
Estimativa de Datt e Ravalion com base na linha oficial de pobreza[d]									
Rural	46,5	48,1	56,6	50,7	35,9	37,0	–	28,9	–
Urbana	36,8	46,7	46,2	37,8	32,1	30,2	–	25,1	–
Metodologia do Comitê Tendulkar									
Rural	–	–	–	–	–	50,1	–	41,8	33,8[b]
Urbana	–	–	–	–	–	31,8	–	25,7	20,9[b]
Coeficiente de Gini dos gastos de consumo per capita									
Rural	33,7	32,5	28,8	–	27,7	28,6	26,3[a]	30,5	29,9[b]
Urbano	40,0	35,6	34,7	–	34,0	34,3	34,7[a]	37,6	39,3[b]

(*continua*)

TABELA A.5. (*continuação*)

	1950-1	1960-1	1970-1	1980-1	1990-1	1993-4	2000-1	2004-5	2010-1
Taxa de alfabetização, acima de 7 anos[e]									
Mulher	9	15	22	30	39	–	54	–	65
Homem	27	40	46	56	64	–	76	–	82
Taxa de fecundidade total	5,9	5,8	5,2	4,5	3,6	3,5	3,1	2,9	2,4
Taxa de mortalidade infantil (por mil nascidos vivos)	≈ 180	n/d	129	110	80	74	66	58	44
Expectativa de vida no nascimento (anos)	32,1	41,3	45,6	53,9	59,0	60,5	–	63,5	66,1

[a] 1999-2000.
[b] 2009-10.
[c] 2010.
[d] Média não ponderada de dois anos mais recentes para os quais haja estimativas disponíveis, exceto nos anos de pesquisas quinquenais (mais extensas) da Pesquisa Nacional por Amostragem (NSS) (1993-4 e 2004-5).
[e] Acima de 5 anos para os anos de 1951, 1961 e 1971.

FONTES: **População:** Governo da Índia (2011b), p. 41, com base em recenseamentos decenais. **PIB a preços constantes:** calculado a partir de Governo da Índia (2013). **Produto Nacional Líquido per capita a preços constantes:** Governo da Índia (2012a), p. A-1. **Disponibilidade per capita de grãos e cereais:** Governo da Índia (2012a, 2013), p. A-22 (média de três anos centrada no ano de referência, exceto para 1950-1 e 2010-1, quando as médias de três anos são de 1951-3 e 2009-11, respectivamente). **Formação bruta de capital doméstico:** Governo da Índia (2013), p. A-11. **Indicador de volume de comércio exterior:** Banco Central da Índia (2012), com 1999-2000 como ano de "ligação" entre as duas séries. **Empregos formais nos setores privado e público:** Governo da Índia (2013), p. A-56, e Drèze e Sen (2002), tabela A.6 (valor de 2000-1 também se aplica a 2000). **Salário per capita de funcionários das principais empresas do setor privado:** calculado a partir de Governo da Índia (2013), p. A-57 (com o Índice de Preço ao Consumidor para Trabalhadores de Indústrias como fator deflator). **Salário real de trabalhadores rurais:** Drèze e Sen (2002), tabela A.6; a segunda série foi calculada a partir de Usami (2012), conforme a base de dados do Ministério do Trabalho "Índices de salários na Índia rural", publicado parcialmente em *Wage Rates in Rural India* (os valores nessa série são para trabalho não qualificado e são médias de três anos centradas no ano de referência, exceto pelo último valor, que é uma média de dois anos). **Índice de pobreza:** Datt e Ravallion (2010), Governo da Índia (2009c) e Governo da Índia (2012c), com base nos dados da Pesquisa Nacional por Amostragem. **Coeficiente de Gini:** Jayaraj e Subramanian (2012), tabela 1, para 1999-2000, 2004-5 e 2009-10; Drèze e Sen (2002), tabela A.6, para anos anteriores. **Taxa de alfabetização:** Censos decenais (ver Governo da Índia, 2011b). A taxa de alfabetização de 1981 não considera Assam, e a de 1991 não considera Jammu e Caxemira. **Taxa de fecundidade total:** Divisão de População da Organização das Nações Unidas (2011), para os anos de 1951 e 1961; dados do Sistema de Registro por Amostragem (2011f) de 1971 em diante. Governo da Índia (1999, 2011f, 2012g), tabela 1, e Governo da Índia (2011f), p. 3. A estimativa de 1951 é de Dyson (1997), pp. 111-7. **Expectativa de vida no nascimento:** até 1970-1: estimativas com base no recenseamento, em Governo da Índia (2011b), p. S-1; 1980-1, 1990-1 e 1993-4: estimativas com base no SRS, em Governo da Índia (1999); 2004-5: Governo da Índia (2008), estimativa para 2002-6; 2010-1: Governo da Índia (2012j), estimativa para 2006-10. Ver também Drèze e Sen (2002), "Apêndice estatístico", tabela A.6.

NOTA: Em casos em que a fonte original fornece valores para anos de calendário, colocamos o valor para determinado ano na coluna correspondente ao par de anos em que o período termina (por exemplo, a taxa de alfabetização do ano de 1991 aparece na coluna 1990-1).

Notas

1. UMA NOVA ÍNDIA? [pp. 15-31]

1. Entre essas lacunas estão importantes violações das normas democráticas, associadas ao papel dos militares em regiões específicas do país, em particular na Caxemira e em partes do nordeste, com leis draconianas que dão amplos poderes às Forças Armadas. O fato de esses poderes dos militares serem determinados pelos civis e pelo governo democraticamente eleito nos centros de poder não elimina a violação dos direitos humanos, bem como das normas democráticas locais desrespeitadas para a existência de tal poder autoritário nas localidades envolvidas. Essa questão é retomada no capítulo 9.

2. "India's Novartis Decision", *The New York Times*, 5 abr. 2013. O jornal *The Times*, comentando a decisão da Suprema Corte da Índia para evitar a "perenização" de medicamentos antigos através de novas patentes que introduzem pequenas variações, apontou o fato de que o medicamento Gleevec, produzido na Índia ("um tratamento altamente eficaz para a leucemia"), custa "menos de uma vigésima parte de seu custo anual aproximado de 70 mil dólares nos Estados Unidos".

3. Para informações mais detalhadas sobre as tendências de longo prazo na Índia desde a independência, ver "Apêndice estatístico", tabela A.5.

4. Isso foi parte das "palavras finais de aconselhamento" do dr. Ambedkar na All-India Depressed Classes Conference [Conferência das classes oprimidas de toda a Índia], realizada em Nagpur, em 1942, citadas em Keer (1971), p. 351.

5. "World Development Indicators" (disponível em: < http://data.worldbank.org/data-catalog/world-development-indicators >; acesso em: 1 jan. 2013). Ver também "Apêndice estatístico", tabela A.3.

6. Essa é uma visão importante dos levantamentos periódicos realizados pelo Centro de Estudos de Sociedades em Desenvolvimento (na sigla em inglês, CSDS; Nova Delhi); ver capítulo 9.

7. Houve algumas restrições moderadas à internet (ou tentativas de restrições) no passado recente, por exemplo, em relação a material supostamente inflamatório e, em alguns casos, também na forma de tentativas desajeitadas (e malsucedidas, na sua maior parte) de neutralizar certos tipos de crítica ao governo. O fato mais relevante nesse sentido é a existência de restrições significativas ao acesso à internet na Caxemira e em partes do nordeste.

8. Essa é outra visão que emerge dos levantamentos do CSDS (ver capítulo 9); ver também Sanjay Kumar (2009) e Ahuja e Chhibber (2012).

9. Os números sobre a pena de morte são um segredo de Estado na China, mas há estimativas pesquisadas empiricamente, com base em fontes como relatos de execuções em jornais locais. Segundo a Anistia Internacional (2012), "acreditava-se que milhares de pessoas [...] tinham sido executadas na China em 2011" (p. 7), enquanto nenhuma o fora na Índia no mesmo ano. No entanto, o legado da pena de morte, mesmo com raras execuções ou nenhuma, persiste de forma perturbadora na Índia (110 pessoas tinham sido condenadas à morte na Índia só em 2011) e, dada a ausência de execuções propriamente ditas, há um acúmulo de pessoas nas prisões aguardando execução (embora, na verdade, elas possam não ser executadas de fato). Há um forte movimento na Índia para uma grande reforma das leis de pena capital, tanto em favor da abolição da pena de morte (prática abandonada em muitos países do mundo — uma posição com a qual concordamos) como contra o tormento psicológico envolvido na condição "pena de morte, mas possivelmente sem morte".

10. Discutimos as distinções envolvidas em *Hunger and Public Action* (Drèze e Sen, 1989) e *India: Development and Participation* (Drèze e Sen, 2002); ver também N. Ram (1990).

11. Sobre ambos os episódios (o desmantelamento do sistema de cooperativa de assistência médica no final dos anos 1970 e a reintegração do seguro social de saúde em 2004), ver, por exemplo, Shaoguang Wang (2008). Ver também o capítulo 3.

2. A INTEGRAÇÃO ENTRE CRESCIMENTO E DESENVOLVIMENTO [pp. 32-60]

1. Números baseados em dados do Fundo Monetário Internacional e do Banco Mundial; ver Alan Wheatley (2012).

2. O argumento subjacente à posição indiana foi bem apresentado por Montek Singh Ahluwalia (2010).

3. Ver Adam Smith (1776), livro I, capítulo XI; Plínio, o Velho, *Natural History*, livro 6; McCrindle (1885). Pobreza e fome, claro, também eram características comuns na história pré-colonial da Índia. Mas isso se aplica igualmente a outras regiões do globo, incluindo a Europa.

4. Adam Smith (1776), livro IV, capítulo IX, p. 683.

5. Prasannan Parthasarathi (2011), capítulo 2, especialmente pp. 38-9.

6. Adam Smith (1776), livro IV, capítulo V, p. 527.

7. Ver Sivasubramonian (2000), tabela 7.4; também Amiya Bagchi (2010).

8. Ver, por exemplo, as estimativas de pobreza apresentadas em Datt e Ravallion (2010).

9. O recente trabalho de Pulapre Balakrishnan (2007, 2010) tem sido de muito valor para esclarecer a natureza das políticas econômicas no início do período pós-independência. Ver também Ashok Rudra (1975), P. B. Desai (1979), I. G. Patel (1987), Sukhamoy Chakravarty (1987), Little e Joshi (1994) e Bhagwati e Panagariya (2013), entre outros.

10. Comissão de Planejamento (1951), capítulo 33.

11. Mesmo um economista como Raj Krishna, que foi bastante crítico em relação ao "Raj das Licenças" e um dos primeiros defensores da liberalização, considerou que muitas das primeiras iniciativas de planejamento (tais como "a construção de uma base forte e diversificada de bens de capital") eram "uma necessidade histórica" (Raj Krishna, 1982, citado em Balakrishnan, 2007, p. 56).

12. Calculado a partir de Governo da Índia (2012a), Apêndice estatístico, tabela 1.4, p. A7.

13. Lal Bahadur Shastri, primeiro-ministro por um ano e meio a partir de junho de 1964, fez uma breve tentativa de liberalizar a economia, inicialmente apoiada por Indira Gandhi (que estava sob pressão dos doadores internacionais, incluindo o FMI e o Banco Mundial, quando os fracassos na guerra e na colheita levaram a uma crise no balanço de pagamentos em 1966). A aproximação de Indira Gandhi com Washington e a desvalorização da rupia em 1966 não foram bem recebidas pelo público, e ela logo fez uma inversão de rumos. Sobre esse e outros aspectos da política econômica de Indira Gandhi, ver Hankla (2006) e trabalhos anteriores aí citados.

14. Hankla (2006), p. 11. Sobre a nacionalização dos bancos, ver também I. G. Patel (2002).

15. Ver Drèze e Sen (1995), tabela 9.3; Himanshu (2005) e tabela A.5 no "Apêndice estatístico" deste livro. Existe também alguma evidência de que as despesas per capita cresceram mais rapidamente para os pobres do que para os ricos nos anos 1980, pelo menos nas áreas rurais (ver Deaton e Drèze, 2009, tabela 4).

16. Ver, por exemplo, Datt e Ravallion (2010). Ver também "Apêndice estatístico", tabela A.5.

17. Arunabha Ghosh (2006, p. 419). A primeira rodada de reformas econômicas não costuma ser descrita na Índia como um programa de estabilização imposto pelo FMI, mas na prática foi isso, apesar de o ministro das Finanças ter "insistido [no Parlamento] que a Índia estava limitada apenas pelas condicionalidades propostas pelo próprio país" (Ghosh, 2006, p. 418).

18. Calculado com base em dados sobre as despesas per capita a preços constantes do Escritório Nacional de Pesquisa por Amostragem (NSSO, na sigla em inglês) (2011b); ver também Shalini Gupta (2012), tabela 1. Esses valores devem ser lidos à luz de um hiato crescente, ao longo do tempo, entre os dados do NSSO sobre as despesas per capita e as estimativas indiretas da despesa média dos consumidores a partir das "contas nacionais" (que tendem a ser mais elevadas). A explicação mais óbvia é que há uma crescente subestimação, nas Pesquisas Nacionais por Amostragem, das despesas de consumo no topo (por exemplo, porque os ricos muitas vezes não cooperam com a pesquisa, ou minimizam suas despesas). Como um estudo recente expressa, "é provável que as pesquisas estejam errando o crescimento das rendas na extremidade superior" (Banco Mundial, 2011a, p. xvii). Em todo caso, como o mesmo estudo também menciona, não há nenhuma razão óbvia pela qual as pesquisas do NSSO deturpariam seriamente o crescimento da despesa per capita *entre os pobres*, o que é a nossa principal preocupação aqui.

19. Ver, por exemplo, Deaton e Drèze (2009), tabela 4.

20. Esse desdobramento, aliás, parece ter sido recebido com consternação em certos círculos empresariais e políticos, e houve algumas tentativas de restringir o chamado "boom salarial" (Aiyar, 2011a, 2011b), em especial através da desvinculação da NREGA às leis sobre o salário mínimo. Para uma discussão mais aprofundada, ver o capítulo 7.

21. Ver UNCTAD (2011), tabela 1.4.

22. Ver, por exemplo, Tao Yang et al. (2010), que "documentam um dramático aumento dos salários na China no período 1978-2007 com base em várias fontes de estatísticas agregadas" (p. 482). Os autores estimam que os salários reais tenham aumentado cerca de sete vezes durante esse período.

23. A esse respeito, ver também Rajakumar (2011) e Asian Development Bank (2012). Embora a participação da renda do trabalho no valor industrial agregado tenha diminuído em muitos países durante o mesmo período, essa é uma das maiores quedas registradas, e a relação indiana é hoje um das mais baixas do mundo.

24. Ver Governo da Índia (2009c), p. 14, e Governo da Índia (2012c), tabela 2. Ambos os valores são baseados na "linha de pobreza Tendulkar", utilizando a mesma metodologia.

25. Ver em particular o gráfico 13, p. 1, 186, e a discussão dos autores. Para mais evidências, a partir de diferentes perspectivas, do ritmo lento de redução da pobreza na Índia durante os últimos vinte anos, ver também Jayaraj e Subramanian (2010), Lenagala e Ram (2010), Alkire e Seth (2013), Kotwal e Roy Chaudhuri (2013), entre outros.

26. A linha de pobreza foi posteriormente revista para cima, com base nas recomendações do relatório da Comissão Tendulkar (Governo da Índia, 2009c).

27. Há uma literatura considerável sobre isso (em especial sobre o crescimento sem emprego no setor organizado industrial, o que é particularmente notável) e sobre seus desdobramentos. Ver Alessandrini (2009), Nagaraj (2004, 2011), Kannan e Raveendran (2009), Kotwal et al. (2011), Rajakumar (2011) e Thomas (2012), entre outros.

28. Para citar Kotwal et al. (2011) mais uma vez: "existem duas Índias: uma dos gerentes e engenheiros instruídos que têm sido capazes de tirar vantagem das oportunidades disponibilizadas através da globalização; outra — da enorme massa de pessoas com pouca instrução que estão ganhando a vida em empregos de baixa produtividade no setor informal — cuja maior parte é de agricultores" (p. 1196).

29. Para uma discussão mais aprofundada, ver Deaton e Drèze (2009). Como observam os autores, é possível que a diminuição da ingestão de nutrientes seja em parte resultante de uma redução nas calorias e em outras necessidades nutricionais, em razão, por exemplo, de níveis mais baixos de atividade ou de um ambiente epidemiológico melhor. Mas eles também enfatizam que, se a renda per capita aumentou mais rapidamente entre os pobres, esse declínio nas necessidades (enquanto tal) teria sido mais do que compensado pelos efeitos positivos da maior renda sobre a ingestão de nutrientes. Assim, a hipótese (não confirmada) da evolução das necessidades não evita a necessidade de preocupação com o declínio da ingestão média de nutrientes.

30. A literatura sobre isso é vasta; ver, entre outras contribuições, Douglass North (1990), Ha-Joon Chang (2002, 2010), Elhanan Helpman (2004), Pranab Bardhan (2005), Eric Beinhocker (2006), e Trebilcock e Daniels (2008).

31. Acemoglu e Robinson (2012), p. 118.

32. Ibid., p. 119.
33. Mokyr (2002); Helpman (2004).
34. Glaeser et al. (2004).
35. Trebilcock e Prado (2011), p. 36.
36. Ver Drèze e Sen (2002), bem como a literatura citada.
37. Ver Centro de Leis e Políticas Ambientais da Universidade Yale e Centro Internacional de Informações de Ciências da Terra da Universidade Columbia (2012). Em termos de "desempenho ambiental" geral, a Índia ocupa a posição 125 em um ranking de 132 países, e a última posição dentro da região "Ásia e Pacífico" (com 21 países, incluindo Bangladesh, China, Paquistão e Nepal).
38. UNU-IHDP e UNEP (2012), pp. 310-1. No entanto, essas são estimativas grosseiras, baseadas em um método um tanto exploratório.
39. Brijesh Pandey (2012), com base em informações obtidas do governo graças à aplicação da Lei de Direito à Informação, sugere que mais de seiscentas barragens (sendo 155 "médias e grandes barragens") estão sendo planejadas nessa bacia hidrográfica.
40. Ramachandra Guha (2012). Sobre a irresponsabilidade ambiental da Índia, ver também Praful Bidwai (2012) e Shrivastava Kothari (2012), e os relatórios periódicos do Centro para Ciência e Meio Ambiente sobre "o estado do meio ambiente da Índia" (por exemplo, Centro para Ciência e Meio Ambiente, 2012).
41. Sobre isso, ver Drèze e Sen (2002), capítulo 6. Ver também Sen (2009).
42. Nicholas Stern (2009, 2012).

3. A ÍNDIA EM PERSPECTIVA COMPARADA [pp. 61-98]

1. Anand Giridharadas (2011), p. 1.
2. Ver Drèze e Sen (2002), capítulo 3.
3. "World Development Indicators", on-line. As taxas de alfabetização específicas por idade do recenseamento da Índia de 2011 não estão disponíveis no momento em que escrevemos, e é bem possível que os números sobre alfabetização no país (e, portanto, no sul da Ásia) venham a melhorar um pouco depois que sejam liberadas.
4. Ver capítulo 6, tabela 6.3.
5. Trabalhos recentes sobre os índices de pobreza multidimensional, parcialmente apresentados no "Relatório do Desenvolvimento Humano 2013", sugerem um progresso surpreendentemente rápido do Nepal entre 2006 e 2011 (Sabina Alkire, comunicação pessoal). Esse novo desenvolvimento ainda precisa ser investigado em detalhes.
6. OXFAM International (2006), p. 9.
7. Ver, por exemplo, Chaudhury e Hammer (2004), com referência aos serviços de saúde.
8. Para contribuições úteis para um melhor entendimento dessas conquistas, ver S. R. Osmani (1991, 2010), Simeen Mahmud (2003), B. Sen et al. (2007), Banco Mundial (2007), Wahiduddin Mahmud (2008), Begum e Sen (2009), Naila Kabeer (2011), Koehlmoos et al. (2011), David Lewis (2011), Rehman Sobhan (2011), Chowdhury et al. (2012), entre outros.

9. Sobre essa conexão, ver Drèze e Sen (1989, 2002) e Sen (1999). De acordo com dados do Banco Mundial, "a participação das mulheres na atividade econômica [em Bangladesh] aumentou de 9% em 1983 para 57% em 2011" (Chowdhury et al., 2012). Mesmo levando em conta uma margem substancial de erro nas estimativas anteriores, isso aponta para um aumento surpreendente na participação das mulheres na economia, que não tem absolutamente nenhum paralelo na Índia.

10. O último ponto deve ser lido tendo em conta o fato de que existe certa reserva dos assentos parlamentares para as mulheres em Bangladesh; ver, por exemplo, P. K. Panday (2008). Na Índia, uma emenda constitucional proposta para essa finalidade (a "Women's Reservation Bill") está à espera de aprovação no Parlamento indiano há anos.

11. Ver Drèze e Sen (2002), bem como a literatura citada; também o capítulo 8 deste livro.

12. Ver, por exemplo, Chowdhury et al. (2012).

13. Para uma discussão mais aprofundada, ver o capítulo 8.

14. Há também a possibilidade de que a falta de saneamento básico esteja desempenhando um papel importante na manutenção de níveis excepcionalmente elevados de desnutrição infantil na Índia; sobre isso, ver Dean Spears (2012a, 2012b, 2013). Em alguns poucos países, como o Chade e a Eritreia, a incidência de defecação a céu aberto é tão elevada quanto na Índia (ou mesmo um pouco maior). Mas nenhum país parece aproximar-se da Índia em termos de intensidade de defecação a céu aberto por milha quadrada, o que — tem-se argumentado — é o que realmente importa do ponto de vista dos riscos para a saúde, incluindo a desnutrição infantil (Dean Spears, comunicação pessoal).

15. Em alguns estados indianos, é difícil promover a utilização de sanitários devido à insuficiência dos serviços de abastecimento de água. Bangladesh, onde há abundantes fontes subterrâneas, pode ter uma "vantagem comparativa" nesse quesito. Mas até mesmo estados da Índia que dispõem de águas subterrâneas (Bengala Ocidental, Uttar Pradesh, Bihar, entre outros) têm taxas muito mais elevadas de defecação a céu aberto do que Bangladesh; por exemplo, 39% em Bengala Ocidental e 63% em Uttar Pradesh; ver "Apêndice estatístico", tabela A.3.

16. Ver, por exemplo, Zafrullah Chowdhury (1995).

17. Ver Mahmud (2008), Chowdhury et al. (2012), El Arifeen et al. (2012), entre outros.

18. A proporção da população rural coberta pelo sistema de cooperativa de assistência médica caiu de 90% para 10% entre 1976 e 1983 (o período em que as reformas orientadas para o mercado foram iniciadas) e ficou nesse patamar por vinte anos. A partir de 2004, quando o "novo regime de cooperativa de assistência médica" foi lançado, ela subiu novamente para mais de 90% em poucos anos; ver Shaoguang Wang (2008), figura 6. Sobre o novo regime de cooperativa de assistência médica, ver também Yip e Mahal (2008), Lin Chen et al. (2012), Qun Meng et al. (2012), Yip et al. (2012), entre outros.

19. Sobre isso, ver, por exemplo, Joseph Stiglitz (2002), capítulo 5.

20. Ver, por exemplo, Alfio Cerami (2009). Sobre os "Estados de bem-estar social pós-comunistas" na antiga União Soviética e na Europa Oriental, ver Mitchell Orenstein (2008) e a literatura aí citada.

21. Ver, por exemplo, Barr e Harbison (1994). Como observam os autores (p. 17), com base em dados de 1991: "O que é notável sobre o gasto social na Europa Central e na Europa Oriental é que ele não difere muito, como proporção do PIB, dos gastos nas economias altamente industrializadas, cujas rendas per capita são muito maiores".

22. Ver Drèze e Sen (1989), especialmente o capítulo 10; também Drèze e Sen (1995).
23. Drèze e Sen (1995), p. 183.
24. Ver Cataife e Courtemanche (2011), Da Silva e Terrazas (2011), Comim (2012), Comim e Amaral (2012), entre outras críticas.
25. Jurberg e Humphreys (2010), p. 646. Outro estudo recente (Cataife e Courtemanche, 2011) sugere que o acesso aos serviços públicos de saúde no Brasil é hoje mais ou menos independente da renda dentro das localidades, ainda que as disparidades regionais persistam. Sobre o sistema de saúde do Brasil, ver também o conjunto de artigos publicado em *The Lancet* em 21 de maio de 2011, em particular Paim et al. (2011), e a literatura aí citada.
26. Sonia Fleury (2011), p. 1724.
27. Ver Martin Ravallion (2011), tabelas 1 e 2. Para uma discussão mais aprofundada da desigualdade econômica na Índia, ver o capítulo 8.
28. Ver, por exemplo, Ferreira de Souza (2012) e a literatura aí citada.
29. Para uma introdução interessante ao Bolsa Família, ver Fabio Soares (2011); ver também Francesca Bastagli (2008, 2011), Soares et al. (2010), Ferreira de Souza (2012) e a literatura aí citada. O Bolsa Família, no entanto, é só um programa (embora tenha recebido uma enorme atenção no exterior), e o sistema de seguridade social do Brasil se estende muito além desse exemplo específico.
30. Em parte devido a programas de assistência social, a renda dos pobres no Brasil cresceu muito rapidamente durante esse período, apesar da quase estagnação do PIB per capita (Ferreira et al., 2010). Isso está em nítido contraste com a situação na Índia, onde, como vimos no capítulo 2, o crescimento da despesa per capita entre os pobres foi apenas uma fração do crescimento do PIB per capita durante os últimos vinte anos.
31. Sobre isso, ver, por exemplo, Bruns et al. (2012) e os trabalhos anteriores aí citados.
32. Bruns et al. (2012), figura 1, p. 5, mostra que a proporção de crianças brasileiras matriculadas em escolas privadas no nível primário flutuou em torno de 10% entre 1991 e 2009. Na Índia, a proporção de crianças que estudam em escolas privadas no ensino fundamental (que corresponde de forma aproximada ao nível primário no Brasil) já era de 28% em 2004-5 (ver "Apêndice estatístico", tabela A.3) e está crescendo rapidamente. Para uma discussão mais aprofundada do sistema de educação da Índia, ver o capítulo 5.
33. Bruns et al. (2012).
34. Ferreira de Souza (2012), tabela 3, p. 9.
35. Ferreira de Souza (2012), gráfico 5, p. 10.
36. Bruns et al. (2012). Sobre o estudo do Pisa, ver também o capítulo 5.
37. Com base nos dados relatados em Bruns et al. (2012), p. xxii. Essa afirmação não se aplica apenas aos anos de escolaridade (cerca de oito, em média, para uma pessoa com vinte anos na faixa de renda mais pobre em 2009), mas também, em grande medida, aos resultados dos alunos, avaliados pelas pontuações dos testes do Pisa, pelo menos em matemática.
38. Ver Gastón Pierri (2012), gráfico 2, p. 11 (o ano de referência é 2008); ver também Ferreira e Robalino (2010), tabela 2, p. 37. Brasil e Cuba têm níveis semelhantes de despesa pública em saúde e seguridade social, em termos de proporção do PIB (cerca de 20% em ambos os casos). No entanto, Cuba gasta muito mais em educação e, portanto, nos setores sociais (saúde, educação e seguridade social) como um todo.

39. Sobre esse ponto, ver Lloyd-Sherlock (2009).

40. Esta seção baseia-se em análises mais detalhadas das experiências de desenvolvimento de Kerala, Himachal Pradesh e Tamil Nadu apresentadas em nosso trabalho anterior (Drèze e Sen, 2002), bem como em estudos mais recentes dessas experiências. Sobre Tamil Nadu, ver também o capítulo 6.

41. A ideia de pobreza multidimensional é que a pobreza se manifesta em múltiplas privações, tais como problemas de saúde, falta de escolarização, ausência de instalações sanitárias e vários tipos de privações materiais. Uma pessoa é contada como "multidimensionalmente pobre" se experimenta pelo menos certa proporção (digamos um terço) dessas privações. Tal abordagem pode ajudar a fazer comparações detalhadas das condições de vida entre os países, regiões ou comunidades, indo além de critérios baseados na renda, tais como a referência universal do Banco Mundial de "dois dólares por dia" (ajustados pela paridade do poder de compra). Para uma análise mais aprofundada e o uso dessa abordagem, ver Alkire e Foster (2011).

42. Esses estados — menos Odisha — costumavam ser conhecidos pelo acrônimo pouco lisonjeiro BIMARU ("bimar" significa doente em híndi), que se refere a Bihar não dividido (incluindo Jharkhand), Madhya Pradesh não dividido (incluindo Chhattisgarh), Rajastão e Uttar Pradesh. O acrônimo por vezes foi modificado para BIMAROU, para incluir Odisha.

43. Ver Alkire e Santos (2012) e Alkire e Seth (2012). O "índice de pobreza multidimensional" (MPI) é o percentual de pessoas multidimensionalmente pobres na população multiplicado pela média do número de privações que elas sofrem.

44. Esses 27 países são (em ordem decrescente de MPI): Níger, Etiópia, Mali, Burkina Faso, Burundi, Somália, República Centro-Africana, Moçambique, Guiné, Libéria, Angola, Serra Leoa, Ruanda, Benim, Comores, República Democrática do Congo, Senegal, Malawi, Tanzânia, Uganda, Madagascar, Costa do Marfim, Mauritânia, Chade, Zâmbia, Gâmbia e Nigéria. Sua população somada é de cerca de 600 milhões, dos quais 71% são estimados como vivendo na pobreza multidimensional. Nos sete estados indianos mencionados no texto, 70% dos habitantes são estimados como vivendo na pobreza multidimensional. Para mais detalhes sobre a base desses cálculos, ver Alkire e Santos (2012).

45. De acordo com a série temporal de estimativas de pobreza específica por estados apresentada por Martin Ravallion e Gaurav Datt (analisada em Datt et al., 2003), Kerala era o estado indiano mais pobre, nas décadas de 1950 e 1960, em termos de proporção da população abaixo da linha de pobreza. Tamil Nadu também estava entre os estados mais pobres (mais ou menos em pé de igualdade com Bihar), enquanto Punjab e Haryana já registravam níveis de pobreza muito mais baixos do que qualquer outro estado importante naquela época. Somos gratos a Gaurav Datt por compartilhar essas estimativas inéditas de pobreza.

46. Ver Drèze e Sen (1989, 1995, 2002), V. K. Ramachandran (1996) e a literatura aí citada; também Patrick Heller (1999, 2000, 2009), M. A. Oommen (1999, 2009), Achin Chakraborty (2005), Prerna Singh (2010a, 2010b), entre outros. O termo "modelo de Kerala" tem sido com frequência utilizado nessa literatura e, de maneira mais aflitiva, tem sido atribuído vez ou outra — de forma inteiramente errônea — à nossa análise. Nunca usamos essa retórica específica. Há muito a aprender com o exame da experiência de Kerala e dos outros estados com alto desempenho, mas existe pouca evidência a favor da consideração de Kerala como um modelo a ser imitado mecanicamente.

47. Ver, por exemplo, Isaac e Tharakan (1995) e Tharamangalam (1998). Se por um lado algumas dessas advertências eram simples profecias do desânimo, outras provaram ser bastante úteis na medida em que chamaram a atenção para algumas deficiências na abordagem feita por Kerala, incluindo a necessidade de políticas econômicas mais construtivas, com especial atenção para o papel dos mercados, e podem ter contribuído para as revisões de políticas que aconteceram mais tarde, contribuindo para o rápido crescimento econômico que complementou e sustentou as políticas sociais ativas do estado.

48. Sobre a "revolução escolar" em Himachal Pradesh, ver Equipe Probe (1999) e De et al. (2011). Sobre a experiência de desenvolvimento de Himachal Pradesh, ver Kiran Bhatty (2011) e a literatura aí citada.

49. Ver, por exemplo, Governo da Índia (1993) e Banco Mundial (2011a).

50. Sobre isso, ver particularmente Vivek Srinivasan (2010).

51. Ver M. A. Oommen (2009), Harriss et al. (2010), Prerna Singh (2010a, 2010b), Vivek Srinivasan (2010), entre outros.

52. Ver, por exemplo, M. A. Oommen (2009), com referência a Kerala, apropriadamente descrita pelo autor como "uma sociedade de movimentos por excelência; movimentos não só políticos, mas também sociais, culturais e ambientais" (p. 31).

4. *ACCOUNTABILITY* E CORRUPÇÃO [pp. 98-125]

1. Ver Pranab Bardhan (2010), especialmente o capítulo 4. Para uma perspectiva mais detalhada do desenvolvimento do setor energético na China, ver Centro para Ciência e Políticas Ambientais (2006).

2. Bardhan (2010), pp. 56-7. O prejuízo das empresas estatais de distribuição de energia é estimado em aproximadamente 2% do PIB da Índia (Chitnis et al., 2012).

3. Gurcharan Das (2012) aponta para uma análise importante realizada pelo Comitê Santhanam em 1966, com uma visão sobre o processo público de tomadas de decisões que infelizmente continua em vigor (p. 224): "Para evitar a responsabilização por qualquer decisão política importante, há um esforço para envolver o máximo possível de departamentos e servidores. Mais uma vez, tal consulta deve ser realizada por escrito, caso contrário nada será registrado. Portanto, um arquivo tem de ser encaminhado — ação que por si só já demandaria certo tempo — de uma mesa para outra e de um Ministério para outro para receber comentários, e meses se passam antes que a decisão seja encaminhada à parte interessada".

4. Sobre esse "desincentivo estrutural" no setor energético, ver especialmente Prayas Energy Group (2012).

5. Ver, por exemplo, Pesquisa e Ação Integradas para Desenvolvimento (2012). Segundo esse relatório, somente as torres de telecomunicações consomem 2,75 bilhões de litros de óleo diesel subsidiados por ano, a um custo de 25 bilhões de rupias ao erário público. Caso operassem alimentadas por energia solar, 5,2 milhões de toneladas de dióxido de carbono deixariam de ser emitidas por ano.

6. Há quem diga que a redução dos subsídios nos combustíveis afetaria famílias pobres por meio de um "efeito cascata" que a alta nos preços dos combustíveis causaria nos preços de outros bens. Entretanto, subsidiar combustíveis (em geral para benefício dos mais ricos) é uma forma dispendiosa e imprecisa de proteger o poder de compra dos mais pobres. Fornecer benefícios diretos a essas famílias mais pobres (por meio de subsídios sobre alimentos, garantias de emprego, transferência de renda, saúde pública e assim por diante) seria muito mais útil. Já é bem evidente também que reduzir os subsídios sobre combustíveis ajuda a conter possíveis altas de preços, uma vez que déficits fiscais tendem a representar um efeito inflacionário (IRADe, 2012). Os danos ambientais causados por subsídios aplicados indiscriminadamente sobre combustíveis, que incluem poluição atmosférica, aumento de emissões de carbono e deterioração de recursos hídricos subterrâneos, reforçam a necessidade de uma abordagem diferente.

7. Ver, por exemplo, Gulati e Narayanan (2003) e Shenggen Fan et al. (2008).

8. Alguns estudos e artigos lançam uma luz considerável sobre esses aspectos; ver, por exemplo, Srivastava et al. (2003), Howes e Murgai (2006), Kirit Parikh (2010), Surya Sethi (2010), Mukesh Anand (2012), IRADe (2012), Lahoti et al. (2012).

9. Calculados a partir de Governo da Índia (2012e), p. 36, diversos relatórios, incluindo o segundo relatório "Comitê Kelkar" (Governo da Índia, 2004a), recomendam veementemente a revogação de muitas isenções, a ampliação da base tributária e a obrigatoriedade do cumprimento da conformidade com a regulamentação tributária. Entretanto, os avanços nesse sentido têm sido relativamente inexpressivos, e essa é uma das razões para a estagnação da Índia na proporção de tributos em relação ao PIB. Mais uma vez podemos observar contrastes interessantes entre Índia e China, que incluem uma base bem maior de contribuintes de imposto de renda na China (em torno de 20% da população em 2008) em comparação com a Índia (cerca de 2%); sobre esse assunto, ver Piketty e Qian (2009).

10. A concessão de valiosos recursos (como terras, carvão, gás, minerais e concessões de telecomunicações) para empresas privadas a preços altamente favoráveis é também um exemplo de generosidade pública equivocada, que ganhou destaque recente em virtude de uma onda de escândalos envolvendo as finanças públicas (entre os quais o "Coalgate" e a alocação de concessões de telefonia celular 2G, que compreensivelmente receberam críticas por parte do público).

11. Ver, por exemplo, Arundhati Roy (1999), Padel e Das (2010) e Shrivastava e Kothari (2012). O número de pessoas desalojadas por projetos de desenvolvimento desde a independência (sem contar os refugiados de conflitos violentos) é estimado em aproximadamente 60 milhões, em sua maioria membros das populações *adivasi*, *dalit* e outros grupos vulneráveis. De acordo com relatório indiano recente do Conselho Nacional de Direitos Humanos emitido para o Conselho de Direitos Humanos da Organização das Nações Unidas, "geralmente essas pessoas desabrigadas não recebem indenização adequada nem meios de reabilitação". Ver Comissão de Planejamento (2011b), p. 50, e Grupo de Trabalho pelos Direitos Humanos na Índia e na ONU (2012), p. 4 e Anexo E.

12. O que James Martin chamava de "roleta russa com a civilização" em seu maravilhosamente interessante — e assustador — último livro, *The War and Peace of the Nuclear Age*, que deixou inacabado, aplica-se não apenas à presença de armas nucleares no mundo, mas também ao crescimento do uso civil da energia nuclear, com proteção inadequada contra acidentes, atentados e roubos.

13. Por exemplo, em uma avaliação realizada em 1994 pela Agência Internacional de Energia Atômica, todos os reatores nucleares na Índia (nove ao todo na época) figuravam entre os cinquenta menos confiáveis do mundo (de um total de 399), e quatro deles estavam entre os seis piores; ver Peter Arnett (1998). Essas avaliações podem ser — e estão sendo — contestadas, mas seria muito difícil negar que a avaliação de riscos das instalações nucleares indianas é incompleta demais, o que na verdade constitui a causa desse justificado temor. Sobre esse assunto e temas relacionados, ver também M. V. Ramana (2012).

14. Para exemplos esclarecedores da utilização de auditorias populares para a retomada da transparência e da *accountability* em diversos contextos, ver, por exemplo, Aakella e Kidambi (2007), Dipa Sinha (2008) e Kidambi (2011).

15. Essa é uma lição a tirar do relativo sucesso da Lei do Direito à Informação: servidores corruptos são punidos apenas em poucos casos, mas o medo da punição mantém a maioria em estado de alerta.

16. Ver Basu (2011). Para comentários críticos, ver Drèze (2011).

17. A seção 12 afirma que a "cumplicidade" em um crime punível perante a lei (como aceitar propina) é por si só considerada crime. A seção 24 isenta de acusação, de acordo com a seção 12, qualquer pessoa que confesse ter "oferecido ou concordado em oferecer" propina a um servidor público.

18. Na China, aparentemente, a emenda de 1997 ao código penal já afirma que pagar propina é considerado crime apenas quando esse pagamento "visar à obtenção de benefícios injustos"; ver Xingxing Li (2012), que também demonstra que essa iniciativa teve um impacto limitado na incidência de corrupção na China.

19. Noorani (2012). O autor argumenta que "nenhuma outra democracia" oferece tamanha variedade de imunidades aos servidores públicos e representantes eleitos como se vê na Índia.

20. Ver Comissão Central de Informações (2012), tabela 2.1, p. 10. Avaliações esclarecedoras da Lei do Direito à Informação na Índia podem ser encontradas em Sociedade de Pesquisa Participativa na Ásia (2008, 2009), Price Waterhouse Coopers (2009), Fundação de Pesquisas de Causas Públicas (2009), Grupo de Análise e Avaliação RTI (2009); para uma revisão, ver Alasdair Roberts (2010).

21. Para mais discussões sobre o Sistema Público de Distribuição, ver o capítulo 7.

22. Esse assunto e temas relacionados (confiabilidade técnica, possível uso incorreto, questões de privacidade, entre outros) surgiram com destaque no debate recente sobre o projeto de "identidade única" da Índia (UID, na sigla em inglês); ver, por exemplo, Usha Ramanathan (2010), R. S. Sharma (2010), Reetika Khera (2011a), Bharat Bhatti (2012).

23. Chattopadhyay e Duflo (2004). Igualmente importante, no contexto da Lei Nacional de Garantia de Emprego Rural, é o fato de que parece ser mais simples controlar a corrupção quando os trabalhos vinculados à NREGA são implantados por *gram panchayats* do que quando são controlados por departamentos do governo centralizado (como o de florestas ou o de irrigação); ver Reetika Khera (2011d).

24. Gabrielle Kruks-Wisner (2012). Ver também Kruks-Wisner (2011), em que o autor observa que os grupos menos favorecidos em Tamil Nadu, incluindo as mulheres e os *dalit*, parecem ter mais voz em *gram panchayats* do que em instituições tradicionais.

25. Organizações e associações como a Associação para os Direitos Democráticos, a Campanha Nacional para o Direito das Pessoas à Informação, Índia Contra a Corrupção, o Partido Aam Aadmi e centenas de iniciativas menores em nível local ou estadual são fundamentais nessa retomada do interesse público em (e no envolvimento com) questões de *accountability*, transparência e democracia participativa.

26. Centro de Estudos de Mídia (2011), pp. 3-5.

27. Adam Smith, *Teoria dos sentimentos morais* (1759, 1790), parte 3, capítulo 2.

5. A CENTRALIDADE DA EDUCAÇÃO [pp. 126-63]

1. Entrevista com Izvestia, 1930, mencionada em Dutta e Robinson (1995), p. 297.
2. Sobre esse tema, ver Sen (2009), capítulo 17, e também Katharine Young (2012).
3. Salma Sobhan (1978).
4. Ver capítulo 8 e todas as referências ali mencionadas.
5. Ver Equipe Probe (1999) e Pratichi Trust (2002, 2009a).
6. Embora tenha ocorrido raras vezes, em alguns casos foi observada certa relutância em comparecer à escola por parte das crianças, especialmente relacionada aos métodos conservadores de ensino e ao uso de castigos físicos (ver Pratichi Trust, 2012a, 2012b). Essa reação, porém, não pode ser confundida com uma resistência das crianças à ideia de frequentar a escola, que definitivamente não foi observada nesses estudos.
7. Adam Smith (1776), I.ii (p. 27), e V.i.f (p. 785).
8. Sobre a transição educacional no Japão do século XIX, ver Ronald Dore (1965), Carol Gluck (1985), Marius Jansen (1989, 2002), entre outros.
9. Ver Gluck (1985), p. 166; Ver também as referências ali mencionadas.
10. Discutimos esses contrastes em trabalhos anteriores, especialmente em Drèze e Sen (1989, 2002).
11. Para obter detalhes adicionais, incluindo cenários de estados específicos, ver "Apêndice estatístico", tabela A.3.
12. Sobre a necessidade de um desvio radical no aprimoramento da qualidade da educação em universidades fora dos países ricos do Ocidente, ver o relatório da Força Tarefa sobre Ensino Superior e Sociedade, organizada pela Unesco e pelo Banco Mundial, e presidida por Mamphela Ramphele e Henry Rosovsky, *Peril and Promise* (2000).
13. Ver De et al. (2011) e Equipe Probe (1999). O estado de Himachal Pradesh também foi incluído nessas pesquisas, mas seus resultados foram tratados em um relatório à parte, pois Himachal Pradesh está de certa forma em uma categoria diferente quanto ao conceito de ensino fundamental (ver capítulo 3). Para obter uma variedade de perspectivas quanto à condição do sistema educacional indiano, ver também Bhattacharjea et al. (2011).
14. Essa proporção de alunos matriculados na faixa etária de seis a doze anos é muito superior à proporção de frequência nas escolas na faixa de seis a catorze anos mencionada anteriormente no mesmo capítulo para o mesmo ano (2006), com base na terceira Pesquisa Nacional da Saúde da Família (NFHS-3). Além das diferenças entre faixas etárias, o contraste pode decorrer

do fato de que a definição de frequência escolar da NFHS requer mais de uma matrícula. Conforme discutido posteriormente, as taxas de evasão escolar na Índia são bastante altas. (É possível também que o cenário de frequência escolar tenha sido subestimado na NFHS-3; na verdade não fica claro por que alguns indicadores são mais *baixos* do que os valores apontados em 1998-9 na pesquisa NFHS-2.)

15. Ver De et al. (2011), p. 2. As escolas que não serviam refeições durante o dia localizavam-se em sua maioria em Bihar, onde o programa ainda estava em processo de implantação em 2006 (apesar de as ordens da Suprema Corte determinando a obrigatoriedade dessas refeições em escolas públicas primárias terem sido emitidas em 2002).

16. Mencionado por R. Venkataramanam (2011); ver também Educational Initiatives (2011).

17. Ver Maurice Walker (2011). Aproximadamente metade dos países ou economias presentes nas pesquisas era membro da OCDE, mas diversas nações em desenvolvimento foram também incluídas — Albânia, Brasil, Colômbia, Cazaquistão, Quirguistão, México, Tailândia, Tunísia, Uruguai, entre outras.

18. Ver Pritchett e Pande (2006), Bhattacharjea et al. (2011), Kartik Muralidharan (2012b), Mukerji e Walton (2012), e as referências ali mencionadas. Ver também Fundação para a Educação Pratham (2012, 2013).

19. Pritchett e Beatty (2012), tabela 1.

20. Sobre esse tema, ver também Goyal e Pandey (2012) e Mukerji e Wadhwa (2012).

21. Ver também o mais recente relatório anual das condições da educação emitido pela Fundação Pratham em 2013, com base em uma pesquisa de âmbito nacional sobre o desempenho dos alunos.

22. Esta seção baseia-se em Sen (2005).

23. Perspectiva baseada no trabalho da Fundação MV em Andhra Pradesh. A fundação resgatou milhares de crianças em condição de trabalho infantil e as auxiliou a ingressar novamente no sistema educacional por meio da prova "Class 7 Board Exam". Os alunos foram aprovados em sua maioria após um ano de estudos intensivos.

24. Para outras abordagens quanto aos salários de professores com conclusões similares, ver Geeta Kingdon (2010).

25. Ver OCDE (2011), gráfico D3.3 e tabela D3.4. As estimativas para a China (ou Índia) não estão disponíveis nessa publicação.

26. Ver Kartik Muralidharan (2012b). A situação poderia ser diferente, sem dúvida, em um sistema no qual os salários estivessem de alguma forma relacionados ao desempenho ou à competência dos professores, mas não é esse o caso na Índia.

27. Para discussão adicional do processo, ver Drèze e Sen (2002), capítulo 5, e De et al. (2011); também Kingdon e Sipahimalani-Rao (2010) e as referências ali mencionadas.

28. Para avaliações dessa evidência, ver, por exemplo, Muralidharan (2012b) e Mukerji e Walton (2012).

29. Ver, por exemplo, Pritchett e Murgai (2007) e Muralidharan (2012b).

30. Sobre esse tema, ver Jain e Dholakia (2010).

31. Um projeto de bolsas de estudos é frequentemente defendido na Índia como solução para sanar as deficiências do sistema educacional e garantir a *accountability*. Na verdade, chega a ser tentador pensar que um projeto como esse pode transformar o sistema educacional em

um mercado próspero, no qual as escolas competem por subsídios do Estado e os pais escolhem de maneira consciente com base nos dados consolidados de diferentes escolas. Esse ponto de vista, entretanto, costuma se basear em conclusões que não levam em conta a experiência internacional com esse tipo de abordagem, que comprova as diversas complicações e limitações de um sistema de mensalidades subsidiadas. Há diversos casos de fracassos, e a única experiência sólida de implantação desse sistema em âmbito nacional parece ter sido no Chile, onde, porém, há uma capacidade administrativa que não se vê na Índia. O sistema chileno de subsídios escolares também se apoia ainda em escolas municipais com relativa eficiência, que servem de parâmetro para determinar os padrões mínimos para os colégios particulares (essas escolas públicas ainda atendem cerca de metade dos alunos do país). Mesmo que apenas teórico, o entusiasmo a favor das bolsas de estudos na Índia e em outros locais também se beneficia da crença relativamente pouco estudada de que a iniciativa privada, que atua tão bem em outras áreas, poderia auxiliar também na transformação da educação na Índia caso a parcela mais pobre dos estudantes seja incluída — uma crença que se fortalece na ideologia política, apesar das descobertas empíricas no sentido contrário (ver Belfield e Levin, 2005). Sobre essas questões, ver também Helen Ladd (2002), Gauri e Vawda (2004), Hsieh e Urquiola (2006), Rouse e Barrow (2009), entre outros.

32. Para uma discussão anterior e esclarecedora sobre esse problema de "evasão", ver Albert Hirschman (1970). Conforme ele observa, as questões informacionais discutidas (especificamente o fato de que a educação é uma espécie de "domínio do especialista") só reforçam esse problema.

33. *Economic Times*, 7 de junho de 2012, baseado em reunião recente do conselho consultivo central de educação envolvendo os ministros da Educação de diversos estados. Alguns ministros reclamaram que os "alunos de escolas públicas não são avaliados", e como consequência os "pais não estão mais cobrando que as crianças estudem". Por outro lado, alguns estados vêm realizando esforços para desenvolver ferramentas eficientes de avaliação abrangente e contínua (como formas criativas de "boletins escolares"). Entretanto, a implantação dessas ferramentas ainda está em estágio inicial, e provavelmente demandará um longo período de "aprendizado na prática".

34. Para obter uma crítica resumida, ver Equipe Probe (1999), capítulo 6.

35. De acordo com o manual sobre avaliação contínua e abrangente do segundo ciclo do ensino fundamental preparado pelo Central Board of Secondary Education (CBSE), os alunos devem ser avaliados com base em critérios como: "apresenta interesse no esforço de liberdade nacional", "mantém a calma sob condições adversas", "apresenta naturalidade e facilidade para compartilhar e discutir seus sentimentos com outros", "usa gestos, expressões faciais e entonações de voz para enfatizar argumentos", "confronta todos os que criticam escolas e programas baseados na escola", "gera animações em computador" e "escreve crítica literária". Os professores devem inclusive avaliar os alunos de acordo com observações diárias dos seguintes fatores: "Sarbari discordou de meu ponto de vista; ela debateu, mas não se irritou; mas Shanti se irritou porque Sarbari estava debatendo comigo". Pode muito bem haver algum mérito nesse tipo de "avaliação" comparativa, mas dificilmente cumprirá o papel que métodos mais tradicionais de medição de desempenho escolar (que incluem a capacidade de leitura, escrita e composição, aprendizado matemático e aquisição de conhecimento útil) desempenharam no mundo todo. Para discussões adicionais do manual do CBSE, ver Disha Nawani (2013).

36. Essa questão foi bem discutida por Majumdar e Rana (2012).

37. A Lei do Direito à Educação obriga que os professores passem determinado número de horas lecionando ("incluindo horas de preparação") por mês, mas essa obrigação é prioritariamente simbólica, pois não há uma forma de monitorar esse tempo de preparação. De forma similar, a lei deve obrigar os professores a estar disponíveis para o "comitê de gerenciamento escolar" (que inclui os pais), mas, de acordo com as normas legais, o coordenador pedagógico da escola é também o organizador desse comitê. E, de qualquer modo, a lei não confere ao comitê nenhum poder de sanção disciplinar.

38. Ver, por exemplo, Equipe Probe (1999) e Kartik Muralidharan (2012b).

39. Ver Governo da Índia (1992).

6. A CRISE DA SAÚDE NA ÍNDIA [pp. 164-203]

1. Ver "Cidadãos pelas crianças de menos de seis anos" (2006), capítulo 1; também HAQ: Centro pelos Direitos da Criança (2005).

2. Mesmo esses países, entretanto, apresentam maiores taxas de imunização em comparação com Uttar Pradesh, que é mais de duas vezes maior (em termos populacionais) que esses quatro países somados; ver Unicef e Governo da Índia (2010), tabela 4.8, p. 33, e Unicef (2012), tabela 3, pp. 96-9. Na verdade, mesmo na África Subsaariana, somente nos países mais carentes (Chade ou Somália) as taxas de imunização infantil são tão baixas quanto em Uttar Pradesh.

3. Esse lento padrão de progresso nas taxas de imunização da Índia nos anos 1990 e no início da década de 2000 foi claramente demonstrado a partir da Pesquisa Nacional de Demografia e Saúde conduzida em 2005-6 (ver, por exemplo, Instituto Internacional de Ciências de População, 2007a, p. 232), mas passou despercebido. Conforme discutido posteriormente neste capítulo, há alguns sinais de progresso mais rápido em anos anteriores; entretanto, o déficit acumulado por negligência prévia é tão grande que, em uma perspectiva global, as taxas de imunização na Índia permanecem baixíssimas.

4. A erradicação da pólio na Índia é uma conquista importante, mas foi obtida em detrimento de muitas outras atividades essenciais de saúde (incluindo a imunização infantil de rotina) pelo programa de erradicação "vertical" da doença durante os últimos vinte anos. Sobre "paralisia por pólio", ver, por exemplo, Paul et al. (2011). O programa de imunização da Índia demanda mais recursos públicos, assim como melhores resultados.

5. Chaudhury et al. (2006). Ver também Kaveri Gill (2009), que conclui, com base em inspeções em instalações públicas de saúde em quatro estados em 2008-9, que as "ausências são comuns em todos os níveis e em todas as categorias de funcionários" (p. 32).

6. Ver Banerjee, Deaton e Duflo (2004).

7. Sreevidya e Sathyasekaran (2003). Sobre irregularidades relacionadas no setor privado de saúde na Índia, ver também Sunil Nandraj (1997, 2012) e Nandraj et al. (2001).

8. Ver Das et al. (2012). Ver também Das e Hammer (2004) e Hammer, Aiyar e Samji (2007).

9. Para obter algumas estimativas prévias do RSBY, ver, por exemplo, D. Narayana (2010), Rajasekhar et al. (2011), Gita Sen (2012), Selvaraj e Karan (2012), Varshney et al. (2012).

10. Um relatório recente da USAID, que costuma ser favorável a sistemas privados de saúde, reconhece o problema de maneira clara: "a cobertura da hospitalização é a base para quase todos os sistemas de saúde [...]. De modo geral, a cobertura de seguros de saúde não corresponde corretamente às principais causas dos tipos de doença enfrentados na Índia" (USAID, 2008, p. 1).

11. Muitos dos aspectos problemáticos do RSBY (incluindo riscos morais, favorecimento do tratamento hospitalar e falta de regulamentação) são bem ilustrados pela recente liberação de histerectomias desnecessárias em Bihar, Chhattisgarh e outros estados nos quais milhares de mulheres foram convencidas a deixar que seus úteros fossem removidos por instituições privadas de saúde que estão lucrando com essa operação — não importando se há ou não recomendação médica real — graças ao sistema de seguros de saúde; ver, por exemplo, Majumdar (2013). Considerando que nem todos os casos de abuso vêm a público, possivelmente há outros semelhantes.

12. Ver Governo da Índia (1946) e Governo da Índia (2011a), respectivamente. O governo ainda não apresentou um parecer sobre as recomendações desse segundo relatório.

13. Para uma análise mais abrangente das demandas relacionadas ao tratamento justo na questão dos seguros de saúde e do papel da responsabilidade pública no atendimento dessas demandas, ver Ruger (2009).

14. O livro de Peter Svedberg, *Poverty and Undernutrition* (Svedberg, 2000) demonstrou de maneira convincente como os níveis de subnutrição são extremos na Índia, em especial para as crianças, em comparação com dados internacionais.

15. Ver Unicef (2012), tabela 2; essa afirmação ignora o Timor-Leste, com indicadores de nutrição ainda piores que os da Índia, porém com uma população de menos de 1 milhão de habitantes.

16. Sobre esse assunto, ver também Micronutrient Initiative e Unicef (2004, 2009). As observações da Agência Nacional de Vigilância Nutricional mencionadas nesse parágrafo são provenientes de Gopaldas (2006), tabela 1.

17. Baixa estatura e baixo peso na infância costumam ser indícios de uma deficiência real, em geral acompanhados por doenças graves, seja na infância, seja posteriormente. As estatísticas apontam para uma tendência de que essas deficiências estejam relacionadas ao baixo desempenho em diversas áreas da vida do indivíduo. Baixa estatura, por exemplo, tende a ser associada a salários mais baixos, rendimentos mais baixos e escolaridade inferior. Um estudo recente baseado nos dados indianos obteve também forte correlação entre a altura de crianças e suas notas escolares (após controlar os resultados quanto a uma grande gama de outras variáveis). Na verdade a curva de notas escolares em relação à altura demonstrou-se muito mais acentuada nos dados obtidos na Índia do que em estudos anteriores fundamentados em dados dos Estados Unidos (Dean Spears, 2011).

18. Para uma discussão adicional do tema, ver Deaton e Drèze (2009), Jayachandran e Pande (2013) e Deaton (no prelo).

19. Ramalingaswami et al. (1996). O título original era "O enigma asiático", que poderia confundir o leitor; mas a expressão "enigma do sul da Ásia" foi empregada no texto e amplamente adotada depois de sua publicação.

20. Ver, por exemplo, Osmani e Sen (2003), Santosh Mehrotra (2006), Nira Ramachandran (2007).

21. Calculado a partir dos dados da DHS disponíveis em <www.measuredhs.com>; ver também Deaton e Drèze (2009), tabela 13. A DHS é elaborada por meio de entrevistas domiciliares conduzidas em diversos países, incluindo a Índia, onde é conhecida como Pesquisa Nacional da Saúde da Família. A estimativa para a África Subsaariana mencionada é uma média populacional para os 32 países para os quais há dados disponíveis.

22. Partes dessa seção descrevem a contribuição de Jean Drèze para o Relatório Focus ("Cidadãos pelas crianças de menos de seis anos", 2006); ver também Drèze (2006a) e Grupo de Trabalho pelas Crianças de Menos de Seis Anos (2007, 2012).

23. Indicadores sobre cuidados infantis ainda mais detalhados e divididos por estado são apresentados no "Apêndice estatístico", tabela A.3.

24. Esse é o principal argumento de uma ordem da Suprema Corte datada de 13 de dezembro de 2006 (ver "Cidadãos pelas crianças de menos de seis anos", 2006, pp. 143-4).

25. Essa iniciativa, assim como a que exigia a provisão de refeições a todos os alunos, deve ser considerada no âmbito das ainda poucas áreas nas quais a Índia iniciou esse tipo de trabalho de apoio às crianças antes que a China adotasse ação semelhante. Essas iniciativas estão passando por pesquisa intensiva na Fundação Chinesa para Pesquisa e Desenvolvimento, liderada por Lu Mai. Recentemente, a China conquistou avanços rápidos em ambas as áreas.

26. Descobertas similares são mencionadas por Eeshani Kandpal (2011), que concluiu que "mesmo em seu formato atual, o ICDS gera retornos [econômicos] substanciais" (p. 1420), além de interferir positivamente na questão da estatura das crianças. Ver também Hazarika e Viren (2013).

27. Sobre esse assunto, ver, por exemplo, Sudha Narayanan (2006) e referências ali mencionadas. Ver também Harold Alderman (2010), Alderman e Behrman (2006), Alderman e Horton (2007), Nores e Barnett (2010).

28. Por exemplo, Maharashtra se esforçou significativamente durante os últimos anos para aprimorar os serviços do ICDS para crianças de até dois anos. Uma pesquisa recente sobre crianças de até dois anos em Maharashtra sugere importantes melhorias nos indicadores de saúde e nutrição infantil desde 2005-6 (quando a mais recente pesquisa comparável, NFHS-3, foi realizada), incluindo uma grande redução na prevalência de crianças com baixa estatura para a idade; ver Instituto Internacional de Ciências da População (2012).

29. Comissão de Planejamento (2011a), tabela 5.2.

30. Há também evidências de melhorias significativas no funcionamento do ICDS em muitos outros estados nos últimos anos. Ver, por exemplo, Instituto Internacional de Ciências de População (2012) sobre Maharashtra, Voice for Child Rights Odisha (2012) sobre Odisha, Vikas Samvad et al. (2013) sobre Madhya Pradesh, Samir Garg (2006) e Sheila Vir (2012) sobre Chhattisgarh.

31. Drèze e Sen (2002), capítulo 6; ver também Muraleedharan et al. (2011). Serviços de assistência médica privada também estão prosperando em Tamil Nadu, mas há ao menos alguma garantia de possibilidade de atendimento gratuito em instalações públicas para muitas doenças.

32. Ver Drèze e Sen (2002), pp. 213-8.

33. Ver, por exemplo, Leela Visaria (2000), Jean Drèze (2006b), Vivek Srinivasan (2010), Reetika Khera (2012), Dipa Sinha (2013).

34. Ver Dipa Sinha (2013), tabela 3.11, e Organização Nacional de Pesquisa por Amostragem (2006).

35. Ver também "Apêndice estatístico", tabela A.3.

36. Sobre saúde pública em Tamil Nadu, ver especialmente Das Gupta et al. (2010). Entre outras conquistas na área de saúde pública, o estado de Tamil Nadu está preparado para catástrofes. A "total capacidade de evitar qualquer epidemia" após o tsunami que atingiu Tamil Nadu em 2004 foi descrita como uma "conquista de fato impressionante" pela Organização Mundial da Saúde. Além disso, as equipes de Tamil Nadu foram enviadas para Gujarat em 1994 e Odisha em 1999 para ajudar a lidar com surtos de cólera e de peste bubônica, respectivamente.

37. Ver "Apêndice estatístico", tabela A.3.

38. Para conhecer um estudo de caso esclarecedor do modelo de *anganwadi* em Tamil Nadu, ver Vivek (2006).

39. No norte da Índia, as responsáveis pelo trabalho de linha de frente do ICDS (funcionárias e ajudantes dos *anganwadi*) também são mulheres, mas os recrutadores, administradores e responsáveis por planejamento são geralmente homens, às vezes realocados de outros departamentos, como o departamento veterinário; ver Relatório Focus, capítulo 6.

40. Outro aspecto das políticas sociais no qual Tamil Nadu saiu na dianteira (juntamente com Kerala) relaciona-se à seguridade social no setor informal e para grupos vulneráveis, como viúvas, portadores de necessidades especiais e idosos. Ver Drèze e Sen (2002) e estudos prévios ali mencionados.

41. Ver Khera (2011c) e Drèze e Khera (2012b); para discussões adicionais sobre o Sistema Público de Distribuição na Índia e em Tamil Nadu, ver também o capítulo 7.

42. Ver Khera e Muthiah (2010) e Khera (2011d); ver também Srinivasan (2010).

43. Ver Paul et al. (2006). Esse estudo é baseado em uma avaliação detalhada dos cinco serviços básicos: fornecimento de água potável, serviços de saúde básica, educação primária, sistema público de distribuição e transporte público.

44. Ver Srinivasan (2010), p. 6. Os prós e contras do PDS são discutidos no capítulo 6.

45. Na China, o Estado é o empregador da maioria dos profissionais da área da saúde, em contraste com a Índia, onde uma grande parcela dos profissionais de saúde é composta de empreendedores privados (geralmente com conhecimento limitado ou baixa qualificação médica). A China possui uma taxa muito mais alta de profissionais de saúde por habitante em comparação com a Índia, e isso se aplica ainda mais aos funcionários públicos da área. A distribuição de profissionais de saúde é também mais uniforme na China do que na Índia (com menor desigualdade entre áreas rurais e urbanas, por exemplo). Sobre esse e outros aspectos da força de trabalho na área da saúde na China e na Índia, ver Sudhir Anand (2010) e Anand e Fan (2010).

46. Governo da Índia (1946), v. 1, p. 11.

47. Esse é mais um tema no qual o "custo da inércia" pode ser muito importante (Anand et al., 2012).

48. Outra área altamente negligenciada da saúde pública é a política sobre o fumo. A incapacidade de desenvolver uma política pública sobre tabagismo foi a maior falha da Índia nesse setor, de forma semelhante ao que ocorre na China. Conforme o dr. Prabhat Jha e seus colegas demonstram em um artigo recente no periódico *New England Journal of Medicine*, "fumantes perdem ao menos uma década de expectativa de vida em comparação com aqueles que nunca fumaram", e "deixar de fumar antes dos quarenta anos de idade reduz os riscos associados ao tabagismo em aproximadamente 90%" (Jha et al., 2013, p. 231). O esforço realizado pelo gover-

no por meio de mensagens de alerta e impostos mais altos mostrou-se inadequado no combate ao impacto das poderosas campanhas publicitárias e à defesa oculta, porém ativa, da indústria tabagista — tanto a doméstica como a internacional. Sobre assuntos relacionados, incluindo a devastação causada pelo hábito de mascar tabaco na Índia, ver também Sawalkar et al. (2013).

49. Ver, por exemplo, Unicef e Governo da Índia (2010), e também as mais recentes descobertas das pesquisas anuais de saúde conduzidas em nove estados pelo Gabinete do secretário-geral.

50. Entre 2005-6 e 2009, os partos em instituições públicas cresceram de 41% para 74% de todos os nascimentos, e a proporção de nascimentos assistidos por um tipo de "parteira qualificada" aumentou de 49% para 76%; ver Unicef e Governo da Índia (2010) e Instituto Internacional de Ciências da População (2007a).

51. Ver Amarjeet Sinha (2012), afirmando que a NRHM já causou um impacto impressionante em diversos estados e "contribuiu para o sistema público [de saúde] voltar a ser funcional em muitas partes do país" (p. 17). Esses estados incluem não somente os progressistas como Tamil Nadu, mas também outros como Bihar, onde, de acordo com o autor, o total de pacientes examinados nos PHCs saltou de um número desprezível em 2005 para 3500 por mês por PHC quatro anos depois. Sobre assuntos relacionados, ver também Amarjeet Sinha (2013).

52. Ver Balabanova et al. (2011) e as referências ali mencionadas, incluindo Halstead et al. (1985), no qual a possibilidade de "boa saúde a baixo custo" foi primeiramente destacada em experiências internacionais específicas — a partir de China, Costa Rica, Kerala e Sri Lanka. Outras experiências recentes discutidas em Balabanova et al. (2011) incluem Bangladesh, Tamil Nadu e Tailândia, entre outros.

53. Em comparação com o mísero 1,2% da Índia, os gastos públicos com saúde em termos de proporção do PIB é de 2,7% na China, 2,9% na Tailândia, 3,1% no México e 4,2% no Brasil ("Indicadores do desenvolvimento mundial", on-line). Esses países, é evidente, são significativamente mais ricos que a Índia em termos de PIB per capita, mas essa regra não se aplica ao Vietnã (ver capítulo 3), que também investe 2,6% de seu PIB em saúde pública e está bem mais próximo de proporcionar cobertura universal de saúde do que a Índia.

7. POBREZA E AMPARO SOCIAL [pp. 204-35]

1. Ver Drèze e Sen (1989, 1995, 2002) e as referências ali mencionadas.
2. Ver Drèze e Sen (1989), capítulo 7.
3. Ver Kenneth Arrow (1963), George Akerlof (1970), Michael Spence (1973), Joseph Stiglitz (1975), Rothschild e Stiglitz (1976), Stiglitz e Weiss (1981), entre outras contribuições pioneiras para esse debate.
4. Robert Aumann (1987), pp. 35-6. Sobre esse tema, ver também Thaler e Sunstein (2008), Banerjee e Duflo (2011), Chakravarty et al. (2011), entre diversos outros, e as vastas referências ali mencionadas.
5. Sobre o programa indiano de refeições servidas na escola e seus amplos benefícios sociais, ver Drèze e Goyal (2003), Khera (2006), Drèze e Khera (2009a), Afridi (2010, 2011), Afridi, Ba-

rooah e Somanathan (2013), Jayaraman e Simroth (2011), Singh et al. (2013). As restrições quanto ao compartilhamento de uma refeição entre pessoas de castas diferentes exercem um papel importante no reforço e na perpetuação do sistema de castas. Ainda que as refeições escolares possam ajudar a romper com essas normas socialmente arcaicas, há também ocasiões nas quais o preconceito de castas invadiu o refeitório das escolas, por exemplo com pais de alunos de castas superiores recusando-se a permitir que seus filhos comam alimentos preparados por mulheres de castas inferiores. Ver, por exemplo, Drèze e Goyal (2003), Thorat e Lee (2005) e Gatade (2013).

6. O Censo ALP seguinte, programado para 2007, foi repetidamente adiado, sobretudo devido à confusão persistente sobre a metodologia de identificação de famílias ALP. Um novo método para identificação de lares ALP foi introduzido com o Recenseamento Socioeconômico e de Castas (SECC, na sigla em inglês) iniciado em 2011, mas recebeu severas críticas antes mesmo da conclusão do recenseamento. Em 3 de outubro de 2011, uma declaração conjunta da Comissão de Planejamento e do Ministério de Desenvolvimento Agrário divulgou alguns aspectos desse método (como a utilização de estimativas de pobreza oficiais de abrangência estadual como parâmetro da lista de famílias ALP). Quando este livro foi escrito, ainda não estava claro como os lares ALP seriam identificados a partir dos dados do SECC.

7. Comentários similares aplicam-se aos ICDS, dos quais tratamos no capítulo anterior. Havia planos em andamento, cerca de dez anos atrás, para restringir os ICDS a crianças de lares ALP. Seria mais um caso de direcionamento equivocado, considerando que as deficiências nutricionais e demais privações das crianças indianas não estão presentes apenas em lares classificados como ALP — longe disso. Conforme discutido no capítulo anterior, outras considerações (como o papel de normas sociais na educação infantil e a influência de fatores externos, incluindo aqueles associados a doenças contagiosas) também argumentam contra a focalização em tal contexto. Quanto às refeições escolares, a recente universalização dos ICDS (invertendo o movimento inicial de focalização) ajudou a dar um novo impulso ao programa.

8. Isso ocorreu (sob pressão do Ministério da Fazenda) pouco antes de ser apresentada no Parlamento a Lei Nacional de Garantia de Emprego Rural, em dezembro de 2004. Para obter detalhes adicionais, ver Ian MacAuslan (2008) e Deepta Chopra (2010, 2011).

9. Para discussões adicionais, ver Khera (2011b, 2011c), Drèze (2012), Drèze e Khera (2010b, 2012b). Há alguns indicadores de que essa abordagem mais inclusiva tende a apresentar melhores resultados não somente em termos de funcionamento geral do PDS, mas também quanto a seu impacto sobre a redução da pobreza (Drèze e Khera, 2012b). Esse padrão, caso verificado, se revelaria contrário aos dogmas da focalização, segundo os quais a concentração dos recursos públicos nos pobres é essencial para maximizar o impacto das políticas públicas sobre a redução de pobreza.

10. Ver, por exemplo, Dutta et al. (2010), Aashish Gupta (2013), Sandesh Lokhande (2013), e Marulasiddappa et al. (2013).

11. T. V. Sekher (2012), p. 58. Sobre a complementaridade entre as transferências condicionais de renda e a prestação de serviços públicos essenciais, ver Francesca Bastagli (2011) e Sudha Narayanan (2011).

12. O poder de atração das refeições gratuitas foi observado em diversas circunstâncias. Para outro exemplo, ver Banerjee e Duflo (2011), os quais relatam como a distribuição de pequenas quantidades de grãos de leguminosas em postos de vacinação ajuda a atrair mães e crianças.

13. Tamil Nadu foi o primeiro estado a iniciar esse procedimento, copiado por muitos outros. Para evidências sobre seu impacto positivo sobre a frequência escolar no caso de Bihar, ver Muralidharan e Prakash (2012).

14. Ver J-PAL (2011) e Bates, Glennerster, Gumede e Duflo (2012) e estudos ali mencionados.

15. Essa é outra perspectiva importante sobre economia comportamental e experimental, especialmente os artigos recentes sobre as (assim chamadas) "preferências sociais" — ver, por exemplo, Fehr e Fischbacher (2000), Bowles e Hwang (2008), Bowles e Reyes (2009).

16. Ver Titmuss (1970). Ver também Mellström e Johannesson (2008) e Sandel (2012).

17. Bowles (2007). Um fenômeno relacionado é aquele no qual funções específicas de serviços públicos são "incentivadas" e outras tarefas tendem a ser deixadas em segundo plano, quando não ignoradas. Esse padrão foi observado, por exemplo, entre os ativistas credenciados de saúde social (ASHA, na sigla em inglês) que trabalham pela Missão Nacional de Saúde Rural na Índia.

18. Para uma avaliação informativa, ver Sekher (2012). A questão da seleção de gênero para abortos na Índia é retomada no capítulo 8.

19. Para mais discussões sobre o processo que levou à promulgação da NREGA, ver Drèze (2010); também MacAuslan (2008) e Chopra (2010). Para uma útil introdução às publicações sobre a NREGA, ver Khera (2011d) e Governo da Índia (2012b). A lei foi renomeada como "Lei Mahatma Gandhi de Garantia de Emprego Rural" em outubro de 2009.

20. De acordo com a lei, qualquer adulto residente em áreas rurais será empregado em funções públicas locais em até quinze dias após a inscrição, com garantia de permanência de cem dias anuais. Caso esse emprego não seja oferecido, será pago um auxílio financeiro, embora isso raramente ocorra na prática. Para obter mais detalhes sobre a contratação de trabalhadores pela NREGA e outros aspectos da lei, ver, por exemplo, Dey, Drèze e Khera (2006).

21. Sobre o Regime de Garantia de Emprego (EGS, na sigla em inglês) de Maharashtra, ver, por exemplo, Mahendra Dev e Ranade (2001), Aruna Bagchee (2005) e trabalhos anteriores ali mencionados. Aproximadamente meio milhão de trabalhadores eram empregados em um dia típico no EGS de Maharashtra durante as décadas de 1970 e 1980, embora com um salário muito baixo. Durante a década de 1990, entretanto, o sistema fracassou por razões que ainda não foram completamente elucidadas; sobre isso, ver Moore e Jadhav (2006). O primeiro rascunho da Lei Nacional de Garantia de Emprego Rural foi adaptado da Lei de Garantia de Emprego de Maharashtra.

22. Sobre esse aspecto do programa de garantia de emprego de Maharashtra, ver, por exemplo, Shaji Joseph (2006) e Anuradha Joshi (2010).

23. Essa é apenas uma — a mais elementar — entre diversas "garantias de transparência" incorporadas à lei (e posteriormente em suas diretrizes de aplicação). Outras incluem atualização regular das carteiras profissionais dos funcionários, auditoria social obrigatória, modalidades rígidas para definição de cargos e salários, informatização integral, entre outras. Para mais detalhes, ver, por exemplo, Khera (2011d).

24. A NREGA entrou em vigor em fevereiro de 2006 em duzentos distritos — os mais carentes, de acordo com um índice de "atraso" observado pela Comissão de Planejamento. A lei foi levada a mais distritos em 1º de abril de 2007, e para todo o país em 1º de abril de 2008.

25. Ver Governo da Índia (2012b), p. 4. Os cenários de emprego decorrente da NREGA apontados nos dados da Pesquisa Nacional por Amostragem de 2009-10 são inferiores, abrangendo cerca de 42 milhões de famílias, contra os 52 milhões para o mesmo ano de acordo com o Ministério de Desenvolvimento Agrário. As estimativas da pesquisa, entretanto, podem ter sido puxadas para baixo (devido a problemas de recall, por exemplo), e a verdade possivelmente está em algum ponto intermediário.

26. Sobre os efeitos positivos da NREGA nos salários dos trabalhadores rurais, ver Azam (2011), Imbert e Papp (2011), Berg et al. (2012). A primeira dessas alterações (pagamento real do salário mínimo oficial em cargos públicos) foi parcialmente desfeita em janeiro de 2009, quando o governo central tentou "desvincular" a NREGA da Lei do Salário Mínimo. A medida, porém, foi contestada na esfera jurídica e está — enquanto este livro é escrito — em vias de ser reconsiderada pelo governo central.

27. Sobre esse argumento, ver especialmente Imbert e Papp (2011). Esse estudo sugere que os benefícios indiretos da NREGA para moradores de áreas rurais, na forma de salários mais altos na iniciativa privada, são quase da mesma proporção que os benefícios diretos, na forma de trabalhos relacionados à NREGA. Sobre os benefícios relacionados à NREGA, ver também Liu e Deininger (2010), Afridi et al. (2012), Papp (2012), Klonner e Oldiges (2013), entre outros.

28. Ver, por exemplo, Drèze e Khera (2009b), Liu e Deininger (2010), Imbert e Papp (2011), Silvia Mangatter (2011), Dutta et al. (2012), Governo da Índia (2012b), Liu e Barrett (2013).

29. Governo da Índia (2012b), p. 4.

30. Ver Governo da Índia (2012b), p. 19. A principal exceção a esse padrão é Uttar Pradesh, onde as mulheres ainda não chegaram a 20% dos empregados pela NREGA com regularidade.

31. Ver Drèze e Khera (2009b). O programa oferece oportunidades de trabalho valiosas para mulheres, não apenas como trabalhadoras vinculadas à NREGA, mas também como supervisoras nas frentes de trabalho, operadoras de inserção de dados, gerentes de projeto e assim por diante. O pagamento de salários equivalentes para homens e mulheres em todos os níveis é outra contribuição importante da NREGA para a igualdade de gêneros em áreas rurais.

32. Ver, por exemplo, Sudha Narayanan (2008), Federação Nacional de Mulheres Indianas (2008), Khera e Nayak (2009), Pankaj e Tankha (2010), Hirway e Batabyal (2011), Afridi et al. (2012), Dheeraja e Rao (no prelo).

33. Essa é uma das mensagens que surgem das auditorias sociais dos trabalhos relacionados à NREGA por todo o país; ver, por exemplo, Drèze, Khera e Siddhartha (2008). Outra indicação importante é a consistência cada vez maior com o passar do tempo entre os números oficiais de geração de emprego publicados pelo Ministério do Desenvolvimento Agrário e as estimativas independentes da Pesquisa Nacional por Amostragem sobre empregos vinculados à NREGA. Mesmo em Bihar, um estudo recente apontou consistência razoável entre os relatórios oficiais e estimativas de geração de emprego pela NREGA com base em pesquisas; ver Dutta et al. (no prelo).

34. Ver, por exemplo, Centro para Ciência e Meio Ambiente (2008), Drèze e Khera (2009b), Samarthan (2010), Shah et al. (2010), Shah e Makwana (2011), Verma (2011). Na pesquisa descrita por Drèze e Khera (2009b), a percepção positiva dos trabalhos da NREGA não partia apenas dos trabalhadores da NREGA (92% dos quais consideravam que o trabalho que desempenhavam era "útil" ou "muito útil"), mas também dos pesquisadores de campo (81%).

35. Ver Governo da Índia (2012b), capítulo 3, e os estudos ali mencionados; também Aggarwal et al. (2012).

36. Sobre os numerosos problemas operacionais e outras barreiras que afetaram a NREGA (incluindo a atitude pouco amigável, quando não hostil, de burocratas quanto à NREGA em muitos estados), ver diversas contribuições em Khera (2011d). Ver também Ambasta et al. (2008) e Associação Nacional de Organizações da Sociedade Civil (2009, 2011).

37. Apelar para os tribunais não é uma opção para a maioria dos trabalhadores da NREGA, devido à pobreza e à falta de influência social. Na verdade, apesar de a NREGA ser uma lei cujas determinações são frequentemente violadas, nunca um trabalhador inserido no contexto da NREGA apelou para a Justiça para assegurar sua nomeação até o momento, e mesmo os litígios de interesse público são raríssimos (sabemos de apenas três até o momento). Uma causa para isso são os imensos gastos e esforços envolvidos no encaminhamento de um caso à Justiça, além da demora, em troca de uma pequena chance de sucesso. Essa falta de envolvimento do sistema jurídico é uma grande deficiência da NREGA, assim como das legislações sociais em geral.

38. Há iniciativas interessantes a esse respeito em alguns estados. Por exemplo, Andhra Pradesh iniciou um sistema de indenizações automáticas para trabalhadores da NREGA quanto a atrasos no pagamento de salários — cada etapa do processo de pagamento é computadorizada, incluindo a compensação por atrasos quando os pagamentos são realizados após o prazo legal de quinze dias. Isso possibilita também corrigir a responsabilidade pelos atrasos e punir os funcionários responsáveis, se necessário. Esse é um bom exemplo da possibilidade discutida no capítulo 4, de aplicar a tecnologia em problemas de *accountability* — desde que exista vontade política de adotá-la. Para mais detalhes, ver Chopra e Khera (2012).

39. Muito dessa seção descreve o trabalho colaborativo entre Jean Drèze e Reetika Khera; ver Drèze e Khera (2010a, 2010b, 2011, 2012b, 2013), Khera (2011c), Drèze (2012).

40. Essa descrição do PDS é necessariamente incompleta. Para obter mais detalhes, ver, por exemplo, Jha e Ramaswami (2010) e Khera (2011c).

41. Estritamente falando, o uso de estimativas de pobreza para determinar as alocações por todo o estado aplica-se apenas à "cota para ALP". A cota para acima da linha de pobreza fica efetivamente a cargo do governo central e na prática é usada como uma forma de se desfazer dos estoques sobressalentes. O processo entrou em declínio no início dos anos 2000, mas voltou a ganhar força conforme a aquisição de alimentos continuou a crescer.

42. Por todo o país, famílias "*antyodaya*" (os pobres mais pobres) recebem 35 quilos de grãos subsidiados para alimentação por mês através do PDS. Para simplificar, estamos classificando esse grupo como abaixo da categoria ALP. Na verdade, *antyodaya* era inicialmente uma subcategoria do grupo ALP.

43. Ver, por exemplo, Jha e Ramaswami (2010) e Kotwal et al. (2012).

44. Ver particularmente Khera (2011c); para estudos de caso de estados específicos, ver também Anindita Adhikari (2011), Ankita Aggarwal (2011), Jijo Jose (2011), Swathi Meenakshi (2011), Ria Sawhney (2011) e Raghav Puri (2012).

45. Em alguns distritos de Chhattisgarh, há também distribuição de grãos por meio do PDS a cinco rupias o quilo (de novo, um preço simbólico, considerando que o valor de mercado é no mínimo dez vezes mais alto).

46. Ver, por exemplo, Khera (2011c), Drèze e Khera (2010b), Puri (2012), Parker (2012) e Vir (2012). Essa declaração, entretanto, pode não se aplicar à região sul de Chhattisgarh (a antiga região "Bastar"), onde conflitos armados desmantelaram a máquina do Estado e as instituições do Panchayati Raj.

47. Ver, por exemplo, Drèze (2001), no qual se baseia o caso relatado no início do capítulo.

48. Ver Drèze e Khera (2012b, 2013). O "índice de pobreza" da população pobre da zona rural em 2009-10 foi aproximadamente 18% menor do que seria sem o PDS no país, e entre 40% a 50% menor em Chhattisgarh e Tamil Nadu. Para conhecer descobertas similares, ver também Himanshu (2012).

49. Ver Khera (2011).

50. Ver Drèze e Khera (2011c).

51. Sobre a ideia de um "empurrãozinho" do setor público em comportamentos pessoais, ver Thaler e Sunstein (2008). Mesmo quando restrito a arroz e trigo, o PDS parece aumentar a ingestão de calorias mais do que uma transferência de renda equivalente; ver Himanshu e Sen (2013).

52. Ver Khera (2011c), tabela 8.

8. O PREDOMÍNIO DA DESIGUALDADE [pp. 236-65]

1. Ver, por exemplo, Drèze e Sen (2002), tabela 5.1, pp. 147-8.

2. Ver, por exemplo, Wail et al. (2011), Crespo-Cuaresma et al. (2012) e Emran e Shilpi (2012).

3. Mesmo nas faixas etárias mais baixas, o Coeficiente de Gini de anos escolares ainda é muito alto na Índia: em torno de 0,5 entre 25 a 29 anos em 2000, contra menos de 0,1 em um país mais igualitário em termos de educação, como a Coreia do Sul, onde a escolarização é "distribuída de maneira quase perfeitamente regular"; ver Crespo-Cuaresma et al. (2012), p. 10. O autor apresenta um estudo de caso surpreendente da desigualdade educacional na Índia e na Coreia do Sul e suas mudanças ao longo do tempo — com declínio radical na Coreia do Sul, mas não na Índia. Vale lembrar que o Coeficiente de Gini de anos escolares pode subestimar de forma grosseira as desigualdades na Índia, devido ao fato — discutido no capítulo 5 — de que há também grandes disparidades na qualidade da educação, que tendem a ampliar as desigualdades causadas pela frequência escolar, muito superiores às de outros países.

4. Citado em Lion Agrawal (2008), p. 214. Sobre a vida de Lohia, ver Yogendra Yadav (2010a, 2010b).

5. Outra divisão social persistente é a que existe entre os *adivasi* (a população tribal) e o restante. Os *adivasi* somam aproximadamente 8% da população da Índia, e muitos enfrentam os mesmos desafios e a mesma discriminação que os *dalit*, ou membros das "castas catalogadas", bem como outras vulnerabilidades, como exposição frequente a deslocamento forçado. Além disso, se por um lado os *dalit* são uma força política significativa, há pouquíssima pressão política organizada a favor dos interesses dos *adivasi*, perpetuando sua posição desfavorável na sociedade indiana.

6. Ver Drèze e Gazdar (1996), com referência a Uttar Pradesh.

7. Banco Mundial (2011a), p. 23. Sobre desigualdade de renda na Índia, ver também Vanneman e Dubey (no prelo).
8. Ver Deaton e Drèze (2002), Banerjee e Piketty (2005), Jayadev et al. (2007), Sarkar e Mehta (2010), Banco Mundial (2011a), Weisskopf (2011), Banco Asiático de Desenvolvimento (2012), entre outros.
9. Ver Deaton e Drèze (2002), Himanshu (2007), Banco Mundial (2011a), Datt e Ravallion (2010), Kapoor (2013) e Kotwal e Roy Chaudhuri (2013).
10. Ver, por exemplo, Wilkinson e Marmot (2003) e Wilkinson e Pickett (2009).
11. Para mais discussões sobre essa e outras consequências sociais de desigualdades econômicas, ver Thomas Weisskopf (2011) e as referências ali mencionadas.
12. Há uma grande variedade de publicações sobre esse assunto nos campos da sociologia e da antropologia; para uma avaliação, ver André Béteille (2012). Sobre o sistema de castas (e como isso está mudando) na Índia atualmente, ver também M. N. Srinivas (1995), Kancha Ilaiah (1996), C. J. Fuller (1997), Ghanshyam Shah et al. (2006), Gail Omvedt (2008, 2010), Thorat e Newman (2010), K. Balagopal (2011), entre diversos outros.
13. Impressionantes relatos em primeira mão dessa opressão foram escritos por Laxman Gaikwad (1998), Omprakash Valmiki (2003), B. R. Ambedkar (2011), entre tantos outros. Ver também Sharmila Rege (2006) e Shah et al. (2006).
14. A posição dos *kayashta* no sistema tradicional de quatro castas (brâmanes, xátrias, vaixás, sudra) não é exatamente clara e varia entre diferentes regiões da Índia. Eles são em geral classificados como xátrias. O que não se questiona é que formam uma espécie de liga — e estão próximos do topo.
15. Ao menos sete entre os catorze primeiros-ministros indianos (Jawaharlal Nehru, Lal Bahadur Shastri, Indira Gandhi, Rajiv Gandhi, Gulzarilal Nanda, V. P. Singh e Chandra Shekhar) são nascidos, educados e eleitos em Allahabad.
16. Ver, por exemplo, B. N. Uniyal (1996), J. Balasubramaniam (2011) e Robin Jeffrey (2012) sobre empresas de comunicações; Harish Damodaran (2008) e Ajit et al. (2012) sobre cargos de chefia em empresas e indústrias; Karan Tejpal (2012) sobre times de polo; Richard Cashman (1980), S. Anand (2003), Andrew Stevenson (2008) sobre times de críquete. Na época do levantamento de Stevenson, em 2008, sete dos onze jogadores da seleção indiana de críquete eram brâmanes (cerca de 4% dos indianos são membros dessa casta); o presidente da Federação Nacional de Críquete — também brâmane — aparentemente minimizou a questão como uma "coincidência".
17. Ver Chamaria, Kumar e Yadav (2006).
18. Ver Ajit, Donker e Saxena (2012), tabela 1, p. 41, baseada em uma análise dos membros da diretoria das mil maiores empresas da Índia (em termos do volume total de ativos). Ver também Gandhi e Walton (2012) sobre a composição de castas entre os bilionários na Índia.
19. Evidências úteis dessas desvantagens são apresentadas no relatório do Comitê Sachar (Governo da Índia, 2006).
20. Para estimativas específicas por estado sobre diferenças de gênero em relação à mortalidade infantil na Índia, ver "Apêndice estatístico", tabela A.3.
21. Ver Organização das Nações Unidas (2011), tabela III.1, na qual são apresentadas estimativas de taxas de mortalidade infantil específicas por gênero para 122 países. De acordo com esses números, a proporção entre a mortalidade infantil (probabilidade de morte em

idades de um a quatro anos) feminina e masculina é mais alta na Índia do que em qualquer outro país no mundo.

22. Ver, por exemplo, Chandrasekhar e Ghosh (2011), Mazumdar e Neetha (2011) e Thomas (2012). Os dados dos dois recenseamentos e da Pesquisa Nacional por Amostragem sugerem que a participação feminina na força de trabalho indiana permaneceu praticamente estável (e com certeza não aumentou) durante as últimas décadas.

23. A norma dos 33% é o mínimo nacional garantido pela Constituição (73ª Emenda) de 1992. Uma emenda posterior, aumentando esse mínimo de 33% para 50%, foi aprovada pelo Gabinete da União, mas ainda não entrou em vigor como lei. Enquanto isso, diversos estados (incluindo Bihar, Himachal Pradesh e Madhya Pradesh) já começaram a implantar a cota de 50% para as mulheres nas Instituições do Panchayati Raj.

24. Ver, por exemplo, Chattopadhyay e Duflo (2004); também Beaman et al. (2006), Duflo (2011), Sathe et al. (2013) e as referências ali mencionadas. Apesar de haver cada vez mais evidências de que a representação política feminina em instituições locais faz diferença (ao menos na Índia), as conexões envolvidas não são simples — esse é ainda um campo fértil de investigação.

25. Ver "Apêndice estatístico", tabela A.3.

26. Esse é outro exemplo de reforço mútuo de diferentes desigualdades (nesse caso, de desigualdades de casta e gênero). Muitos pensadores e reformadores radicais indianos, a partir do século XVIII em diante, se não mais cedo, perceberam claramente a complementaridade entre hierarquias de gênero e casta, assim como a dificuldade de atacar uma sem mexer na outra. Os críticos mais ferozes do sistema de castas sempre estiveram muito à frente de seu tempo na defesa dos direitos das mulheres. Tarabai Shinde, Jotirao Phule, B. R. Ambedkar e Periyar são alguns exemplos, entre outros (ver, por exemplo, Ambedkar [1917], Veeramani [1992], O'Hanlon [1994], Geetha [1998], Sinha [2012] e Rege [2013]).

27. Escritório das Nações Unidas sobre Drogas e Crime (2013).

28. Ver Sen (1990) e Drèze e Sen (2002).

29. Ver Drèze e Sen (2002) e as referências ali mencionadas.

30. Sobre isso, ver Sen (1984), capítulos 5 e 16, e Sen (1990); também Folbre (1986), Brannen e Wilson (1987) e Ferber e Nelson (1993), entre outras contribuições.

31. Agarwal (1994).

32. Esse tema foi amplamente discutido em nossos livros anteriores, Drèze e Sen (1995, 2002), mencionando estudos empíricos nos quais essas leituras estão baseadas.

33. Sobre os diversos aspectos do papel da agência das mulheres na redução das taxas de mortalidade infantil e de natalidade, ver Murthi, Guio e Drèze (1995) e Drèze e Murthi (2001), e as referências ali mencionadas; também John Cleland (2002), Kishor e Gupta (2004), Øystein Kravdal (2004), Baker et al. (2011), LeVine et al. (2012), Fundo de População da ONU (2012a), entre outros.

34. Na verdade, a propensão de recorrer ao aborto seletivo parece ser mais alta entre mulheres mais escolarizadas (Jha et al., 2011). Entretanto, trata-se de uma correlação sujeita a variáveis, e não sabemos se se mantém, digamos, com relação ao status econômico (a renda per capita é influenciada pela educação, assim como a incidência de abortos seletivos de meninas).

35. Ver Leila Seth (2012). Para obter evidências valiosas sobre a natureza dessa mentalidade patriarcal e sua influência no planejamento familiar, ver John et al. (2009) e Arokiasamy e Goli (2012).

36. Sobre isso, ver Sen (1985, 2002a, 2002b).

37. Ver Jha et al. (2011). As estimativas independentes realizadas por Bhalotra e Cochrane (2010) apontam para a mesma faixa — aproximadamente 500 mil abortos seletivos por ano durante o período de 1995 a 2005.

38. Kumar e Sathyanarayana (2012), p. 71, e tabela A.1 do apêndice. A julgar pelos dados disponíveis, é improvável que algum país tenha uma proporção de gênero entre crianças tão desequilibrada quanto esses distritos indianos (nem mesmo considerando Haryana como um todo), embora isso ocorra também em algumas províncias chinesas; ver Fundo de População da ONU (2012b).

39. Para obter evidências de que a abrangência dessa distorção é provavelmente pequena, ver Kumar e Sathyanarayana (2012).

40. Se observarmos os estados menores, há algumas exceções nessa divisão clara nas estatísticas na região nordeste do país.

41. Para discussões adicionais, ver Drèze e Sen (2002), capítulo 7. As proporções de gênero entre as crianças em 2001 discutidas ali são um pouco diferentes das apresentadas aqui (na tabela 8.3), devido ao fato de os valores prévios terem se baseado em "totais populacionais provisórios" do recenseamento de 2001.

42. Sobre isso, ver também Jha et al. (2011).

43. Ver, por exemplo, David Sopher (1980), Dyson e Moore (1983) e Barbara Miller (1981, 1989). Miller (1989), observando a "proporção de gênero entre jovens" (em um momento em que abortos seletivos eram raros, portanto os desequilíbrios na proporção de gêneros seriam causados principalmente por diferenças em taxas de mortalidade entre meninos e meninas), identificou um padrão geral de "noroeste versus sudoeste", mas com contornos diferentes. Esse padrão, como o identificado aqui, difere da dicotomia mais discutida entre norte e sul, que com frequência é invocada em análises de contrastes regionais nas relações de gênero na Índia. Não há aqui, evidentemente, a afirmação de que o contraste regional quanto à proporção de gênero entre as crianças aplica-se a outras características de relações de gênero na Índia. Os detalhes sobre contrastes regionais nas relações de gênero, sistemas de consanguinidade e assuntos relacionados na Índia são em última instância um tanto complexos, como apontou Irawati Karve (1968) muitos anos atrás.

44. Ver Drèze e Khera (2008), em que se baseia o restante dessa seção. As distorções ocasionadas pela desigualdade de poder no setor privado na Índia, incluindo a "crescente exploração privada dos bens públicos", foram bem discutidos por Raghuram Rajan (2008); ver também Gandhi e Walton (2012) e Atul Kohli (2012), entre outros.

9. DEMOCRACIA, DESIGUALDADE E ARGUMENTAÇÃO PÚBLICA [pp. 266-99]

1. Sobre a história e as ideias renovadoras de democracia, ver Alan Ryan (2012), bem como Ian Shapiro (1999) e John Dunn (2005).

2. Ramachandra Guha (2007).

3. Ver, por exemplo, Bela Bhatia (2011).

4. Ravi (2012). Sobre esse tema, ver também Comitê Jeevan Reddy (2005) e Sanjoy Hazarika (2013a, 2013b).

5. O dr. Binayak Sen é uma das vítimas mais conhecidas desse abuso, mas há muitas outras. Apenas para dar um exemplo, milhares de pessoas (em torno de 8 mil, conforme um relatório) que protestaram contra a construção de uma usina nuclear em Koodankulam foram recentemente indiciadas por sedição; ver Soumik Mukherjee (2012).

6. Pankaj Mishra (2012).

7. Ver "Apêndice estatístico", tabela A.3.

8. Id.

9. Ver, por exemplo, Sanjay Kumar (2009).

10. B. R. Ambedkar (1950), "Basic Features of the Indian Constitution", republicado em Rodrigues (2002), p. 490.

11. Samuel Huntington (1991), p. 9.

12. Sobre esse tema, ver Amartya Sen (2009), especialmente os capítulos 15 a 17.

13. John Rawls, *Collected Papers* (1999), pp. 579-80. Ver também *A Theory of Justice* (1971), *Political Liberalism* (1993) e *Justice as Fairness: A Restatement* (2001).

14. Jürgen Habermas (1996).

15. Como observou Upinder Singh, "a escavação desse mundo de ideias encarnadas [nas inscrições] é uma parte importante da análise dessas evidências materiais do passado" (Singh, 2012, p. 131). Ver também Singh (2009) e as clássicas contribuições prévias de Romila Thapar (1963, 1984). Entre as interpretações recentes dos decretos de Ashoka, ver também Rajeev Bhargava (no prelo).

16. Últimos resultados (para 2011-2) divulgados pelo Registrar of Newspapers for India.

17. Ver Arundhati Roy (2010).

18. Para obter análises interessantes dos sucessos e das limitações do setor de imprensa na Índia, ver N. Ram (1990, 2011, 2012). Ver também Robin Jeffrey (2000), Prabhat Patnaik (2002), P. Sainath (2009) e Ken Auletta (2012).

19. Shobhaa Dé (2008), p. 41.

20. Como declarou o editor-chefe de um dos principais jornais indianos (*The Times of India*) em uma entrevista recente, "nós não estamos no ramo de notícias, estamos no ramo de anúncios" (ver Auletta, 2012).

21. Alguns anos atrás, Pepsi e Coca-Cola foram denunciadas pelo Centro para Ciência e Meio Ambiente por utilizar água contaminada em seus produtos. Ainda de acordo com o mesmo comentarista, "a mídia eletrônica saiu em defesa dos fabricantes de bebidas — as duas empresas são grandes anunciantes na TV".

22. Sobre isso (e também sobre o tema relacionado aos chamados "acordos secretos" entre empresas de comunicação e grandes conglomerados), ver o relatório de Reddy e Thakurta (2010) para o Conselho de Imprensa da Índia; também P. Sainath (2009, 2010) e Guha Thakurta (2011).

23. Vipul Mudgal (2011). Para descobertas similares sobre jornais regionais, ver The Hoot (2011).

24. Paranjoy Guha Thakurta, comentário feito em um diálogo informal entre editores de mídia e a campanha pelo direito à alimentação, Indian Social Institute, 29 nov. 2011.

25. Ashok Rudra (1989). A análise de Rudra se vale de uma interpretação bem ampla do termo "intelligentsia", mais ou menos como sinônimo de "pessoas que ganham a vida vendendo trabalho intelectual" (p. 144).

26. Ver, por exemplo, Governo da Índia (2011h), tabela 2.18, pp. A-1 e A-51.

27. Ver, por exemplo, Governo da Índia (2002a, 2002b, 2004a); ver também Amaresh Bagchi et al. (2005) e relatos prévios especializados ali mencionados.

28. Governo da Índia (2012d), anexo 2, p. 19.

29. Ver Governo da Índia (2012e). Para uma análise muito útil dessa declaração, ver Kavita Rao (2013).

30. Citado em *The Times of India* em 6 de dezembro de 2012, e em *The Economic Times* em 3 de janeiro de 2013. A Índia é o maior importador de ouro do mundo, com importações estimadas em torno de mil toneladas em 2011-2, a um custo de aproximadamente 60 bilhões de dólares, ou cerca de 3% do PIB do país (C. Rangarajan, presidente do Conselho Consultivo Econômico do gabinete do primeiro-ministro, citado em *The Financial Express* em 2 de dezembro de 2012). O excesso na importação de ouro foi tamanho que, na declaração de receita renunciada do Ministério da Fazenda (lançada no momento em que este livro foi editado), a estimativa de renúncia fiscal em 2011-2 em razão de isenções tributárias sobre ouro e diamantes teve de ser revisada e elevada de 570 bilhões de rupias para impressionantes 660 bilhões.

31. Legislações ou projetos de leis posteriores desse tipo estão tramitando no Parlamento, especialmente o projeto de lei de segurança alimentar de 2011, o projeto de lei de mecanismo de combate à corrupção de 2011, o projeto de lei a favor dos direitos dos cidadãos quanto ao prazo limite para entrega de bens e serviços e atendimento de reclamações de 2011, o projeto de lei para Aquisição de Terras, Reabilitação e Reassentamento de 2011 e uma emenda constitucional (o projeto de lei da cota feminina) que garante a reserva de um terço das cadeiras no Parlamento e nas assembleias legislativas para as mulheres.

10. A NECESSIDADE DE IMPACIÊNCIA [pp. 300-11]

1. Ver Harris (1958), capítulo x; ver também Fraser (1919), apêndice D.

2. Governo da Índia (1946), *Report of the Health Survey and Development*, v. 2, p. 1 (erros corrigidos).

3. Ver Sen (1973, 1997), Atkinson (1975, 1983) e Foster e Sen (1997).

4. Rammanohar Reddy (2012).

5. Citado em Emma Rothschild (2011), p. 127.

Referências bibliográficas*

AAKELLA, K. V.; KIDAMBI, S. "Challenging Corruption with Social Audits". *Economic and Political Weekly*, 3 fev. 2007.

ACEMOGLU, D.; ROBINSON, J. *Why Nations Fail: The Origins of Power, Prosperity and Poverty*. Londres: Profile, 2012.

ADHIKARI, Anindita. "Strong Revival". *Frontline*, 31 dez. 2011.

AFRIDI, Farzana. "Child Welfare Programs and Child Nutrition: Evidence from a Mandated School Meal Program in India". *Journal of Development Economics*, n. 92, 2010.

_____. "The Impact of School Meals on Student Participation in Rural India". *Journal of Development Studies*, n. 47, 2011.

AFRIDI, F.; BAROOAH, B.; SOMANATHAN, R. "School Meals and Classroom Effort: Evidence from India". Londres: Centro Internacional de Crescimento; Escola de Economia de Londres, 2013. Documento de trabalho.

AFRIDI, F.; MUKHOPADHYAY, A.; SAHOO, S. *Female Labour Force Participation and Child Education in India: The Effect of the National Rural Employment Guarantee Scheme*. Bonn: Instituto para Estudo do Trabalho, 2012. Texto para discussão n. 6593.

AGARWAL, Bina. *A Field of One's Own*. Cambridge: Cambridge University Press, 1994.

AGARWAL, Manmohan. "Sukhamoy Chakravarty as a Development Economist". *Economic and Political Weekly*, 31 ago. 1991.

AGÊNCIA DE ESTATÍSTICAS DE BANGLADESH. *Population and Housing Census: Preliminary Results July 2011*. Daca: Ministério do Planejamento; Governo da República Popular do Bangladesh, 2011.

---

* Muitas das publicações listadas aqui estão disponíveis on-line. Fornecemos os links apenas em casos nos quais a publicação esteja disponível somente na internet.

AGGARWAL, Ankita. "The PDS in Rural Orissa: Against the Grain?". *Economic and Political Weekly*, 3 set. 2011.

AGGARWAL; A.; DRÈZE, J. P.; GUPTA, A. *Notes on the Caste Composition of Public Institutions in Allahabad*. Allahabad: Universidade de Allahabad, Departamento de Economia, 2013. Não publicado.

AGGARWAL, A.; GUPTA, A.; KUMAR, A. "Evaluation of NREGA Wells in Jharkhand". *Economic and Political Weekly*, 1 set. 2012.

AGRAWAL, Lion. *Freedom Fighters of India*. Delhi: Isha, 2008. v. 2.

AHLUWALIA, Montek Singh. "Message from Delhi: Don't Cut Too Soon". *Financial Times*, 23 jul. 2010.

AHUJA, A.; CHHIBBER, P. "Why the Poor Vote in India". *Studies in Comparative International Development*, n. 47, 2012.

AIYAR, Swaminathan A. "Agricultural Wages have Skyrocketed: Poor have Benefited from GDP Growth". *Economic Times*, 7 jun. 2011a.

_____. "Wage Boom Proves Inclusive Growth". *Economic Times*, 7 jul. 2011b.

AJIT, D.; DONKER, H.; SAXENA, R. "Corporate Boards in India: Blocked by Caste?". *Economic and Political Weekly*, 11 ago. 2012.

AKERLOF, George A. "The Market for 'Lemons': Quality Uncertainty and the Market Mechanism". *Quarterly Journal of Economics*, n. 84, 1970.

ALDERMAN, Harold. "The Economic Cost of a Poor Start in Life". *Journal of Developmental Origins of Health and Disease*, n. 1, 2010.

ALDERMAN, H.; BEHRMAN, J. "Reducing the Incidence of Low Birth Weight in Low-Income Countries has Substantial Economic Benefits". *World Bank Research Observer*, n. 21, 2006.

ALDERMAN, H.; HORTON, S. *The Economics of Addressing Nutritional Anemia*. In: KRAEMER, K.; ZIMMERMANN, M. B. (Orgs.). *Nutritional Anemia*. Basel: Sight and Life, 2007.

ALESSANDRINI, Michelle. "Jobless Growth in Indian Manufacturing: A Kaldorian Approach". Londres: Universidade de Londres, 2009. Texto para discussão n. 99 do Centro de Estudos Financeiros e Gerenciais.

ALKIRE, S.; FOSTER, J. "Counting and Multidimensional Poverty Measurement". *Journal of Public Economics*, n. 95, 2011.

ALKIRE, S.; ROCHE, J. M.; SETH, S. "Table 3.3: Contribution of Deprivations to the MPI, by Sub-National Regions". Oxford Poverty and Human Development Initiative, dez. 2011. Disponível em: <http://www.ophi.org.uk>. Acesso em: nov. 2012.

ALKIRE, S.; SANTOS, M. E. "Acute Multidimensional Poverty: A New Index for Developing Countries". Oxford Poverty and Human Development Initiative. Universidade de Oxford, 2012. Não publicado.

ALKIRE, S.; SETH, S. "Multidimensional Poverty Index (MPI) Rates in Rural and Urban Indian States". Oxford Poverty and Human Development Initiative. Universidade de Oxford, 2012. Não publicado. Disponível em: <http://ophi.qeh.ox.ac.uk>.

_____. "Multidimensional Poverty Reduction in India between 1999 and 2006: Where and How?". Oxford Poverty and Human Development Initiative. Universidade de Oxford, 2013. Documento de trabalho da OPHI n. 60.

AMBASTA, P.; VIJAY SHANKAR, P. S.; SHAH, M. "Two Years of NREGA: The Road Ahead". *Economic and Political Weekly*, 23 fev. 2008.

AMBEDKAR, B. R. "Castes in India: Their Mechanism, Genesis and Development. *Indian Antiquary*, n. 41, 1917. Reimp. em GOVERNO DE MAHARASHTRA, 1979-98. v. 1. Também reimp. em MOHANTY, Manoranjan (Org.). *Class, Caste and Gender*. Nova Delhi: Sage, 2004.

_____. *The Annihilation of Caste*. Nova Delhi: Arnold, 1990.

_____. "Conditions Precedent for the Successful Working of Democracy". Discurso realizado na Biblioteca de Direito do Distrito de Poona, 1952. Rep. por Bhagwan Das, 2010.

_____. *Reminiscences of Untouchability*. Org. de Governo de Maharashtra. Nova Delhi: Critical Quest, 2011. v. 12.

ANAND, Mukesh K. "Diesel Pricing in India". Nova Delhi: Instituto Nacional de Finanças e Políticas Públicas, 2012. Documento de trabalho n. 108/2012.

ANAND, S. "The Retreat of the Brahmin". *Outlook*, 10 fev. 2003.

ANAND, Sudhir. "'Measuring Health Workforce Inequalities: Methods and Application to China and India". *Human Resources for Health Observer*, n. 5. Genebra: Organização Mundial de Saúde, 2010.

ANAND, S.; DESMOND, C.; FUJE, H.; MARQUES, N. *Cost of Inaction: Case Studies from Rwanda and Angola*. Cambridge: Harvard University Press, 2012.

ANAND, S.; FAN, V. *The Health Workforce in India, 2001*. Nova Delhi: [s.n.], 2010. Relatório enviado à Comissão de Planejamento da Índia.

ANISTIA INTERNACIONAL. *Death Sentences and Executions 2011*. Londres: Amnesty International Publications, 2012.

ARNETT, Peter. "Big Science, Small Results". *Bulletin of the Atomic Scientists*, jul./ago. 1998.

AROKIASAMY, P.; GOLI, S. "Explaining the Skewed Child Sex Ratio in Rural India". *Economic and Political Weekly*, 20 out. 2012

ARROW, Kenneth. "Uncertainty and the Welfare Economics of Medical Care". *American Economic Review*, n. 53, 1963.

ASSOCIAÇÃO NACIONAL DE ORGANIZAÇÕES DA SOCIEDADE CIVIL. *NREGA Reforms: Building Rural India, first NCCSO report on NREGA*, 2009. Disponível em: <www.nregaconsortium.in>.

_____. *MGNREGA: Opportunities, Challenges and the Road Ahead, second NCCSO report on MGNREGA*, 2011. Disponível em: <www.nregaconsortium.in>.

ASSOCIAÇÃO PARA REFORMAS DEMOCRÁTICAS. *Lok Sabha National Election Watch 2009*. Nova Delhi: ADR, 2010.

ATKINSON, A. B. *The Economics of Inequality*. Oxford: Oxford University Press, 1975.

_____. *Social Justice and Public Policy*. Brighton: Wheatsheaf, 1983.

AULETTA, Ken. "Citizens Jain: Why India's Newspaper Industry is Thriving". *The New Yorker*, 8 out. 2012.

AUMANN, Robert J. "What is Game Theory Trying to Accomplish?" In: ARROW, K.; HONKAPOHJA, S. (Orgs.). *Frontiers of Economics*. Oxford: Basil Blackwell, 1987.

AZAM, Mehtabul. *The Impact of Indian Job Guarantee Scheme on Labor Market Outcomes: Evidence from a Natural Experiment*. Bonn: Instituto para Estudo do Trabalho, 2011. Trabalho para discussão n. 6548.

BAGCHEE, Aruna. "Political and Administrative Realities of Employment Guarantee Scheme". *Economic and Political Weekly*, 15 out. 2005.

BAGCHI, A.; RAO, R. K.; SEN, B. "Raising the Tax-Ratio by Reining in the "Tax Breaks": An Agenda for Action". Nova Delhi: Unidade de Pesquisa de Impostos; Instituto Nacional de Finanças e Políticas Públicas, 2005. Documento de trabalho.

BAGCHI, Amiya K. *Colonialism and Indian Economy*. Nova Delhi: Oxford University Press, 2010.

BAKER, D. P.; LEON, J.; SMITH GREENAWAY, E. G.; COLLINS, J.; MOVIT, M. "The Education Effect on Population Health: A Reassessment". *Population and Development Review*, n. 37, 2011.

BALABANOVA, D.; MCKEE, M.; MILLS, A. (Orgs.). *Good Health at Low Cost: 25 Years On*. Londres: Escola de Londres de Higiene e Medicina Tropical, 2011.

BALAGOPAL, K. *Ear to the Ground: Selected Writings on Class and Caste*. Nova Delhi: Navayana, 2011.

BALAKRISHNAN, Pulapre. "The Recovery of India: Economic Growth in the Nehru Era". *Economic and Political Weekly*, 17 nov. 2007.

_____. *Economic Growth in India: History and Prospect*. Nova Delhi: Oxford University Press, 2010.

BALASUBRAMANIAM, J. "Dalits and a Lack of Diversity in the Newsroom". *Economic and Political Weekly*, 12 mar. 2011

BANCO ASIÁTICO DE DESENVOLVIMENTO. *Asian Development Outlook 2012: Confronting Rising Inequality in Asia*. Manila: ADB, 2012.

BANCO DE RESERVA DA ÍNDIA. *Database on the Indian Economy 2010-11*, 2012. Disponível em: <http://dbie.rbi.org.in>.

BANCO MUNDIAL. *World Development Report 1980*. Washington, DC: Banco Mundial, 1980.

_____. *Whispers to Voices: Gender and Social Transformation in Bangladesh*. Washington, DC: Banco Mundial, 2007.

_____. *Perspectives on Poverty in India: Stylised Facts from Survey Data*. Washington, DC: Banco Mundial, 2011. (2011a)

_____. *Social Protection for a Changing India*. 2 v. Washington, DC: Banco Mundial, 2011. (2011b)

_____. *World Development Indicators 2012*. Washington, DC: Banco Mundial, 2012.

BANCO MUNDIAL; UNESCO. *Higher Education in Developing Countries: Peril and Promise, Report of the Task Force on Higher Education and Society*. Washington, DC: Banco Mundial, 2000.

BANERJEE, A.; DEATON, A.; DUFLO, E. "Health Care Delivery in Rural Rajasthan". *Economic and Political Weekly*, 28 fev. 2004.

BANERJEE, A.; DUFLO, E. *Poor Economics*. Londres: Random House, 2011.

BANERJEE, A.; PIKETTY, T. "Top Indian Incomes, 1922-2000". *World Bank Economic Review*, n. 19, 2005.

BARDHAN, Pranab. *Security, Conflict, and Cooperation: Essays in the Political and Institutional Economics of Development*. Cambridge: MIT Press, 2005.

_____. *Awakening Giants, Feet of Clay: Assessing the Economic Rise of China and India*. Princeton: Princeton University Press, 2010.

BARR, N.; HARBISON, R. W. "Overview: Hopes, Tears, and transformation." In: _____. *Labor Markets and Social Policy in Central and Eastern Europe*. Oxford: Oxford University Press, 1994.

BARR, Nicholas (Org.). *Labor Markets and Social Policy in Central and Eastern Europe*. Oxford: Oxford University Press, 1994.

BASTAGLI, Francesca. *The Design, Implementation and Impact of Conditional Cash Transfers Targeted on the Poor: An Evaluation of Brazil's Bolsa Família*. Londres: Escola de Economia de Londres, 2008. Tese.

_____. "Conditional Cash Transfers as a Tool of Social Policy". *Economic and Political Weekly*, 21 maio 2011

BASU, Kaushik. *Why, for a Class of Bribes, the Act of Giving a Bribe Should be Treated as Legal*. Nova Delhi: Ministério das Finanças, 2011. Disponível em: <finmin.nic.in/workingpaper/act_giving_bribe_legal.pdf>. Não publicado.

BASU, K.; MAERTENS, A. (Orgs.). *The New Oxford Companion to Economics in India*. Nova Delhi: Oxford University Press, 2012.

BATES, M. A.; GLENNERSTER, R.; GUMEDE, K.; DUFLO, E. "The Price is Wrong". *FACTS Reports*, edição especial, n. 4, 2012.

BEAMAN, L.; DUFLO, E.; PANDE, R.; TOPALOVA, P. "Women Politicians, Gender Bias, and Policy-Making in Rural India". [S.l.]: Unicef, 2006. Trabalho Introdutivo para *Situação mundial da infância 2007*.

BEGUM, S.; SEN, B. "Maternal Health, Child Well-Being and Chronic Poverty: Does Women's Agency Matter?". *Bangladesh Development Studies*, n. 32, 2009.

BEHRMAN, J.; ALDERMAN, H.; HODDINOTT, J. "Hunger and Malnutrition". In: LOMBORG, B. (Org.). *Global Crises, Global Solutions*. Cambridge: Cambridge University Press, 2004.

BEINHOCKER, E. D. *The Origin of Wealth: Evolution, Complexity and the Radical Remaking of Economics*. Cambridge: Harvard Business School Press, 2006.

BELFIELD, C.; LEVIN, H. M. "Vouchers and Public Policy: When Ideology Trumps Evidence". *American Journal of Education*, n. 111, 2005.

BERG, E.; BHATTACHARYA, S.; DURGAM, R.; RAMACHANDRA, M. *Can Rural Public Works Affect Agricultural Wages? Evidence from India*. [S.l.]: Centro de Estudo de Economias Africanas; Universidade de Oxford, 2012. Documento de trabalho n. 2012-05.

BÉTEILLE, André. "The Peculiar Tenacity of Caste". *Economic and Political Weekly*, 31 mar. 2012.

BHAGWATI, J.; PANAGARIYA, A. *Why Growth Matters: How Economic Growth in India Reduced Poverty and the Lessons for Other Developing Countries*. [S.l.]: Public Affairs, 2013.

BHALOTRA, S.; COCHRANE, T. *Where Have All the Young Girls Gone? Identifying Sex Selection in India*. [S.l.]: Centro para o Mercado e Organização Pública; Universidade de Bristol, 2010. Documento de trabalho n. 10/254.

BHARGAVA, Rajeev. "Beyond Toleration: Civility and Principled Coexistence in Asokan Edicts". In: STEPAN, A.; TAYLOR, C. (Orgs.). *The Boundaries of Toleration*. Nova York: Columbia University Press, 2014.

BHATIA, Bela. "Awaiting Nachiso: Naga Elders Remember 1957". *Himal*, ago. 2011.

BHATTACHARJEA, S.; WADHWA, W.; BANERJI, R. *Inside Primary Schools*. Mumbai: ASER, 2011.

BHATTI, Bharat. "Aadhaar-enabled Payments for NREGA Workers". *Economic and Political Weekly*, 8 dez. 2012.

BHATTY, Kiran. *Social Equality and Development: Himachal Pradesh and its Wider Significance*. Londres: Escola de Economia de Londres, 2011. Dissertação de Mestrado em Filosofia.

BIDWAI, Praful. *The Politics of Climate Change and the Global Crisis: Mortgaging our Future*. Nova Delhi: Orient Blackswan, 2012.

BOWLES, Samuel. *Social Preferences and Public Economics: Are Good Laws a Substitute for Good Citizens?* Santa Fé: Santa Fe Institute, 2007. Documento de trabalho.

BOWLES, S.; REYES, S. P. "Economic Incentives and Social Preferences: A Preference-based Lucas Critique of Public Policy". Boston: Departamento de Economia da Universidade de Massachusetts, 2009. Documento de trabalho n. 2009-11.

BOWLES, S.; HWANG, Sung-Ha. "Social Preferences and Public Economics". *Journal of Public Economics*, n. 92, 2008.

BRANNEN, J.; WILSON, G. *Give and Take in Families*. Londres: Allen & Unwin, 1987.

BRUNS, B.; EVANS, D.; LUQUE, J. *Achieving World-Class Education in Brazil*. Washington, DC: Banco Mundial, 2012.

CASHMAN, R. *Players, Patrons and the Crowd*. Delhi: Orient Longman, 1980.

CATAIFE, G.; COURTEMANCHE, C. *Is Universal Health Care in Brazil Really Universal?* Cambridge, MA: Instituto Nacional de Pesquisa Econômica, 2011. Documento de trabalho n. 17069.

CENTRO PARA CIÊNCIA E POLÍTICAS AMBIENTAIS. *Rural Electrification in China 1950-2004: Historical Processes and Key Driving Forces*. [S.l.]: Universidade Stanford; Programa de Energia e Desenvolvimento Sustentável, 2006. Documento de trabalho n. 60.

CENTRO DE ESTUDOS MIDIÁTICOS. *India Corruption Study: 2010*. Nova Delhi: Centro de Estudos Midiáticos, 2011.

CENTRO DE LEIS E POLÍTICAS AMBIENTAIS DA UNIVERSIDADE YALE; CENTRO DE REDE DE INFORMAÇÕES DE CIÊNCIAS DA TERRA DA UNIVERSIDADE COLUMBIA. *Environmental Performance Index and Pilot Trend Environmental Performance Index*. New Haven: Centro de Leis e Políticas Ambientais da Universidade Yale, 2012.

CENTRO PARA CIÊNCIA E MEIO AMBIENTE. *An Assessment of the Performance of the National Rural Employment Guarantee Programme in Terms of its Potential for Creation of Natural Wealth in India's Villages*. [S.l.]: Centro para Ciência e Meio Ambiente, 2008. Disponível em: <knowledge.nrega.net>.

_____. *Excreta Matters*. Nova Delhi: Centro para Ciência e Meio Ambiente, 2012.

CERAMI, Alfio. "Welfare State Developments in the Russian Federation: Oil-Led Social Policy and 'The Russian Miracle'". *Social Policy and Administration*, n. 43, 2009.

CHAKRABORTY, Achin. "Kerala's Changing Development Narratives". *Economic and Political Weekly*, 5 fev. 2005.

CHAKRAVARTY, S.; FRIEDMAN, D.; GUPTA, G.; HATEKAR, N.; MITRA, S.; SUNDER, S. "Experimental Economics: A Survey". *Economic and Political Weekly*, 27 ago. 2011.

CHAKRAVARTY, Sukhamoy. *Development Planning: The Indian Experience*. Nova Delhi: Oxford University Press, 1987.

CHAMARIA, A.; KUMAR, J.; YADAV, Y. *Survey of the Social Profile of the Key Decision Makers in the National Media*. Nova Delhi: Centro de Estudos de Sociedades em Desenvolvimento, 2006. No prelo.

CHANDRASEKHAR, C. P.; GHOSH, J. "Women's Work in India: Has Anything Changed". *Macroscan*, ago. 2011. Disponível em: <www.macroscan.org>.

CHANG, Ha-Joon. *Kicking Away the Ladder: Development Strategy in Historical Perspective*. Londres: Anthem, 2002.

CHANG, Ha-Joon. *23 Things They Didn't Tell You About Capitalism*. Nova York: Allen Lane, 2010.

CHATTOPADHYAY, R.; DUFLO, E. "Impact of Reservation in Panchayati Raj". *Economic and Political Weekly*, 28 fev. 2004.

CHAUDHURY, N.; HAMMER, J. "Ghost Doctors: Absenteeism in Rural Bangladeshi Health Facilities". *World Bank Economic Review*, n. 18, 2004.

CHAUDHURY, N.; HAMMER, J.; KREMER, M.; MURALIDHARAN, K.; ROGERS, F. H. "Missing in Action: Teacher and Health Worker Absence in Developing Countries". *Journal of Economic Perspectives*, n. 20, 2006.

CHAVAN, P.; BEDAMATTA, R. "Trends in Agricultural Wages in India". *Economic and Political Weekly*, 23 set. 2006.

CHITNIS, A.; DIXIT, S.; JOSEY, A. "Bailing out Unaccountability". *Economic and Political Weekly*, 22 dez. 2012.

CHOMSKY, Noam. *Powers and Prospects*. Londres: Pluto, 1999.

CHOPRA, Deepta. *National Rural Employment Guarantee Act (NREGA) in India: Towards an Understanding of Policy Spaces*. Cambridge: Departamento de Geografia, Universidade de Cambridge, 2010. Tese.

_____. "Policy Making in India: A Porous and Relational Process of 'State Craft'". *Pacific Affairs*, n. 84, 2011.

CHOPRA, S.; KHERA, R. *Cutting Delays in* NREGA *Wages*. [S.l]: [s.n.], 2012. Disponível em: <www.ideasforindia.in>.

CHOWDHURY, M.; BHUIYA, A.; CHOWDHURY, M. E.; RASHEED, S.; HUSSAIN, A. M. Z.; CHEN, L. C. *The Bangladesh Paradox: Exceptional Health Achievement despite Economic Poverty*. Bangladesh: Centro Internacional para Pesquisa em Doenças Diarreicas, 2012.

CHOWDHURY, Zafrullah. *The Politics of Essential Drugs: The Makings of a Successful Health Strategy: Lessons from Bangladesh*. Londres: Zed, 1995. Trabalho introdutivo para *Education for All: Global Monitoring Report 2005*.

CIDADÃOS PELOS DIREITOS DAS CRIANÇAS DE MENOS DE SEIS ANOS. *Focus on Children Under Six*. Disponível em: <www.righttofoodindia.org/data/rtf06focusreportabridged.pdf>.

CINISCALCO, Maria Teresa. *Teachers' Salaries*. [S.l.]: Unesco, 2004. Documento introdutivo para o Relatório de Monitoramento Global de Educação para Todos, 2005.

CLELAND, John. "Education and Future Fertility Trends, with Special Reference to Mid-Transitional Countries". *Relatório das Populações da ONU*, Edição especial, n. 48/49, 2002.

COMIM, Flavio. "Poverty and Inequality Reduction in Brazil throughout the Economic Crisis". *Ispi Analysis*, Milão, Instituto per gli Studi di Politica Internazionalen, n. 106, 2012.

COMIM, F.; AMARAL, P. "The Human Values Index: Conceptual Foundations and Evidence from Brazil". *Cambridge Journal of Economics*, 2012. Trabalho introdutivo para Relatório de Desenvolvimento Humano no Brasil.

COMISSÃO CENTRAL DE INFORMAÇÕES. *Annual Report 2011-12*. Nova Delhi: CIC, 2012.

COMISSÃO DE PLANEJAMENTO. *The First Five-Year Plan*. Nova Delhi: Comissão de Planejamento, 1951.

_____. *The Second Five-Year Plan*. Nova Delhi: Comissão de Planejamento, 1956.

_____. "Evaluation Study on Integrated Child Development Scheme", *Relatório PEO Report n. 218*. Nova Delhi: Organização de Avaliação de Programas; Comissão de Planejamento, 2011. (2011a)

COMISSÃO DE PLANEJAMENTO. *Faster, Sustainable and More Inclusive Growth: An Approach to the Twelfth Five-Year Plan*. Nova Delhi: Comissão de Planejamento, 2011. (2011b)

COMISSÃO ELEITORAL DA ÍNDIA. *Statistical Report of General Elections 2009*. Nova Delhi: Comissão Eleitoral da Índia, 2009.

COMITÊ JEEVAN REDDY. *Report of the Committee to Review the Armed Forces (Special Powers) Act, 1958*, 2005. Relatório enviado ao Governo da Índia. Disponível em: <www.hindu.com/nic/afa/>.

CONTI, G.; HECKMAN, J. J. *The Developmental Approach to Child and Adult Health*. Cambridge, MA: National Bureau of Economic Research, 2012. Documento de trabalho do NBER n. 18664.

CORBRIDGE, S.; HARRISS, J.; JEFFREY, C. *India Today: Economy, Politics and Society*. Cambridge: Polity Press, 2012.

CRESPO-CUARESMA, J.; SAMIR, K. C.; SAUER, P. "Gini Coefficients of Educational Attainment, Age Group Specific Trends in Educational (In) Equality". In: POPULATION ASSOCIATION OF AMERICA. San Francisco: [s.n.], 2012. Disponível em: <paa2012. princeton.edu>.

DA SILVA, V. A.; TERRAZAS, F. V."Claiming the Right to Health in Brazilian Courts: The Exclusion of the Already Excluded?". *Law and Social Enquiry*, n. 36, 2011.

DAMODARAN, Harish. *India's New Capitalists: Caste, Business, and Industry in a Modern Nation*. Ranikhet: Permanent Black, 2008.

DAS GUPTA, Monica. "Public Health in India: Dangerous Neglect". *Economic and Political Weekly*, 3 dez. 2005.

DAS GUPTA, M.; DESIKACHARI, B. R.; SHUKLA, R.; SOMANATHAN, T. V.; PADMANABAN, P.; DATTA, K. K. "How Might India's Public Health Systems be Strengthtened? Lessons from Tamil Nadu". *Economic and Political Weekly*, 6 mar. 2010.

DAS, Bhagwan. *Thus Spoke Ambedkar*. Nova Delhi: Navayana, 2010.

DAS, Gurcharan. *India Grows at Night: A Liberal Case for a Strong State*. Nova Delhi: Penguin, 2012.

DAS, J.; HAMMER, J. "Strained Mercy: Quality of Medical Care in Delhi". *Economic and Political Weekly*, 28 fev. 2004.

DAS, J.; HOLLA, A.; DAS, V.; MOHANAN, M.; TABAK, D.; CHAN, B. "In Urban and Rural India, a Standardized Patient Study Showed Low Levels of Provider Training and Huge Quality Gaps". *Health Affairs*, n. 31, 2012.

DATT, Gaurav. "Poverty in India and Indian States: An Update". *Indian Journal of Labour Economics*, n. 41, 1998.

DATT, G.; KOZEL, V.; RAVALLION, M. "A Model-Based Assessment of India's Progress in Reducing Poverty in the 1990s". *Economic and Political Weekly*, 25 jan. 2003.

DATT, G.; RAVALLION, M. "Why Have Some States Done Better than Others at Reducing Rural Poverty?". *Economica*, n. 65, 1998.

_____. "Shining for the Poor Too?". *Economic and Political Weekly*, 13 fev. 2010.

DE, A.; KHERA, R.; SAMSON, M.; SHIVA KUMAR, A. K. *PROBE Revisited: A Report on Elementary Education in India*. Nova Delhi: Oxford University Press, 2011.

DE, A.; SAMSON, M.; CHAKRAVARTY, A.; DAS, S. "Schooling for Children in Interstate Border Areas". Disponível em: <www.cordindia.com>.

DÉ, Shobhaa. *Superstar India*. Nova Delhi: Penguin, 2008.

DEATON, Angus. *The Great Escape: Health, Wealth and the Origins of Inequality*. Princeton: Princeton University Press, 2013.

DEATON, A.; DRÈZE, J. P. "Poverty and Inequality in India: A Reexamination". *Economic and Political Weekly*, n. 7 set. 2002.

_____. "Food and Nutrition in India: Facts and Interpretations". *Economic and Political Weekly*, 14 fev. 2009.

DEPARTAMENTO NACIONAL DE REGISTRO DE CRIMES. *Accidental Deaths and Suicides in India 2010*. Nova Delhi: NCRB, 2011. (2011a)

_____. *Crime in India 2010*. Nova Delhi: NCRB, 2011. (2011b)

DESAI, P. B. *Planning in India, 1951-78*. Nova Delhi: Vikas, 1979.

DESAI, S. B.; DUBEY, A.; JOSHI, B. L.; SEN, M.; SHARIFF, A.; VANNEMAN, R. *Human Development in India: Challenges for a Society in Transition*. Nova Delhi: Oxford University Press, 2010.

DEY, N.; DRÈZE, J.; KHERA, R. *Employment Guarantee Act: A Primer*. Nova Delhi: National Book Trust, 2006.

DHEERAJA, C.; RAO, K. H. *Changing Gender Relations: A Study of MGNREGS Across Different States*. Hyderabad: NIRD, 2010.

DIVISÃO DE POPULAÇÃO DA ONU. *World Population Prospects: The 2010 Revision*. Ed. CD--ROM. Nova York: ONU, 2011.

DORE, Ronald. *Education in Tokugawa Japan*. Londres: Routledge and Kegan Paul, 1965.

DRÈZE, Jean. "Right to Food and Public Accountability". *The Hindu*, 5 dez. 2001.

_____. "Democracy and the Right to Food". *Economic and Political Weekly*, 24 abr. 2004.

_____. "Dr. Ambedkar and the Future of Indian Democracy". *Indian Journal of Human Rights*, n. 9, 2005.

_____. "Universalization with Quality: ICDS in a Rights Perspective". *Economic and Political Weekly*, 26 ago. 2006. (2006a)

_____. *Tamil Nadu Viewed from the North*. In: Cidadãos pelas Crianças de Menos de Seis Anos, 2006. Disponível em: <www.righttofoodindia.org/data/rtf06focusreportabridged.pdf>.

_____. "Employment Guarantee and the Right to Work". In: JAYAL, N. G.; MEHTA, P. B. (Orgs.). *The Oxford Companion to Politics in India*. Nova Delhi: Oxford University Press, 2010.

_____. "The Bribing Game". *Indian Express*, 23 abr. 2011.

_____. "Poverty, Targeting and Food Security". *Seminar*, n. 634, 2012.

DRÈZE, J. P.; GAZDAR, H. "Uttar Pradesh: The Burden of Inertia". In: DRÈZE, J. P.; SEN, A. K. (Orgs.). *Indian Development: Selected Regional Perspectives*. Oxford: Oxford University Press, 1996.

DRÈZE, J. P.; GOYAL, A. "The Future of Midday Meals". *Economic and Political Weekly*, 1 nov. 2003.

DRÈZE, J. P.; KHERA, R. "Glucose for Lok Sabha?". *Hindustan Times*, 14 abr. 2008.

_____. "Mid-Day Meals in Primary Schools". In: KUMAR, A.; SINGH, A. P. (Orgs.). *Elementary Education in India: Issues and Challenges*. Nova Delhi: Uppal, 2009. (2009a)

_____. "The Battle for Employment Guarantee". *Frontline*, 3 jan. 2009. (2009b)

_____. "The BPL Census and a Possible Alternative". *Economic and Political Weekly*, 27 fev. 2010. (2010a)

_____. "Chhattisgarh Shows the Way". *The Hindu*, 13 nov. 2010. (2010b)

DRÈZE, J. P.; KHERA, R. "PDS Leakages: The Plot Thickens". *The Hindu*, 13 ago. 2011.
_____. "Regional Patterns of Human and Child Development". *Economic and Political Weekly*, 29 set. 2012. (2012a)
_____. "A Bill that Asks too Much of the Poor". *The Hindu*, 5 set. 2012. (2012b)
_____. *Rural Poverty and the Public Distribution System*. [S.l.]: Instituto de Crescimento Econômico; Universidade de Delhi, 2013. Não publicado.
DRÈZE, J. P.; KHERA, R.; SIDDHARTHA. "Corruption in NREGA: Myths and Reality". *The Hindu*, 22 jan. 2008.
DRÈZE, J. P.; MURTHI, M. "Fertility, Education and Development: Evidence from India". *Population and Development Review*, n. 27, 2001.
DRÈZE, J. P.; SEN, A. K. *Hunger and Public Action*. Oxford: Oxford University Press, 1989.
_____. *India: Economic Development and Social Opportunity*. Oxford: Oxford University Press, 1995.
_____. *India: Development and Participation*. Oxford: Oxford University Press, 2002.
_____ (Orgs.). *The Political Economy of Hunger*. Oxford: Oxford University Press, 1990. 3 v.
_____ (Orgs.). *Indian Development: Selected Regional Perspectives*. Oxford: Oxford University Press, 1996.
DUCLOS, P.; OKWO-BELE, J. M.; GACIC-DOBO, M.; CHERIAN, T. "Global Immunization: Status, Progress, and Future". *BMC International Health and Human Rights*, n. 9, 2009.
DUFLO, Esther. "Women's Empowerment and Economic Development". Cambridge, MA: Instituto Nacional de Pesquisa Econômica, 2011. Documento de trabalho n. 17 702.
DUNN, John. *Democracy: A History*. Nova York: Atlantic Monthly Press, 2005.
DUTTA, K.; ROBINSON, A. *Rabindranath Tagore: The Myriad-Minded Man*. Nova York: St. Martin's Press, 1995.
DUTTA, P.; HOWES, S.; MURGAI, R. "Small but Effective: India's Targeted Unconditional Cash Transfers". *Economic and Political Weekly*, 25 dez. 2010.
DUTTA, P.; MURGAI, R.; RAVALLION, M.; VAN DE WALLE, D. "Does India's Employment Guarantee Scheme Guarantee Employment?". *Economic and Political Weekly*, 21 abr. 2012.
_____. *Rozgar Guarantee? Assessing India's Biggest Anti-Poverty Program in India's Poorest State*. Washington, DC: Banco Mundial, 2012.
DYSON, Tim. "Infant and Child Mortality in the Indian Subcontinent, 1881-1947". In: BIDEAU, A.; DESJARDINS, B.; BRIGNOLI, H. P. (Orgs.). *Infant and Child Mortality in the Past*. Oxford: Clarendon Press, 1997.
DYSON, T.; MOORE, M. "On Kinship Structure, Female Autonomy, and Demographic Behavior in India". *Population and Development Review*, n. 9, 1983.
EDUCATIONAL INITIATIVES. *Quality Education Study*. Bangalore: Educacional Initiatives, 2011.
EL ARIFEEN, S. et al. *Community-Based Approaches and Partnerships: Innovations in Health Service Delivery in Bangladesh*. Daca: Centro Internacional para Pesquisa em Doenças Diarreicas, 2012. Não publicado.
EMRAN, M. S.; SHILPI, F. "Gender, Geography and Generations: Intergenerational Educational Mobility in Post-Reform India". In: Conferência IGC-ISI. Nova Delhi: [s.n.], 2012.
EQUIPE PROBE. *Public Report on Basic Education*. Nova Delhi: Oxford University Press, 1999.

ESCRITÓRIO DAS NAÇÕES UNIDAS SOBRE DROGAS E CRIME. *Rape at the National Level: Number of Police-Reported Offences*, 2013. Planilha. Disponível em: <www.unodc.org>. Acesso em: 21 jan. 2013.

ESCRITÓRIO NACIONAL DE PESQUISA POR AMOSTRAGEM — NSSO. *Key Indicators of Employment and Unemployment in India: NSS 66th Round (July 2009-June 2010)*. Nova Delhi: NSSO, 2011. (2011a)

_____. *Key Indicators of Household Consumer Expenditure in India 2009-2010*. Nova Delhi: NSSO, 2011. (2011b)

FAN, S.; GULATI, A.; THORAT, S. "Investment, Subsidies, and Pro-Poor Growth in Rural India". *Agricultural Economics*, n. 39, 2008.

FEDERAÇÃO NACIONAL DE MULHERES INDIANAS. *Socio-economic Empowerment of Women under NREGA*. Relatório ao Ministério de Desenvolvimento Rural, 2008.

FEHR, E.; FISCHBACHER, U. "Why Social Preferences Matter: The Impact of Non-selfish Motives on Competition, Cooperation and Incentives". *Economic Journal*, n. 112, 2000.

FERBER, M. A.; NELSON, J. A. (Orgs.). *Beyond Economic Man*. Chicago: Chicago University Press, 1993.

FERREIRA DE SOUZA, Pedro H. G. *Poverty, Inequality and Social Policies in Brazil, 1995-2009*. Brasília, DF: Centro Internacional de Políticas para o Crescimento Inclusivo, 2012. Documento de trabalho n. 87.

FERREIRA, F.; ROBALINO, D. "Social Protection in Latin America: Achievements and Limitations". Washington, DC: Banco Mundial, 2010. Documento de trabalho de Pesquisa de Políticas.

FERREIRA, F.; LEITE, P.; RAVALLION, M. "Poverty Reduction without Economic Growth? Explaining Brazil's Poverty Dynamics 1985-2004". *Journal of Development Economics*, n. 93, 2010.

FLEURY, Sonia. "Brazil's Health-Care Reform: Social Movements and Civil Society". *The Lancet*, n. 377, 2011.

FOLBRE, Nancy. "Hearts and Spades: Paradigms of Household Economics". *World Development*, n. 14, 1986.

FOSTER, J.; SEN, A. K. "On Economic Inequality after a Quarter Century". In: SEN, Amartya. *On Economic Inequality*. Oxford: Oxford University Press, 1997.

FRASER, Lovat. *Iron and Steel in India: A Chapter from the Life of Jamsetji N. Tata*. Bombaim: The Times Press, 1919.

FRIEDMAN, Milton. *A Memorandum to the Government of India*. Nova Delhi, 5 nov. 1955. Disponível em: <http://www.indiapolicy.org/debate/Notes/friedman.htm>.

FULLER, C. J. (Org.). *Caste Today*. Nova Delhi: Oxford University Press, 1997.

FUNDAÇÃO DE PESQUISAS DE CAUSAS PÚBLICAS. *State of Information Commissions in India: A Performance Evaluation*, 2009. Disponível em: <www.rtiawards.org>.

FUNDAÇÃO PARA EDUCAÇÃO PRATHAM. *Annual Status of Education Report (Rural) 2011, Provisional Report*. Bombaim: Fundação para Educação Pratham, 2012.

_____. *Annual Status of Education Report (Rural) 2012, Provisional Report*. Bombaim: Fundação para Educação Pratham, 2013.

FUNDO DE POPULAÇÃO DA ONU — UNFPA. *Trends in Sex Ratio at Birth and Estimates of Girls Missing at Birth in India (2001-2008)*. Nova Delhi: UNFPA, 2011.

_____. *State of World Population 2012: By Choice, not Chance: Family Planning, Human Rights and Development*. Nova York: UNFPA, 2012. (2012a)

FUNDO DE POPULAÇÃO DA ONU — UNFPA. *Sex Imbalances at Birth: Current Trends, Consequences and Policy Implications*. Bangcoc: UNFPA, 2012. (2012b)
GAIKWAD, Laxman. *The Branded: Uchalya*. Nova Delhi: Sahitya Akademi, 1998.
GAITONDE, R.; SHUKLA, A. "Setting Up Universal Health Care Pvt. Ltd.". *The Hindu*, 13 set. 2012.
GANDHI, A.; WALTON, M. "Where Do India's Billionaires Get Their Wealth?". *Economic and Political Weekly*, 6 out. 2012.
GANDHI, M. K. Editorial de *Harijan*, 11 set. 1937. Parcialmente reproduzido em Narayan, 1968. (1937a)
_____. Editorial de *Harijan*, 5 jun. 1937. Parcialmente reproduzido em Narayan, 1968. (1937b)
GARG, Samir. "Grassroot Mobilisation for Children's Nutrition Rights". *Economic and Political Weekly*, 26 ago. 2006.
GATADE, Subhash. "Schools of Discrimination". *Infochange*, jan. 2013.
GAURI, V.; VAWDA, A. "Vouchers for Education in Developing Economies: An Accountability Perspective". *World Bank Research Observer*, n. 19, 2004.
GEETHA, V. "Periyar, Women and an Ethic of Citizenship". *Economic and Political Weekly*, 25 abr. 1998.
GHOSH, Arunabha. "Pathways through Financial Crisis: India". *Global Governance*, n. 12. 2006.
GILL, Kaveri. *A Primary Evaluation of Delivery under the National Rural Health Mission*. Nova Delhi: Organização de Avaliações de Programas; Comissão de Planejamento, 2009. Documento de trabalho n. 1/2009.
GIRIDHARADAS, Anand. *India Calling: An Intimate Portrait of a Nation's Remaking*. Nova Delhi: Fourth Estate, 2011.
GLAESER, E.; LA PORTA, R.; LOPEZ-DE-SILANES, F.; SHLEIFER, A. "Do Institutions Cause Growth?". *Journal of Economic Growth*, n. 9, 2004.
GLUCK, Carol. *Japan's Modern Myths: Ideology in the Late Meiji Period*. Princeton: Princeton University Press, 1985.
GOPALDAS, Tara. "Hidden Hunger". *Economic and Political Weekly*, 26 ago. 2006.
GOVERNO DA ÍNDIA. *Report of the Health Survey and Development Committee*. Calcutá: India Press, 1946. 2 v.
_____. *National Policy on Education 1986*. Nova Delhi: Ministério de Desenvolvimento de Recursos Humanos, 1992.
_____. *Report of the Expert Group on Estimation of Proportion and Number of Poor*. Nova Delhi: Comissão de Planejamento, 1993.
_____. *Compendium of India's Fertility and Mortality Indicators 1971-1997*. Nova Delhi: Conservatória do Registo Civil, 1999.
_____. *Handbook of Industrial Policy and Statistics*. Nova Delhi: Ministério do Comércio e da Indústria, 2001. (2001a)
_____. *Economic Survey 2000-2001*. Nova Delhi: Ministério das Finanças, 2001. (2001b)
_____. *Report of the Task Force on Direct Taxes*. Nova Delhi: Ministério das Finanças, 2002. (2002a)
_____. *Report of the Task Force on Indirect Taxes*. Nova Delhi: Ministério das Finanças, 2002. (2002b)

GOVERNO DA ÍNDIA. *Report of the Task Force on Implementation of the Fiscal Responsibility and Budget Management Act, 2003*. Nova Delhi: Ministério das Finanças, 2004. (2004a)
_____. *Central Government Subsidies in India: A Report*. Nova Delhi: Ministério das Finanças, 2004. (2004b)
_____. *Social, Economic and Educational Status of the Muslim Minority of India: A Report*. Nova Delhi: Secretaria do Gabinete, 2006.
_____. *Sample Registration System Abridged Life Tables 2002-06*. Nova Delhi: Conservatória do Registo Civil, 2008.
_____. *State of Environment Report: India 2009*. Nova Delhi: Ministério do Meio Ambiente e Florestas, 2009. (2009a)
_____. *Sample Registration System: Statistical Report 2008*. Nova Delhi: Conservatória do Registo Civil, 2009. (2009b)
_____. *Report of the Expert Group to Review the Methodology for Estimation of Poverty*. Nova Delhi: Comissão de Planejamento, 2009. (2009c)
_____. *Sample Registration System, Statistical Report 2008*. Nova Delhi: Conservatória do Registo Civil, Ministério do Interior, 2009. Relatório 1/2008. (2009d)
_____. *Handbook of Labour Statistics*. Chandigarh: Ministério do Trabalho, 2010. (2010a)
_____. *Report on Employment and Unemployment Survey (2009-10)*. Chandigarh: Ministério do Trabalho, 2010. (2010b)
_____. *Wage Rates in Rural India*. Chandigarh: Ministério do Trabalho, 2010. (2010c)
_____. *High-Level Expert Group Report on Universal Health Coverage for India*. Nova Delhi: Comissão de Planejamento, 2011. (2011a)
_____. *Provisional Population Tables*. Nova Delhi: Conservatória do Registo Civil, 2011. Censo da Índia, 2011, Série 1. Documento 1 de 2011. (2011b)
_____. *Sample Registration Bulletin*. Nova Delhi: Conservatória do Registo Civil, 2011. (2011c)
_____. *Evaluation Report on Integrated Child Development Services*. Nova Delhi: Comissão de Planejamento, 2011. (2011d)
_____. *Annual Report 2011-12 on the Working of State Power Utilities and Electricity Departments*. Nova Delhi: Comissão de Planejamento, 2011. (2011e)
_____. *Selected Socio-Economic Statistics: India, 2011*. Nova Delhi: Ministério de Estatísticas e Implementação de Programas, 2011. (2011f)
_____. *Elementary Education in India under Government Managements 2009-10, Selected Tables Based on DISE 2009-10*. Nova Delhi: Universidade Nacional de Planejamento Educativo e Administração, 2011. (2011g)
_____. *Economic Survey 2010-11*. Nova Delhi: Ministério das Finanças, 2011. (2011h)
_____. *Special Bulletin on Maternal Mortality in India 2007-9*. Nova Delhi: Conservatória do Registo Civil, 2011. (2011i)
_____. *Economic Survey 2011-12*. Nova Delhi: Ministério das Finanças, 2012. (2012a)
_____. *MGNREGA Sameeksha: An Anthology of Research Studies on the Mahatma Gandhi National Rural Employment Guarantee Act, 2005*. Nova Delhi: Orient Blackswan, 2012. (2012b)
_____. *Press Note on Poverty Estimates, 2009-10*. Nova Delhi: Comissão de Planejamento, 2012. (2012c)
_____. *Report of the Committee on Roadmap for Fiscal Consolidation*. Nova Delhi: Ministério das Finanças, 2012. (2012d)

GOVERNO DA ÍNDIA. *Revenue Forgone Under the Central Tax System: Financial Years 2010-11 and 2011-12.* Nova Delhi: Ministério das Finanças, 2012. (2012e)

_____. *Agricultural Statistics at a Glance.* Nova Delhi: Ministério da Agricultura, 2012. (2012f)

_____. *Sample Registration Bulletin October 2012.* Nova Delhi: Conservatória do Registo Civil, 2012. (2012g)

_____. *Houses, Household Amenities and Assets, 2011.* 2012. Disponível em: <www.censusofindia.gov.in/2011census/hlo/hlo_highlights.htm>.

_____. *Sample Registration System Statistical Report 2011.* Nova Delhi: Conservatória do Registo Civil, 2012. (2012i)

_____. *SRS-based Abridged Life Tables 2003-7 to 2006-10.* Nova Delhi: Conservatória do Registo Civil, 2012. Disponível em: <www.censusindia.gov.in>. (2012j)

_____. *Economic Survey 2012-13.* Nova Delhi: Ministério das Finanças, 2013.

_____. *Sample Registration System Statistical Report.* Nova Delhi: Conservatória do Registo Civil, diversos anos.

GOVERNO DE MAHARASHTRA. *Dr. Babasaheb Ambedkar: Writings and Speeches.* 16 v. Org. de V. Moon. Bombaim: Departamento de Educação, 1979-98.

GOVINDA RAO, M. "Curing the Cancer of Concessions". *Financial Express*, 5 dez. 2011.

GOYAL, S.; PANDEY, P. "How Do Government and Private Schools Differ?". *Economic and Political Weekly*, 2 jun. 2012.

GRUPO DE ANÁLISE E AVALIAÇÃO RTI. *Safeguarding the Right to Information*, 2009. Disponível em: <www.rti-assessment.org>.

GRUPO DE ESTUDO MULTICÊNTRICO DE REFERÊNCIAS DE CRESCIMENTO DA OMS. "Assessment of Differences in Linear Growth Among Populations in the Multicentre Growth Reference Study". *Act Paediatrica*, Supl. 450, 2006.

GRUPO DE TRABALHO PELAS CRIANÇAS DE MENOS DE SEIS ANOS. "Strategies for Children Under Six". *Economic and Political Weekly*, 29 dez. 2007.

_____. *Strategies for Children Under Six: Update and Recommendations for the 12th Plan.* Nova Delhi: Public Health Resource Network, 2012.

GRUPO DE TRABALHO PELOS DIREITOS HUMANOS NA ÍNDIA; ONU. *Human Rights in India: Status Report 2012, Report prepared for the second Universal Periodic Review conducted by the United Nations Human Rights Council.* Nova Delhi: WGHR, 2012.

GUHA, Ramachandra. *India After Gandhi: The History of the World's Largest Democracy.* Londres: Macmillan, 2007.

_____. "Terminal Damage". *Hindustan Times*, 24 jul. 2012.

GUHA THAKURTA, P. "Manufacturing 'News'". *Economic and Political Weekly*, 2 abr. 2011.

GULATI, A.; NARAYANAN, S. *The Subsidy Syndrome in Indian Agriculture.* Nova Delhi: Oxford University Press, 2003.

GUPTA, Aashish. "The Old-Age Pension Scheme in Jharkhand and Chhattisgarh". *Economic and Political Weekly*, 24 ago. 2013.

GUPTA, Shalini. "Food Expenditure and Intake in the NSS 66th Round". *Economic and Political Weekly*, 14 jan. 2012.

HABERMAS, Jürgen. "Three Normative Models of Democracy". In: BENHABIB, Seyla (Org.). *Democracy and Difference: Contesting the Boundaries of the Political.* Princeton: Princeton University Press, 1996.

HALSTEAD, S. B. et al. (Orgs.). *Good Health at Low Cost*. Nova York: Fundação Rockefeller, 1985.
HAMMER, J.; AIYAR, Y.; SAMJI, S. "Understanding Government Failure in Public Health Services". *Economic and Political Weekly*, 6 out. 2007.
HANKLA, C. R. "Party Linkages and Economic Policy: An Examination of Indira Gandhi's India". *Business and Politics*, n. 8, 2006.
HANUSHEK, E. A.; WOESSMANN, L. "The Role of Cognitive Skills in Economic Development". *Journal of Economic Literature*, n. 46, 2008.
HAQ: CENTRO PARA DIREITOS DA CRIANÇA. *Says a Child... Who Speaks for my Rights? Parliament in Budget Session 2005*. Nova Delhi: HAQ, 2005.
HARRIS, F. R. *Jamsetji Nusserwanji Tata: A Chronicle of His Life*. 2. ed. Bombaim: Blackie, 1958.
HARRISS, J.; JEYARAJAN, J.; NAGARAJ, K. "Land, Labour and Caste Politics in Rural Tamil Nadu in the 20th Century". *Economic and Political Weekly*, 31 jul. 2010.
HART, Caroline Sarojini. *Aspirations, Education and Social Justice: Applying Sen and Bourdieu*. Londres: Bloomsbury, 2012.
HAZARIKA, G.; VIREN, V. "The Effect of Early Child Developmental Program Attendance on Future School Enrollment in Rural North India". *Economics of Education Review*, n. 34, 2013.
HAZARIKA, Sanjoy. "An Abomination Called AFSPA". *The Hindu*, 12 fev. 2013. (2013a)
_____. "It is Just Not Just". *Hindustan Times*, 11 mar. 2013. (2013b)
HECKMAN, James J. *Capability Formation, Early Intervention, and Long-Term Health*. In: Workshop de Pesquisa de Resultados, Universidade de Chicago, 1 out. 2008.
HELLER, Patrick. *The Labor of Development: Workers and the Transformation of Capitalism in Kerala, India*. Ithaca: Cornell University Press, 1999.
_____. "Degrees of Democracy: Some Comparative Lessons from India". *World Politics*, n. 52, 2000.
_____. "Democratic Deepening in India and South Africa". *Journal of Asian and African Studies*, n. 44, 2009.
HELPMAN, Elhanan. *The Mystery of Economic Growth*. Cambridge, MA: Harvard University Press, 2004.
HIMANSHU. "Wages in Rural India: Sources, Trends and Comparability". *Indian Journal of Labour Economics*, n. 48, 2005.
_____. "Recent Trends in Poverty and Inequality: Some Preliminary Results". *Economic and Political Weekly*, 10 fev. 2007.
_____. "Poverty and Food Security in India". In: Simpósio de Segurança dos Alimentos na Ásia e no Pacífico, 17-18 set. 2012, Vancouver. Vancouver: Universidade de British Columbia, 2012.
_____. "The Dubious Promise of Cash Transfers". *Livemint*, 14 mar. 2013.
HIMANSHU; LANJOUW, P.; MUKHOPADHYAY, A.; MURGAI, R. *Non-Farm Diversification and Rural Poverty Decline: A Perspective from Indian Sample Survey and Village Study Data*. Londres: Centro de Pesquisas Asiáticas; Escola de Economia de Londres, 2011. Documento de trabalho n. 44.
HIMANSHU; SEN, A. *In-kind Food Transfers: Impact on Poverty Reduction and Nutrition*. Nova Delhi: Universidade Jawaharlal Nehru, 2013. Não publicado.
HIRSCHMAN, Albert O. *Exit, Voice, and Loyalty: Responses to Decline in Firms, Organizations, and States*. Cambridge, MA: Harvard University Press, 1970.

HIRWAY, I.; BATABYAL, S. *MGNREGA and Women's Empowerment*. Nova Delhi: UN Women South Asia, 2011.

HORTON, Richard. "Offline: Universal Coverage, Universally". *The Lancet*, 20 out. 2012.

HOWES, S.; MURGAI, R. "Subsidies and Salaries: Issues in the Restructuring of Government Expenditure in India". In: HELLER, P.; RAO, Govinda M. (Orgs.). *A Sustainable Fiscal Policy for India: An International Perspective*. Nova Delhi: Oxford University Press, 2006.

HSIEH, C. T.; URQUIOLA, M. "The Effects of Generalized School Choice on Achievements and Stratification: Evidence from Chile's Voucher Program". *Journal of Public Economics*, n. 90, 2006.

HUNTINGTON, Samuel. *The Third Wave: Democratization in the Late Twentieth Century*. Norman; Londres: Universidade de Oklahoma, 1991.

ILAIAH, K. *Why I am not a Hindu*. Calcutá: Samya, 1996.

IMBERT, C.; PAPP, J. *Equilibrium Distributional Impacts of Government Employment Programs: Evidence from India's Employment Guarantee*. [S.l.]: Universidade Princeton, 2011. Não publicado.

INSTITUTO INTERNACIONAL DE CIÊNCIAS DA POPULAÇÃO — IIPS. *National Family Health Survey (NFHS-2): India*. Bombaim: IIPS, 2000.

_____. *National Family Health Survey (NFHS-3), 2005-06: India*. Bombaim: IIPS, 2007. (2007a)

_____. *2005-06 National Family Health Survey (NFHS-3): National Fact Sheet*. Bombaim: IIPS, 2007. (2007b)

_____. *National Family Health Survey (NFHS-3), 2005-06: State Reports*. Bombaim: IIPS, 2008.

_____. *District Level Household and Facility Survey (DLHS-3), 2007-08: India*. Bombaim: IIPS, 2010. (2010a)

_____. *District Level Household and Facility Survey (DLHS-3), 2007-08: State Reports*. Bombaim: IIPS, 2010. (2010b)

_____. *Comprehensive Nutrition Survey in Maharashtra 2012: Fact Sheet (Provisional Data)*. Bombaim: IIPS, 2012.

INSTITUTO NACIONAL DE PESQUISA E TREINAMENTO POPULACIONAL. *Bangladesh Demographic and Health Survey 2007*. Daca; Bangladesh; Calverton, MD: Instituto Nacional de Pesquisa e Treinamento Populacional; Mitra and Associates; Macro International, 2009.

INSTITUTO VERIFICADOR DE CIRCULAÇÃO. *National and Statewise Trends 2010*. Disponível on-line. Acesso em: dez. 2011.

ISAAC, T.; THARAKAN, M. "Kerala: Towards a New Agenda". *Economic and Political Weekly*, 5 ago. 1995.

JAIN, Monica. *India's Struggle against Malnutrition: Is the ICDS Program the Answer?* Riverside: Universidade da Califórnia; Departamento de Economia, 2012. Não publicado. Disponível em: <http://monica-jain.com/wp-content/uploads/2011/10/Job-Market-Paper_Monica-Jain1.pdf>.

JAIN, P. S.; DHOLAKIA, R. H. "Feasibility of Implementation of Right to Education Act". *Economic and Political Weekly*, 20 jun. 2010.

JALAN, Bimal. "Indira Gandhi". In: BASU, K.; MAERTENS, A. *The New Oxford Companion to Economics in India*. Nova Delhi: Oxford University Press, 2012.

JANSEN, Marius B. *The Making of Modern Japan*. Cambridge, MA: Harvard University Press, 2002.

_____ (Org.). *The Cambridge History of Japan. Vol 5: The Nineteenth Century*. Cambridge, MA: Cambridge University Press, 1989.

JANSEN, M. B.; ROZMAN, G. (Orgs.). *Japan in Transition: From Tokugawa to Meiji*. Princeton: Princeton University Press, 1986.

JAYACHANDRAN, S.; PANDE, R. *Parental Preferences as a Cause of India's High Rate of Child Stunting*. [S.l.]: Universidade Harvard, 2013. Não publicado.

JAYADEV, A.; MOTIRAM, S.; VAKULABHARANAM, V. "Patterns of Wealth Disparities in India during the Liberalisation Era". *Economic and Political Weekly*, 22 set. 2007.

JAYARAJ, D.; SUBRAMANIAN, S. "A Chakravarty-D'Ambrosio View of Multidimensional Deprivation: Some Estimates for India". *Economic and Political Weekly*, 6 fev. 2010.

_____. "On the Interpersonal Inclusiveness of India's Consumption Expenditure Growth". *Economic and Political Weekly*, 10 nov. 2012.

JAYARAMAN, R.; SIMROTH, D. *The Impact of School Lunches on Primary School Enrolment: Evidence from India's Midday Meal Scheme*. Berlim: Escola Europeia de Gerenciamento e Tecnologia, 2011. Documento de trabalho n. 11-11.

JEFFREY, Robin. *India's Newspaper Revolution*. Nova Delhi: Oxford University Press, 2000.

_____. "Missing from the Indian Newsroom". *The Hindu*, 9 abr. 2012.

JHA, P.; KESLER, M. A.; KUMAR, R.; RAM, F.; RAM, U.; ALEKSANDROWICZ, L.; BASSANI, D. G.; CHANDRA, S.; BANTHIA, J. K. "Trends in Selective Abortions of Girls in India: Analysis of Nationally Representative Birth Histories from 1990 to 2005 and Census Data from 1991 to 2011". *The Lancet*, n. 377, 2011.

JHA, Prabhat et al. "21st-Century Hazards of Smoking and Benefits of Cessation in the United States". *The New England Journal of Medicine*, n. 368, 2013.

JHA, S.; RAMASWAMI, B. *How Can Food Subsidies Work Better? Answers from India and the Philippines*. Manila: Banco de Desenvolvimento Asiático, 2010. Documento de trabalho n. 221.

JOHN, M.; KAUR, R.; PALRIWALA, R.; RAJU, S. "Dispensing with Daughters: Technology, Society, Economy in North India". *Economic and Political Weekly*, 11 abr. 2009.

JOHN, T. J.; CHOUDHURY, P. "Accelerating Measles Control in India". *Indian Pediatrics*, n. 46, 2009.

JOSE, Jijo. "The PDS Learning Curve". *Down to Earth*, 18 ago. 2011.

JOSEPH, Shaji. "Power of the People: Political Mobilisation and Guaranteed Employment". *Economic and Political Weekly*, 16 dez. 2006.

JOSHI, Anuradha. "Do Rights Work? Law, Activism, and the Employment Guarantee Scheme". *World Development*, n. 38, 2010.

JOSHI, V.; LITTLE, I. M. D. *India: Macroeconomics and Political Economy 1964-1991*. Washington, DC: Banco Mundial, 1994.

J-PAL. "The Price is Wrong: Charging Small Fees Dramatically Reduces Access to Important Products for the Poor". Relatório J-PAL. [S.l.]: Laboratório de Ação contra a Pobreza Abdul Latif Jameel; Instituto de Tecnologia de Massachusetts, abr. 2011. Disponível em: <www.povertyactionlab.org/publication/the-price-iswrong>.

JUDT, Tony. *Ill Fares the Land*. Nova York: Penguin, 2010.

JURBERG, C.; HUMPHREYS, G. "Brazil's March Towards Universal Coverage". Relatório OMS, n. 88, 2010.

KABEER, Naila. "Between Affiliation and Autonomy: Navigating Pathways of Women's Empowerment and Gender Justice in Rural Bangladesh". *Development and Change*, n. 42, 2011.

KANDPAL, Eeshani. "Beyond Average Treatment Effects: Distribution of Child Nutrition Outcomes and Program Placement in India's ICDS". *World Development*, n. 39, 2011.

KANNAN, K. P.; RAVEENDRAN, G. "Growth Sans Employment: A Quarter Century of Jobless Growth in Indian Manufacturing". *Economic and Political Weekly*, 7 mar. 2009.

KAPOOR, Radhicka. "Inequality Matters". *Economic and Political Weekly*, 12 jan. 2013.

KAPUR, D.; MEHTA, P. B. (Orgs.). *Public Institutions in India: Performance and Design*. Nova Delhi: Oxford University Press, 2005.

KARVE, Irawati. *Kinship Organization in India*. Bombaim: Asia Publishing House, 1968.

KAUSHIK, A.; PAL, R. "How Representative Has the Lok Sabha Been?". *Economic and Political Weekly*, 12 maio 2012.

KAVITA RAO, R. "Revenue Foregone Estimates: Some Analytical Issues". *Economic and Political Weekly*, 30 mar. 2013.

KEER, Dhananjay. *Dr Ambedkar: Life and Mission*. 3. ed. Bombaim: Popular Prakashan, 1971.

KHERA, Reetika. "Mid-day Meals in Primary Schools: Achievements and Challenges". *Economic and Political Weekly*, 18 nov. 2006.

_____. "The UID Project and Welfare Schemes". *Economic and Political Weekly*, 26 fev. 2011. (2011a)

_____. "Trends in Diversion of Grain from the Public Distribution System". *Economic and Political Weekly*, 21 maio 2011. (2011b)

_____. "Revival of the Public Distribution System: Evidence and Explanations". *Economic and Political Weekly*, 5 nov. 2011. (2011c)

_____ (Org.). *The Battle for Employment Guarantee*. Nova Delhi: Oxford University Press, 2011. (2011d)

_____. "Tamil Nadu's Striking Progress in Welfare". Disponível em: <www.indiatogether.org/2012/sep/gov-tnwelfare.htm>.

KHERA, R.; MUTHIAH, K. "Slow but Steady Success". *The Hindu*, 25 abr. 2010.

KHERA, R.; NAYAK, N. "Women Workers and Perceptions of the National Rural Employment Guarantee Act". *Economic and Political Weekly*, 24 out. 2009. Reimp. em KHERA, 2011d.

KIDAMBI, Sowmya. "Termites, Earthworms, and Other Organic Gardeners". *Seminar*, n. 625, 2011.

KINGDON, Geeta. *The Implications of the Sixth Pay Commission on Teacher Salaries in India*. [S.l.]: Universidade de Cambridge, Faculdade de Educação, 2010. Documento de trabalho RECOUP n. 29.

KINGDON, G.; SIPAHIMALANI-RAO, V. "Para Teachers in India: Status and Impact". *Economic and Political Weekly*, 20 mar. 2010.

KISHOR, K.; GUPTA, K. *Gender Equality and Women's Empowerment in India*. Bombaim: IIPS, 2009.

_____. "Women's Empowerment in India and its States: Evidence from the NFHS". *Economic and Political Weekly*, 14 fev. 2004.

KLONNER, S.; OLDIGES, C. "Can an Employment Guarantee Alleviate Poverty? Evidence from India's National Rural Employment Guarantee Act". [S.l.]: Universidade de Heidelberg, 2013. Rascunho.

KNAUL, F. M. et al. "The Quest for Universal Health Coverage: Achieving Social Protection for All in Mexico". *The Lancet*, n. 380, 2012.

KOEHLMOOS, T. P.; ISLAM, Z.; ANWAR, S.; HOSSAIN, S. A. S.; GAZI, R.; STREATFIELD, P. K.; BHUIYA, A. U. *Health Transcends Poverty: The Bangladesh Experience*. In: BALABANOVA et al., 2011.

KOHLI, Atul. *Poverty amid Plenty in the New India*. Cambridge: Cambridge University Press, 2012.

KOHLI, Vanita. *The Indian Media Business*. Nova Delhi: Sage, 2006.

KOTWAL, A.; MURUGKAR, M.; RAMASWAMI, B. "PDS Forever?". *Economic and Political Weekly*, 21 maio 2012.

KOTWAL, A.; ROY CHAUDHURI, A. "Why is Poverty Declining so Slowly in India?". In: Jubileu de Prata da Conferência do Instituto Indira Gandhi de Pesquisa de Desenvolvimento. Bombaim, 2013.

KOTWAL, A.; RAMASWAMI, B.; WADHWA, W. "Economic Liberalization and Indian Economic Growth: What's the Evidence?". *Journal of Economic Literature*, n. 49, 2011.

KRAVDAL, Øystein. "Child Mortality in India: The Community-level Effect of Education". *Population Studies*, n. 58, 2004.

KREMER, M.; MURALIDHARAN, K.; CHAUDHURY, N.; HAMMER, J.; ROGERS, F. H. "Teacher Absence in India: A Snapshot". *Journal of the European Economic Association*, n. 3, 2005.

KRISHNA, Raj. "Assessing India's Economic Development". *Mainstream*, 25 out. 1982.

KRUKS-WISNER, Gabrielle. "Seeking the Local State: Gender, Caste and the Pursuit of Public Services in Post-Tsunami India". *World Development*, n. 39, 2011.

_____. "How Rural India Negotiates with the State". *Business Line*, 3 jul. 2012.

_____. *Claiming the State: Citizen-State Relations and Public Service Delivery in Rural India*. Cambridge: MIT, 2013. Tese (ph.D., Departamento de Ciências Políticas).

KUMAR, S.; SATHYANARAYANA, K. M. "District-Level Estimates of Fertility and Implied Sex Ratio at Birth in India". *Economic and Political Weekly*, 18 ago. 2012.

KUMAR, Sanjay. "Patterns of Political Participation: Trends and Perspective". *Economic and Political Weekly*, 26 set. 2009.

LADD, Helen F. "School Vouchers: A Critical Review". *Journal of Economic Perspectives*, n. 16, 2002.

LAHOTI, R.; SUCHITRA, J. Y.; GOUTAM, P. "Subsidies for Whom? The Case of LPG in India". *Economic and Political Weekly*, 3 nov. 2012.

LENAGALA, C.; RAM, R. "Growth Elasticity of Poverty: Estimates from New Data". *International Journal of Social Economics*, n. 37, 2010.

LEVINE, R. A.; LEVINE, S.; SCHNELL-ANZOLA, B.; ROWE, M. E.; DEXTER, E. *Literacy and Mothering: How Women's Schooling Changes the Lives of the World's Children*. Oxford: Oxford University Press, 2012.

LEWIS, David. *Bangladesh: Politics, Economics and Civil Society*. Cambridge: Cambridge University Press, 2011.

LI, Xingxing. "Bribery and the Limits of Game Theory: The Lessons from China". Disponível em: <http:/blogs.ft.com>.

LIN CHEN; DE HAAN, A.; ZHANG, X.; WARMERDAM, W. "Addressing Vulnerability in an Emerging Economy: China's New Cooperative Medical Scheme (NCMS)". *Canadian Journal of Development Studies*, n. 32, 2012.

LIU, Y.; BARRETT, C. "Heterogeneous Pro-Poor Targeting in the National Rural Employment Guarantee Scheme". *Economic and Political Weekly*, 9 mar. 2013.

LIU, Y.; DEININGER, K. "Poverty Impacts of India's National Rural Employment Guarantee Scheme: Evidence from Andhra Pradesh". In: Reunião da Associação de Economia Aplicada à Agricultura, 25-27 jul. 2010, Denver.

LLOYD-SHERLOCK, P. "Social Policy and Inequality in Latin America". *Social Policy and Administration*, n. 43, 2009.

LOKHANDE, Sandesh. *Social Security Pensions in Maharashtra: A Case Study*. Nova Delhi: Instituto Indiano de Tecnologia, 2013. Não publicado.

MACAUSLAN, Ian. "India's National Rural Employment Guarantee Act: A Case Study of How Change Happens". In: GREEN, D. (Org.). *From Poverty to Power: How Active Citizens and Effective States Can Change the World*. Oxford: OXFAM International, 2008.

MAHENDRA DEV, S.; RANADE, A. *Employment Guarantee Scheme and Employment Security*. In: MAHENDRA DEV et al., 2001.

MAHENDRA DEV, S.; ANTONY, P.; GAYATHRI, V.; MAMGAIN, R. P. (Orgs.). *Social and Economic Security in India*. Nova Delhi: Instituto de Desenvolvimento Humano, 2001.

MAHMUD, Simeen. "Is Bangladesh Experiencing a Feminization of the Labor Force?". *Bangladesh Development Studies*, n. 29, 2003.

MAHMUD, Wahiduddin. "Social Development in Bangladesh: Pathways, Surprises and Challenges". *Indian Journal of Human Development*, n. 2, 2008.

MAJUMDAR, M.; RANA, K. "In Defence of Public Education: Voices from West Bengal". *Economic and Political Weekly*, 6 out. 2012.

MAJUMDAR, Swapna. *Forced Hysterectomies, Unscrupulous Doctors*, 2013. Disponível em: <southasia.oneworld.net>.

MANGATTER, Silvia. *Does the Mahatma Gandhi National Rural Employment Guarantee Act (MGNREGA) Strengthen Rural Self-Employment in Bolpur Subdivision (West Bengal, India)?* Marburgo: Universidade de Marburgo, Faculdade de Economia, 2011. Dissertação de Mestrado.

MARULASIDDAPPA, M.; RAONKA, P.; SABHIKHI, I. *Social Security Pensions for the Elderly: A Case Study*. [S.l.]: Universidade de Allahabad, Unidade de Planejamento e Desenvolvimento, 2013. Não publicado.

MAZUMDAR, I.; NEETHA, N. "Gender Dimensions: Employment Trends in India, 1993-94 to 2009-10". *Economic and Political Weekly*, 22 out. 2011.

MCCRINDLE, J. W. *Ancient India as Described by Ptolemy*. Londres: Trübner & Co., 1885.

MEENAKSHI, Swathi. "Universalism for Real: The PDS in Tamil Nadu and Himachal Pradesh". Parcialmente reproduzido em *The Tribune*, 7 set. 2011.

MEHROTRA, Santosh. "Child Malnutrition and Gender Discrimination in South Asia". *Economic and Political Weekly*, 11 mar. 2006.

MEHTA, Pratap Bhanu. "Breaking the Silence: Why We Don't Talk about Inequality — And How to Start Again". *Caravan*, 1 out. 2012.

MELLSTRÖM, C.; JOHANNESSON, M. "Crowding Out in Blood Donation: Was Titmuss Right?". *Journal of the European Economic Association*, n. 6, 2008.

MICRONUTRIENT INITIATIVE; UNICEF. *Vitamin and Mineral Deficiency: A Global Progress Report*. Ottawa: Iniciativa Micronutrient, 2004.

MICRONUTRIENT INITIATIVE; UNICEF. *Investing in the Future: A United Call to Action on Vitamin and Mineral Deficiencies*. Ottawa: Iniciativa Micronutriente, 2009.

MILL, J. S. *On Liberty*. Harmondsworth: Penguin, 1859. Reimp. 1974.

MILLER, Barbara D. *The Endangered Sex: Neglect of Female Children in Rural North India*. Ithaca: Cornell University Press, 1981.

_____. "Changing Patterns of Juvenile Sex Ratios in Rural India, 1961 to 1971". *Economic and Political Weekly*, 3 jun. 1989.

MISHRA, Pankaj. "How India is Turning into China: And Not in a Good Way". *New Republic*, 31 dez. 2012

MOKYR, J. *The Gifts of Athena*. Princeton: Princeton University Press, 2002.

MOORE, M.; JADHAV, V. "The Politics and Bureaucratics of Rural Public Works: Maharashtra's Employment Guaranteed Scheme". *Journal of Development Studies*, n. 42, 2006.

MUDGAL, Vipul. "Rural Coverage in the Hindi and English Dailies". *Economic and Political Weekly*, 27 ago. 2011.

MUKERJI, S.; WADHWA, W. "Do Private Schools Perform Better than Public Schools? Evidence from Rural India". In: LV Conferência Anual da Sociedade Educacional Internacional e Comparativa, Montreal, 2012.

MUKERJI, S.; WALTON, M. "Learning the Right Lessons: Measurement, Experimentation and the Need to Turn India's Right to Education Act Upside-Down". In: IDFC FOUNDATION. *India Infrastructure Report 2012: Private Sector in Education*. Nova Delhi: Routledge India, 2012.

MUKHERJEE, Soumik. "I Democratic Protest. 8,000 Sedition Cases. Is this a Free Country?". *Tehelka*, 8 set. 2012.

MURALEEDHARAN, V. R.; DASH, U.; GILSON, L. *Tamil Nadu 1980s-2005: A Success Story in India*. In: BALABANOVA et al. (Orgs.), 2011.

MURALIDHARAN, Karthik. *Teacher and Medical Worker Incentives*, 2012. In: BASU; MAERTENS, 2012. (2012a)

_____. *Priorities for Primary Education Policy in India's 12th Five Year Plan*. Universidade de San Diego, Departamento de Economia. A ser publicado em NCAER-BROOKINGS, *Fórum de Políticas da Índia*, 2013. Nova Delhi: NCAER, 2012. (2012b)

MURALIDHARAN, K.; PRAKASH, N. "Cycling to School: Increasing Secondary School Enrollment for Girls in India". In: Conferência Anual de Crescimento e Desenvolvimento, Instituto Estatístico da Índia, Nova Delhi, dez. 2012.

MURTHI, M.; GUIO, A. M.; DRÈZE, J. P. "Mortality, Fertility and Gender Bias in India: A District Level Analysis". *Population and Development Review*, n. 21, 1995.

NAGARAJ, R. "Fall in Manufacturing Employment: A Brief Note". *Economic and Political Weekly*, 24 jul. 2004.

NAGARAJ, R. "Public Sector Performance since 1950: A Fresh Look". *Economic and Political Weekly*, 24 jun. 2006.

_____. "Growth in Organised Manufacturing Employment: A Comment". *Economic and Political Weekly*, 19 mar. 2011.

NANDRAJ, Sunil "Unhealthy Prescriptions: The Need for Health Sector Reform in India". *Informing and Reforming, Newsletter of the International Clearinghouse of Health System Reform Initiatives*, n. 2, 1997.

NANDRAJ, Sunil "Unhealthy Prescriptions: The Need for Health Sector Reform in India". Unregulated and Unaccountable: Private Health Providers". *Economic and Political Weekly*, 4 jan. 2012.

NANDRAJ, S.; MURALEEDHARAN, V. R.; BARU, R. V.; QADEER, I.; PRIYA, R. *The Private Health Sector in India*. Bombaim: CEHAT, 2001.

NARAYAN, Shriman (Org.). *Selected Works of Mahatma Gandhi*. Ahmedabad: Navajivan Publishing House, 1968. v. 6: *The Voice of Truth*.

NARAYANA, D. "Review of the Rashtriya Swasthya Bhima Yojana". *Economic and Political Weekly*, 17 jul. 2010.

NARAYANAN, Sudha. *Child Development as an "Investment"*. In: CIDADÃOS PELAS CRIANÇAS DE MENOS DE SEIS ANOS, 2006.

_____. "Employment Guarantee, Women's Work and Child Care". *Economic and Political Weekly*, 1 mar. 2008.

_____. "A Case for Reframing the Cash Transfer Debate in India". *Economic and Political Weekly*, 21 maio 2011.NAWANI, Disha. "Continuously and Comprehensively Evaluating Children". *Economic and Political Weekly*, 12 jan. 2013.

NOORANI, A. G. "How the Political Class has Looted India". *The Hindu*, 30 jul. 2012.

NORES, M.; BARNETT, W. S. "Benefits of Early Childhood Interventions Across the World: (Under) Investing in the Very Young". *Economics of Education Review*, n. 29, 2010.

NORTH, Douglass. *Institutions, Institutional Change and Economic Perfomance*. Cambridge: Cambridge University Press, 1990.

OCDE. *Education at a Glance 2011: OECD Indicators*. Paris: OCDE, 2011.

O'HANLON, Rosalind. *A Comparison between Women and Men: Tarabai Shinde and the Critique of Gender Relations in Colonial India*. Madras: Oxford University Press, 1994.

OHKAWA, K.; ROSOVSKY, H. *Japanese Economic Growth: Trend Acceleration in the Twentieth Century*. Stanford: Stanford University Press, 1973.

OMVEDT, Gail. *Ambedkar: Towards an Enlightened India*. Nova Delhi: Penguin, 2004.

_____. *Seeking Begumpura: The Social Vision of Anticaste Intellectuals*. Nova Delhi: Navayana, 2008.

_____. *Understanding Caste: From Buddha to Ambedkar and Beyond*. Nova Delhi: Orient Blackswan, 2010.

OOMMEN, M. A. "Development Policy and the Nature of Society: Understanding the Kerala Model". *Economic and Political Weekly*, 28 mar. 2009.

_____ (Org.). *Rethinking Development: Kerala's Development Experience*. Nova Delhi: Concept, 1999.

ORENSTEIN, Mitchell A. "Postcommunist Welfare States". *Journal of Democracy*, n. 19, 2008.

ORGANIZAÇÃO DAS NAÇÕES UNIDAS. *Sex Differentials in Childhood Mortality*. Nova York: ONU, Divisão de População, 2011.

ORGANIZAÇÃO INTERNACIONAL DO TRABALHO — OIT. *Global Wage Report 2012-13*. Genebra: OIT, 2012.

ORGANIZAÇÃO NACIONAL DE PESQUISA POR AMOSTRAGEM. *Morbidity, Health Care and the Condition of the Aged: NSS 60th Round (January-June 2004)*. Nova Delhi: NSSO, 2006. Relatório n. 507.

OSMANI, Siddiq R. *Social Security in South Asia*. In: AHMAD, S. E.; DRÈZE, J. P.; HILLS, J.; SEN, A. K. (Orgs.). *Social Security in Developing Countries*. Oxford: Oxford University Press, 1991.

_____. "Towards Achieving the Right to Health". *Bangladesh Development Studies*, n. 33, 2010.

_____ (Org.). *Nutrition and Poverty*. Oxford: Oxford University Press, 1992.

OSMANI, S. R.; SEN, A. K. "The Hidden Penalties of Gender Inequality: Fetal Origins of Ill-Health". *Economics and Human Biology*, n. 1, 2003.

OXFAM INTERNATIONAL. *Serve the Essentials: What Governments and Donors Must Do to Improve South Asia's Essential Services*. Nova Delhi: OXFAM India Trust, 2006.

PADEL, F.; DAS, S. *Out of this Earth: East India Adivasis and the Aluminium Cartel*. Nova Delhi: Orient Blackswan, 2010.

PAIM, J.; TRAVASSOS, C.; ALMEIDA, C.; BAHIA, L.; MACINKO, J. "The Brazilian Health System: History, Advances, and Challenges". *The Lancet*, n. 377, 2011.

PANDAY, Pranab Kumar. "Representation without Participation: Quotas for Women in Bangladesh". *International Political Science Review*, n. 29, 2008.

PANDEY, Brijesh. "Ganga Dammed". *Tehelka*, 2 jun. 2012.

PANKAJ, A.; TANKHA, R. "Empowerment Effects of the NREGS on Women Workers: A Study in Four States". *Economic and Political Weekly*, 24 jul. 2010.

PAPP, John. *Essays on India's Employment Guarantee*. Princeton: Universidade de Princeton, 2012. Tese de ph.D.

PARIKH, Kirit. "The Logic of the Expert Group Report on Petroleum Prices". *Economic and Political Weekly*, 15 maio 2010.

PARKER, John. "Development in India: A Tale of Two Villages". *The Economist*, 17 nov. 2012.

PARTHASARATHI, Prasannan. *Why Europe Grew Rich and Asia Did Not: Global Economic Divergence 1600-1850*. Cambridge: Cambridge University Press, 2011.

PATEL, I. G. "Free Enterprise in the Nehru Era". In: TRIPATHI, D. (Org.). *State and Business in India: A Historical Perspective*. Delhi: Manohar, 1987.

_____. *Glimpses of Economic Policy: An Insider's View*. Nova Delhi: Oxford University Press, 2002.

PATNAIK, Prabhat. "Markets, Morals and the Media". In: Palestra de Convocação, Asian College of Journalism, Xenai, 2002.

PAUL, S.; BALAKRISHNAN, S.; THAMPI, G. K.; SEKHAR, S.; VIVEKANANDA, M. *Who Benefits from India's Public Services?* Nova Delhi: Academic Foundation, 2006.

PAUL, V. K.; SACHDEV, H. S.; MAVALANKAR, D.; RAMACHANDRAN, P.; SANKAR, M. J.; BHANDARI, N.; SREENIVAS, V.; SUNDARARAMAN, T.; GOVIN, D.; ORSIN, D.; KIRKWOOD, B. "Reproductive Health, and Child Health and Nutrition in India: Meeting the Challenge". *The Lancet*, n. 377, 2011.

PERIYAR, E. V. R. *Social Reform or Social Revolution?* Xenai: Dravidar Kazhagam, 1965.

PESQUISA E AÇÃO INTEGRADAS PARA O DESENVOLVIMENTO. *Taming Diesel Subsidy to Curtail Inflation and Foster Economic Growth*. Nova Delhi: IRADe, 2012.

PIERRI, Gastón "Development Strategies and Law in Latin America: Argentine, Brazilian and Chilean Conditional Cash Transfer Programs in Comparative Perspective". [S.l.]: Instituto Universitario de Análisis Económico y Social; Universidade de Alcala, 2012. Documento de trabalho n. 05/2012.

PIKETTY, T.; QIAN, N. "Income Inequality and Progressive Income Taxation in China and India, 1986-2015". *American Economic Journal: Applied Economics*, n. 1, 2009.

PRASAD, Chandra Bhan. "Shades of Mobility". *Outlook*, 31 out. 2011.
PRATICHI TRUST. *The Pratichi Education Report*. Delhi: Pratichi Trust; TLM, 2012.
_____. *The Pratichi Health Report*. Delhi: Pratichi Trust; TLM, 2005.
_____. *The Pratichi Education Report II — Primary Education in West Bengal: Changes and Challenges*. Delhi: Pratichi Trust; TLM, 2009. (2009a)
_____. *The Pratichi Child Report*. Delhi: Pratichi Trust; TLM, 2009. (2009b)
_____. *The Pratichi Report on Mid-Day Meal: The Mid-Day Programme in Urban Primary and Rural Upper Primary Schools in West Bengal*. Delhi; Calcutá: Pratichi Trust.
_____. *A Child's View of the World*. Calcutá: Pratichi Trust; Child Rights and You, 2012. (2012a)
_____. *The Joy of Reading, Report of a series of children's reading festivals*. Calcutá: Pratichi Trust; Child Rights and You, 2012. (2012b)
PRAYAS ENERGY GROUP. "Ensuring Electricity for All: Overcoming Structural Disincentive". In: Painel *Electricity for All: Approaches and Challenges* no Instituto Giri de Estudos de Desenvolvimento. *Lucknow*, 28 set. 2012.
PRICE WATERHOUSE COOPERS. *Understanding the "Key Issues and Constraints" in Implementing the RTI Act*. Nova Delhi: PwC, 2009.
PRITCHETT, L.; BEATTY, A. *The Negative Consequences of Overambitious Curricula in Developing Countries*. [S.l.]: Universidade Harvard, Kennedy School of Government, 2012. Documento de trabalho RWP12-035.
PRITCHETT, L.; MURGAI, R. *Teacher Compensation*. In: CONSELHO NACIONAL DE PESQUISA EM ECONOMIA APLICADA. *India Policy Forum 2006/07*. Nova Delhi: Sage, 2007.
PRITCHETT, L.; PANDE, V. "Making Primary Education Work for India's Rural Poor". *Social Development Papers, South Asia Series*, n. 95. Washington, DC: Banco Mundial, 2006.
PROGRAMA DE DESENVOLVIMENTO DA ONU. *Human Development Report 2010*. Nova York: UNDP, 2011.
PRS LEGISLATIVE RESEARCH. "Data from State Assemblies: Some Trends", 2011. Disponível em: <www.prsindia.org>. Acesso em: 1 jan. 2013.
PURI, Raghav. "Reforming the Public Distribution System: Lessons from Chhattisgarh", *Economic and Political Weekly*, 4 fev. 2012.
QUN MENG et al. "Trends in Access to Health Services and Financial Protection in China between 2003 and 2011: A Cross-Sectional Study". *The Lancet*, n. 379, 2012.
RAJAKUMAR, J. Dennis. "Size and Growth of Private Corporate Sector in Indian Manufacturing". *Economic and Political Weekly*, 20 abr. 2011.
RAJAN, Raghuram. *Is There a Threat of Oligarchy in India?* In: Discurso à Câmara de Comércio de Bombaim durante a Celebração do Dia dos Fundadores, 10 set. 2008. Disponível em: <http://faculty.chicagobooth.edu/raghuram.rajan>.
RAJASEKHAR, D.; BERG, E.; GHATAK, M.; MANJULA, R.; ROY, S. "Implementing Health Insurance: The Rollout of Rashtriya Swasthya Bhima Yojana in Karnataka". *Economic and Political Weekly*, 14 maio 2011.
RAM, N. *An Independent Press and Anti-Hunger Strategies*. In: DRÈZE; SEN, 1990.
_____. "The Changing Role of the News Media in Contemporary India". Discurso ao presidente da seção Índia Contemporânea do Congresso de História da Índia, 72ª sessão. Patiala, 10 dez. 2011.

RAM, N. "Sharing the Best and the Worst: The Indian News Media in a Global Context". Palestra no James Cameron Memorial na City University. Londres, 3 out. 2012.
RAMACHANDRAN, Nira. "Women and Food Security in South Asia". In: GUHA-KHASNOBIS, B. et al. (Orgs.). *Food Insecurity, Vulnerability and Human Rights Failure*. Nova York: Palgrave, 2007.
RAMACHANDRAN, V. K. *Kerala's Development Achievements*. In: DRÈZE; SEN, 1996.
RAMALINGASWAMI, V.; JONSSON, U.; ROHDE, J. *The Asian Enigma*. In: UNICEF. *The Progress of Nations 1996*. Disponível em: <www.unicef.org/pon96/nuenigma.htm>.
RAMANA, M. V. *The Power of Promise: Examining Nuclear Energy in India*. Nova Delhi: Penguin, 2012.
RAMANATHAN, Usha. "A Unique Identity Bill". *Economic and Political Weekly*, 24 jul. 2010.
RANA, Kumar (Org.). *Kalamchari*. Calcutá: Pratichi Institute; Unicef, 2012.
RAO, Jaithirth. "No Law for Worker Rights". *Tehelka*, 8 set. 2012
RAVALLION, Martin. "A Comparative Perspective on Poverty Reduction in Brazil, China and India". *World Bank Research Observer*, n. 26, 2011.
RAVI, R. N. "The Biggest Impediment to Peace". *The Statesman*, 8 jul. 2012.
RAWLS, John. *A Theory of Justice*. Cambridge, MA: Harvard University Press, 1971.
_____. *Political Liberalism*. Nova York: Columbia University Press, 1993.
_____. *Collected Papers*. Cambridge, MA: Harvard University Press, 1999.
_____. *Justice as Fairness: A Restatement*. Cambridge, MA: Harvard University Press, 2011.
REDDY, K. S.; GUHA THAKURTA, P. "'Paid News': How Corruption in the Indian Media Undermines Democracy". Relatório preliminar preparado para o Conselho de Imprensa da Índia, 2010. Disponível em: <ocw.iimb.ernet.in>.
REDDY, Rammanohar. "How is India Doing (2012)?". In: Palestra no Memorial S. Guhan. Xenai, 5 dez. 2012. Parcialmente reproduzido em *The Hindu*, 29 dez. 2012
REGE, Sharmila (Org.). *Writing Caste/Writing Gender: Narrating Dalit Women's Testimonios*. Nova Delhi: Zubaan, 2006.
_____ (Org.). *Against the Madness of Manu: B. R. Ambedkar's Writings on Brahmanical Patriarchy*. Nova Delhi: Navayana, 2013.
RISLEY, H. H.; GAIT, E. A. *Report on the Census of India, 1901*. Calcutá: Superintendência de Impressões Governamentais, 1903. Disponível em: <http://www.chaf.lib.latrobe.edu.au/dcd/census1901.htm>.
ROBERTS, Alasdair. "A Great and Revolutionary Law? The First Four Years of India's Right to Information Act". *Public Administration Review*, n. 70, 2010.
RODRIGUES, Valerian (Org.) *The Essential Writings of B. R. Ambedkar*. Oxford: Oxford University Press, 2002.
ROTHSCHILD, Emma. *The Inner Life of Empires: An Eighteenth-Century History*. Princeton, NJ: Princeton University Press, 2011.
ROTHSCHILD, M.; STIGLITZ, J. E. "Equilibrium in Competitive Insurance Markets: An Essay on the Economics of Imperfect Information". *Quarterly Journal of Economics*, n. 90, 1976.
ROUSE, C. E.; BARROW, L. "School Vouchers and Student Achievement". *Annual Review of Economics*, n. 1, 2009.
ROY, Arundhati. *The Cost of Living*. Londres: Flamingo, 1999.
_____. "Walking with the Comrades". *Outlook*, 29 mar. 2010.
RUDRA, Ashok. *Indian Plan Models*. Nova Delhi: Allied Publishers, 1975.

RUDRA, Ashok. *Emerging Class Structure in Rural India*. In: SRINIVASAN; BARDHAN, 1988.

_____. "Emergence of the Intelligentsia as a Ruling Class in India". *Economic and Political Weekly*, 21 jan. 1989.

RUGER, Jennifer Prah. *Health and Social Justice*. Oxford: Oxford University Press, 2009.

RYAN, Alan. *On Politics: A History of Political Thought from Herodotus to the Present*. Londres: Allen Lane, 2012.

SACHDEV, H. P. S. "Overcoming Challenges to Accelerating Linear Growth in Indian Children". *Indian Pediatrics*, n. 49, 2012.

SAINATH, P. "The Medium, Message and the Money". *The Hindu*, 26 out. 2009.

_____. "Paid News Undermining Democracy: Press Council Report". *The Hindu*, 21 abr. 2010.

SAMARTHAN. "Impact Assessment of MGNREGA in Madhya Pradesh". Relatório à Unidade de Monitoramento de Pobreza e Apoio à Política, Comissão de Planejamento do Estado, Madhya Pradesh, 2010.

SAMSON, M.; GUPTA, N. *Schooling for Children on the Bihar Jharkhand Border*, 2012. Disponível em: <www.cordindia.com>. Estudo comissionado por NEG-FIRE.

SAMUELSON, Paul. "The Pure Theory of Public Expenditure". *Review of Economics and Statistics*, n. 36, 1954.

SANDEL, Michael J. *What Money Can't Buy: The Moral Limits of Markets*. Londres: Allen Lane, 2012.

SARKAR, M.; RANA, K. "Roles and Responsibilities of the Teachers' Unions in the Delivery of Primary Education: A Case of West Bengal". *Pratichi Occasional Paper*, n. 3. Calcutá: Pratichi Trust, 2010.

SARKAR, S.; MEHTA, B. S. "Income Inequality in India: Pre- and Post-Reform Periods". *Economic and Political Weekly*, 11 set. 2010.

SATHE, D.; KLASEN, S.; PRIEVE, J.; BINIWALE, M. "Can the Female Sarpanch Deliver? Evidence from Maharashtra". *Economic and Political Weekly*, 16 mar. 2013.

SAWALKAR, S.; DESHMUKH, M.; KALKONDE, Y.; SHAH, D.; BANG, A. "Tobacco vs Development: Private Spending on Tobacco in Gadchiroli District". *Economic and Political Weekly*, 2 fev. 2013.

SAWHNEY, Ria Singh. "The PDS in Rajasthan: A New Start". Parcialmente reproduzido em *The Tribune*, 7 set. 2011.

SECRETARIA DA RAJYA SABHA. *List of Women Members*. Disponível em: <http://164.100.47.5/Newmembers/women.aspx>. Acesso em: 14 nov. 2012.

SEGUNDO, Caio Plínio. *Natural History*. Disponível em: <http://www.perseus.tufts.edu>.

SEKHER, T. V. "Ladlis and Lakshmis: Financial Incentive Schemes for the Girl Child". *Economic and Political Weekly*, 28 abr. 2012.

SELVARAJ, S.; KARAN, A. K. "Why Publicly Financed Health Insurance Schemes are Ineffective in Providing Financial Risk Protection". *Economic and Political Weekly*, 17 mar. 2012.

SEN, Amartya. *On Economic Inequality*. Oxford: Oxford University Press, 1973. Edição ampliada, com anexos de FOSTER, J. E.; SEN, A., 1997.

_____. "Development: Which Way Now?". *Economic Journal*, n. 93, 1983.

_____. *Resources, Values and Development*. Cambridge, MA: Harvard University Press, 1984.

_____. "Well-Being, Agency and Freedom: The Dewey Lectures 1984". *Journal of Philosophy*, n. 82, 1985.

RUDRA, Ashok. "Gender and Cooperative Conflict." In: TINKER, I. (Org.). *Persistent Inequalities*. Nova York: Oxford University Press, 1990.

⸺. *Development as Freedom*. Nova York: Knopf; Oxford: Oxford University Press, 1999.

⸺. *Rationality and Freedom*. Cambridge, MA: Harvard University Press, 2002. (2002a)

⸺. "Open and Closed Impartiality". *Journal of Philosophy*, n. 99, 2002. (2003b)

⸺. "'Missing Women' Revisited". *British Medical Journal*, n. 327, 2003.

⸺. "The Country of First Boys". *The Little Magazine*, n. 6, v. 1 e 2, 2005.

⸺. *The Idea of Justice*. Harmondsworth; Delhi: Penguin; Cambridge, MA: Harvard University Press, 2009.

⸺. "Rights, Laws and Language". *Oxford Journal of Legal Studies*, n. 31, 2011

SEN, B.; MUJERI, M. K.; SHAHABUDDIN, Q. "Explaining Pro-Poor Growth in Bangladesh: Puzzles, Evidence, and Implications". In: BESLEY, T.; CORD, L. J. (Orgs.). *Delivering on the Promise of Pro-Poor Growth*. Nova York: Palgrave Macmillan, 2007.

SEN, Gita. "Universal Health Coverage in India: A long and Winding Road". *Economic and Political Weekly*, 25 fev. 2012.

SETH, Leila. "The Girl Child and Governance". Palestra no Centro Internacional da Índia. Nova Delhi, 19 jul. 2012.

SETHI, Surya P. "Analysing the Parikh Committee Report on Pricing of Petroleum Products". *Economic and Political Weekly*, 27 mar. 2010.

SHAH, G.; MANDER, H.; THORAT, S.; DESHPANDE, S.; BAVISKAR, A. *Untouchability in Rural India*. Nova Delhi: Sage, 2006.

SHAH, T. et al. *Asset Creation through Employment Guarantee?: Synthesis of Student Case Studies in Nine States of India*. [S.l.]: Instituto Internacional de Gerenciamento de Água, 2010.

SHAH, V. C.; MAKWANA, M. *Impact of NREGA on Wage Rates, Food Security and Rural Urban Migration in Gujarat*. Vallabh Vidyanagar: Centro de Pesquisa Agroeconômica; Universidade Sardar Patel, 2011.

SHAPIRO, Ian. *Democratic Justice*. New Haven: Yale University Press, 1999.

SHARMA, R. S. "Identity and the UIDAI: A Response". *Economic and Political Weekly*, 28 ago. 2010.

SHRIVASTAVA, A.; KOTHARI, A. *Churning the Earth: The Making of Global India*. Nova Delhi: Penguin, 2012.

SIMONS, E.; FERRARI, M.; FRICKS, J.; WANNEMUEHLER, K.; ANAND, A.; BURTON, A.; STREBEL, P. "Assessment of the 2010 Global Measles Mortality Reduction Goal: Results from a Model of Surveillance Data". *The Lancet*, n. 379, 2012.

SINGH, A.; PARK, A.; DERCON, S. "School Meals as a Safety Net: An Evaluation of the Midday Meal Scheme in India". Trabalho n. 9031, Centro para Pesquisa de Política Econômica, Londres. A ser publicado em *Economic Development and Cultural Change*.

SINGH, Prerna. "We-ness and Welfare: A Longitudinal Analysis of Social Development in Kerala, India". *World Development*, n. 39, 2010. (2010a)

⸺. *Subnationalism and Social Development: A Comparative Analysis of Indian States*. Princeton: Universidade de Princeton, 2010. Tese de ph.D. A ser publicado como monografia. (2012b)

SINGH, Upinder. *A History of Ancient and Early Medieval India*. Nova Delhi: Pearson Longman, 2009.

⸺. "Governing the State and the Self: Political Philosophy and Practice in the Edicts of Asoka". *South Asian Studies*, n. 28, 2012.

SINHA, Amarjeet. "Health Evidence from the States". *Economic and Political Weekly*, 11 fev. 2012.

_____. *An India for Everyone: A Path to Inclusive Development*. Nova Delhi: Harper Collins, 2013.

SINHA, Chitra. *Debating Patriarchy: The Hindu Code Bill Controversy in India (1941-1956)*. Nova Delhi: Oxford University Press, 2012.

SINHA, Dipa. "Social Audit of Midday Meal Scheme in AP". *Economic and Political Weekly*, 1 nov. 2008.

_____. *Health and Human Development: Comparative Experiences of Tamil Nadu and Uttar Pradesh*. Nova Delhi: Universidade Jawaharlal Nehru, 2013. Tese de ph.D.

SIVASUBRAMONIAN, S. *The National Income of India in the Twentieth Century*. Nova Delhi: Oxford University Press, 2000.

SKIDELSKY, R.; SKIDELSKY, E. *How Much is Enough? The Love of Money, and the Case for the Good Life*. Londres: Allen Lane, 2012.

SMITH, Adam. *The Theory of Moral Sentiments*. 1759, 1790. Ed. comemorativa. Nova York; Londres: Penguin, 2009.

_____. "An Inquiry into the Natures and Causes of the Wealth of Nations", 1776. In: CAMPBELL, R. H.; SKINNER, A. S. (Orgs.). *Adam Smith: An Inquiry into the Natures and Causes of the Wealth of Nations*. Oxford: Clarendon Press, 1976.

SOARES, Fabio V. "Brazil's Bolsa Família: A Review". *Economic and Political Weekly*, 21 maio 2011.

SOARES, F. V.; RIBAS, R. P.; OSÓRIO, R. G. "Evaluating the Impact of Brazil's Bolsa Família: Conditional Cash Transfers in Perspective". *Latin American Research Review*, n. 45, 2010.

SOBHAN, Rehman. *Bangladesh at 40: Looking Back and Moving Forward*. Daca: Centro para Diálogos sobre Políticas, 2011. Não publicado.

SOBHAN, Salma. *Legal Status of Women in Bangladesh*. Daca: Instituto de Bangladesh de Assuntos Legais e Internacionais, 1978.

SOCIEDADE PARA PESQUISA PARTICIPATÓRIA NA ÁSIA. *Demanding Accountability from the State: An Assessment of Right to Information*. Nova Delhi: PRIA, 2008.

_____. *Accessing Information under RTI: Citizens' Experiences in Ten States*. Nova Delhi: PRIA, 2009.

SOPHER, David (Org.). *An Exploration of India: Geographical Perspectives on Society and Culture*. Ithaca: Cornell University Press, 1980.

SPEARS, Dean. "Height and Cognitive Achievement among Indian Children". *Economics and Human Biology*, n. 10, 2011.

SPEARS, Dean. *Effects of Rural Sanitation on Child Mortality and Human Capital: Evidence from India's Total Sanitation Campaign*. [S.l.]: Research Institute for Compassionate Economics, 2012. Documento de trabalho. (2012a)

_____. *How Much International Variation in Child Height Can Sanitation Explain?* [S.l.]: Research Institute for Compassionate Economics, 2012. Documento de trabalho. (2012b)

_____. "The Long and Short of Open Defecation". *The Hindu*, 14 mar. 2013.

SPENCE, Michael A. "Job Market Signalling". *Quarterly Journal of Economics*, n. 83, 1973.

SREEVIDYA, S.; SATHYASEKARAN, B. W. C. "High Caesarean Rates in Madras (India): A Population-Based Cross-Sectional Study". *BJOG: An International Journal of Obstetrics and Gynaecology*, n. 110, 2003.

SRINIVAS, M. N. *Social Change in Modern India*. Delhi: Orient Longman, 1995.

SRINIVASAN, T. N.; BARDHAN, P. K. (Orgs.). *Rural Poverty in South Asia*. Nova York: Columbia University Press, 1988.

SRINIVASAN, Vivek. *Understanding Public Services in Tamil Nadu: An Institutional Perspective*. Syracuse: Universidade de Syracuse, 2010. Dissertação de PhD. A ser publicado como monografia.

SRIVASTAVA, D. K.; RAO, C. B.; CHAKRABORTY, P.; RANGAMANNAR, T. S. *Budgetary Subsidies in India: Subsidising Social and Economic Services*. Nova Delhi: Instituto Nacional de Finanças e Políticas Públicas, 2003.

STERN, Nicholas. *A Blueprint for a Safer Planet*. Londres: Bodley Head, 2009.

_____. *Ethics, Equity and the Economics of Climate Change*. [S.l.]: Centro de Economia e Políticas de Mudança Climática; Escola de Economia de Londres, 2012. Documento de tabalho n. 97.

STEVENSON, Andrew. "A Class Act? Opinions Differ". *Sydney Morning Herald*, 5 jan. 2008.

STIGLITZ, Joseph E. "The Theory of 'Screening', Education, and the Distribution of Income". *American Economic Review*, n. 65, 1975.

_____. *Globalization and its Discontents*. Nova York: Norton & Co., 2002.

STIGLITZ, J. E.; WEISS, A. "Credit Rationing in Markets with Imperfect Information". *American Economic Review*, n. 71, 1981.

SVEDBERG, Peter. *Poverty and Undernutrition: Theory, Measurement, and Policy*. Oxford: Oxford University Press, 2000.

TAGORE, Rabindranath. *Letters from Russia*. Calcutá: Visva-Bharati, 1960.

TAO YANG, D.; WEIJIA CHEN, V.; MONARCH, R. "Rising Wages: Has China Lost Its Global Labor Advantage?". *Pacific Economic Review*, n. 15, 2010.

TAROZZI, Alessandro. "Growth Reference Charts and the Status of Indian Children". *Economic and Human Biology*, n. 6, 2008.

TEJPAL, Karan. "My Rajput Friends Believed that Polo was Reserved for Them". *Tehelka*, 14 abr. 2012.

THALER, R.; SUNSTEIN, C. *Nudge: Improving Decisions about Health, Wealth and Happiness*. New Haven: Yale University Press, 2008.

THAPAR, Romila. *Asoka and the Decline of the Mauryas*. Delhi: Oxford University Press, 1963.

_____. *The Mauryas Revisited*. Calcutá: K. P. Bagchi, 1984.

THARAMANGALAM, Joseph. "The Perils of Social Development without Economic Growth: The Development Debacle of Kerala, India". *Bulletin of Concerned Asian Scholars*, n. 30, 1998.

THE COMMONWEALTH FUND. *International Profiles of Health Care Systems*. Washington, DC: The Commonwealth Fund, 2010.

THE HOOT. *What Makes News: A Content Study of Regional Media*, 2011. Disponível em: <www.thehoot.org>.

THE INDIA SITE. *More Family Politics*, 2011. Disponível em: <http://www.theindiasite.com/dynastic-politics-by-state/> Acesso em: jan. 2012.

THOMAS, Jayan Jose. "India's Labour Market during the 2000s". *Economic and Political Weekly*, 22 dez. 2012.

THORAT, S.; Lee, J. "Caste Discrimination and Food Security Programmes". *Economic and Political Weekly*, 24 set. 2005.

THORAT, S.; NEWMAN, K. S. (Orgs.). *Blocked by Caste: Economic Discrimination and Social Exclusion in Modern India*. Nova Delhi: Oxford University Press, 2010.

TITMUSS, Richard M. *The Gift Relationship*. Londres: Allen & Unwin, 1970.
TREBILCOCK, M. J.; DANIELS, R. J. *Rule of Law and Development: Charting the Fragile Path of Progress*. Cheltenham: Edward Elgar, 2008.
TREBILCOCK, M. J.; PRADO, M. M. *What Makes Poor Countries Poor? Institutional Determinants of Development*. Cheltenham: Edward Elgar, 2011.
UNCTAD. *Trade and Development Report 2011*. Nova York: ONU, 2011.
UNICEF. *The State of the World's Children 2012*. Nova York: Unicef, 2012.
UNICEF; GOVERNO DA ÍNDIA. *Coverage Evaluation Survey 2009*. Nova Delhi: Unicef, 2010.
UNIVERSIDADE NACIONAL DE PLANEJAMENTO EDUCACIONAL E ADMINISTRAÇÃO — NUEPA. *Elementary Education in India: Progress towards UEE, Analytical Tables 2009-10*. Nova Delhi: Nuepa, 2011. (2011a)
_____. *Elementary Education in India under Government Managements 2009-10, Selected Tables Based on DISE 2009-10*. Nova Delhi: Nuepa, 2011. (2011b)
_____. *Elementary Education in India: Progress towards UEE, Flash Statistics 2009-10, Selected Tables Based on DISE 2009-10*. Nova Delhi: Nuepa, 2011. (2011c)
UNIYAL, B. N. "In Search of a Dalit Journalist". *The Pioneer*, 16 nov. 1996.
UNU-IHDP; UNEP. *Inclusive Wealth Report 2012: Measuring Progress Toward Sustainability*. Cambridge: Cambridge University Press, 2012.
USAID. *Private Health Insurance in India: Promise and Reality*. Nova Delhi: USAID/Índia, 2008.
USAMI, Yoshifumi. "A Note on Recent Trends in Wage Rates in Rural India". *Review of Agrarian Studies*, n. 1, 2011.
_____. "Recent Trends in Wage Rates in Rural India: An Update". Review of Agrarian Studies, n. 2, 2012.
VAIDYANATHAN, A. "The Indian Economy since Independence (1947-70)". In: KUMAR, D.; DESAI, M. (Orgs.). *The Cambridge Economic History of India*. v. 2: c. 1757-c. 1970. Cambridge: Cambridge University Press, 1983.
VALMIKI, Omprakash. *Joothan: A Dalit's Life*. Nova York: Columbia University Press, 2003.
VANNEMAN, R.; DUBEY, A. Horizontal and Vertical Inequalities in India. In: GORNICK, J.; JANTTI, M. (Orgs.). *Income Inequality: Economic Disparities and the Middle Classes in Affluent Countries*. Stanford: Stanford University Press. No prelo.
VARSHNEY, Vibha. "Planning Commission Push to Health Care Privatization". *Down to Earth*, 9 ago. 2012.
VARSHNEY, V.; GUPTA, A.; PALLAVI, A. "Universal Health Scare". *Down to Earth*, 30 set. 2012.
VASHISHTHA, Vipin M. "Routine Immunization in India". *Indian Pediatrics*, n. 46, 2009.
VEERAMANI, K. *Is There a God? Selections from Periyar's Speeches and Writings*. Madras: Emerald Publishers, 1996.
_____ (Org.). *Periyar on Women's Rights, Selected Speeches and Writings of Periyar E. V. Ramasami*. Madras: Emerald Publishers, 1992.
VENKATARAMANAM, R. "Learning by Rote Prevalent in Top Schools too". *The Hindu*, 16 dez. 2011.
VERMA, Shilp. *MG-NREGA Assets and Rural Water Security: Synthesis of Field Studies in Bihar, Gujarat, Kerala and Rajasthan*. Relatório preliminar. Anand: Instituto de Gerenciamento Internacional de Águas, 2011.

VICKERS, J.; YARROW, G. *Privatization: An Economic Analysis*. Cambridge, MA: MIT Press, 1988.

VIKAS SAMVAD, Spandan; CDC. *Towards Building a Comprehensive Community-based Model on Malnutrition*. Relatório da Base de Pesquisa. Bhopal: Vikas Samvad, 2013.

VIR, Sheila C. *Mitanin Initiative and Nutrition Security Innovation Chhattisgarh State, India: An Evaluation*. Relatório de projeto. Chhattisgarh: Centro de Recursos de Saúde do Estado, 2012.

VISARIA, Leela. "Innovations in Tamil Nadu". *Seminar*, n. 489, 2000.

VIVEK, S. *A Thriving Anganwadi in Tamil Nadu*. In: CIDADÃOS PELAS CRIANÇAS DE MENOS DE SEIS ANOS, 2006.

VOZ PELOS DIREITOS DAS CRIANÇAS EM ODISHA. *A Study on Status of Service Delivery of SNP & Pre Schooling Education under Integrated Child Development Services (ICDS)*. Bhubaneshwar: VCRO, 2012.

WAIL, B.; SAID, H.; ABDELHAK, K. *A New Data Set on Educational Inequality in the World, 1950- -2010: Gini Index of Education by Age Group*, 2011. Disponível em: <http://www.education- -inequality.com/Article/BHK,%202011.pdf>.

WALKER, Maurice. *PISA 2009 Plus Results*. Camberwell: Conselho Australiano de Pesquisa Educacional, 2011.

WANG, Shaoguang. "Double Movement in China". *Economic and Political Weekly*, 27 dez. 2008.

WEISSKOPF, Thomas E. "Why Worry about Inequality in the Booming Indian Economy?". *Economic and Political Weekly*, 19 nov. 2011.

WHEATLEY, Alan. "Fed Likely to Stay on Sideline on Economy: Economic Outlook". *International Herald Tribune*, 16 jul. 2012.

WILKINSON, R.; MARMOT, M. (Orgs.). *Social Determinants of Health: The Solid Facts*. 2. ed. Genebra: OMS, 2003.

WILKINSON, R.; PICKETT, K. *The Spirit Level: Why More Equal Societies Almost Always Do Better*. Londres: Allen Lane, 2009.

YADAV, Yogendra. "On Remembering Lohia". *Economic and Political Weekly*, 2 out. 2010. (2010a)

_____. "What Is Living and What Is Dead in Rammanohar Lohia?". *Economic and Political Weekly*, 2 out. 2010. (2010b)

YIP, W.; MAHAL, A. "The Health Care Systems of China and India". *Health Affairs*, n. 27, 2008.

YIP, W. C. M.; HSIAO, W. C.; WEN CHEN; SHANLIAN HU, Jin Ma; MAYNARD, A. "Early Appraisal of China's Huge and Complex Health-Care Reforms". *The Lancet*, n. 379, 2012.

YOUNG, Katharine G. *Constituting Economic and Social Rights*. Oxford: Oxford University Press, 2012.

Índice de nomes

Aakella, K.V., 371n
Abdullah, xeque Mohammed, 268
Acemoglu, Daron, 50-1, 364-5n
Adhikari, Anindita, 383n
Afridi, Farzana, 379n, 382n
Agarwal, Bina, 253, 386n
Aggarwal, Ankita, 245, 383n
Agrawal, Lion, 51n, 384n
Ahluwalia, Montek Singh, 362n
Ahuja, Amit, 362n
Aiyar, Swaminathan A., 364n
Aiyar, Yamini, 375n
Ajit, D., 385n
Akbar, imperador, 282
Akerlof, George A., 379n
Alderman, Harold, 377n
Alessandrini, Michelle, 364n
Alkire, Sabina, 66n, 94, 351, 364-5n, 368n
Ambasta, Pramathesh, 383n
Ambedkar, B. R., 20, 31, 50, 238, 275, 279, 283, 361n, 385-6n, 388n
Anand, Mukesh K., 370n
Anand, S., 378n, 385n
Anand, Sudhir, 183n

Arnett, Peter, 371n
Arokiasamy, P., 386n
Arrow, Kenneth, 54n, 379n
Ashoka, imperador, 282, 388n
Atkinson, A. B., 389n
Auletta, Ken, 388n
Aumann, Robert J., 209, 379n
Azam, Mehtabul, 382n

Bagchee, Aruna, 381n
Bagchi, Amaresh, 389n
Bagehot, Walter, 282
Baker, D. P., 386n
Bakhtiyar Khilji, Muhammad, 135
Balagopal, K., 385n
Balakrishnan, Pulapre, 363n
Balasubramaniam, J., 385n
Banerjee, Abhijit, 102n, 375n, 379n, 385n
Bardhan, Pranab K., 104, 364n, 369n
Barnett, W. S., 377n
Barooah, B., 379n
Barr, N., 366n
Barrett, C., 382n
Barrow, L., 374n

Bastagli, Francesca, 367n, 380n
Basu, Kaushik, 116-7, 371n
Batabyal, S., 382n
Bates, M. A., 381n
Beaman, L., 386n
Beatty, A., 373n
Begum, S., 365n
Behrman, J., 377n
Beinhocker, E. D., 364n
Belfield, C., 374n
Berg, E., 382n
Béteille, André, 385n
Bhagwati, J., 363n
Bhalotra, S., 387n
Bhargava, Rajeev, 388n
Bhatia, Bela, 387n
Bhattacharjea, S., 372-3n
Bhatti, Bharat, 371n
Bhatty, Kiran, 369n
Bidwai, Praful, 365n
Bierce, Ambrose, 309
Bowles, Samuel, 221, 381n
Brannen, J., 386n
Bruns, B., 367n

Cashman, Richard, 385n
Cataife, G., 367n
Cerami, Alfio, 366n
Chakraborty, Achin, 368n
Chakravarty, Sukhamoy, 223, 363n, 379n
Chamaria, A., 385n
Chandrasekhar, C. P., 386n
Chang, Ha-Joon, 364n
Chattopadhyay, R., 371n, 386n
Chaudhury, N., 365n, 375n
Chhibber, P., 362n
Chitnis, A., 369n
Chomsky, Noam, 25n
Chopra, Deepta, 380n
Choudhury, P., 168n
Chowdhury, Zafrullah, 365-6n
Ciniscalco, Maria Teresa, 154
Cleland, John, 386n

Clinton, Bill, 176
Clinton, Hilary, 176
Cochrane, T., 387n
Comim, Flavio, 367n
Conti, G., 188n
Courtemanche, C., 367n
Crespo-Cuaresma, J., 384n

Damodaran, Harish, 385n
Daniels, R. J., 364n
Das Gupta, Monica, 201n, 378n
Das, Gurcharan, 369n
Datt, Gaurav, 357, 359, 362-3n, 368n, 385n
Dé, Shobhaa, 288-9, 388n
Deaton, Angus, 17n, 183, 363-4n, 375-7n, 385n
Deininger, K., 382n
Desai, P. B., 363n
Desai, S. B., 91, 143, 145, 197, 315, 351
Dey, Nikhil, 381n
Dheeraja, C., 382n
Dholakia, R. H., 373n
Donker, H., 385n
Dore, Ronald, 372n
Du Boisrouvray, Albina, 183n
Dubey, A., 385n
Duclos, P., 168n
Duflo, Esther, 102n, 371n, 375n, 379-81n, 386n
Dunn, John, 387n
Dutta, K., 372n
Dutta, P., 353, 380n, 382n
Dyson, Tim, 359, 387n

El Arifeen, S., 366n
Emran, M. S., 384n

Fan, Shenggen, 370n
Fan, V., 378n
Fehr, E., 381n
Ferber, M. A., 386n
Ferreira de Souza, Pedro H. G., 367n
Ferreira, Francisco, 367n
Fleury, Sonia, 367n
Folbre, Nancy, 386n

Foster, James E., 368n, 389n
Fraser, Lovat, 389n
Friedman, Milton, 40n
Fuller, C. J., 385n

Gaikwad, Laxman, 385n
Gaitonde, R., 173n
Gandhi, Indira, 42, 141, 268, 363n, 385n
Gandhi, Rajiv, 141, 385n
Gandhi, Sonia, 141
Garg, Samir, 377n
Gatade, Subhash, 380n
Gauri, V., 374n
Gazdar, Haris, 384n
Geetha, V., 386n
Ghosh, Arunabha, 363n
Ghosh, Jayati, 386n
Gill, Kaveri, 375n
Giridharadas, Anand, 61, 365n
Glaeser, E., 52, 365n
Glennerster, R., 381n
Gluck, Carol, 372n
Goli, Srinivas, 386n
Gopaldas, Tara, 376n
Govinda Rao, M., 296n
Goyal, Aparajita, 379-80n
Goyal, S., 373n
Guha Thakurta, Paranjoy, 388n
Guha, Ramachandra, 58, 268, 365n, 387n
Guio, A. M., 386n
Gulati, Ashok, 370n
Gumede, K., 381n
Gupta, Aashish, 143, 245, 363n, 380n
Gupta, K., 386n

Habermas, Jürgen, 281, 388n
Haldane, J. B. S., 112
Halstead, S. B., 379n
Hammer, Jeffrey, 365n, 375n
Hankla, C. R., 363n
Hanushek, E. A., 147n
Haq, Mahbub ul, 50
Harbison, R. W., 366n

Harris, F. R., 302, 389n
Harriss, John, 369n
Hart, Caroline Sarojini, 144n
Hazarika, Sanjoy, 377n, 388n
Heckman, James J., 188n
Heller, Patrick, 368n
Helpman, Elhanan, 51, 364-5n
Himanshu, 46, 363n, 384-5n
Hirschman, Albert O., 374n
Hirway, Indira, 382n
Horton, Richard, 178n
Horton, S., 377n
Howes, Stephen, 370n
Hsieh, Chang-Tai, 374n
Humphreys, G., 367n
Huntington, Samuel, 281, 388n
Husain, M. F., 287
Hwang, Sung-Ha, 381n

Ilaiah, K., 385n
Imbert, Clément, 382n

Jadhav, V., 381n
Jain, Monica, 188, 373n
Jalan, Bimal, 42
Jansen, Marius B., 372n
Jayachandran, Seema, 376n
Jayadev, A., 385n
Jayaraj, D., 359, 364n
Jayaraman, Raji, 380n
Jeffrey, Robin, 385n, 388n
Jha, Prabhat, 378n, 386-7n
Jha, S., 383n
Johannesson, M., 381n
John, Mary, 386n
John, T. J., 168n
Johnstone, George Lindsay, 311
Jose, Jijo, 383n
Joshi, Anuradha, 381n
Joshi, V., 363n
Judt, Tony, 218n
Jurberg, C., 367n

Kabeer, Naila, 365n
Kandpal, Eeshani, 377n
Kannan, K. P., 364n
Kapoor, Radhicka, 385n
Karve, Irawati, 387n
Kavita Rao, R., 389n
Keer, Dhananjay, 361n
Khera, Reetika, 91, 94, 232, 371n, 377-84n, 387n
Kidambi, Sowmya, 371n
Kim Dae Jung, 285
Kingdon, Geeta Gandhi, 154, 373n
Kishor, K., 386n
Klonner, S., 382n
Knaul, Felicia Marie, 178n
Koehlmoos, T. P., 365n
Kohli, Atul, 387n
Kothari, Ashish, 365n, 370n
Kotwal, Ashok, 46, 364n, 383n, 385n
Kravdal, Øystein, 386n
Krishna, Raj, 363n
Kruks-Wisner, Gabrielle, 371n
Kumar, J., 385n
Kumar, Sanjay, 257, 259, 362n, 387-8n

La Porta, R., 52
Ladd, Helen F., 374n
Lahoti, Rahul, 370n
Lee, J., 380n
Lenagala, C., 364n
Levin, H. M., 374n
LeVine, Robert A., 386n
Lewis, David, 365n
Li, Xingxing, 371n
Lin Chen, 366n
Little, I. M. D., 363n
Lloyd-Sherlock, P., 368n
Lohia, Rammanohar, 239, 384n
Lokhande, Sandesh, 380n
Lopez-de-Silanes, F., 52
Lu Mai, 377n

MacAuslan, Ian, 380-1n

Mahal, Ajay, 366n
Mahendra Dev, S., 381n
Mahmud, Simeen, 365n
Mahmud, Wahiduddin, 366n
Majumdar, Manabi, 375n
Makwana, M., 382n
Mander, Harsh, 288-9
Mangatter, Silvia, 382n
Marmot, Michael, 385n
Martin, James, 370n
Marulasiddappa, Manisha, 380n
Mazumdar, I., 386n
McCrindle, J. W., 362n
Meenakshi, Swathi, 383n
Mehrotra, Santosh, 376n
Mehta, B. S., 385n
Mellström, C., 381n
Mill, John Stuart, 206n, 282-3
Miller, Barbara D., 387n
Mishra, Pankaj, 271-2, 388n
Mokyr, Joel, 51, 365n
Moore, Mick, 381n, 387n
Mudgal, Vipul, 388n
Mukerji, S., 373n
Mukherjee, Soumik, 388n
Muraleedharan, V. R., 377n
Muralidharan, Karthik, 373n, 375n, 381n
Murgai, Rinku, 370n, 373n
Murthi, Mamta, 386n
Muthiah, Karuna, 378n

Nagaraj, R., 364n
Nanda, Gulzarilal, 385n
Nandraj, Sunil, 375n
Narayana, D., 375n
Narayanan, Sudha, 370n, 377n, 380n, 382n
Nawani, Disha, 374n
Nayak, Nandini, 382n
Nehru, Jawaharlal, 41-2, 268, 271, 385n
Nelson, J. A., 386n
Newman, K. S., 385n
Noorani, A. G., 117, 371n
Nores, M., 377n

North, Douglass, 364n

O'Hanlon, Rosalind, 386n
Obama, Barack, 176
Oldiges, Christian, 382n
Omvedt, Gail, 385n
Oommen, M. A., 368-9n
Orenstein, Mitchell A., 366n
Osmani, S. R., 365n, 376n

Padel, Felix, 370n
Paim, J., 367n
Panagariya, A., 363n
Panday, Pranab Kumar, 366n
Pande, Rohini, 376n
Pande, V., 373n
Pandey, Brijesh, 365n
Pandey, P., 373n
Pankaj, A., 271, 382n, 388n
Papp, John, 382n
Parikh, Kirit, 370n
Parker, John, 384n
Parthasarathi, Pasannan, 37, 362n
Patel, I. G., 363n
Patnaik, Prabhat, 388n
Paul, S., 197, 378n
Paul, V. K., 375n
Periyar, E. V. R., 196, 386n
Phule, Jotirao, 386n
Pickett, K., 385n
Pierri, Gastón, 367n
Piketty, Thomas, 370n, 385n
Plínio, o Velho, 36, 362n
Prado, M. M., 52, 365n
Prakash, N., 381n
Prasad, Chandra Bhan, 275
Pritchett, Lant, 373n
Ptolomeu, Cláudio, 36
Puri, Raghav, 383-4n

Qian, N., 370n
Qun Meng, 366n

Rajakumar, J. Dennis, 364n
Rajan, Raghuram, 387n
Rajasekhar, D., 375n
Ram, N., 362n
Ram, R., 364n
Ramachandran, Nira, 376n
Ramachandran, V. K., 368n
Ramalingaswami, Vulimiri, 180, 376n
Ramana, M. V., 371n
Ramanathan, Usha, 371n
Ramaswami, Bharat, 383n
Ramaswamy, Bharat, 46
Ramesh, Jairam, 58
Ramphele, Mamphela, 372n
Rana, Kumar, 375n
Ranade, Ajit, 381n
Rangarajan, C., 389n
Rao, K. H., 382n
Ravallion, Martin, 87, 359, 362-3n, 367-8n, 385n
Raveendran, G., 364n
Ravi, R. N., 270, 388n
Rawls, John, 281, 388n
Reddy, Rammanohar, 307, 388-9n
Rege, Sharmila, 385-6n
Reyes, S. P., 381n
Robalino, D., 367n
Roberts, Alasdair, 371n
Robinson, Andrew, 372n
Robinson, James, 50-1, 364-5n
Roche, J. M., 351
Rodrigues, Valerian, 388n
Rosovsky, H., 372n
Rothschild, M., 379n, 389n
Rouse, C. E., 374n
Roy Chaudhuri, A., 364n, 385n
Roy, Arundhati, 286, 370n, 388n
Rudra, Ashok, 292, 363n, 389n
Ruger, Jennifer Prah, 376n
Rushdie, Salman, 287
Ryan, Alan, 387n

Sainath, P., 388n

Samji, S., 375n
Samson, Meera, 143
Samuelson, Paul, 54n, 157
Sandel, Michael J., 381n
Sanjivi, K. S., 196
Santos, M. E., 368n
Sarkar, S., 385n
Sathe, D., 386n
Sathyanarayana, K. M., 257, 387n
Sathyasekaran, B. W. C., 375n
Sawalkar, S., 379n
Sawhney, Ria Singh, 383n
Saxena, R., 385n
Scalia, Antonin, 278n
Sekher, T. V., 380-1n
Selvaraj, S., 375n
Sen, Abhijit, 384n
Sen, B., 365n, 387n
Sen, Binayak, 388n
Sen, Gita, 173n, 375n
Seth, Leila, 255, 386n
Seth, S., 94, 351, 364n, 368n
Sethi, Surya, 370n
Shah, Ghanshyam, 385n
Shah, T., 382n
Shah, V. C., 382n
Shakespeare, William, 15n
Shapiro, Ian, 387n
Sharma, R. S., 371n
Shastri, Lal Bahadur, 363n, 385n
Shekhar, Chandra, 385n
Shilpi, F., 384n
Shinde, Tarabai, 386n
Shleifer, A., 52
Shotoku, Prince, 266
Shrivastava, A., 365n, 370n
Shukla, Abhay, 173n
Siddhartha, 382n
Silva, V. A. da, 367n
Simroth, D., 380n
Singh, A., 380n
Singh, Manmohan, 34-5
Singh, Prerna, 368-9n

Singh, Upinder, 388n
Singh, V. P., 385n
Sinha, Amarjeet, 379n
Sinha, Chitra, 386n
Sinha, Dipa, 192, 371n, 377n
Sipahimalani-Rao, V., 373n
Sivasubramonian, S., 18, 37-8, 362n
Skidelsky, E., 206n
Skidelsky, R., 206n
Smith, Adam, 25n, 36-7, 123-4, 130, 263n, 362n, 372n
Soares, Fabio, 367n
Sobhan, Rehman, 365n
Sobhan, Salma, 128, 372n
Somanathan, Rohini, 380n
Sopher, David, 387n
Spears, Dean, 366n, 376n
Spence, Michael A., 379n
Sreevidya, S., 375n
Srinivas, M. N., 385n
Srinivasan, Vivek, 198, 369n, 377-8n
Srivastava, D. K., 370n
Stern, Nicholas, 59, 365n
Stevenson, Andrew, 385n
Stiglitz, Joseph, 366n, 379n
Subramanian, S., 359, 364n
Sunstein, C., 379n, 384n
Svedberg, Peter, 376n

Tagore, Rabindranath, 39, 126
Takayoshi, Kido, 51
Tankha, R., 382n
Tao Yang, Dennis, 47, 364n
Tata, Jamshetji, 302
Tejpal, Karan, 385n
Terrazas, F. V., 367n
Thackeray, Bal, 288
Thaler, R., 379n, 384n
Thapar, Romila, 388n
Tharakan, M., 369n
Tharamangalam, Joseph, 369n
Thorat, Sukhadeo, 380n, 385n
Titmuss, Richard M., 221, 381n

Trebilcock, M. J., 52, 364-5n

Uniyal, B. N., 385n
Urquiola, M., 374n
Usami, Yoshifumi, 46, 155, 226, 315, 358

Vaidyanathan, A., 20
Valmiki, Omprakash, 385n
Varshney, Vibha, 173n, 375n
Vashishtha, Vipin M., 167n
Vawda, A., 374n
Veeramani, K, 386n
Venkataramanam, R., 373n
Verma, Shilp, 382n
Vickers, John, 101n
Vir, Sheila, 377n, 384n
Viren, V., 377n
Visaria, Leela, 377n
Vivek, S., 378n

Wadhwa, Vilima, 46, 373n

Wail, Benaabdelaali, 384n
Walker, Maurice, 373n
Walton, Michael, 373n, 385n, 387n
Wang, Shaoguang, 362n, 366n
Weiss, A., 379n
Weisskopf, Thomas E., 385n
Wheatley, Alan, 362n
Wilkinson, R., 385n
Wilson, G., 386n
Woessmann, L., 147n
Wollstonecraft, Mary, 25n

Xuangzang, 135

Yadav, Yogendra, 384-5n
Yarrow, George, 101n
Yi Jing, 135
Yip, W. C. M., 366n
Young, Katherine G., 372n

Índice de assuntos

"aam aadmi" (homem comum), 108, 311
aborto seletivo por sexo, 78, 221-2, 254, 256-60, 386n; *ver também* mortalidade infantil; proporção entre sexo masculino e feminino; desigualdade de gênero
accountability, 8, 12, 25, 27, 44, 55-6, 75, 99-106, 109, 113-5, 118-22, 124-5, 159-62, 200, 202, 211, 224, 228, 231, 274, 276, 280-1, 299, 301, 303, 308-9, 369n, 371-2n, 383n; no setor público, 25, 44, 100, 102, 121, 161-2, 211, 308; no sistema educacional, 151-62, 373n; *ver também* corrupção; democracia
adivasi, 138, 242-3, 370n, 384n
Afeganistão, 64-6, 69, 165-6, 169
África do Sul, 87, 240, 251
África Subsaariana, 35, 56, 62-5, 132, 165-6, 169, 178-82, 375n, 377n
AFSPA *ver* Lei (de Poderes Especiais) das Forças Armadas (Índia, 1958)
agência das mulheres/agência feminina *ver* mulheres
Agência Internacional de Energia Atômica, 112, 371n

agricultura, 29, 41-2, 48, 101, 106, 153, 155, 206, 310; crescimento agrícola, 41-5, 224-5; *ver também* crescimento econômico, 225; salários agrícolas, 42, 45, 48, 153, 155, 224
água, 24, 41, 55-7, 60, 95-6, 100, 103, 171, 183, 196-8, 208, 220, 293, 342, 366n, 388n; água potável, 22, 79, 96, 138, 189, 197, 302, 344, 378n
Al Azhar, 134n
Albânia, 373n
alfabetização, 19, 22, 49, 63-9, 73-4, 76-7, 82-4, 88, 92, 128, 130-3, 144, 150, 236-8, 314, 317-8, 320-1, 326, 351, 354, 358-9, 365n; na África Subsaariana, 63; na Ásia Oriental, 130-2, 146, 150; na China, 39, 84, 127, 131, 133-4, 144, 150, 154, 302; nos estados indianos, 92-3; por casta, 236-9; *ver também* educação
Aliança Progressista Unida (UPA), 169, 172
alimentação, 75, 184, 187-8, 209-10, 212, 216, 241, 264, 383n; *ver também* nutrição
ALP (abaixo da linha de pobreza), 172-3, 175, 214-7, 225, 229-30, 232-3, 380n, 383; *ver também* pobreza

América do Norte, 134, 148, 150, 169, 210, 266
América Latina, 37, 89, 147, 166, 169-70, 174, 180, 211, 220, 241, 269
analfabetismo, 29, 63, 127-8, 265
Andhra Pradesh, 145, 154, 217, 226-7, 231-2, 258-9, 261, 273, 322, 324, 326, 328, 330, 332, 334, 336, 338, 340, 342, 344, 346, 348, 350, 373n, 383n
anemia, 49, 171, 181-2, 336, 352
anganwadis (centros de atendimento infantil), 185, 187-9, 194-7
Angola, 368n
arroz, 36, 81, 196, 204, 217, 229-32, 235, 384n
Arunachal Pradesh, 315, 354
Ásia, 37, 39, 41, 51, 130-1, 133, 134, 136, 144, 147-8, 150, 166, 170, 180, 210, 267, 269, 365n, 371n; Ásia Oriental, 41, 131, 133, 166, 170; Sudeste Asiático, 147; sul da Ásia, 17, 22-3, 62-4, 70-2, 74, 76, 81-2, 89, 132-3, 144, 165-6, 170, 178-81, 307, 365n, 376n
Assam, 90, 94, 145, 258-9, 261, 322, 324, 326, 328, 330, 332, 334, 336, 338, 340, 342, 344, 346, 348, 350, 359
assimetria de informação *ver* informação assimétrica
assistência médica *ver* saúde e sistema de saúde
Associação de Fabricantes de Biscoitos, 263
autoritarismo, 130, 269, 285; e fome, 30, 285; na China, 29-30, 203, 271, 362n; na Índia, 16, 269-70, 361n; *ver também* liberdades civis; democracia; direitos humanos

Banco Mundial, 64, 240, 313, 362-3n, 365-6n, 368-9n, 372n, 385n
Bangladesh, 9, 11, 23, 59, 65, 69-70, 74-81, 133, 154, 166-8, 249, 254, 320, 365-6n, 379n; atuação feminina em, 75, 248, 316; conquistas sociais de, 64, 82, 132, 167, 181, 248, 262, 305; desigualdade de gênero em, 128, 132; em contraste com a Índia, 22, 64, 82, 132, 154, 167, 181, 248, 262, 305; saúde pública em, 70, 78, 167, 181, 248, 305
baniya, 246

Bengala Ocidental, 91, 94, 145, 154, 225, 258-9, 261, 273, 323, 325, 327, 329, 331, 333, 335, 337, 339, 341, 343, 345, 347, 349, 351, 366n
Benim, 368n
Bihar, 90, 92, 94, 132, 135, 138, 143, 145, 154, 170, 189, 215, 225-6, 230, 232, 234, 258-9, 261, 274, 314, 320-2, 324-6, 328, 330, 332, 334, 336, 338, 340, 342, 344, 346, 348, 350, 366n, 368n, 373n, 376n, 379n, 381-2n, 386n
Birmânia, 64, 65, 69
Board Examinations, 158
Bolsa Família *ver* Brasil
bolsas de estudo, 136, 157, 207
brâmanes, 236-7, 242-6, 385n
Brasil, 10, 33, 53, 81, 85-9, 169, 199, 211, 214, 240, 304, 367n, 373n, 379n; Bolsa Família, 87-8, 214, 367n; políticas sociais no, 85-9, 177, 199, 202, 211, 214, 309, 367n; Sistema Único de Saúde, 86
Burkina Faso, 368n
Burundi, 179, 368n

Camboja, 63, 64-5, 68
Canadá, 114n, 174, 176
capacidades humanas, 10, 19, 49, 52, 54-5, 92-3, 98, 103, 147, 205, 302-3, 307; *ver também* educação; saúde; nutrição
capital humano, 52
carvão, 109-12, 370n; *ver também* energia
castas, 19, 29, 40, 50, 62, 95, 97, 99, 150, 196, 198, 225, 236-9, 241-7, 251, 262, 275, 278, 290, 293, 298-9, 306, 309, 348, 380n, 384-6n; dominação contínua das, 236, 241, 247, 380n, 385n; e educação, 128, 146, 149, 210, 236, 305; e gênero, 250, 305, 386n; inferiores *ver adivasi*; *dalit*; superiores *ver* brâmanes; *kayastha*
Caxemira, 268-70, 287, 361-2n
Cazaquistão, 373n
Chade, 366n, 368n, 375n
Chhattisgarh, 90, 92-4, 138, 145, 154, 185-6, 195, 204, 217, 230-2, 258-9, 261, 322, 324-

429

6, 328, 330, 334, 336, 338, 340, 342, 344, 346, 348, 350, 368n, 376-7n, 383-4n

Chile, 374n

China, 9-10, 22, 24-30, 45, 47, 53, 73, 82, 85, 87, 104, 133, 135, 152, 154, 167, 169, 181-2, 199, 206, 255, 271, 280, 304-5, 307, 316, 320-1, 362n, 364-5n, 369-71n, 373n, 377-9n; alfabetização e educação na, 39, 84, 127, 131, 133-4, 144, 150, 154, 302; autoritarismo na, 29-30, 203, 271, 362n; crescimento econômico na, 18, 22, 33, 48, 83, 302-4; desigualdade de gênero na, 255; desigualdade na, 22, 87, 241, 304; e Índia, 22, 27-9, 48, 81, 87, 370n; fome na, 29, 280; mortalidade e fecundidade na, 84, 255; pobreza na, 87, 203; reformas econômicas na, 48, 83, 199, 206; serviços públicos na, 24, 27, 104-5, 177; setor energético na, 24, 104; sistema de saúde na, 30, 53, 83, 167, 178, 199, 206, 302, 362n, 378n; sistema político da, 26, 51, 203, 271, 280

Cingapura, 33, 114n, 131, 136, 144, 302

classe social, 44, 62, 97, 128, 146, 150, 198, 236, 241, 262, 290, 305; classe média, 8, 108, 290; ver também desigualdade econômica; castas; gênero

Cochin, 131

Colômbia, 166, 373n

comércio internacional, 43, 55, 356, 358

Comores, 368n

Companhia das Índias Orientais, 36-7

comparações internacionais ver perspectivas internacionais comparadas

conflitos armados ver violência

contrastes regionais na Índia: "norte e oeste" contra "sul e leste", 236, 248, 255, 258, 260, 262, 387n; de fecundidade e mortalidade, 90, 190; de indicadores de pobreza, 90, 324; de itens de conforto doméstico, 344; de níveis de instrução, 90, 144-6, 328; de proporções entre homens e mulheres, 256-8, 260, 262; de saúde e instalações médicas, 90, 185-6, 190, 195; de serviços públicos, 185-6, 195; de status econômico, 322; indicadores relacionados a gêneros, 334; ver também perspectivas internacionais comparadas

Coreia do Sul, 10, 33, 53, 86, 131, 144, 255, 284, 302, 316, 320-1, 384n

corrupção, 7, 24, 27, 42, 44, 55-7, 99, 109, 113-22, 124, 194, 226-7, 229-31, 233, 271, 300, 308-9, 369n, 371n, 389n; ver também accountability; democracia; direito à informação

Costa do Marfim, 368n

Costa Rica, 53, 166, 379n

crescimento econômico, 9, 19, 22-3, 26, 28, 32-5, 43-4, 48-9, 51-7, 66, 74-5, 82-3, 85, 93, 98, 146-7, 192, 213, 240, 293, 300-1, 303, 307, 369n; anterior à independência da Índia, 17, 33-7, 49; e capacidades humanas, 52, 98, 126, 146, 300; e pobreza, 45, 53, 300; importância do, 15, 300; na Ásia Oriental, 41, 131, 147, 303; na China, 18, 22, 33, 48, 83, 302; na Europa, 32, 37, 40, 85, 130, 300; nos estados indianos, 93, 97, 189, 192; por setor, 28, 38-48; ver também desenvolvimento sustentável

crescimento sem emprego, 48, 248, 364n; ver também emprego e desemprego

crianças, 22, 39-40, 49, 64-9, 73-4, 79-80, 82, 84, 86, 88, 90, 92-3, 129, 132, 138-40, 142-6, 148, 151, 156-7, 159, 161, 163, 165-7, 178-91, 193-5, 197, 209-10, 216, 218-9, 233, 238-9, 247, 253-4, 256, 258-60, 263-4, 295, 318, 328-9, 336, 338, 342, 351-2, 355, 367n, 372-7n, 380n, 387n; ver também cuidados infantis; mortalidade infantil

Cuba, 39, 89, 150, 367n

cuidados infantis, 183-4, 196, 202, 254, 377n; como responsabilidade social, 183; em Tamil Nadu, 91; valor econômico, 188; ver também saúde; Serviços Integrados de Desenvolvimento Infantil; educação pré-escolar

dalit, 8, 95, 97, 138, 198, 236-7, 242-3, 251, 275, 305-6, 370-1*n*, 384*n*; *ver também* castas
debate público, 13, 23, 43, 107, 120, 124, 163-4, 167-8, 202, 246, 250, 262, 275, 277, 281-2, 284, 287, 289, 293, 303, 305-6, 308
defecação a céu aberto, 11, 79-80, 305-6, 366*n*; *ver também* saneamento
déficits fiscais, 43, 104, 370*n*
democracia, 9, 13, 16-7, 19-20, 25-31, 34, 86-7, 113, 168, 203, 231, 266-8, 271-4, 276-85, 287, 297, 299, 308-9, 311, 371-2*n*, 387*n*; e combate à fome, 29, 279, 284; e direitos das minorias, 267, 284, 287; e interesses públicos, 266; eleitoral, 21, 26, 196, 198, 267, 272, 284; história da, 266; significado de, 281; *ver também* instituições democráticas; prática democrática
descentralização do poder, 120; *ver também* democracia local; *gram panchayats*; Instituições do Panchayati Raj
desempenho dos estudantes, 88, 142, 159; avaliação do, 159, 374*n*; níveis péssimos de, 142; *ver também* educação; alfabetização
desemprego *ver* emprego
desenvolvimento participativo, 82, 92, 160
desenvolvimento sustentável, 57-60, 109-12
desigualdade: de gênero, 29, 224, 236, 247-8, 250, 252, 254, 255-6; *ver também* proporção entre sexo masculino e feminino; de oportunidades educacionais, 88, 138-9, 147-9, 236, 305, 384*n*; econômica, 54, 87, 149, 153, 240-1, 304, 367*n*; entre os privilegiados e o restante da população, 25, 56, 108, 148, 241, 265, 291, 304, 310; social, 97, 160, 254, 267, 291-2; sua natureza peculiar na Índia, 265, 304-6; *ver também* casta; classe social
desnutrição *ver* nutrição
despesas públicas *ver* gastos públicos
diamantes *ver* ouro e diamantes, isenções fiscais para
diesel, 107-8, 292, 369*n*
Dinamarca, 36, 114*n*

direita política, 121, 273, 286-7, 292; *ver também* esquerda política
direitos: à alimentação, 277, 388*n*; à educação, 137, 156, 158, 161, 277, 298, 308, 375*n*; à informação, 115-6, 118-9, 122, 125, 264-5, 275, 298, 365*n*, 371*n*; à saúde, 30, 86; ao trabalho, 223, 279; das crianças, 290, 299; das mulheres, 283, 386*n*; fundamentais, 277, 279; legais, 128, 228, 278; trabalhistas, 189, 265
direitos humanos, 56, 128, 269-70, 361*n*; *ver também* liberdades civis
discriminação de natalidade, 248, 255-6, 262; *ver também* desigualdade de gênero
dívida externa, 43
doenças, 53, 127, 171, 174, 193, 201, 208, 302, 376-7*n*, 380*n*

educação: aspectos de gênero, 76, 90, 131, 137, 147-50, 247; comparações internacionais de, 63, 126, 140; contribuições econômicas, 40, 51, 97, 126, 129-30, 146, 300; direito à, 277, 298, 308; disparidades sociais na, 137, 147, 237, 247, 384*n*; educação escolar, 40, 42, 54, 74, 96, 126-8, 131-2, 134, 139-40, 147-8, 150-2, 155-8, 160, 162-3, 219, 280, 301, 310; educação privada, 74, 88, 96, 101, 145, 150, 156, 207, 331, 367*n*, 374*n*; educação pública, 96, 130-1, 150-1; empoderamento social e, 127; ensino superior, 133-7, 148, 239, 247; pré-escolar, 88, 133, 184-6, 193, 195; qualidade da, 134, 140, 160; valor da, 40, 129
educação feminina: e empoderamento das mulheres, 76, 128; e fecundidade, 78, 128, 253; e mortalidade infantil, 128, 253; e mudança social, 76-7, 128-30, 253
Egito, 134*n*
eleições, 21, 26, 116, 267, 272, 274-5, 281-2, 284, 348, 353; e *accountability* pública, 279-80; influência do dinheiro e privilégios sociais nas, 274; *ver também accountability*; democracia

empoderamento social, 127
emprego, 48-9, 78, 99, 126, 147, 152, 156, 196, 205, 207, 210, 216, 222, 224-6, 228, 248, 260, 301, 332, 352, 364n, 370n, 381-2n; desemprego, 215, 224, 228; *ver também* participação feminina na força de trabalho; Lei Nacional de Garantia de Emprego Rural; crescimento participativo
energia: elétrica, 8, 23-4, 41, 95-6, 99-100, 103-7, 170, 196-7, 293; nuclear, 109, 111-2, 370n; energias alternativas, 109-12
ensino superior *ver* educação
escolas: particulares, 328, 331, 351; públicas, 88, 96, 142-4, 146, 151, 156-8, 160, 194, 197, 210, 216, 330-1, 351, 373-4n; escolarização, 22, 39, 76, 83, 129, 132-3, 138, 141, 148, 238, 247, 253, 255, 262, 299, 302, 305, 368n, 384n; *ver também* educação
Espanha, 258, 261
esquerda política, 121, 132, 162, 271, 273, 292; *ver também* direita política
Estados Unidos, 33, 61, 87, 111, 130-1, 136, 147, 169, 174, 176, 251, 266, 272, 276, 300, 361n, 376n
estupros, 8, 250-2, 278, 308; *ver também* violência contra a mulher
Etiópia, 368n
Europa, 32-3, 36-7, 50, 85, 87, 130, 134, 136, 144, 148, 150, 166, 170, 174, 176, 210, 257, 266-7, 300, 362n, 366n
expectativa de vida, 19, 22, 30, 53, 63, 70, 83, 89, 168, 176, 325, 378n; *ver também* mortalidade; saúde
externalidades, 100, 109-12, 158, 206, 208

fecundidade, 20, 64-5, 67-70, 72, 74, 76-7, 80, 84, 128, 253-4, 316-7, 324, 351, 358-9
ferrovias, 41
fertilizantes, 107-8, 183, 293-4
finanças públicas, 33, 107, 110, 370n; *ver também* receita pública
Finlândia, 144
FMI (Fundo Monetário Internacional), 43, 363n

focalização, 175, 196, 213-7, 225, 229, 380n; experiência indiana com, 213-5; versus solidariedade, 213-7; *ver também* universalismo
fome e combate à fome, 16, 19, 29, 37, 75, 138, 207, 209, 223, 280, 284, 302, 362n; e democracia, 29, 280, 284; na China, 29, 280; *ver também* nutrição e subnutrição
Fome Zero (Brasil), 88
França, 36, 112
Fukushima, desastre de, 111

Gâmbia, 368n
Gandhi, Mahatma, 141, 381n
garantia de emprego *ver* Lei Nacional de Garantia de Emprego Rural
gás natural, 112
gasolina, 107
gastos públicos, 43, 75, 79, 108, 168-70, 172, 202, 294, 303, 307, 367n, 379n; com educação, 84, 294; com saúde, 53, 84, 108, 168, 294, 302, 379n; com subsídios, 107, 112, 293-5, 297, 310, 370n
Gini, Coeficiente de, 88, 239-40, 304, 357, 359, 384n
Grã-Bretanha, 36, 37, 53, 131, 221, 311
gram panchayats, 97, 120, 153, 224, 231, 371n
gram sabhas, 120, 224, 226
Grande Salto Adiante (China), 280
Grécia, 258, 261, 266
guerras, 41, 75, 271, 363n; *ver também* violência
Guiné, 368n
Gujarat, 90, 94, 145, 154, 190, 192, 258-9, 261, 322, 324, 326, 328, 330, 332, 334, 336, 338, 340, 342, 344, 346, 348, 350, 378n

Haiti, 63-6, 69, 165-6, 169
Haryana, 90, 93-4, 145, 190, 192, 257-9, 261, 273, 322, 324, 326, 328, 330, 332, 334, 336, 338, 340, 342, 344, 346, 348, 350, 368n, 387n
Himachal Pradesh, 12, 90, 93-4, 96-8, 128, 141, 144-5, 185-6, 195, 202, 210, 217, 225-6,

231-2, 239, 254, 258-9, 261, 308, 314, 320-2, 324, 326, 328, 330, 332, 334, 336, 338, 340, 342, 344, 346, 348, 350, 368-9n, 372n, 386n
Hindutva, 297
Hong Kong, 131, 136, 144
hospitais, 172-3; *ver também* saúde e sistema de saúde

ICDS *ver* Serviços Integrados de Desenvolvimento Infantil
Iêmen, 63-6, 68, 166
impaciência, a necessidade da, 309-11
impostos, 101, 110, 113, 294, 296, 379n; *ver também* receita pública
imprensa, 21, 37, 242-3, 388n; *ver também* mídia
imunização/vacinação, 65-71, 81-2, 84, 86, 127, 165-8, 182, 186, 189, 191, 193, 197, 201, 208, 210-1, 307, 338, 355, 375n, 380n; comparações internacionais de, 22, 64, 80, 82, 86, 165, 210; nos estados indianos, 92, 186, 191, 197; vacinação infantil, 65-9, 81-2, 84, 86, 165, 167, 182, 193, 201, 307
índices de alfabetização *ver* alfabetização
Indonésia, 33, 51, 131, 133-4, 154, 284, 316
industrialização, 50, 59, 130, 166, 176, 264; *ver também* crescimento econômico
indústrias, 41, 58, 108, 294, 385n
inflação, 231, 234
informação: direito à, 115-6, 118-9, 122, 125, 264-5, 275, 298, 365n, 371n; e o mecanismo de mercado, 53, 100, 157, 199; assimétrica/assimetria de informação, 53-4, 101, 157, 199, 206
infraestrutura, 22-6, 28, 41, 55, 83, 95, 101, 103, 137, 160, 185, 193, 196, 234, 300-1, 303
Inglaterra, 43, 283; *ver também* Grã-Bretanha
iniciativa privada, 24, 25, 97, 101, 102, 200, 219-20, 263, 298, 382n
instituições democráticas, 7, 17, 21, 26, 75, 85, 97, 206, 263, 272, 275; *ver também* democracia

Instituições do Panchayati Raj, 120, 226, 249, 386n; *ver também gram panchayats*
internet, 26, 227, 239, 362n
Iraque, 165
Irlanda, 258, 261
Itália, 125, 134, 258, 261

Jammu e Caxemira, 90, 94, 145, 154, 258-9, 261, 273, 322, 324, 326, 328, 330, 332, 334, 336, 338, 340, 342, 344, 346, 348, 350, 359
Janani Suraksha Yojana, 201
Japão, 51, 53, 111, 130, 154, 266, 372n; crescimento econômico, 33, 302; experiência de desenvolvimento, 51-2, 130, 174, 210; história da educação no, 130, 134, 147, 150, 154
Jhapar, 204
Jharkhand, 90, 92, 94, 138, 143, 145, 232, 258-61, 274, 322, 324-6, 328, 332, 336, 338, 340, 342, 344, 346, 348, 350, 368n
Judiciário, 26, 267, 272, 277; *ver também* instituições democráticas
justiça, 8-9, 21, 27, 114, 241, 251-2, 265, 277-8, 281-2, 298, 305-6

Karnataka, 90, 94, 145, 226, 258-9, 274, 322, 324, 326, 328, 330, 332, 334, 336, 338, 340, 342, 344, 346, 348, 350
kayashta, 242-5, 385n
Kerala, 12, 53-4, 89-90, 93-8, 120, 128, 131, 145, 189-90, 192, 198-9, 202, 210, 217, 239, 254, 258-9, 261, 268, 299, 306, 308, 314, 320-2, 324, 326, 328, 330, 332, 334, 336, 338, 340, 342, 344, 346, 348, 350, 368-9n, 378-9n
khap panchayats, 275

Laos, 64-5, 67, 166
Lei (de Poderes Especiais) das Forças Armadas (Índia, 1958), 270, 361n
Lei de Prevenção da Corrupção (Índia), 116-7
Lei do Direito à Educação (Índia, 2010), 137, 156, 158, 161, 375n

Lei do Direito à Informação (Índia, 2005), 115-6, 118-9, 122, 125, 264-5, 275, 298, 371n
Lei Nacional de Garantia de Emprego Rural (NREGA), 45, 194, 208, 216-7, 222-30, 234, 298, 309, 342-3, 353, 364n, 371n, 380-3n
liberdade de expressão, 26-7, 267, 279, 286-7
liberdades civis, 40, 288; *ver também* democracia; direitos
Libéria, 368n
linha de pobreza *ver* pobreza
lobby corporativo, 119, 265
Lok Sabha, 249, 274-5, 286, 348, 353

Macedônia, 258
Madagascar, 368n
Madhya Pradesh, 89-90, 92-4, 138, 145, 154, 171, 258-9, 261, 314, 320-2, 324-6, 328, 330, 332, 334, 336, 338, 340, 342, 344, 346, 348, 350, 368n, 377n, 386n
Madras, 132, 237
Maharashtra, 91, 94, 145, 154, 185-6, 224, 226, 258-9, 261, 315, 322, 324, 326, 328, 330, 332, 334, 336, 338, 340, 342, 344, 346, 348, 350, 377n, 381n
Malabar, 132
Malawi, 368n
Mali, 368n
Manipur, 315, 354-5
maoista, movimento, 271, 286
Mauritânia, 368n
médicos, 30, 54, 135, 176, 184, 193, 208, 211, 351; *ver também* saúde e sistema de saúde
Meghalaya, 315, 354-5
meio ambiente, 57-60, 110, 205, 365n
mercado, 28, 50, 157-8, 205-6, 222, 234; e educação, 150, 157-8, 206-11; e governo, 53-7; e saúde, 53, 199-200, 206; economia de mercado, 110, 131, 150; "mania e fobia" de mercado, 205, 222; papel construtivo, 43, 55, 205-7, 219, 221-2, 369n; *ver também* reformas econômicas
México, 33, 177, 199, 202, 211, 309, 373n, 379n
mídia: cobertura de questões sociais, 164-8, 269-72; como instituição democrática, 21, 27-30, 280, 285, 298, 300; força da mídia indiana, 286; indiana, 32, 168, 286, 288, 290, 300; limitações da, 243, 285-6, 290; *ver também* consciência pública; democracia; imprensa
Missão Nacional de Saúde Rural (NRHM), 172, 177, 201-2, 379n, 381n
Mizoram, 315, 354-5
Moçambique, 92, 368n
Moldávia, 64-5, 67
Montenegro, 258
mortalidade: comparações internacionais de, 22, 63, 74, 84, 86, 168; de mulheres em comparação com homens, 77-8, 247; e educação feminina, 78, 128, 253; infantil, 19-20, 22, 63-5, 67-70, 72, 74, 84, 86, 128, 168, 190, 192, 201, 253-5, 257, 259, 314, 317, 324, 351, 355, 358-9, 385-6n; materna, 22, 72, 74, 190, 192, 317, 324-5, 351; nos estados indianos, 90, 190, 192, 316; *ver também* expectativa de vida; saúde e sistema de saúde
muçulmanos, 138, 242, 246
mulheres, 7-8, 19, 45, 56, 61, 63-5, 67-9, 73-8, 80-2, 84, 89-90, 97, 120, 128, 131, 133, 147, 179-82, 186, 189-90, 193-7, 210, 224-5, 236-7, 239, 247-50, 252-6, 263, 266, 283, 299, 305, 308-9, 318, 332, 334, 336, 348, 352, 354-5, 366n, 371n, 376n, 378n, 380n, 382n, 386n, 389n; agência das mulheres/agência feminina, 76, 78, 249, 252, 254-5, 386n; e aborto seletivo, 254-8, 260, 262; e equilíbrio de poder no núcleo familiar, 252-4; e mudanças demográficas, 75-6, 78, 80, 128, 253-4; e o poder de questionar as normas em vigor, 254-6; e progresso social, 75-6, 78, 80-1, 248, 253-4; representação política das, 76-7, 248-9, 275; *ver também* direitos das mulheres; participação feminina na força de trabalho; desigualdade de gênero; representação política das mulheres; educação feminina

Nagaland, 268, 315, 354-5
Nalanda *ver* Universidade Nalanda
nanismo, 178
natalidade: discriminação de natalidade, 248, 255-6, 262; taxas de, 253-4, 324, 351
National Thermal Power Corporation (NTPC), 99
Nepal, 22, 64-6, 69, 71, 74, 82, 132-3, 165, 181, 316, 320, 365n
Nicarágua, 66
Níger, 368n
Nigéria, 368n
nordeste da Índia, 269-70, 314-5, 322-4, 326, 328, 330, 332, 334, 336, 338, 340, 342, 344, 346, 348, 350, 354-5, 361-2n, 387n
normas sociais, 80-1, 97, 116, 120, 122, 184, 222, 238, 380n
NREGA *ver* Lei Nacional de Garantia de Emprego Rural
NRHM *ver* Missão Nacional de Saúde Rural
nutrição, 49, 63, 95, 101, 168, 178, 180, 182-8, 198, 209-10, 248, 263, 290, 302-3, 314, 336, 376-7n; e desnutrição/subnutrição, 22, 29, 49, 56, 69, 76, 82, 84, 178-80, 182-3, 303, 308, 320, 336, 352, 366n, 376n

Ocidente, 61, 134, 136, 144, 372n
Odisha, 91-4, 143, 145, 217, 231-2, 258-61, 273, 322, 324, 327, 329-30, 332, 334, 336, 338, 341-2, 344, 346, 349-50, 368n, 377-8n
opinião pública, 8, 26, 40, 110, 284, 306; *ver também* debate público; democracia
"opulência desorientada", 85-6
Organização das Nações Unidas (ONU), 271
ouro e diamantes, isenções fiscais para, 108, 276, 295-7, 389n

Países Baixos, 36
Papua-Nova Guiné, 63-5, 165-6
Paquistão, 16, 23, 41, 64-5, 68, 70-1, 73-4, 132-3, 134n, 154, 165, 168, 181, 246, 269, 316, 365n
participação feminina na força de trabalho, 76-8, 248, 386n; comparações internacionais de, 77, 248; e desigualdade de gênero, 247, 252-4; *ver também* mulheres
Partido Aam Aadmi, 372n
Partido Comunista, 269
PDS *ver* Sistema Público de Distribuição
pena capital, 7, 27, 362n
pensões, 218, 220, 294; *ver também* seguridade social
período colonial (Índia), 16-21, 34-9, 50, 237, 267, 270, 309
perspectivas internacionais comparadas: Índia e África Subsaariana, 35, 63, 132, 165, 169, 178, 182; Índia e Ásia Oriental, 41, 131, 147, 150, 166, 170, 174, 180, 210, 303; Índia e Bangladesh, 22, 64, 82, 132, 154, 167, 181, 248, 262, 305; Índia e Brasil, 33, 53, 81, 85-6, 88-9, 169, 177, 199, 202, 211, 214, 240, 304; Índia e China, 22, 27-9, 48, 81, 87, 370n; Índia e Estados Unidos, 33, 87, 136, 147, 169, 272; Índia e o mundo, 15, 18, 34, 49, 56, 63, 110, 112, 136, 139, 155, 165, 169, 178, 182, 251, 264, 267, 272, 286, 291, 295; sobre democracia, 25, 30, 89, 271, 273, 279, 284; sobre educação e alfabetização, 63, 92, 130, 136, 140; sobre fome e subnutrição, 49, 63, 178, 183; sobre saúde e sistemas de saúde, 64, 92, 165, 168, 170, 175, 196, 202; *ver também* contrastes regionais na Índia
peso no momento do nascimento, 180; *ver também* nutrição
petróleo, 43, 109, 111-2, 294
PIB per capita, 18, 23, 26, 38, 41, 45, 62, 64-9, 72, 74-5, 82, 84, 87, 152, 154, 168, 316, 367n, 379n
Pisa (Programa Internacional de Avaliação de Estudantes), 88, 141, 144, 367n
planejamento familiar, 11, 80-1, 221, 249, 386n
pobreza: comparações internacionais, 48, 63; e crescimento econômico, 45-6, 48, 300; e meio ambiente, 57-60; em estados indianos, 89, 92-3, 95-7, 189; linha de, 45-6, 90, 92, 95, 172, 175, 211-2, 214-7, 229, 233,

357, 364n, 368n, 383n; multidimensional, 92-4, 365n, 368n; no Brasil, na China e na Índia, 87; pobreza extrema, 63, 87; rural, 45, 194, 230; *ver também* desigualdade
poliomielite, 168, 352
políticas públicas, 34, 44, 75, 97, 101, 150, 205, 263, 281, 293, 299, 301, 305, 310, 380n
poluição, 58-9, 100, 109, 111-2, 370n
Portugal, 36
prática democrática, 17, 29, 118, 160, 267, 268, 270, 272, 280-2, 287, 298-9; *ver também* democracia
Pratichi Trust, 129, 372n
PRIS *ver* Instituições do Panchayati Raj
privatização, 25, 43, 104, 150, 156, 174, 177, 206, 211, 264
professores, 96, 139, 140, 146, 151-6, 159-62, 244, 373-5n; "paraprofessores", 96; *ver também* educação
projeto de lei nacional de segurança alimentar, 295; *ver também* segurança alimentar
proporção de gênero infantil, 77, 254-8, 260, 262; comparações internacionais de, 77, 387n
proporção entre sexo masculino e feminino, 76-8, 254; e aborto seletivo, 254; em crianças, 78, 254; padrões regionais, 254-8, 260, 262; *ver também* desigualdade de gênero
propriedade, direito à, 249, 298; mulheres e, 253
Prússia, 36
Punjab, 91, 93-4, 145, 258-9, 261, 323-4, 327, 329-30, 332, 334, 336, 339, 341, 343-4, 346, 349-50, 368n

Quirguistão, 64-5, 68, 141, 373n

rádio, 21, 26, 346
"Raj das Licenças", 28, 55, 363n
Rajastão, 91-4, 120, 138, 145, 154, 171, 185-7, 195, 217, 226, 231-2, 258-9, 261, 273, 323, 325, 327, 329, 331-2, 335, 337, 339, 341, 343, 345, 347, 349-50, 368n

Rashtriya Swasthya Bhima Yojana (RSBY), 172; *ver também* saúde e sistema de saúde
receita pública, 22, 33, 53-4, 105, 293-6, 300, 303; *ver também* finanças públicas
recursos naturais, 100, 109
refeições durante o dia nas escolas, 95, 138, 194, 210, 219, 263, 351, 373n, 377n, 379-80n
reformas: democráticas, 43, 267-75; do sistema de saúde, 199-202; do sistema educacional, 150-3, 155-62; econômicas, 29, 34, 41, 43-4, 55, 83, 199, 206, 223, 363n; eleitorais, 119, 272; institucionais, 28, 52, 124; legais, 125; sociais, 97, 196, 242, 269
Reino Unido, 251; *ver também* Grã-Bretanha
Relatório Focus, 185-7, 377-8n
Relatório Probe, 129, 140
renda per capita, 9-10, 23, 63-4, 66, 70-1, 81-2, 91, 93, 192, 239-40, 364n, 386n
renúncia fiscal, 108, 296, 389n; isenções fiscais para ouro e diamantes, 108, 276, 295, 389n
representação política das mulheres *ver* mulheres
República Centro-Africana, 368n
República Democrática do Congo, 368n
Revolução Cultural (China), 280
Revolução Industrial, 37
Ruanda, 368n
Rússia, 33, 39, 81, 83, 206, 219; *ver também* União Soviética

salários e remunerações, 22, 36-7, 45-8, 137, 139, 151-6, 160, 169, 188, 207, 213, 224-8, 234, 265, 293-4, 307, 315, 358, 364n, 373n, 376n, 381-3n; salário mínimo, 87, 152, 223, 225, 293, 364n, 382n
saneamento, 24, 64-9, 72, 74, 80-1, 84, 103, 127, 189, 201, 208, 210, 241, 290, 302, 366n
Sarva Shiksha Abhiyan, 137
saúde e sistema de saúde, 53, 79, 83, 86-7, 106, 128, 168-9, 171-4, 176-7, 189, 193, 199-200, 205, 208, 211-2, 279, 301-4, 306, 367n; assistência médica, 29-30, 49, 54, 101, 164,

253, 362n, 366n, 377n; contribuições econômicas para, 49, 54, 83, 92, 300; em perspectiva internacional, 29, 53, 74, 164; fundamentos, 171, 196; investimentos públicos na, 53, 84-5, 108, 168, 303; na China, 30, 53, 83, 167, 177, 199, 206, 302, 362n, 378n; negligência nas políticas públicas, 22, 29, 56, 103, 164, 196, 280, 289, 294, 300; no Brasil, 84-6, 177, 199, 202, 309, 379n; saúde pública, 79, 87, 127, 135, 169, 172, 174, 176, 193, 196, 201, 208, 210, 249, 264, 303, 370n, 378-9n; seguro(s) de saúde, 172, 173, 175-7, 200, 206, 210, 376n; serviços privados de, 53, 86, 169, 199, 377n; *ver também* cuidados infantis; mortalidade infantil; nutrição

seca e alívio da seca, 41, 223

secularismo, 15, 17, 246, 268

segurança alimentar, 88, 201, 205, 293, 295-7, 299, 389n; *ver também* nutrição

segurança nacional, 121, 269, 272

seguridade social, 83, 85-7, 89, 96, 177, 196, 213-4, 218, 220, 284-5, 298, 301, 306, 310, 367n, 378n; *ver também* Lei Nacional de Garantia de Emprego Rural; pensões; refeições durante o dia nas escolas; Sistema Público de Distribuição; transferências de renda

seguros de saúde *ver* saúde e sistema de saúde

Senegal, 368n

Serra Leoa, 92-3, 169, 368n

Serviços Integrados de Desenvolvimento Infantil (ICDS), 184-9, 193-4, 264, 309, 377-8n, 380n; *ver também* cuidados infantis

serviços públicos, 28, 33, 48, 53, 55-6, 75, 82-3, 95-6, 101, 103, 114, 130, 169, 171-2, 174, 177, 189, 196-8, 202, 204, 211, 216, 249, 280, 294, 300-1, 303-4, 306, 308-9, 342, 367n, 380-1n; *ver também* educação; saúde

setor informal, 48, 214, 224, 364n, 378n

shopping centers, 107

sikh, 242

Sikkim, 226, 315, 354-5

sindicatos, 162, 242-4, 298

sistema educacional, 148, 160-1, 239, 247, 372-3n; *ver também* educação

"sistema nacional de seguro de saúde" *ver* Rashtriya Swasthya Bhima Yojana (RSBY)

Sistema Público de Distribuição (PDS), 119, 194, 196-7, 204, 213-4, 216-7, 220, 228-35, 309, 371n, 378n, 380n, 383-4n

Sistema Único de Saúde (Brasil), 86

Somália, 368n, 375n

Sri Lanka, 23, 71, 73-4, 132-3, 169, 181, 210, 316, 320-1, 379n

subnutrição *ver* nutrição

subsídios, 101, 105-8, 110, 112, 175, 235, 293-5, 301, 310, 370n, 374n

Suécia, 114n, 251

sul da Ásia *ver* Ásia

sustentabilidade *ver* desenvolvimento sustentável

tabagismo: como questão de saúde pública na Índia, 378-9n

Tailândia, 10, 133-4, 177, 182, 199, 202, 316, 320-1, 373n, 379n

Taiwan, 10, 131, 302

Tajiquistão, 64-5, 68

Takshila, 134n

talibãs, 168

Tamil Nadu, 12, 89, 93-8, 141, 144-5, 185-7, 189-90, 192-6, 198-9, 202, 210, 217, 226-7, 230-2, 239, 254, 258-61, 299, 306, 308, 314, 320-1, 323, 325, 327, 329, 331, 333, 335, 337, 339, 341, 343, 345, 347, 349-50, 368n, 371n, 377-9n, 381n, 384n

Tanzânia, 368n

telecomunicações, 107, 369-70n

televisão, 21, 26, 286, 290, 346

trabalho infantil, 129, 373n; *ver também* participação escolar

transferências de renda, 218, 222, 233, 235, 370n, 384n; e sistema público de distribuição, 230

transição demográfica, 76

437

transparência, 115, 118, 121-2, 224, 231, 233, 265, 275, 371-2*n*, 381*n*; *ver também accountability*; Lei do Direito à Informação
Travancore, 131
tribos, 225, 246, 348; *ver também* castas
trigo, 217, 229, 231-2, 235, 384*n*
Tripura, 273, 315, 354-5
Tunísia, 373*n*

Udaipur, 171
Uganda, 368*n*
União Soviética, 39, 85, 150, 366*n*; *ver também* Rússia
universalismo, 196, 199, 216-7
Universidade de Bolonha, 134
Universidade Nalanda, 134-6
UPA *ver* Aliança Progressista Unida
Uruguai, 373*n*
Uttar Pradesh, 89, 91-4, 99, 138, 145, 152, 154, 184-7, 189, 195, 204, 232, 242, 258-9, 261, 273, 314, 320-1, 323, 325, 327, 329, 331, 333, 335, 337, 339, 341, 343, 345, 347, 349, 351, 366*n*, 368*n*, 375*n*, 382*n*, 384*n*
Uttarakhand, 91, 94, 138, 145, 259, 261, 323, 325, 327, 329, 331, 333, 335, 337, 339, 341, 343, 345, 347, 349, 351
Uzbequistão, 64-7

vacinação *ver* imunização/vacinação
vaishya, 246
Vietnã, 39, 64-7, 133, 150, 177, 268, 379*n*
violência, 7-8, 15, 249-50, 252, 270-1, 287, 298, 308; contra a mulher, 7, 249-50, 252, 308; *ver também* estupros

Zâmbia, 368*n*